Erarbeitet von
Carsten Püttmann
Christoph Storck
Michael Willemsen
Elmar Wortmann

Herausgegeben von
Michael Willemsen
Elmar Wortmann

Perspektive Pädagogik

Erziehung und Lebenslauf

Heft 4

Ernst Klett Verlag
Stuttgart · Leipzig

Inhaltsverzeichnis

1. Die pädagogische Perspektive auf die Lebenszeit

Im letzten Kurs haben Sie sich mit frühkindlicher Bildung, Erziehung und Entwicklung im Kindesalter beschäftigt. Jetzt wird die gesamte Lebensspanne in den Blick genommen. Es geht um Bildung über die gesamte Lebenszeit. Sicherlich haben Sie sich schon Gedanken über Ihre nächste Zukunft gemacht, vor allem darüber, was Sie nach dem Abitur machen wollen. Welches Studium wollen Sie aufnehmen? Welche Berufsausbildung? Welchen Beruf möchten Sie einmal ausüben? Aber: Kann man überhaupt weiter in die fernere Zukunft planen? Was passiert mit Menschen im Verlaufe ihres Lebens? Was können Sie beeinflussen, was nicht? Welche Aufgaben erwarten einen? Sie haben sicherlich schon mit älteren Menschen gesprochen, die über ihre Erfahrungen mit den Plänen und Entscheidungen, die sie im Leben getroffen haben, aber auch über die äußeren Umstände, die Einfluss auf ihren Lebenslauf hatten, nachgedacht haben. Und Sie kennen sicherlich auch Beispiele für gelungene und für gescheiterte Lebensläufe.

Was hat das alles mit Erziehung und Bildung zu tun? Ist Erziehung nicht irgendwann zu Ende? Gibt es ein Ende von Bildung? Wieso sind die späteren Lebensphasen überhaupt ein Thema für die Pädagogik?

Sie werden in diesem Kurs solchen Fragen nachgehen. Manche Themen werden Sie aus eigener Erfahrung sehr gut nachvollziehen können, z. B. wenn es um das Jugendalter geht. Sie werden aber auch in unbekannte Bereiche der Pädagogik vorstoßen.

In den nächsten Texten lernen Sie Anna an zwei Stellen ihres Lebensweges kennen.

Anna ist im ersten Text aus dem Jahre 2004 13 Jahre alt. In einem Artikel für eine Zeitschrift erzählt ein Journalist, wie Anna lebt, welche Probleme sie beschäftigen und welche Pläne sie hat. Im zweiten Text aus dem Jahre 2011 treffen Sie die inzwischen zwanzigjährige Anna wieder. Auch diesmal erzählt der Journalist von ihrer Lebenssituation, ihren Ansichten, ihren Plänen – und wie ihr Leben in den letzten Jahren verlaufen ist.

M1 2004: Anna ist 13

Für Anna war es an der Zeit, auf Distanz zu ihrer Mutter zu gehen. Aber nur ein bisschen.

Zuhause: eine Vierzimmerwohnung in Düsseldorf
Schule: Luisen-Gymnasium, Düsseldorf
Eltern: IT-Kaufmann, Sozialarbeiterin
Geschwister: keine
Taschengeld: 56 Euro im Monat, zum Teil aufs Konto
Berufswunsch: Architektin
Lieblingsessen: Feldsalat
Lieblingsstar: Avril Lavigne
Größter Wunsch: eigene WG mit einer Freundin
Sommerferien: drei Wochen Segeln mit der evangelischen Jugend

Das Verhältnis zwischen Anna und ihrer Mutter hat sich in letzter Zeit etwas abgekühlt. Nicht weil irgendwas passiert wäre. Im Großen und Ganzen hat ihre Mutter allen Grund, mit Anna zufrieden zu sein: Sie findet Britney Spears „tussig" und *Deutschland sucht den Superstar* „voll scheiße". Sie weiß, dass man in der Schule fit sein muss, um einen vernünftigen Beruf zu finden. Sie hat einen Notenschnitt von Zwei und will Architektin werden. Anna wiederum schwärmt von ihrer Mutter: Sie sei so klug, so verständnisvoll und selbstständig und habe trotz ihrer anstrengenden Arbeit als Betreuerin psychisch Kranker immer Zeit für sie. „Irgendwie bin ich schon immer an ihr gehangen." Als sich ihre Eltern vor acht Jahren erst stritten und dann trennten, „war ich natürlich parteiisch". Inzwischen leben Vater und Mutter wieder zusammen, was Anna uneingeschränkt freuen würde, wären da nicht diese nervigen Dreiecksbeziehungen: „Sobald es Streit gibt, geht es zwei gegen einen. Aber meine Mutter hält dann auch oft zu mir."
Trotz ihrer innigen Beziehung sucht Anna zusehends Distanz zu der Mutter. Die Tochter zeigt sich neuerdings nur wenig begeistert, wenn ihre Mutter einfach so ins Zimmer kommt, um die Blumen zu gießen. Und dann auch noch wissen will, mit wem sie gerade telefoniert. Oder wenn sie sich in die blaue Hängematte setzt, um zu plaudern, obwohl Anna ihre Ruhe haben will. Und die Kuschelnummer am Abend, vor einem Jahr noch selbstverständlich, muss Anna nun auch nicht mehr haben.
Die Abgrenzung bedeutet natürlich Stress: Zum Beispiel hat Anna monatelang überlegt, wie sie es ihrer Mutter schonend beibringt, dass sie morgens lieber allein in die

Schule fährt. Ihre Freundinnen sitzen ja auch ohne Aufsicht in der Straßenbahn. Gott sei Dank hat die Mutter das geschluckt. Überzeugungsarbeit war auch nötig, um der Mutter die Erlaubnis abzuringen, hin und wieder bei einer Freundin zu übernachten. Kein Wunder, dass Anna ihre Mutter manchmal als überängstlich empfindet. Bis zu einem gewissen Grad hat sie aber Verständnis, vor allem wenn die Mutter argumentiert, sie wisse aus ihrer täglichen Arbeit, „wie viel Wahnsinn es da draußen in der Welt gibt". Deshalb akzeptiert Anna auch, dass sie abends um acht zu Hause sein muss. „Meine Freundinnen dürfen ja auch nicht länger", sagt sie. Noch.

Abb. 1.1: Anna im Jahr 2004

Es gibt andere Situationen, in denen Anna sehr wohl bockig reagiert: Wenn sie nach der dritten Aufforderung ihrer Mutter, doch endlich ihr Zimmer aufzuräumen, nur ein nöliges „Jaaa" von sich gibt, bedeutet das womöglich Hausarrest. Aber wenn die Mutter mal genervt und deshalb kurz angebunden ist, „dann ist das natürlich was ganz anderes", beklagt sich Anna. Pubertätszicke halt, denkt sich ihre Mutter in solchen Fällen, „erst lacht sie, dann schmollt sie und alles ist dramatisch".

Besonders dramatisch nimmt Anna alles, was mit ihren Freundinnen zusammenhängt, mit Lena, Chrissi, Jenny, Maria, Alicia, Nicki, Steffi. „Neulich war Anna völlig aufgelöst, nur weil Lena und Maria gestritten hatten", erzählt die Mutter kopfschüttelnd.

Aber was heißt hier „nur"? Die Freundinnen rücken immer mehr in den Mittelpunkt von Annas Leben. Mit ihnen liest sie vor der Schule *Yam*, weil *Bravo* peinlich ist, und geht sie nach der Schule ins „Woyton", ein Café in der Düsseldorfer Innenstadt, oder zu „McDonald's". Danach Kino, Schwimmen oder Bummeln, bei Esprit oder H&M. Wobei H&M langsam nervt „mit seinem Siebziger-Look, ich will ja nicht rumlaufen wie vor dreißig Jahren", sagt Anna und ihre Freundinnen sehen das natürlich genauso. Annas Outfit besteht aus Jeans, T-Shirt und schwarzen Turnschuhen. Noch vor Kurzem hat sie kaum über Klamotten nachgedacht. Jetzt glaubt sie, dass sie auf der Straße alle anstarren, sobald sie eines dieser T-Shirts trägt, die ihre Mutter für sie gekauft hat. Auch Schminken ist jetzt ein Thema: aber bitte nur Lidschatten. Lippenstift findet Anna problematisch, Puder peinlich. Puder nimmt, wer „ein Pickelproblem hat". Anna und ihre Freundinnen würden sich nie pudern.

Noch ein Thema, das immer wichtiger wird und das Anna nur mit ihren Freundinnen besprechen kann: Jungs. Sie und ihre Freundinnen seien oft verknallt, erzählt Anna. Aber immer in die Jungs, die schon vergeben sind oder nichts von ihnen wissen wollen. Anna hat zwar noch nie einen Korb gekriegt. Eine Freundin ist aber mal zu einem Jungen gegangen, den Anna ganz toll fand. Sie fragte ihn, ob er auch in Anna verknallt sei. Er hat nein gesagt.

Wie sehr Anna dieses Thema beschäftigt, zeigt schon ein Blick auf das Holzregal in ihrem Zimmer. Es ist gefüllt mit Lektüre aus der Reihe *Freche Mädchen, freche Bücher*. „Die lesen wir alle", sagt Anna. Die einzelnen Bände tragen die Titel *Liebe, Grips & Gänseblümchen*, *Küsse, Chaos, Feriencamp* oder *Schule, Frust & große Liebe*. Im selben Regal stapeln sich Spiele wie *Sagaland*, *Inkognito* und *Skill – Der Kugelspaß für Kinder*. Die will Anna demnächst in den Keller verfrachten.

Klar wäre sie lieber älter. 15 vielleicht. Da sind dann die Jungs auch besser. Momentan kann Anna mit den gleichaltrigen Jungs wenig anfangen. Bis vor Kurzem hat man noch alles gemeinsam gemacht, bedauert sie. Aber jetzt hört man von denen nur noch doofe Sprüche. Und warum müssen die eigentlich ihre Hosen immer unterm Arsch tragen?

M2 2011: Anna ist 20

Anna: „Ich habe nie Haschisch und Alkohol kombiniert"

Auch ansonsten hat Anna oft befolgt, was ihr die Mutter sagte. Aber richtig erwachsen wurde sie erst, als sie ohne ihre Hilfe auskommen musste.

Zuhause: lebt mit ihrer Mutter in Düsseldorf
Ausbildung/Beruf: Abitur/will Eventmanagement studieren
Liebe: seit fünf Monaten mit Robin zusammen
Einkommen: 100 Euro Taschengeld
Lieblingsessen: Artischocken, Dorade
Lieblingsstar: Left Boy
Größter Wunsch: immer noch eigene WG mit bester Freundin
Nächster Urlaub: zwei Wochen Spanien mit dem Freund

Wenn es eine Konstante gibt im Leben von Anna, dann sind es diese Fragen: „Anna, räumst du dein Zimmer auf?" – „Hast du dich für die Geschenke bedankt?" – „Was ist mit deinem Praktikumsplatz, willst du da nicht mal anrufen?" Mit 13 hofft Anna noch, ihre Mutter würde bald damit aufhören, mit 16 rebelliert sie dagegen, heute sagt sie: Lieber etwas Genörgel als gar keinen Rückhalt. Sie hat am eigenen Leib erlebt, wie tief man fallen kann.

Sommer 2008. Anna ist 17 und macht mit ihren Eltern Urlaub an der türkischen Riviera. Sie liegt mit ihrer Mutter am Strand, der Vater streift allein umher. Zu Hause erfährt sie dann, dass sich ihre Eltern trennen wollen: Der Vater hat eine neue Freundin, kaum älter als seine Tochter. Anna steht noch unter Schock, da stirbt ihr innig geliebter Großvater. Und wenig später trennt sie sich von ihrem Freund, der seit Wochen nur noch kifft. Der Albtraum scheint kein Ende zu nehmen.

Aber Anna hat ja ihre Mutter, die zwar manchmal nörgelt, aber immer Rat weiß. Mit ihr spricht Anna über alles, etwa wenn sie Stress mit ihrem Freund hat. Freundinnen seien da schlechte Ratgeber, „zu loyal, die sagen sofort: ach, der Arsch". Ihre Mutter dagegen hat stets auch die Perspektive des Freundes im Blick. Sie ist Sozialarbeiterin, betreut psychisch Kranke, die Probleme anderer sind ihr Alltag, so leicht erschüttert sie nichts.

Da ist zum Beispiel die Sache mit den Alcopops: Als Anna 14 wird, geht die Mutter mit ihr zur Tankstelle und kauft ein paar Flaschen. Kichernd sitzen beide dann zu Hause in der Küche und testen, wie viel Anna verträgt. Drogen? Die Mutter warnt Anna nur, Haschisch mit Alkohol zu kombinieren, das führe geradewegs in die Psychose. „Hab ich auch nie gemacht", sagt die Tochter heute. Mit 16 hat Anna eine Zeit lang „einen reicheren Freundeskreis". Ein Freund holt sie oft im goldenen Porsche seiner Eltern ab, dann fährt er mit ihr die Düsseldorfer Einkaufsstraßen entlang. Die Begeisterung der Mutter, eher rot-grün sozialisiert, hält sich in Grenzen. Trotzdem redet sie Anna die Freunde nicht schlecht, das rechnet ihr die Tochter hoch an. Selten erlebt sie ihre Mutter ratlos, am ehesten bei den Wutanfällen des Vaters. Doch in diesen Situationen rücken die beiden noch näher zusammen. Umso härter trifft es Anna, dass sie nach der Trennung der Eltern mit ihren Problemen auf einmal allein dasteht. Ihre Mutter ist mit sich beschäftigt – die Freundin ihres Mannes, sie ahnte ja nichts. Ständig ist sie gereizt, jedes Paar Schuhe, das nicht aufgeräumt ist, bedeutet Streit zwischen Mutter und Tochter. Anna kämpft auch mit dem Vater: Er weigert sich, Unterhalt zu zahlen. Überall Krisenherde, überall Spannungen. Annas Körper hält diesen Zustand nicht lang aus. Sie schläft zwanzig Stunden am Tag und fühlt sich die übrigen vier schlapp. Schließlich landet sie in einer Spezialklinik am Starnberger See, Diagnose: Burn-out.

Abb. 1.2: Anna im Jahr 2011

Sommer 2011. Anna sitzt im „Rosie's", einem Bistro in der Düsseldorfer Innenstadt. Die reichen Freunde hat sie längst hinter sich gelassen, manche halten sie trotzdem noch „für eine Schickimicki-Ziege", erzählt sie genervt. Anna ist 1,82 Meter groß, schlank, hat lange braune Haare. Sie trägt einen kurzen, weißen Rock, graues Top, braune Lederjacke. Wie es in ihr aussieht, wissen nur ihre Mutter und ein paar Freunde. Sie war während ihrer dreimonatigen Therapie mit Abstand die Jüngste, in ihrer Gesprächsgruppe befanden sich ein BMW-Manager und ein Rentner, der sein Trauma aus dem Zweiten Weltkrieg verarbeitete. Seitdem hat sie recht genaue Vorstellungen davon, was im Leben zählt. Sie hat das schlimme Jahr 2008 überstanden, und das ohne die Hilfe der Mutter; in Therapie zu gehen, war ihre eigene Idee, auch die Klinik suchte sie selbst aus. Diese Zeit war „eine enorme Bereicherung für mich", sagt sie. Vor zwei Monaten starb Annas Vater an Lungenkrebs. Da fiel auch der Mutter auf, wie erwachsen ihre Tochter geworden war: Wie selbstverständlich beteiligte sie sich an der Organisation des Begräbnisses. In derselben Zeit legte sie ihre letzte Abiturprüfung ab. Ihre Mutter, stolz, überraschte sie mit einer spontanen Party. Und ermahnte sie am Ende, auch allen für die Geschenke zu danken. „Sie kann einfach nicht anders", sagt Anna belustigt.

Es sei schon gut, „dass Anna demnächst in einer anderen Stadt studiert", sagt ihre Mutter, „dann bin ich endlich diese Mutterrolle los". Dafür hat Anna begonnen, sich über ihre Mutter Gedanken zu machen. Zu Hause gibt es jetzt einen Hund, es wird also nicht ganz ruhig werden, wenn sie auszieht. Mit dem neuen Freund der Mutter versteht sie sich auch gut. Trotzdem wäre es Anna lieber, wenn ihre Mutter nicht mehr heiratet.

Aufgaben

1. Beschreiben Sie, welche Personen und äußeren Bedingungen auf die Lebenssituation von Anna jeweils Einfluss haben. Achten Sie dabei auch auf die Versuche erzieherischer Einwirkungen.
2. Untersuchen Sie, welche Veränderungen sich zwischen 2004 und 2011 ergeben haben.
3. Arbeiten Sie heraus, wie Anna sich zu den Personen und äußeren Bedingungen verhält, die auf sie Einfluss nehmen. Weisen Sie insbesondere nach, inwiefern sie selbst durch eigene Entscheidungen an den Veränderungen beteiligt war und welche Aufgaben sie dabei bewältigen musste.
4. Einen weiteren Text zum Thema Lebenswege finden Sie online (vgl. us3e2i). In dem Text blickt die 80-jährige Ruth Klüger zurück. Sie wurde 1931 in Wien als Tochter eines jüdischen Arztes geboren. 1942 wurde sie mit ihrer Mutter in die Konzentrationslager Theresienstadt, Auschwitz und Christianstadt deportiert. 1947 emigrierte sie in die USA, studierte und machte als Germanistikprofessorin Karriere.

Die folgende fiktive Fallgeschichte veranschaulicht, in welch vielfältigen sozialen und institutionellen Zusammenhängen das lebenslange Lernen von Erwachsenen heute stattfindet. Dabei ist ein auffälliges Merkmal, dass das Lernen auch nach Abschluss von Studium und Berufsausbildung immer neue Herausforderungen annimmt. Auch die „Bildung"?

M3 Fallgeschichte Petra Müller (Jochen Kade/Dieter Nittel/Wolfgang Seitter)

Petra Müller – so nennen wir die Protagonistin unserer hypothetischen Fallgeschichte – kommt irgendwann in den Achtzigerjahren zur Welt. Die Eltern mobilisieren vom ersten Tag des Bekanntwerdens der Schwangerschaft eine Menge Zeit, Energie und Geld, um Intelligenz und Lernfähigkeit ihres zukünftigen Kindes zu fördern. So haben sie einschlägige populärwissenschaftliche Zeitschriften abonniert, die sie mit den neuesten Befunden der Hirnforschung bei Kindern und Säuglingen versorgen. Und auch der Besuch einer städtischen Familienbildungsstätte steht auf ihrem wöchentlichen Programm; hier eignet sich Frau Müller für die Geburt hilfreiche Gymnastikübungen an. Beide Elternteile lernen in dieser Einrichtung auch Praktiken und Lebensweisen kennen, die sich positiv auf die pränatale Konstitution auswirken sollen. Gesunde Ernährung, ein regelmäßiges Leben, viel frische Luft, der Verzicht auf Alkohol und Nikotin – dies alles, so die Erwartung des Ehepaares, soll positive Auswirkungen nicht nur auf die körperliche, sondern auch auf die kognitive Entwicklung des zukünftigen Kindes haben. Die Schwangerschaft bietet Frau Müller die Möglichkeit, an einer unterbrochenen Lernbiografie wieder anzuknüpfen: Sie nimmt das im Alter von achtzehn Jahren abgebrochene Hobby ‚Klavierspielen' wieder auf, weil sie vermutet, dass von den Schallwellen des Instrumentes eine wenn auch nicht beruhigende, so aber doch eine generell positive Wirkung ausgeht.

Die Lebensform der Eltern entspricht mehr oder weniger jenem Bild, welches die Öffentlichkeit gegenüber einer modernen Durchschnittsfamilie hegt. Um ein stabiles Familienleben zu führen, das den Interessen und Bedürfnissen möglichst aller Familienmitglieder (einschließlich des erwarteten Kindes) gerecht wird, müssen viele Entscheidungen gefällt und alte revidiert werden. Überhaupt bedeutet für die Eltern der Familienzuwachs eine gesteigerte Phase des Aneignens von neuem Wissen und der intensiven persönlichen Veränderung. Klaus, der bei einem großen Computerkonzern tätig ist, wird ein Sabbatjahr einlegen, um sich in den ersten zwei Jahren ganz dem Kind zu widmen. Mit dieser zukünftigen Rolle muss er sich erst noch allmählich vertraut machen, doch er ist empfänglich für Neues und weiß, dass er sich umstellen kann; gleichwohl leben die Partner unter Maßgabe der Erwartung, dass auf sie viele nicht antizipierbare Konflikte zukommen werden. Seine Ehefrau Brigitte arbeitet als Architektin und Denkmalschützerin bei der Stadtverwaltung, ihr macht der Beruf momentan viel Spaß. Deshalb beabsichtigt sie, sich erst später intensiver um ihr Kind zu kümmern.

Unmittelbar nach der Geburt von Petra besucht der Vater Kurse, liest Bücher und macht sich in anderer Weise kundig, um Nahrungsmittel von hoher Qualität für das Kind zubereiten zu können. Dadurch soll sichergestellt werden, dass das Kleinkind gesund ernährt wird. Klaus verfügt mittlerweile über ein Wissen auf dem Gebiet der Kleinkindversorgung, das weit über das Niveau früherer Vätergenerationen hinausgeht. Aus deren Sicht ist er ein wahrer Experte in Fragen der Kleinkindversorgung.

Begleitet von den üblichen Kinderkrankheiten lässt unsere Protagonistin Petra allmählich das Säuglingsalter hinter sich. Das erste Wort, das sie neben ‚Mama' und ‚Papa' ausspricht, lautet ‚Stau' – womit sie offenbar ihren zahlreichen Erfahrungen im Auto der Familie Ausdruck verleiht. Verhältnismäßig spät, nämlich erst mit zwei Jahren, besucht sie eine Krabbelstube, die von einer früher einmal arbeitslosen Diplom-Pädagogin mit dem Schwerpunkt ‚Sozialpädagogik' angeboten wird. Hier fühlt sich das Kind aber nicht immer so wohl wie zu Hause. Schon nach einem Jahr wechselt Petra zum Kinderladen, den eine Elterninitiative in einem anderen Stadtteil gegründet hat und nun mit großem Arbeitseinsatz in Eigenregie verwaltet. Hier lernt Petra Steffi, ein Mädchen ihres Alters, kennen, mit dem sie Bastel- und Kreativkurse besucht, die von der Kirchengemeinde angeboten werden.

Mit sieben Jahren tritt in der Bildungsbiografie von Petra Müller die Schule auf den Plan. Der Sprung in eine neue Welt verläuft in unserem Fall vielleicht auch deshalb ohne nennenswerte Schwierigkeiten, weil Petra gemeinsam mit ihrer besten Freundin Steffi und ihrem besten Freund Max eingeschult wird. Ihre Eltern amüsieren sich, weil Petra im Anschluss an die erste Schulwoche ihre Lehrerin als besserwisserisch karikiert und damit ein pädagogisches Argument zum Zwecke der Distanzierung von einer pädagogischen Institution nutzt. Der Aktions- und Kontaktkreis des Kindes wird von Schuljahr zu Schuljahr größer. Petra erweist sich auch in der Schule als eine aufgeweckte und neugierige Schülerin, sodass sie die Leistungsanforderungen mehr oder weniger mühelos erfüllt. Doch das reibungslose Mitmachen schließt natürlich nicht aus, dass sie in Schule und Elternhaus auch mit Schwierigkeiten zu kämpfen hat und die eine oder andere Bewährungsprobe bestehen muss. Besorgt über den häufigen Medienkonsum und vor allem die intensive Computernutzung ihrer Tochter reagiert die Mutter auf eine Zeitungsannonce im Stadtmagazin. Ein Medienpädagoge bietet in der Anzeige ein Beratungsangebot für Eltern an, die sich über Lernsoftware im Schulalter und den richtigen Umgang mit Medien im Kinderzimmer sachkundig machen wollen. Dieses Angebot erweist sich aus der Sicht von Petras Mutter aber als wenig hilfreich. Es stellt sich heraus, dass die Beratungsoption ausschließlich an echte Problemfälle gerichtet ist und Petras Medienkonsum sich eigentlich noch im grünen Bereich bewegt.

Im Anschluss an die Grundschule wechselt Petra in den gymnasialen Zweig einer Gesamtschule. Klaus als Petras Vater wird zur eigenen Überraschung (es findet sich sonst niemand anderes) in den Elternbeirat gewählt, und um das Ehrenamt sachkundig auszufüllen, reichen seine Fähigkeiten nicht aus. Deshalb muss er neues Wissen, vor allem über das Schulrecht, erwerben und sich auch in andere fremde Materien einarbeiten. Er geht in die Stadtbibliothek und leiht sich Fachbücher zum Thema aus. Die noch vor wenigen Jahren ausgefochtenen Kontroversen zwischen liberalen und konservativen Elterngruppen sind längst passé. Mittlerweile kommt die Schule ihrem Auftrag, das Lernen zu lehren, sogar auf der Ebene der Gestaltung von Fächern nach. Neben den konventionellen Fächern wie Mathematik und Deutsch werden, so das Ergebnis der jüngsten Schulreform, spezielle Lerntechniken vermittelt. In Petras biografischer Entwicklung sorgt aber nicht nur die Schullaufbahn als Impulsgeber für zahlreiche neue Vermittlungs- und Aneignungsprozesse: So wird sie Mitglied in einem Sportclub, hält den Kontakt zur Kreativgruppe der Kirchengemeinde aufrecht und bekommt von ihrer Mutter hin und wieder Klavierunterricht. Sie ist fest in informelle Kontaktnetzwerke zwischen den Gleichaltrigen in und außerhalb der Schule verankert. Petra absolviert insgesamt zwei einmonatige Aufenthalte in europäischen Partnerschulen, den einen in England, den anderen in Frankreich.

Alle diese Erfahrungsbereiche spielen eine große Rolle in ihrem Prozess des Selbstständigwerdens.

Im Anschluss an die Schulzeit studiert Petra zunächst in ihrer Heimatstadt Informatik mit dem Schwerpunkt ‚Computeranimation'. Nachdem ihr durch mehrere Gespräche mit Bekannten und Freunden signalisiert worden ist, dass eine solche Ortsgebundenheit von ihren zukünftigen Arbeitgebern zu ihrem Schaden ausgelegt werden könnte, wechselt sie schließlich den Studienort. Die damit verbundene Herauslösung aus ihrem angestammten Milieu führt zu einer zeitweiligen Studienkrise – und zu gesteigerten Lernerfahrungen. Ebenso wie viele ihrer Kommilitoninnen und Kommilitonen hat Petra eine gewisse Scheu gegenüber einem allzu spezialisierten Studium; sie will keine Fachidiotin werden. Vielleicht ist das der Grund, warum Petra neben Vorlesungen und Seminaren in ihrem eigentlichen Studienfach sich auch für Kurse auf dem Gebiet des bürgerschaftlichen Engagements außerhalb der Universität interessiert. Da sie nach eigener Aussage ‚nicht zu rasch erwachsen werden und ihr Leben noch ein wenig offen halten möchte', schiebt sie im Alter von 28 Jahren kurz vor dem Ende des Studiums

Abb. 1.3

noch ein freiwilliges soziales Jahr in Afrika ein. In einem vierwöchigen Vorbereitungskurs wird sie von Experten mithilfe der modernsten Vermittlungsformen auf diese Tätigkeit vorbereitet. Auch die Stellen im Bereich des bürgerschaftlichen Engagements in anerkannten Organisationen sind, ähnlich wie auf dem Markt für Erwerbsarbeit, mittlerweile knapp geworden. In Afrika lernt sie ihren zukünftigen Lebenspartner kennen, der ihr nach Europa folgt; das ist in einem Zeitalter, in dem die Globalisierung längst Realität ist, nichts Unübliches. Die Partnerschaft erweist sich nicht immer als leicht, da die kulturellen Unterschiede doch sehr groß sind. Die Notwendigkeit, die Lebensgemeinschaft materiell abzusichern und das Studium des Ehemannes zu finanzieren, zwingt Petra Müller schnell dazu, auf dem Arbeitsmarkt nach einer Beschäftigungschance Ausschau zu halten. Die ebenfalls vorhandene Option, einen Bildungskredit aufzunehmen, schlägt sie aus. Nach intensiver Suche findet sie nach drei Monaten ihre erste Arbeitsstelle bei einem finnischen Computerhersteller auf der Basis eines befristeten Vertrags. Sie besucht einen betrieblichen Einweisungskurs in Finnland, wo sie das erste und einzige Mal ihren Kolleginnen vis-à-vis gegenübersteht. Ebenso wie Petra sind auch die übrigen Computerspezialisten ihres Teams über ganz Europa verteilt; alle arbeiten in der eigenen Wohnung und sind online mit der Zentrale verbunden. Eine kontinuierliche, die gleichzeitige körperliche Anwesenheit einschließende Beziehung zu den Kollegen gehört für viele erwerbstätige Menschen der Vergangenheit an. Die isolierte Arbeitsform bereitet Petra Müller trotz der vielen Vorteile und Freiheiten aber auf Dauer auch einige Probleme. Weil sie ‚auch einmal mit einem richtigen Menschen und nicht nur mit Computern reden will', schließt sie sich einer Selbsthilfegruppe an, um mit anderen Telearbeiterinnen die mit dieser Arbeitsform verbundene Isolation aufzuheben. Hin und wieder wird die Selbsthilfegruppe von einem externen Coach beraten. Die räumliche und soziale Nähe zwischen Arbeit und Familie bietet kaum Rückzugsmöglichkeiten und Distanz. Genau das erweist sich wiederum als Quelle von familiären Spannungen. Mit ihrem arbeitslosen Mann kann sie nur bedingt über ihre Sorgen sprechen. Nach einem Jahr Telearbeit wendet sich das Blatt: Petra Müller bekommt ihr erstes Kind, kurze Zeit später ihr zweites. Aufgrund dieser neuen Lebenssituation und des Antritts der ersten Stelle seitens des Ehemannes lernt sie auch die Vorteile der Telearbeit kennen. Da ihr Mann neben dem Beruf viel für den Haushalt tut, spielt sich nach und nach eine produktive familiäre Arbeitsteilung ein. Petra Müller hat nach acht Jahren immer noch den gleichen Arbeitgeber; gemessen am Durchschnitt ist ihre Betriebszugehörigkeit als ausgesprochen lang einzustufen. Doch es ist nicht nur die berufliche Routine und das Gefühl von Unterforderung, das sie zu der Entscheidung veranlasst, sich berufsbiografisch zu verändern und von sich aus zu kündigen. Da die Kinder älter werden und die schulische Ausbildung in den letzten Jahren immer teurer geworden ist, muss sich Petra Müller langfristig eine Arbeit suchen, die der Familie ein höheres Einkommen verschafft. Nach einer kurzen Phase der Arbeitslosigkeit entscheidet sie sich für einen Weg, den Menschen in ihrem Alter sehr häufig gehen: Sie macht eine weitere Berufsausbildung. Das damit verbundene Risiko kann sie in Kauf nehmen, weil ihr Mann ja inzwischen ebenfalls berufstätig ist. An ihr früheres ökologisches Interesse anknüpfend, erwirbt sie nach zweijähriger Zusatzausbildung beim Berufsverband der Öko-Ingenieure ein Zertifikat. Dies bietet ihr die Möglichkeit, hochspezialisierte Computerprogramme für Betriebe im Umweltschutz zu entwickeln. Petra Müller verfügt nun über vielfältiges Fachwissen aus zwei Bereichen, der Welt des Computers und der des ökologischen Ingenieurwesens. Sie nimmt einen Kredit bei der Bank auf, mietet ein Büro an und arbeitet nun auf eigenes Risiko. Nach einer Durststrecke kann sie sich als Spezialistin für Computeranimation im Umweltschutz erfolgreich selbstständig machen. Da in ihrem Arbeitsfeld immer neue Herausforderungen auftauchen und die Technologien schnell veralten, muss sie jedes Jahr mehrere Fortbildungen besuchen, zum einen auf dem Gebiet der Software-Anpassung und Innovation und zum anderen auf betriebswirtschaftlichem Gebiet. Gegenüber der Vielzahl anderer Fortbildungsofferten verhält sie sich ausgesprochen wählerisch. Sie ist sich darüber im Klaren, dass sie vieles – das sie auf dem Fortbildungsmarkt teuer bezahlen muss – letztlich gar nicht gebrauchen kann. Ironisch spricht sie in diesem Zusammenhang sogar von ‚Fortbildungstourismus'. Sie glaubt, sie werde bald dem ständigen Lern- und Innovationsdruck im höheren Erwachsenenalter nicht mehr gewachsen sein. Es ist weniger die Koordination innerhalb der Arbeitszeit, sondern die Abstimmung von Arbeits- und Lernzeit, die immer mehr Menschen vor große Probleme stellt. Deshalb erwägt sie, einen jüngeren Mitarbeiter einzustellen. Doch um dies zu tun, hat sie noch mehr Projektangebote anzunehmen, also noch intensiver und mehr zu arbeiten. Auch der Ehemann hat sich beruflich verändert und seinen Arbeitsplatz gleich mehrfach gewechselt. Die Familie hat sich in all den Jahren daran gewöhnen müssen, dass der materielle Lebensstandard starken Schwankungen unterworfen ist: Mal geht es ihr finanziell gut, mal aufgrund beruflicher Verdienstausfälle eher schlecht.

Obwohl die berufliche Situation der Eheleute das Familienschicksal stark bestimmt, gehen nicht alle Veränderungen in Petras Biografie auf berufliche Impulse zurück. Bevor die Kinder ein Alter erreicht haben, das sie in die Lage versetzt, auf eigenen Beinen zu stehen, hat Petra Müller selbst die eine oder andere Lehre aus deren ‚Lerngeschichten' gezogen. Insbesondere hat sie von den musischen Begabungen der beiden Kinder profitiert, was sich darin niederschlägt, dass sie mit fünfzig den Plan entwickelt, in einer Musikschule für Erwachsene das Gitarrespielen zu erlernen. Darüber hinaus sucht sie nach weiteren Beschäftigungen, um die Einseitigkeiten des naturwissenschaftlichen Berufs ein wenig auszugleichen. Dabei stößt sie auf neue Interessensgebiete, wie beispielsweise die italienische Malerei der Spätrenaissance, die sie auf Bildungsreisen und in Kursen erschließen möchte. Da auch ihr Ehemann kein sonderlich hohes Einkommen hat, kann Petra Müller ihre Arbeitszeit nicht – wie eigentlich geplant – auf Dauer, sondern nur unter ganz bestimmten Bedingungen reduzieren. Erst nachdem sie sechsundsiebzig Jahre alt geworden ist, kehrt so etwas wie materielle Planungssicherheit ein. Auf ausgedehnten Bildungsreisen vertieft sie ihr Interesse an fremden Ländern und deren Kultur, nun will sie, wie sie es selbst einmal ausdrückt, ‚das eine oder andere Stück der Welt kennenlernen'. Je älter die Protagonistin wird, desto bedeutsamer werden für sie persönliche Kontakte und der zwischenmenschliche Erfahrungsaustausch, eine Form der Lebensqualität, auf die sie aufgrund ihres harten und anstrengenden Arbeitslebens jahrzehntelang verzichtet hat. An ihrem Wohnort schließt sich Petra Müller einer Wissensbörse an, die ihr gesellige Bildung in großer Zwanglosigkeit bietet. Petra Müller kann diesen Aktivitäten aber nur nachgehen, weil sie sich durch private Zusatzversicherungen finanziell abgesichert hat. Anderen Menschen in ihrem Alter ergeht es ganz anders: Sie müssen bis weit über die Siebzig hinaus arbeiten. Petra Müller setzt auch im Alter ihr schon in der Schulzeit eingeübtes biografisches Muster fort, sich für vielfältige Dinge zu interessieren. Sie bleibt sich selbst treu, indem sie einiges dafür tut, um ‚bloß kein Fachidiot' zu werden, wie sie es im Studium einmal ausgedrückt hatte.

Aufgaben

1. Erstellen Sie einen tabellarischen Lebenslauf von Petra Müller. Orientieren Sie sich zur Definition dieses Begriffs zunächst bei M 4.
2. Beschreiben Sie – übersichtlich gegliedert – die Bildungsbiografie von Petra Müller. Orientieren Sie sich zu den Definitionen bei M 4 und M 5.
3. Arbeiten Sie heraus, welche Lern- und Bildungsprozesse Petra Müllers in Institutionen und welche nicht-institutionalisiert ablaufen. Zeigen Sie auf, welche Institutionen und Lernorte beteiligt sind.
4. Erklären Sie den Unterschied von „Lernen" und „Bildung" mit Bezug auf diese Fallgeschichte. Orientieren Sie sich dabei am Bildungsbegriff in M 5. Beachten Sie dazu, welche Entscheidungen Petra Müller selbst trifft und welche Bedingungen, die sie nicht beeinflussen kann, eine Rolle spielen.

M4 Lebenslauf und Biografie (Dieter Nittel/Andrea Siewert)

Worin liegt der Unterschied zwischen Lebenslauf und Biografie? Der Lebenslauf umfasst die Totalität aller objektivier- und nicht objektivierbaren Ereignisse, Wendepunkte, Phasen, Erfahrungen, Erlebnisse und Empfindungen zwischen Geburt und Tod eines Menschen. Der Lebenslauf stellt in modernen Gesellschaften eine Institution dar, da bestimmte Karrieremuster, Berufsabläufe, lebenszyklische Einschnitte und Zäsuren normiert werden und mehr oder weniger rigiden sozialen Kontrollen ausgesetzt sind. Der Lebenslauf existiert auch dann, wenn er nicht ausdrücklich thematisiert, also nicht als Gegenstand der Kommunikation infrage kommt. Demgegenüber markiert die Biografie die sinnhafte Organisation, die individuelle Aneignung und Thematisierung des Lebenslaufs. […] Biografie bezieht sich heute auf schriftliche wie auch auf mündliche Texte, die Erfahrungen und Ereignisse der zurückliegenden Lebensspanne eines Subjektes zu einem sinnhaften Ganzen zusammenfügen.

M5 Bildung über die Lebenszeit (Reinhard Fatke/Hans Merkens)

Bildung ist nicht auf die Schule als Institution und nicht auf Kindheit und Jugend als Lebensphase begrenzt. Vielmehr verlangt die moderne Welt ein neues Konzept: Bildung über die Lebenszeit. Denn unsere Wissensbestände verändern sich rasant, und die moderne Welt ist davon so sehr geprägt, dass von einer „Wissensgesellschaft" gesprochen wird, in der eine Hauptaufgabe im Wissensmanagement liegt. Auch in der Berufswelt verändern sich die Anforderungen ständig, sodass die Weiterbildung zu einer lebenslangen Aufgabe wird. Ferner greifen die formellen Prozesse des Lernens in den Bildungseinrichtungen und die Prozesse des informellen Lernens, z. B. am Arbeitsplatz, in der Freizeit, im Kulturbereich, mithilfe alter und neuer Medien usw., ineinander. Aus alledem ergibt sich, dass Bildung schon weit vor der Schule im frühen Kindesalter beginnen und über die ganze Lebenszeit anhalten muss. Dafür steht der – auch international gebräuchliche – Begriff „lebenslanges Lernen".

Mit der lebenszeitlichen Perspektive wird zugleich die Chance eröffnet, Bildung wieder in einem umfassenderen Verständnis in die öffentliche Reflexion und Diskussion zu bringen als nur im Sinne von Aufnehmen und Verarbeiten von Wissensbeständen zum Erreichen vorbestimmter Leistungsziele. Gerade die Kontingenz, die Nicht-Verfügbarkeit, auch die Sperrigkeit gegenüber allzu einengenden Didaktisierungsversuchen, das Widerständige auch und gerade gegenüber ökonomischer Instrumentalisierung und staatsbürgerlicher Verzweckung gilt es, wieder stärker in den Mittelpunkt zu rücken.

Wenn mit Bildung diejenigen Prozesse benannt werden, in denen sich der Mensch in wahrnehmender, denkender und handelnder Auseinandersetzung mit der Welt allseitig entfaltet, sind ein wesentliches Kennzeichen solcher Bildungsprozesse Erfahrungen von Differenz zwischen dem, was man ist, weiß, kann, darf usw., und dem, was man (noch) nicht ist, weiß, kann, darf usw. Wenn diese Differenz als Herausforderung erfahren wird, an der man wachsen kann, indem man sich ihr stellt und sich mit ihr auseinandersetzt, und nicht nur als Aufgabe, die man bewältigen muss, dann ist eine notwendige Vorbedingung dafür gegeben, dass sich Bildung ereignen kann. In diesem Sinne lässt Bildung sich nicht erzwingen, sondern sie kann sich ereignen, wenn entsprechende Angebote und Situationen geschaffen werden, in denen sich der Mensch herausfordern lässt, sich mit der Welt und sich selbst auseinanderzusetzen. Insofern sind Bildungsprozesse prinzipiell unabschließbar.

Weiterführende Aufgaben

1. Beschreiben Sie mithilfe des Textes von Henningsen j4m78v den Blick eines Pädagogen auf eine Biografie.
2. Formulieren Sie zusammenfassend im Anschluss an Fatke/Merkens M 5 und Henningsen die pädagogische (d. h. bildungstheoretische) Perspektive auf den Lebenslauf.
3. Sammeln Sie Fragen, denen Sie im Hinblick auf „Bildung über die Lebenszeit" in diesem Kurs nachgehen möchten.

2. Eriksons Modell der psychosozialen Entwicklung

Die Bildung des Menschen hört mit der Jugend nicht auf. Auch der Erwachsene muss sich im Verlaufe seines Lebens immer wieder neuen Herausforderungen stellen und sich an Konflikten abarbeiten. Welche Konflikte sind das? Welche Herausforderungen? Wie kann er angesichts der Anforderungen wachsen und sich in einer sich schnell verändernden Gesellschaft orientieren? Wie kann er ein sinnvolles und gelungenes Leben gestalten? Was bleibt im Verlaufe der menschlichen Entwicklung gleich? Was verändert sich? Kann man Phasen unterscheiden? Welche Bedeutung hat die Entwicklung in der frühen Kindheit?

Die Pädagogik beschäftigt sich auch mit solchen Problemen – nicht nur bei Kindern und Jugendlichen, sondern auch bei Erwachsenen. Sie ist bei ihren Antworten auf die Erkenntnisse der Psychologie, der Soziologie und anderer Wissenschaften angewiesen. Sie werden in diesem Kapitel vor allem eine psychologische Entwicklungstheorie kennenlernen, die bei der Arbeit an Antworten auf die oben gestellten Fragen eine wichtige Rolle spielt. Darüber hinaus haben Sie die Gelegenheit, Einblick in die pädagogische Biografieforschung als pädagogische Alternative zu psychologischen Entwicklungstheorien zu bekommen.

Erik Homburger Erikson (1902–1994) war ein deutsch-US-amerikanischer Psychoanalytiker. Bekannt wurde er durch sein Stufenmodell der psychosozialen Entwicklung.

Abb. 2.1: Erik Homburger Erikson (1902–1994)

Erik Homburger Erikson wurde in Deutschland geboren. Seine Mutter hatte sich zuvor von ihrem Ehemann getrennt und Dänemark verlassen. 1905 heiratete sie Dr. Theodor Homburger, den (jüdischen) Kinderarzt des kleinen Erik. Im Anschluss an seine Schulzeit reiste der künstlerisch interessierte Erik H. Erikson – wie er sich nach seiner späteren Immigration in die Vereinigten Staaten nannte – seine Bestimmung suchend durch Europa. 1927 erhielt er eine Anstellung an der von Anna Freud und Dorothy Burlingham gegründeten privaten Burlingham-Rosenfeld-Schule. Neben seiner Tätigkeit an der Privatschule absolvierte er bei Anna Freud eine analytische Ausbildung. Sein psychologischer Ansatz fußt – wie bei Anna Freud – auf Sigmund Freuds Psychoanalyse. In seiner (Eriksons) Betonung der Identitätsentwicklung greift er Anna Freuds Ich-Psychologie auf und erweitert diese noch einmal um eine gesellschaftliche bzw. interaktionistische Perspektive, auf die ihn seine weltweiten Reisen und insbesondere seine Studien in Indianer-Reservaten aufmerksam gemacht hatten. Erikson interessiert besonders die Frage: „In welcher Weise wächst die gesunde Persönlichkeit bzw. wie wächst ihr aus den aufeinanderfolgenden Stadien die Fähigkeit zu, die äußeren und inneren Gefahren des Lebens zu meistern und noch einen Überschuss an Lebenskraft zu erübrigen?"

2.1 Merkmale der psychosozialen Entwicklung

M1 Über Gesundheit und Wachstum, das epigenetische Prinzip (Erik Homburger Erikson)

Das menschliche Wachstum soll hier unter dem Gesichtspunkt der inneren und äußeren Konflikte dargestellt werden, welche die gesunde Persönlichkeit durchzustehen hat und aus denen sie immer wieder mit einem gestärkten Gefühl innerer Einheit, einem Zuwachs an Urteilskraft und der Fähigkeit hervorgeht, ihre Sache „gut zu machen", und zwar gemäß den Standards derjenigen Umwelt, die für diesen Menschen bedeutsam ist. Der Ausdruck „seine Sache gut machen" (to do well) deutet natürlich auf das ganze Problem der Relativität der Kultur hin. So kann z. B. der Personenkreis, der für einen Menschen wichtig ist, glauben, er mache seine Sache gut, wenn er viel „Gutes tut"; oder wenn er „sich gut stellt" in dem Sinn, dass er viel Geld macht; oder wenn es ihm gelingt, die Realität auf neue Weise zu sehen oder zu meistern; oder auch wenn er sich nur gerade durchbringt. […]

Wenn wir das Phänomen „Wachstum" verstehen wollen, tun wir gut daran, uns an das *epigenetische Prinzip* zu erinnern, das vom Wachstum der Organismen *in utero* abgeleitet ist. Dieses Prinzip lässt sich dahin verallgemeinern, dass alles, was wächst, einen *Grundplan* hat, dem die einzelnen *Teile* folgen, wobei jeder Teil eine Zeit des Übergewichts

Abb. 2.2: Die verschiedenen Alter des Menschen (ca. 1930)

durchmacht, bis alle Teile zu einem *funktionierenden Ganzen* herangewachsen sind. Mit der Geburt verlässt das Kind den chemischen Austausch des Mutterschoßes und tritt in den sozialen Austausch der Gesellschaft ein, in welcher seine gradweise wachsenden Fähigkeiten auf die Chancen und Schranken seiner Kultur treffen. Wie der reifende Organismus sich weiter entwickelt, nicht durch Hervorbringung neuer Organe, sondern durch eine vorgezeichnete Folge von Fortbewegungs-, Sinnes- und sozialen Fähigkeiten, ist in der Literatur über die Entwicklung des Kindes dargestellt. Die Psychoanalyse hat das Verständnis für das eigentlich persönliche Erleben und speziell für die inneren Konflikte beigesteuert, welche die Art und Weise festlegen, wie ein Mensch zu einer individuellen Persönlichkeit wird. Aber auch hier muss man sich klar darüber sein, dass das gesunde Kind, bei einem vernünftigen Grad von Leitung, in der Aufeinanderfolge seiner höchst persönlichen Erfahrungen gewöhnlich inneren Entwicklungsgesetzen gehorcht, die eine Stufenfolge signifikanter Wechselwirkungen zwischen diesem Kind und seinen Betreuern ermöglichen. So verschieden diese Beeinflussung von Kultur zu Kultur auch ist, sie muss in jedem Falle in genau dem Tempo und in der Aufeinanderfolge geschehen, die das Wachstum der Persönlichkeit ebenso regieren wie das Wachstum eines Organismus. Man kann sagen, dass die Persönlichkeit in Abschnitten wächst, die durch die Bereitschaft des menschlichen Organismus vorherbestimmt sind, einen sich ausweitenden sozialen Horizont bewusst wahrzunehmen und handelnd zu erleben; einen Horizont, der mit dem nebelhaften Bild einer Mutter anfängt und mit der Menschheit endet – oder doch mit jenem Ausschnitt der Menschheit, der für das spezielle Leben dieses Menschen zählt. Aus diesem Grunde benutzen wir für die Darstellung der Stadien in der Entwicklung der Persönlichkeit ein *epigenetisches Diagramm*, das einem an anderer Stelle für die Analyse der psychosexuellen Stadien Freuds verwendeten Diagramm analog ist. Unsere Darstellung beabsichtigt nämlich, eine Brücke zu schlagen zwischen der Theorie der infantilen Sexualität und unserer Kenntnis des physischen und sozialen Wachstums des Kindes innerhalb seiner Familie und der Sozialstruktur. Das epigenetische Diagramm sieht folgendermaßen aus (siehe Diagramm A):

	Komponente 1	**Komponente 2**	**Komponente 3**
Stadium I	**I_1**	I_2	I_3
Stadium II	II_1	**II_2**	II_3
Stadium III	III_1	III_2	**III_3**

Abb. 2.3: Diagramm A

Die dunkel umrandeten Vierecke bezeichnen sowohl die zeitliche Aufeinanderfolge der drei Stadien (I bis III) wie auch die stufenweise Entwicklung der Teilkomponenten; das Diagramm schematisiert also einen Vorgang *zeitlich fortschreitender Differenzierung von Komponenten*. Es soll damit angedeutet werden, dass erstens jedes zu diskutierende Problem der gesunden Persönlichkeit *systematisch mit allen anderen verbunden* ist und dass alle von der *richtigen Entwicklung zur rechten Zeit* abhängen, und dass zweitens jedes Problem in irgendeiner Form schon existiert, bevor es normalerweise in seine entscheidende, kritische Zeit eintritt. Der Sinn des Diagramms wird deutlicher werden, wenn ich erkläre, dass die erste Komponente seelischer Gesundheit, die sich entwickelt, ein Gefühl von *Urvertrauen* ist, die zweite das Gefühl eines *autonomen Willens* und die dritte ein Gefühl von *Initiative* (siehe Diagramm B).

Erstes Stadium (etwa 1. Lebensjahr)	**Urvertrauen**	Frühform der Autonomie	Frühform der Initiative
Zweites Stadium (etwa 2. und 3. Lebensjahr)	Spätere Form des Urvertrauens	**Autonomie**	Frühform der Initiative
Drittes Stadium (etwa 4. und 5. Lebensjahr)	Spätere Form des Urvertrauens	Spätere Form der Autonomie	**Initiative**

Abb. 2.4: Diagramm B

Diese schematische Darstellung soll eine Anzahl fundamentaler Beziehungen, die zwischen den drei Komponenten bestehen, sowie einige der Grund-Tatsachen für jede dieser Komponenten ausdrücken.

Jede kommt zu ihrem Höhepunkt, tritt in ihre kritische Phase und erfährt ihre bleibende Lösung (in welcher Weise, wird später beschrieben werden) gegen Ende des betreffenden Stadiums. Alle aber bestehen schon von Anfang an, auch wenn wir auf diesen Punkt nicht besonders eingehen; um keine Verwirrung zu stiften, werden wir diese Komponenten in den früheren oder späteren Stadien auch nicht mit anderen Bezeichnungen belegen. Ein Säugling kann sehr wohl von Anfang an so etwas wie „Autonomie" zeigen, etwa durch die Art, in der er zornig die Hand zu befreien sucht, wenn man sie festhält. Unter normalen Umständen beginnt das Kleinkind aber erst im zweiten Jahr den ganzen Konflikt seines Zustandes als eines autonomen und zugleich abhängigen Wesens zu erfahren, und erst dann ist es genügend vorbereitet für eine entscheidende Begegnung und Auseinandersetzung mit seiner Umgebung, während diese wiederum gerade dann sich berufen fühlt, dem Kind ihre besonderen Ideen und Begriffe von Autonomie und Zwang zu übermitteln, und zwar in einer Weise, die entscheidend beiträgt zu Charakter, Leistungsfähigkeit und Gesundheit seiner Persönlichkeit innerhalb seiner Kultur. Diese Auseinandersetzung und die sich daraus ergebende Krise sollen nun für jedes Stadium beschrieben werden. Jedes Stadium wird zu einer Krise, weil das einsetzende Wachstum und Bewusstwerden einer wichtigen Teilfunktion Hand in Hand geht mit einer Verschiebung der Triebenergie und zugleich das Individuum in diesem Teil besonders verletzlich macht. Es ist daher sehr schwer zu entscheiden, ob ein Kind in einem bestimmten Stadium schwach oder stark ist. […] Eine Familie kann kein Kind erziehen, ohne auch von ihm erzogen zu werden. Sein Heranwachsen besteht aus einer Serie von Herausforderungen an sie, seinen neu sich entwickelnden Möglichkeiten zu sozialer Interaktion dienstbar zu sein. Auch wegen des radikalen Wechsels in der Perspektive ist jeder folgende Schritt eine potenzielle Krise. Schon am Beginn des Lebens steht die radikalste aller Veränderungen: die vom intrauterinen zum extrauterinen Leben. Aber auch in der postnatalen Phase müssen radikale Umstellungen der Perspektive zu ganz bestimmten Zeiten vollbracht werden; etwa die vom entspannten Liegen zum aufrechten Sitzen und zum Laufen. Auch die zwischenmenschliche Perspektive wechselt beim Kinde sehr rasch und oft radikal, wie der geringe Zeitabstand zwischen so gegensätzlichen Wünschen wie „die Mutter soll nicht fortgehen“ und „ich will unabhängig sein“ anzeigt. So machen neue Fähigkeiten sich verschiedene Möglichkeiten zunutze, um voll entwickelte Komponenten der immer wieder neuen Konfiguration zu werden, die die heranwachsende Persönlichkeit darstellt.

Aufgaben

1. **Fassen Sie die strukturellen Merkmale des psychosozialen Entwicklungsmodells Eriksons zusammen.**
2. **Erläutern Sie das folgende Beispiel Eriksons, indem Sie zunächst auf die Phasentheorie Sigmund Freuds zurückgreifen.**

M2 Der Sohn des Bombenschützen (Erik Homburger Erikson)

Während des letzten Krieges machte einer meiner kleinen Nachbarn, ein fünfjähriger Junge, eine Persönlichkeitsveränderung durch und verwandelte sich aus einem „Mutterkindchen“ in ein gewalttätiges, eigensinniges und ungezogenes Kind. Als beunruhigendstes Symptom entwickelte sich ein Drang, Feuer zu legen.

Die Eltern des Kindes hatten sich kurz vor Ausbruch des Krieges getrennt. Die Mutter war mit ihren Cousinen zusammengezogen, und der Vater trat bei Kriegsbeginn in die Luftwaffe ein. Die Frauen äußerten sich häufig sehr abfällig über den Vater. Sie unterstützten in dem Jungen babyhafte Tendenzen. So drohte der Umstand, dass man Sohn einer Mutter war, zu einem stärkeren Identitätselement zu werden als die Tatsache, dass man Sohn eines Vaters war. Der Vater aber bewährte sich im Krieg; er wurde tatsächlich ein Held. Anlässlich seines ersten Urlaubs sah der Junge den Mann, dem er doch nicht ähnlich werden sollte, als vielbewunderten Mittelpunkt der nachbarlichen Aufmerksamkeit. Die Mutter verkündete, dass sie auf ihre Scheidungspläne verzichten wolle. Der Vater ging wieder in den Krieg und wurde schließlich über Feindesland abgeschossen.

Nach der Abreise und dem Tod des Vaters entwickelte das bisher weiche und abhängige Kind immer auffälligere destruktive Neigungen, wurde ablehnend und begann schließlich, Feuer zu legen. Den Schlüssel zu dieser Veränderung lieferte er selbst, als er einmal, in Protest gegen die Prügel seiner Mutter, auf einen von ihm angezündeten Holzhaufen wies und (in kindlicheren Worten) rief: „Wenn das eine feindliche Stadt wäre, würdest du mich loben!“ […] Der abwesende Vater, der zuerst erfolgreich vom „braven“ kleinen Knaben vertreten wurde, wird plötzlich eine Bedrohung, ein Konkurrent um die Liebe der Mutter. Radikal entwertet er den Nutzen der weiblichen Identifikation des Knaben. Um sich sowohl vor der sexuellen wie vor der sozialen Desorientierung zu retten, muss das Kind in größter Eile seine Identifikation umgruppieren; aber der Tod des großen Konkurrenten erhöht nun plötzlich die Schuldgefühle des Kindes wegen seiner Konkurrenzgefühle und stellt die neue männliche Initiative des Knaben bloß.

Abb. 2.5: Ödipus und Sphinx

Ein Kind hat eine ganze Reihe von Möglichkeiten, sich mehr oder weniger versuchsweise mit den Gebräuchen, Charakterzügen, Beschäftigungen und Ideen wirklicher oder fantasierter Menschen beiderlei Geschlechts zu identifizieren. Gewisse Krisen zwingen es, radikale Auswahl zu treffen. […] Denn wo ein Kind fühlt, dass seine Umgebung den Versuch macht, es zu radikal aller Ausdrucksformen zu berauben, die ihm gestatten, den nächsten Schritt in seiner Ich-Identität zu erreichen und zu integrieren, da wird es sich mit der erstaunlichen Kraft eines Tieres verteidigen, das plötzlich in Lebensgefahr gerät. Und tatsächlich gibt es in dem sozialen Dschungel der menschlichen Existenz kein Lebensgefühl, kein Bewusstsein, lebendig zu sein, wo das Gefühl der Ich-Identität fehlt. Es ist der Verlust der Identität, der zu Mord führen kann.

Ich hätte nicht gewagt, in dieser Weise über die Konflikte des kleinen Bomberpiloten zu spekulieren, hätte ich nicht den Beweis für eine Lösung beobachtet, die mit unserer Deutung übereinstimmte. Nachdem die gefährliche Initiative des Knaben in ihren schlimmsten Formen überwunden war, konnte man ihn auf seinem Fahrrad abschüssige Straßen hinunterrasen sehen, wobei er andere Kinder erschreckte, gefährdete und doch geschickt umfuhr. Sie schrien, lachten und bewunderten ihn irgendwie. Beobachtete man ihn und hörte die merkwürdigen Geräusche, die er dabei machte, so musste man sich wohl vorstellen, dass er sich selbst für ein Flugzeug im Kampfeinsatz hielt. Aber gleichzeitig erreichte er auf diesem Wege eine spielerische Beherrschung seiner eigenen Lokomotorik; er übte das Ausweichen im Angriff und wurde ein wahrer Virtuose auf dem Fahrrad.

Aus solch einem Beispiel sollte man lernen, dass eine Umerziehung sich der Kräfte bedienen muss, die für die spielerische Integration zur Verfügung stehen. Andererseits muss die verzweifelte Intensität manch eines Symptoms als die Verteidigung eines notwendigen Schrittes in der Entwicklung der Ich-Identität verstanden werden, eines Schrittes, der dem Kind die Möglichkeit verspricht, die rapiden Veränderungen innerhalb all seiner Lebensgebiete zu integrieren. Was dem Beobachter als eine besonders heftige Manifestation nackter Instinkte erscheinen kann, ist oft nur eine verzweifelte Bitte um die Erlaubnis, den einzig möglichen Weg der Synthetisierung und Sublimierung einschlagen zu dürfen. Unsere jungen Patienten können daher nur auf therapeutische Maßnahmen reagieren, die ihnen helfen, die nötigen Requisiten zu einer erfolgreichen Entwicklung ihrer Ich-Identität zu erwerben. Therapie und pädagogische Führung können wohl den Versuch unternehmen, weniger wünschenswerte Einzelzüge durch bessere zu ersetzen, aber die Gesamtkonfiguration der Ich-Identität wird bald unveränderlich. Daraus folgt, dass Therapie und Erziehung durch professionelle Hilfe scheitern müssen, wo die Kultur keine frühe Grundlage für eine Ich-Identität anbietet und wo die Möglichkeiten für eine entsprechende spätere Anpassung fehlen.

Unser kleiner Patient liefert eine Illustration zu einem allgemeingültigen Punkt. Die psychosoziale Identität entwickelt sich aus der allmählichen Integration aller Identifizierungen. Aber hier gilt, mehr noch als sonst, der Satz, dass das Ganze etwas durchaus anderes ist als die Summe seiner Teile. Unter günstigen Umständen besitzen Kinder schon früh im Leben den Kern einer eigenen Identität; oft müssen sie ihn sogar gegen die Notwendigkeit, sich mit einem ihrer Elternteile, oder beiden, übermäßig zu identifizieren, verteidigen. Das ist sehr schwer von Patienten zu erfahren, denn das neurotische Ich ist definitionsgemäß Überidentifizierungen zum Opfer gefallen, die das kleine Individuum sowohl von seiner keimenden Identität als auch von seinem Milieu isolieren.

2.2 Stadien der psychosozialen Entwicklung

2.2.1 Stadien der Kindheit

Aufgaben

1. Vergleichen Sie, inwieweit Erikson zur Erklärung des Beispiels die psychosexuelle Deutung Freuds um psychosoziale Aspekte erweitert, spricht Erikson doch von der „sozialen Situation", von der „Umgebung", vom „sozialen Dschungel der menschlichen Existenz".
Ziehen Sie dazu auch die Materialien M 4 bis M 7 zurate, indem Sie zunächst das Diagramm B in M 1 erweitern und konkretisieren. Arbeiten Sie dazu die Krisenpole, die wesentlichen sozialen Beziehungen und die Aussagen zur Identität in den jeweiligen Stufen heraus.
2. Fassen Sie zusammen, inwieweit ein psychoanalytisch geschulter Erzieher/Lehrer die Situation des Sohnes besser verstehen kann als ein psychoanalytisch nicht geschulter Erzieher/Lehrer.
3. Welche präventiven Maßnahmen hätte ein solcher Erzieher/Lehrer ergreifen können und sollen, um das Brandstiften des Jungen im Vorfeld zu verhindern?

M3 Vertrauen gegen Urmisstrauen (Erik Homburger Erikson)

Der früheste Beweis für das Vertrauen des Kindes zur Gesellschaft ist das Fehlen von Ernährungsschwierigkeiten, Schlafstörungen und Spannungszuständen im Verdauungstrakt. Das Kind erlebt die wechselseitige Regulierung seiner eigenen wachsenden Fähigkeit zur Nahrungsaufnahme mit der Nährtechnik der Mutter, und dies hilft ihm nach und nach, das Unbehagen der bei der Geburt noch unausgewogenen Homöostase zu überwinden. In den allmählich länger werdenden Zeiten des Wachseins erwecken die Abenteuer, die ihm seine Sinne vermitteln, im Kinde immer mehr das Gefühl des Vertrauten und der Koinzidenz mit etwas, das sich im Inneren gut anfühlt. Zustände des Wohlbehagens und die damit in Beziehung stehenden Personen werden ihm ebenso vertraut wie die nagenden Unlustgefühle in seinen Verdauungsorganen. Daher kann man es als die erste soziale Leistung des Kindes bezeichnen, wenn es die Mutter aus seinem Gesichtsfeld entlassen kann, ohne übermäßige Wut oder Angst zu äußern, weil die Mutter inzwischen außer einer zuverlässig zu erwartenden äußeren Erscheinung auch zu einer inneren Gewissheit geworden ist. Das Erleben des Konstanten, Kontinuierlichen und Gleichartigen der Erscheinungen liefert dem Kinde ein rudimentäres Gefühl von Ich-Identität; es scheint dies davon abhängig zu sein, dass das Kind eine innere Welt erinnerter und voraussehbarer Empfindungen und Bilder in fester Korrelation mit der äußeren Welt vertrauter, zuverlässig wiedererscheinender Dinge und Personen „weiß". […]

Abb. 2.6

Das dauernde Erproben und Abtasten der Beziehungen zwischen innerer und äußerer Welt tritt mit den Zornausbrüchen der Beiß-Phase in ein kritisches Stadium, wenn das Zahnen dem Kinde von innen her Schmerz bereitet, die äußeren Freunde sich aber entweder als nutzlos erweisen oder sich dem einzigen Akt entziehen, der Erleichterung verschafft: dem Beißen. Nicht dass das Zahnen selbst all die schrecklichen Folgen nach sich zöge, die ihm manchmal zugeschrieben werden. Wie schon angedeutet, ist das Kind nur getrieben, mehr „zuzupacken", aber es findet nun häufig, dass die ersehnten Ziele sich ihm entziehen: die Brustwarze und die Brust – und die auf es allein konzentrierte Aufmerksamkeit und Fürsorge der Mutter. Das Zahnen scheint eine prototypische Bedeutung zu haben und könnte durchaus das Modell der masochistischen Tendenz sein, sich dadurch eines grausamen Trostes zu versichern, dass man eigene Leiden genießt, sobald man außerstande ist, einen bedeutsamen Verlust zu verhindern. […]

Die Psychoanalyse sieht in diesem frühen Differenzierungsprozess zwischen Innen und Außen den Ursprung der Projektionsmechanismen, die zu unseren tiefsten und gefährlichsten Abwehrmechanismen gehören. Bei der Introjektion empfinden und handeln wir, als ob etwas Gutes der Außenwelt zu einer inneren Gewissheit geworden wäre. Bei der Projektion erleben wir eine innerliche Verletzung als eine äußerliche; wir übertragen das Böse, das in Wirklichkeit in uns selber seinen Sitz hat, auf gewisse bedeutsame Personen. Diese zwei Mechanismen, Projektion und Introjektion, müssen also nach dem Muster dessen gebildet sein, was im Säugling vorgeht, wenn er Schmerz nach außen und Lust nach innen verlegen möchte, ein „Bestreben", das dem Zeugnis der reifenden Sinne und schließlich der Vernunft weichen muss. Beim Erwachsenen leben diese Mechanismen in akuten Liebes-, Vertrauens- und Glaubenskrisen mehr oder weniger normal wieder auf und können bei einer Unzahl „reifer" Individuen irrationale Haltungen gegenüber Widersachern und Feinden charakterisieren.

Die feste Prägung dauerhafter Verhaltensformen für die Lösung der Kernkonflikte von Urvertrauen und Urmisstrauen in Bezug auf das Leben an sich ist also die erste Aufgabe des Ich und daher auch die vornehmste pflegerische Aufgabe der Mutter. Dazu muss jedoch gesagt werden, dass die Summe von Vertrauen, die das Kind seinen frühesten Erfahrungen entnimmt, nicht absolut von der Quantität an Nahrung und Liebesbezeugungen, sondern eher von der Qualität der Mutter-Kind-Beziehung abhängt. Ich glaube, dass die Mutter in dem Kinde dieses Vertrauensgefühl durch eine Pflege erweckt, die ihrer Qualität nach mit der einfühlenden Befriedigung der individuellen Bedürfnisse des Kindes zugleich auch ein starkes Gefühl von persönlicher Zuverlässigkeit innerhalb des wohlerprobten Rahmens des Lebensstils in der betreffenden Kultur vermittelt. Hier formt sich die Grundlage des Identitätsgefühls, das später zu dem komplexen Gefühl wird, dass man „in Ordnung" ist, dass man ein Selbst besitzt und dass man das Vertrauen der Umwelt rechtfertigt, indem man so wird, wie sie es von einem erwartet.

Abgesehen von den oben erwähnten „Muss"-Vorschriften der Kindererziehung, gibt es demnach wenige Versagungen, die das in der Entwicklung begriffene Kind sowohl in dieser wie auch in späteren Phasen nicht ertragen könnte, wenn nur diese Versagungen zum Erleben immer größerer Selbstgewissheit und stärkerer Kontinuität in der Entwicklung in Richtung auf eine schließliche Integration des individuellen Lebensganges mit einer sinnvollen größeren Zugehörigkeit beitragen. Die Eltern müssen nicht nur das Kind durch gewisse Verbote und Erlaubnisse lenken können; sie müssen auch imstande sein, in dem Kinde eine tiefe, fast körperliche Überzeugung zu wecken, dass das,

was sie tun, sinnvoll ist. Letzten Endes werden Kinder nicht durch Versagungen neurotisch, sondern durch den Mangel oder Verlust der sozietären Bedeutung dieser Versagungen. Aber selbst unter den günstigsten Umständen scheint diese Phase ein Gefühl innerer Spaltung und eine allumfassende Sehnsucht nach einem verlorenen Paradies in das Seelenleben einzuführen (ein Gefühl, das geradezu prototypisch dafür wird). Gegen diese machtvolle Kombination des Gefühls, beraubt zu sein, gespalten zu sein und verlassen zu sein, muss sich das Urvertrauen ein ganzes Leben lang aufrechterhalten.
[…] Im vorliegenden Kapitel können wir nicht viel mehr tun, als nach der Darstellung jeder Phase zu erwähnen, welches Grundelement sozialer Organisation auf sie Bezug hat. Dieser Bezug ist zweifach: Der Mensch bringt diesen Institutionen die Überbleibsel seiner infantilen Mentalität und sein jugendliches Feuer entgegen und erhält von ihnen – solange es ihnen gelingt, ihre Aktualität zu wahren – eine Bestärkung seiner infantilen Erwerbungen.

M4 Autonomie gegen Scham und Zweifel (Erik Homburger Erikson)

Bei der Beschreibung des Wachstums und der Krisen der menschlichen Person als einer Reihe von alternativen Grundhaltungen, wie Vertrauen *versus* Misstrauen, nehmen wir Zuflucht zu dem Begriff „ein Gefühl von", obgleich derartige „Gefühle" (wie etwa ein Gefühl der Gesundheit oder des Wohlseins) Oberfläche und Tiefe durchdringen, Bewusstes und Unbewusstes. Sie sind also gleichzeitig Weisen des *Erfahrens*, die der Introspektion zugänglich sind, Weisen des *Verhaltens*, die von anderen beobachtet werden können, und unbewusste *innere Zustände*, die durch Tests und Analyse bestimmbar sind. Im Weiteren ist es wichtig, sich dieser drei Dimensionen zu erinnern.
Die Reifung des muskulären Systems setzt ein neues Erprobungsstadium ein, das gleichzeitig zwei soziale Modalitäten erfasst, nämlich das Festhalten und das Loslassen. Wie im Falle aller dieser Modalitäten kann der entsprechende Urkonflikt schließlich entweder zu feindlichen oder freundlichen Erwartungshaltungen führen. So kann das Festhalten zu einem zerstörenden und grausamen Besitz- und Zwangsverhalten, aber auch zu einem vorgeprägten Verhalten von Sorge und Fürsorge führen: Halte fest, was du hast. Auch das Loslassen kann zum böswilligen Freisetzen zerstörerischer Kräfte werden, oder es wird zum entspannten Gehen-Lassen und Sein-Lassen.

Abb. 2.7

Die äußere Lenkung und Erziehung in diesem Stadium muss daher fest und sicherheitgebend sein. Das Kleinkind muss das Gefühl haben, dass sein Urvertrauen zu sich selber und zur Welt, jener aus den Konflikten des oralen Stadiums gerettete, bleibende Schatz, nicht infrage gestellt wird durch diese seine Kehrseite, seine plötzlichen heftigen Wünsche, seinen Willen durchzusetzen, sich fordernd anzueignen und eigensinnig von sich zu tun. Es muss mit Festigkeit vor der potenziellen Anarchie seines noch ungeübten Unterscheidungsvermögens und seiner Unfähigkeit gehütet werden, etwas mit dem richtigen Kraftaufwand festzuhalten und loszulassen. Und wenn man es ermutigt, „auf seinen eigenen Füßen zu stehen", muss man es zugleich gegen sinnlose, zufällige Erlebnisse von Scham und frühem Zweifel schützen.
Diese letzte Gefahr kennen wir am besten. Denn wenn dem Kinde die allmähliche und gelenkte Erfahrung der Autonomie der freien Wahl vorenthalten wird (oder wenn es schon durch den Verlust des Urvertrauens geschwächt ist), so kehrt es all seinen Erkenntnis- und Forscherdrang gegen sich selbst. Es wird sich übermäßig mit sich selber beschäftigen, ein frühreifes Gewissen entwickeln. Statt die Welt der Dinge in Besitz zu nehmen und sie in zielbewusster Wiederholung auszuprobieren, konzentriert sich das Kind zwanghaft auf seine eigenen, sich wiederholenden Körpervorgänge. Durch diese Selbstbezogenheit lernt es dann natürlich, seine Umgebung erneut auf sich zu lenken und durch eigensinnige, bis ins einzelne gehende Forderung pünktlicher Beachtung dort eine Macht auszuüben, wo es die größere wechselseitige Regulierung nicht erreichen konnte. Solche Pyrrhussiege sind die kindliche Form einer späteren Zwangsneurose. Sie sind auch die kindliche Quelle späterer Versuche, im Erwachsenenleben den Buchstaben statt den Geist walten zu lassen.
Scham ist eine noch ungenügend untersuchte Empfindung, weil sie in unserer Kultur schon so früh und leicht im Schuldgefühl untergeht. Der sich Schämende nimmt an, dass er rundherum allen Augen ausgesetzt ist, er fühlt sich unsicher und befangen. Er ist den Blicken der Welt noch dazu höchst unvorbereitet ausgesetzt; so träumt man in Scham-Träumen, dass man unvollständig bekleidet, im Nachthemd, ohne Hosen, dasteht. Scham drückt sich frühzeitig in dem Impuls aus, das Gesicht zu verstecken, am liebsten jetzt und hier in die Erde zu versinken. Es handelt sich dabei aber wohl um einen gegen das Ich gekehrten Zorn. Der Schamerfüllte möchte vielmehr die Welt zwingen, ihn nicht anzusehen oder seine beschämende Situation nicht zu beachten. Er würde am liebsten die Augen aller anderen zerstören. Stattdessen muss er seine eigene Unsichtbarkeit wünschen. Dieses Gefühl wird in dem Erziehungssystem mancher primitiver Völker ausgiebig benützt. Die mit dem Sehen zusammenhängende Scham geht der mit dem Hören zusammenhängenden Schuld voraus; im Schuldgefühl wird die eigene Schlechtigkeit ganz für sich allein empfunden, wenn niemand zuschaut und alles schweigt – bis auf die Stimme des Über-Ichs. […]
Zu viel Beschämung führt nicht zu echtem Wohlverhalten, sondern zu dem geheimen Entschluss, unentdeckt zu tun, was man will – falls nicht tatsächlich herausfordernde Schamlosigkeit das Ergebnis ist. […] Zweifel ist der Bruder der Scham. Während die Scham mit dem Bewusstsein der

aufrechten und daher exponierten Haltung entsteht, hat der Zweifel – wie klinische Beobachtungen uns annehmen lassen – mit der Erkenntnis zu tun, dass man eine Vorder- und eine Rückseite hat – und einen „Hintern". […] Der „Hintern" ist der dunkle Kontinent des Individuums, eine Körperzone, die von anderen magisch beherrscht und erfolgreich zum Gehorsam gezwungen werden kann, von diesen anderen, die die Autonomie des Kindes angreifen und die Eingeweideprodukte, die doch während des Aktes der Verdauung gut und in Ordnung waren, plötzlich als etwas Schlechtes bezeichnen. Dieses Urgefühl des Zweifels an dem, was man hinter sich gelassen hat, bildet eine Unterströmung für spätere, verbal ausdrückbare Formen zwanghaften Zweifelns und findet beim Erwachsenen seinen Ausdruck in paranoischen Ängsten vor verborgenen Verfolgern und geheimen Bedrohungen aus dem Hinterhalt und von hinten-innen her.
Diese Phase wird daher entscheidend für das Verhältnis von Liebe und Hass, Zusammenarbeit und Eigensinn, Freiheit der Selbstentfaltung und ihrer Unterdrückung. […] Scheinbar ausgereifte und unneurotische Erwachsene zeigen eine Empfindlichkeit gegenüber einem möglichen beschämenden „Gesichtsverlust", eine Angst „von hinten her" angegriffen zu werden, die nicht nur höchst irrational im Gegensatz zu ihrem verfügbaren Wissen stehen, sondern die auch von schicksalhafter Bedeutung sein können, wenn damit zusammenhängende Empfindungen z. B. Fragen der rassischen und internationalen Politik beeinflussen.

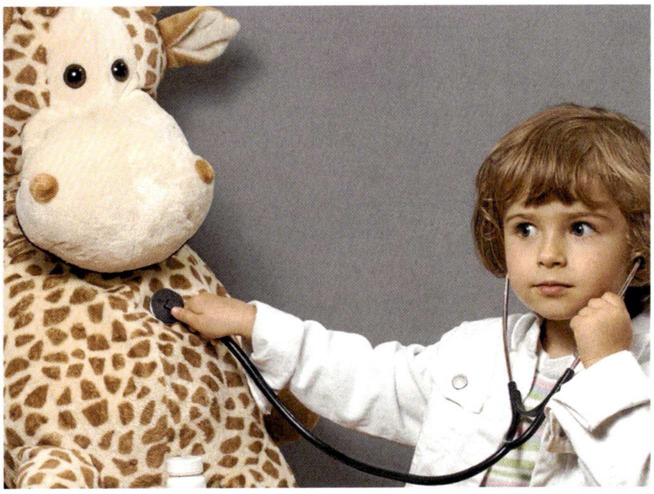

Abb. 2.8

M5 Initiative gegen Schuldgefühl (Erik Homburger Erikson)

Ich weiß, dass das bloße Wort „Initiative" für viele Menschen einen amerikanischen und einen industriellen Beigeschmack hat. Aber Initiative ist ein unerlässlicher Teil jeder Tat und der Mensch bedarf eines Gefühls der Initiative für alles, was er lernt und was er tut, vom Obsteinsammeln bis zu einem System für ein Unternehmen.
Die Phase der freien Fortbewegung und der infantilen Genitalität fügt der Reihe grundlegender sozialer Modalitäten eine weitere hinzu: das „Machen", und zwar zunächst im Sinne des „Sich-an-etwas-Heranmachens". Es gibt kein einfacheres und kräftigeres Wort, das mit den früher aufgezählten sozialen Modalitäten so gut zusammenstimmte. Es deutet zugleich das Vergnügen an, das in Angriff und Eroberung erlebt wird. Beim Knaben liegt der Akzent auf phallisch-eindringenden Verhaltensweisen, beim Mädchen mehr auf Verhaltensweisen des Bekommens, und zwar entweder in der aggressiven Form des Wegnehmens und eifersüchtiger Besitznahme oder in der milderen Form des Schmeichelns und Sich-Liebkind-Machens.
Die Gefahr dieser Phase ist das Schuldgefühl in Bezug auf die Zielsetzungen und Unternehmungen, die in der überschäumenden Freude an der neuen körperlichen und geistigen Beweglichkeit und Kraft angegangen werden: Akte aggressiver Manipulation und Nötigung, die die Leistungsfähigkeit von Körper und Geist weit übersteigen und daher der Initiative ein energisches Halt entgegensetzen. Während die Autonomie-Phase sich darauf konzentriert, potenzielle Rivalen auszuschalten, und sich deshalb mehr in wütender Eifersucht gegen Übergriffe jüngerer Geschwister äußert, tritt in der neuen Phase eine vorwegnehmende Rivalität gegenüber denjenigen in Erscheinung, die schon vorher da waren und das Feld, auf das sich die eigene Initiative richtet, mit überlegenen Kräften besetzt halten. Jetzt treten Eifersucht und Rivalität, diese oft so erbitterten und doch so vergeblichen Versuche zur Abgrenzung einer Sphäre unanfechtbaren Vorrechts, zum Schlusskampf an, nämlich um die Vorrangstellung im Herzen der Mutter; und die unvermeidliche Niederlage führt zu Resignation, Schuldgefühlen und Angst. Das Kind ergeht sich in Fantasien, wird zum Riesen und Tiger; in seinen Träumen aber rennt es angsterfüllt ums liebe Leben. Dies ist die Phase des „Kastrationskomplexes", der Furcht, zur Strafe für die mit den genitalen Erregungen verknüpften Fantasien die (nun energisch erotisierten) Genitalien zu verlieren.
Infantile Sexualität und Inzest-Tabu, Kastrationskomplex und Über-Ich vereinigen sich hier zu jener spezifisch menschlichen Krise, in der das Kind sich von einer ausschließlichen prägenitalen Elternbeziehung dem langsamen Prozess zuwenden muss, selbst ein Glied der Geschlechterfolge, ein Träger der Überlieferung zu werden. […]
Wo das Kind, das jetzt so sehr dazu neigt, sich selbst zu lenken, allmählich ein Gefühl elterlicher Verantwortlichkeit entwickeln kann, wo es einen ersten Einblick in Institutionen, Funktionen und Rollen gewinnt, die ihm eine verantwortliche Teilnahme ermöglichen, da wird es auch aus der ersten Beschäftigung mit Werkzeugen und Waffen, mit

sinnvollen Spielzeugen und auch aus der Fürsorge für kleinere Kinder lustvolle Befriedigung beziehen.

[…] Der Hass gegen einen Vater (oder eine Mutter), die als Vorbild und Richter des Über-Ich dienten, die sich aber in irgendeiner Weise offenbar gerade diejenigen Sünden erlauben konnten, die das Kind an sich selber nicht mehr tolerieren kann, ist einer der tiefsten Lebenskonflikte. Der Argwohn und die Ausweichtendenz, die damit dem „Alles-oder-nichts"-Prinzip des Über-Ich beigemischt wird, machen den Moralisten zu einer großen potenziellen Gefahr für sein eigenes Ich – und für seine Mitmenschen.

[…] Und hier stellen wir fest, dass gemäß der Weisheit des Grundplanes das Kind zu keiner Zeit bereiter ist, schnell und begierig zu lernen, zu wachsen im Sinn geteilter Verpflichtungen und Leistungen, als während dieser Periode seiner Entwicklung. Es ist voller Eifer und fähig, Dinge gemeinsam zu tun, sich mit anderen Kindern zusammenzuschließen, um zu bauen und zu planen; es ist bereit, von Lehrern zu profitieren und idealen Vorbildern nachzueifern. Es bleibt natürlich mit dem gleichgeschlechtlichen Elternteil identifiziert, aber im Augenblick sucht es nach Möglichkeiten, wo Werk-Identifizierung ein Feld der Initiative ohne allzu viel infantilen Konflikt oder ödipale Schuldgefühle verspricht und eine realistischere Identifizierung zu bieten scheint, die auf dem Geist der Gleichwertigkeit beruht, den man erlebt, wenn man Dinge gemeinsam tut. Auf alle Fälle ist das Ergebnis der „ödipalen" Phase nicht nur die Aufrichtung eines hemmenden Moralgefühls, das den Horizont des Erlaubbaren einengt; sie bringt auch die Ausrichtung auf das Mögliche und Greifbare hin, die es den Träumen der frühen Kinderzeit ermöglicht, sich an die Ziele eines aktiven Erwachsenenlebens zu heften.

M6 Leistung gegen Minderwertigkeit (Erik Homburger Erikson)

So scheint die innere Bühne schon völlig für den „Eintritt ins Leben" aufgebaut zu sein, nur dass dieses Leben erst einmal Schulleben sein muss, sei die Schule nun der Acker, der Dschungel oder das Klassenzimmer. Das Kind muss frühere Hoffnungen und Wünsche vergessen, während seine überschäumende Fantasie gezähmt und ins Geschirr der Gesetze unpersönlicher Dinge gespannt wird. Denn ehe das Kind, das psychologisch schon ein rudimentärer Vater oder eine rudimentäre Mutter ist, auch biologisch in diese Rolle hineinwachsen kann, muss es noch lernen, in der Arbeitswelt und als potenzieller Ernährer seinen Platz zu finden. Mit Herannahen der Latenzperiode vergisst bzw. sublimiert das normal entwickelte Kind seinen Drang, die anderen Menschen seiner Umwelt durch direkten Kontakt zu erobern oder jetzt und auf der Stelle Papa oder Mama zu werden; stattdessen lernt es, sich Anerkennung zu verschaffen, indem es etwas leistet. Es hat seine erreichbare Umgebung und seine Körpermodi bemeistert. Es hat eingesehen, dass innerhalb des engsten Familienkreises nicht mehr zu erreichen ist, und es ist nun bereit, sich Handfertigkeiten und Aufgaben zuzuwenden, die den bloßen Ausdruck seiner Körperfähigkeiten oder den Lustgewinn an der Funktion seiner Gliedmaßen weit überschreiten. Es entwickelt Werksinn, d. h., es passt sich den anorganischen Gesetzen der Werkzeugwelt an. […] Die Gefahr dieser Phase liegt darin, dass sich ein Gefühl der Unzulänglichkeit und Minderwertigkeit bilden kann. Wenn das Kind verzweifelt, weil es mit den Werkzeugen und Handfertigkeiten nicht zurechtkommt oder weil es unter seinen Werk-Gefährten keinen eigenen Stand finden kann, so kann es die Hoffnung aufgeben, sich schon mit den Großen identifizieren zu können, die sich im gleichen allgemeinen Rahmen der Werkzeugwelt betätigen. Wenn das Kind die Hoffnung auf eine solche „werkmäßige" Anlehnung verliert, so wird es auf die isolierte, weniger werkzeugbewusste, familiäre Rivalität der ödipalen Periode zurückfallen. Das Kind verliert so das

Abb. 2.9

Vertrauen sowohl zu seinen Fähigkeiten in der Werkzeugwelt wie in der Anatomie und glaubt sich zur Mittelmäßigkeit oder zu einem Krüppeldasein verdammt. An diesem Punkte wird jetzt die größere Gesellschaft wichtig mit ihren jeweiligen Methoden, das Kind zu einem Verständnis für bedeutsamere Rollen in der Gesamtökonomie zu führen. Wie viele Kinder erleben einen Bruch in ihrer Entwicklung, weil das Familienleben sie nicht auf das Schulleben vorbereitet hat, oder weil das Schulleben die Versprechungen früherer Stadien nicht hielt.

Aber es gibt noch eine weitere, fundamentalere Bedrohung, nämlich die Selbstbeschränkung des Menschen und die Einengung seines Horizonts, sodass er nur noch seine Arbeit umfasst, zu der er, gemäß der Heiligen Schrift, nach der Austreibung aus dem Paradies verurteilt wurde. Wenn er die Arbeit als einzige Verpflichtung auffasst, und das, was „etwas bewirkt", „etwas schafft" als einziges Kriterium dessen, was sich lohnt, kann er zum konformistischen, gedankenlosen Sklaven seiner Technologie und derer werden, die in der Lage sind, sie auszubeuten.

M7 Der psychoanalytische Lehrer (Erik Homburger Erikson)

Von allen analytisch gebildeten Personen, die heilen oder erziehen, sieht der Lehrer noch am wenigsten voraus, zu welcher Haltung ihn seine neue Einsicht bringen wird. Aus der klinischen Analyse hat er das Unbewusste erfassen gelernt; aber die exakte Psychoanalyse Erwachsener ist von der Tätigkeit des psychoanalytisch gebildeten Erziehers wesentlich verschieden. Dem klinischen Analytiker ist eine möglichst indifferente Haltung geboten, der gegenüber sich die psychischen Mechanismen in einer gewissen Eindeutigkeit enthüllen, da der Analysand bereits eine Überbetonung jener Affekte mitbringt, die das Leben in kräftiger Art ausgewählt hat; im Erzieherischen ist alles labiler. Nicht nur, dass man das Getriebe wesentlicher Mechanismen vor ihrem entscheidenden Endkampf kennenlernt, […] unser Verhältnis zu unseren Zöglingen kann der Gegenseitigkeit und einer wenn auch sehr geklärten Affektivität nicht entraten. Wir schalten in der Übertragungsrolle, die uns zufällt, unsere Person nicht aus, sondern spielen mit unserer ganzen (sei es: analysierten) Person eine wirkliche Rolle im Leben des Kindes: Es bleibt das Y in unserer Persönlichkeit, mit dem wir auf das X in der Entwicklung des Kindes einzuwirken haben. Vergessen wir auch nicht, dass im Besonderen der Lehrer sich etwa vom Erziehungsberater noch dadurch unterscheidet, dass er seine unmittelbar erzieherischen Pflichten meist nur in Imponderabilien der richtigen Haltung während der Ausübung seiner Lehrerpflichten erfüllen kann. Seine Hauptpflicht und auch der Schwerpunkt seiner erzieherischen Einwirkung liegt im Lehren; er hat zu bilden, darzustellen, zu klären, aufzuklären. Dass er sein neues Wissen von der Welt in diese seine Hauptpflicht, die Darstellung der Welt, übernimmt, wird den analysierten Lehrer einerseits vom Analytiker und analytischem Erzieher, auf der anderen Seite von dem alten, nicht durch die Psychoanalyse beeinflussten Lehrer wesentlich unterscheiden. Zwischen beiden wird der analysierte Lehrer etwas Drittes, Einheitliches werden müssen.

Berlinische Monatsschrift.
1784.
Zwölftes Stük. December.

1.
Beantwortung der Frage: Was ist Aufklärung?
(S. Decemb. 1783. S. 516.)

Aufklärung ist der Ausgang des Menschen aus seiner selbst verschuldeten Unmündigkeit. Unmündigkeit ist das Unvermögen, sich seines Verstandes ohne Leitung eines anderen zu bedienen. Selbstverschuldet ist diese Unmündigkeit, wenn die Ursache derselben nicht am Mangel des Verstandes, sondern der Entschließung und des Muthes liegt, sich seiner ohne Leitung eines andern zu bedienen. Sapere aude! Habe Muth dich deines eigenen Verstandes zu bedienen! ist also der Wahlspruch der Aufklärung.

Faulheit und Feigheit sind die Ursachen, warum ein so großer Theil der Menschen, nachdem sie die Natur längst von fremder Leitung frei gesprochen (na-
B. Monatsschr. IV. B. 6. St. Hh

Abb. 2.10: Kants berühmter Aufsatz: Beantwortung der Frage: Was ist Aufklärung?

Aufgaben

1. Fassen Sie die Unterschiede zwischen Erwachsenenanalyse, psychoanalytischem Lehren und Lehren ohne jede psychoanalytische Orientierung zusammen.
2. Nehmen Sie zu Eriksons Bestimmung eines aufklärenden und bildenden Unterrichts Stellung. Dazu könnten Sie beispielsweise die Möglichkeiten und Gefahren eines therapierenden Pädagogikunterrichts diskutieren, die Frage also, ob eine entsprechend geschulte Pädagogiklehrerin bzw. ein entsprechend geschulter Pädagogiklehrer die individuellen psychischen Probleme einzelner Schülerinnen oder Schüler (zum Zwecke der Heilung) schulisch thematisieren kann, darf oder soll.
3. Reflektieren Sie Ihre eigenen präventiven Vorschläge zum „Sohn des Bombenschützen" (M 2) vor dem Hintergrund von Eriksons Einschätzung einer psychoanalytischen Pädagogik.

M8 Entwicklung der Identität (Erik Homburger Erikson)

	1	2	3	4	5	6	7	8
I Säuglingsalter	**Urvertrauen gg. Misstrauen**				Unipolarität gg. vorzeitige Selbstdifferenzierung			
II Kleinkindalter		**Autonomie gg. Scham und Zweifel**			Bipolarität gg. Autismus			
III Spielalter			**Initiative gg. Schuldgefühl**		Spiel-Identifikation gg. (ödipale) Fantasie-Identitäten			
IV Schulalter				**Werksinn gg. Minderwertigkeitsgefühl**	Arbeitsidentifikation gg. Identitätssperre			
V Adoleszenz	Zeitperspektive gg. Zeitdiffusion	Selbstgewissheit gg. peinliche Identitätsbewusstheit	Experimentieren mit Rollen gg. negative Identitätswahl	Zutrauen zur eigenen Leistung gg. Arbeitslähmung	**Identität gg. Identitätsdiffusion**	Sexuelle Identität gg. bisexuelle Diffusion	Führungspolarisierung gg. Autoritätsdiffusion	Ideologische Polarisierung gg. Diffusion der Ideale
VI Frühes Erwachsenenalter					Solidarität gg. soziale Isolierung	**Intimität gg. Isolierung**		
VII Erwachsenenalter							**Generativität gg. Selbst-Absorption**	
VIII Reifes Erwachsenenalter								**Integrität gg. Lebens-Ekel**

Abb. 2.11

Aufgaben

1. Beschreiben Sie die abgebildete Tabelle.
2. Erläutern Sie den von Erikson behaupteten Verlauf der psychosozialen Entwicklung des Menschen am Beispiel der Identität (als Entwicklungsaufgabe) und der Adoleszenz (als Entwicklungsalter) vor dem Hintergrund der Tabelle und unter Verwendung des Diagramms B in M 1.
3. Erarbeiten Sie die fünfte Stufe des Entwicklungsmodells wieder anhand der Kriterien, welche Krisenpole und welche Beziehungspersonen Erikson benennt.

2.2.2 Stadien des Jugend- und Erwachsenenalters

M9 Identität gegen Rollenkonfusion (Erik Homburger Erikson)

Mit der Aufrichtung eines guten Verhältnisses zur Welt der Handfertigkeiten und Werkzeuge und mit Eintritt der sexuellen Reife ist die eigentliche Kindheit zu Ende. Die Jugendzeit beginnt. Aber das rasche Körperwachstum, das fast dem der frühen Kindheit gleichkommt, und das völlig neue Hinzutreten der körperlichen Geschlechtsreife stellen alle vorher schon als zuverlässig empfundenen Werte der Gleichheit und Kontinuität wieder infrage. Die heranwachsenden, sich entwickelnden Jugendlichen sind angesichts dieser psychologischen Revolution in sich selber vor allem daran interessiert, wie sie in den Augen anderer erscheinen, verglichen mit ihrem eigenen Gefühl, das sie von sich haben, und wie sie ihre früher geübten Rollen und Geschicklichkeiten mit den augenblicklich vorherrschenden Idealtypen in Verbindung setzen können. Auf der Suche nach einem neuen Kontinuitäts- und Gleichheitsgefühl muss der Jugendliche viele Kämpfe der früheren Jahre noch einmal durchkämpfen, selbst wenn er zu diesem Zweck absolut wohlwollende Menschen künstlich zu Feinden stempeln müsste; auch ist er ständig bereit, bleibende Idole und Ideale als Wächter seiner endgültigen Identität aufzustellen.

Die Integration, die nun in Form der Ich-Identität stattfindet, ist mehr als nur die Summe der Kindheits-Identifikationen. Es ist die gesammelte Erfahrung über die Fähigkeit des Ich, diese Identifikationen mit den Libido-Verschiebungen zu integrieren, ebenso wie mit den aus einer Grundbegabung entwickelten Fähigkeiten und mit den Möglichkeiten sozialer Rollen. Das Gefühl der Ich-Identität ist also die angesammelte Zuversicht des Individuums, dass der inneren Gleichheit und Kontinuität auch die Gleichheit und Kontinuität seines Wesens in den Augen anderer entspricht, wie es sich nun in der greifbaren Aussicht auf eine „Laufbahn“ bezeugt.

Abb. 2.12

Die Gefahr dieses Stadiums liegt in der Rollenkonfusion.

In Fällen, in denen dieser Zwiespalt auf starken früheren Zweifeln des jungen Menschen an seiner sexuellen Identität beruht, kommt es nicht selten zu kriminellen oder sexuellen oder ausgesprochen psychotischen Zwischenfällen. Wenn diese Fälle richtig diagnostiziert und behandelt werden, so brauchen sie nicht die fatale Bedeutsamkeit anzunehmen wie in anderen Altersgruppen. Es ist hauptsächlich die Unfähigkeit, sich für eine berufsmäßige Identität zu entscheiden, was die jungen Menschen beunruhigt. Um sich selbst zusammenzuhalten, überidentifizieren sie sich zeitweise scheinbar bis zum völligen Identitätsverlust mit den Cliquen- oder Massen-Helden. Damit treten sie in die Phase der „Schwärmerei“, was keineswegs ganz oder auch nur vorwiegend etwas Sexuelles ist – außer die herrschenden Bräuche verlangen dies. Die Liebe des Jugendlichen ist weitgehend ein Versuch, zu einer klaren Definition seiner Identität zu gelangen, indem er seine diffusen Ich-Bilder auf einen anderen Menschen projiziert und sie in der Spiegelung allmählich klarer sieht. Darum besteht junge Liebe so weitgehend aus Gesprächen. Junge Leute können außerdem auffällig „klanhaft“ empfinden und grausam im Ausschluss aller derer sein, die „anders“ in der Hautfarbe, im kulturellen Milieu, im Geschmack und in der Begabung sind und häufig in derart geringfügigen Nuancen der Kleidung und Geste, wie sie gerade als *das* Abzeichen der Gruppenzugehörigkeit oder Nichtzugehörigkeit gelten. Es ist wichtig, eine derartige Intoleranz als Abwehr gegen ein Gefühl der Identitätsverwirrung zu verstehen – was nicht heißt, dass man sie verzeihen oder an ihr teilnehmen soll. Denn die Jugendlichen helfen nicht nur einander gegenseitig durch viele Schwierigkeiten, indem sie Cliquen bilden und sich selbst, ihre Ideale und ihre Feinde zu Stereotypen erheben; sie prüfen paradoxerweise dadurch auch ihre wechselseitige Fähigkeit, Treue zu wahren. Die Bereitschaft zu solch einer Prüfung erklärt auch den Anreiz, den einfache und grausame totalitäre Doktrinen auf die jugendlichen Geister der Länder und Klassen ausüben, die ihre Gruppenidentität (feudal, agrarisch, stammesmäßig, national) verloren haben oder verlieren und sich der weltumfassenden Industrialisierung, Emanzipation und Kommunikation gegenübersehen.

Der jugendliche Geist ist dem Wesen nach ein Geist des *Moratoriums*, ein psychologisches Stadium zwischen Kindheit und Erwachsensein, zwischen der vom Kind erlernten Moralität und der Ethik, die der Erwachsene entwickeln muss. Er ist ein ideologischer Geist – und tatsächlich ist es die ideologische Warte der Gesellschaft, die am verständlichsten zum Jugendlichen spricht, der danach strebt, von Gleichartigen bestätigt zu werden, und bereit ist, sich durch Rituale, Glaubenssätze und Programme überzeugen zu lassen, die gleichzeitig festlegen, was böse, was unheimlich und was feindlich ist. Auf der Suche nach den sozialen Werten, die der Identität Leitbilder vermitteln, stellt man daher die Probleme der *Ideologie* und der *Aristokratie* einander gegenüber, beide in ihrem weitestmöglichen Sinn, was einschließt, dass innerhalb eines festbegrenzten Weltbilds und eines vorbestimmten historischen Ablaufs das beste Volk zur Herrschaft gelangt und Herrschaft das Beste im Menschen entwickelt. Um nicht zynisch oder apathisch zu werden, müssen junge Menschen irgendwie imstande sein, sich selbst zu überzeugen, dass diejenigen, die in ihrer antizipierten Erwachsenenwelt Erfolg haben, damit die Verpflichtung übernehmen, die besten zu sein.

Aufgaben

1. Fassen Sie die zentralen Aussagen Eriksons zur historisch-gesellschaftlichen Bedingtheit der Identität zusammen (vgl. auch gj5f37).
2. Diskutieren Sie, inwieweit die in gj5f37 geschilderten Beispiele der Erziehung bei den Papagos und den Cheyenne in unserer (nach-)industriellen Gesellschaft noch ein Ideal darstellen können.
3. Arbeiten Sie Chancen und Risiken des Lebens in unserer postmodernen Gesellschaft gegenüber den Chancen und Risiken in der modernen und vormodernen Gesellschaft heraus (9ca8p2).

Eine Kritik an Erikson lautet, er habe sein Verständnis von Identität an der amerikanischen Mittelklasse orientiert. Dieser Vorwurf überrascht um so mehr, als er auch Studien in Indianerreservaten vorgenommen hat.

Aufgabe

Wie schon in der Abbildung über die Lebensstufen ersichtlich, sieht Erikson psychosoziale Stufen für die gesamte Lebensdauer vor – von der Geburt bis zum Tod.
Erarbeiten Sie abschließend die drei Stufen des Erwachsenenalters und vervollständigen Sie damit die schon zuvor begonnene Übersicht über das Erikson'sche Entwicklungsmodell.

M10 Intimität gegen Isolierung (Erik Homburger Erikson)

Die in jeder Phase errungene Stärke wird durch die Notwendigkeit einer Prüfung unterzogen, so voranzuschreiten, dass das Individuum auf der nächsten Stufe gerade das riskieren und einsetzen kann, was auf der vorhergehenden besonders verletzlich kostbar war. So ist der junge Erwachsene, der aus der Suche nach und aus seinem Beharren auf seiner Identität hervorgeht, voller Eifer und Bereitwilligkeit, seine Identität mit der anderer zu verschmelzen.

Er ist bereit zur Intimität, d. h., er ist fähig, sich echten Bindungen und Partnerschaften hinzugeben und die Kraft zu entwickeln, seinen Verpflichtungen treu zu bleiben, selbst wenn sie gewichtige Opfer und Kompromisse fordern.

Körper und Ich müssen nun die Organ-Modalitäten und die Kernkonflikte beherrschen, um ohne Furcht vor einem Ich-Verlust Situationen begegnen zu können, die Hingabe verlangen: in Orgasmus und geschlechtlicher Vereinigung, in enger Freundschaft und physischem Kampf, in Erlebnissen der Inspiration durch Lehrer und der Intuition aus der Tiefe des Selbst. Wenn der junge Mensch aus Furcht vor dem Ich-Verlust diesen Erlebnissen ausweicht, so führt dies zum Gefühl tiefster Vereinsamung und schließlich zu einer gänzlichen Beschäftigung mit sich selbst, zu einem Verlust der Umwelt.

Das Gegenteil der Intimität ist Distanzierung: die Bereitschaft, die Kräfte und Menschen zu isolieren und wenn nötig zu zerstören, deren Wesen dem eigenen gefährlich scheint und deren „Territorium" auf den Bereich der eigenen intimen Beziehungen überzugreifen droht. Vorurteile, die sich so entwickeln (und die in Politik und Krieg verwertet und ausgenutzt werden), sind ein Auswuchs der blinden Ablehnung, die während des Kampfes um die Identität scharf und grausam zwischen dem Vertrauten und dem Fremden unterscheidet. Die Gefahr dieses Stadiums besteht darin, dass mit und gegenüber den gleichen Menschen intime, konkurrierende und kämpferische Beziehungen erlebt werden. Aber da die Gebiete der erwachsenen Pflichten abgegrenzt und das konkurrierende Aufeinandertreffen und die sexuelle Umarmung unterschieden sind, werden sie schließlich jenem *ethischen Gefühl* unterworfen, das das Kennzeichen des Erwachsenen ist. […]

Während die Psychoanalyse gelegentlich in ihrer Betonung der Genitalität als einer Universalkur für die Gesellschaft zu weit gegangen ist und manchem, dem es gefiel, ihre Lehren so auszulegen, eine neue Sucht und eine neue Bequemlichkeit bot, hat sie nicht immer alle die Ziele aufgewiesen, die die Genitalität tatsächlich umfassen soll und muss. Um wirklich dauernde soziale Bedeutung zu haben, sollte die Utopie der Genitalität Folgendes umfassen:

1. Wechselseitigkeit des Orgasmus
2. mit einem geliebten Partner
3. des andern Geschlechts,
4. mit dem man wechselseitiges Vertrauen teilen will und kann
5. und mit dem man imstande und willens ist, die Lebenskreise der
   a) Arbeit,
   b) Zeugung,
   c) Erholung
   in Einklang zu bringen, um
6. der Nachkommenschaft ebenfalls alle Stadien einer befriedigenden Entwicklung zu sichern.

M11 Zeugende Fähigkeit gegen Stagnation (Erik Homburger Erikson)

Die Mode, die darauf besteht, die Abhängigkeit des Kindes vom Erwachsenen zu dramatisieren, hat uns häufig gegenüber der Abhängigkeit der älteren Generation von der jüngeren blind sein lassen. Der reife Mensch hat ein Bedürfnis danach, dass man seiner bedarf, und die Reife braucht sowohl die Führung wie die Ermutigung durch das, was sie hervorgebracht hat, und für das gesorgt werden muss.

Die zeugende Fähigkeit ist also in erster Linie das Interesse an der Stiftung und Erziehung der nächsten Generation, obwohl es Einzelne gibt, die, sei es durch Unglück, sei es wegen besonderer und echter Gaben, die in anderer Richtung liegen, diesen Trieb nicht ihren eigenen Nachkommen zuwenden. Der Begriff der zeugenden Fähigkeit soll auch tatsächlich die populäreren Begriffe wie *Produktivität* und *Schöpfertum* in sich schließen, die ihn aber nicht ersetzen können.

Es hat die Psychoanalyse einige Zeit gekostet, einzusehen, dass die Fähigkeit, sich der Begegnung von Körper und Seele hinzugeben, zu einer allmählichen Erweiterung der Ich-Interessen und zu einer libidinösen Besetzung dessen, was gezeugt wurde, führt. Die zeugende Fähigkeit ist somit eine wesentliche Phase des psychosexuellen wie des psychosozialen Entwicklungsplans. Wo diese Bereicherung völlig entfällt, tritt eine Regression zu einem zwanghaften Bedürfnis nach Pseudointimität ein, oft verbunden mit einem übermächtigen Gefühl der Stagnation und Persönlichkeitsverarmung. Die Individuen beginnen dann oft, sich selbst zu verwöhnen, als wären sie ihr eigenes – oder eines anderen – einziges und eines Kind. […]

Was die Institutionen anbetrifft, die die zeugende Fähigkeit sichern und bestärken, so kann man nur sagen, dass alle Institutionen die Ethik der fortzeugenden Generationenfolge in Gesetze fassen. Selbst wo weltanschauliche und geistige Traditionen die Verzichtleistung auf das Recht zu zeugen oder produktiv zu sein nahelegen, bemüht sich eine derartige zeitig vorverlegte Hinwendung zu den „letzten Dingen", wo immer sie in klösterlichen Bewegungen institutionalisiert ist, gleichzeitig darum, das Problem ihrer Beziehung zur Fürsorge für die Kreatur dieser Welt wie zur Caritas, die sie transzendiert, zu regeln.

M12 Ich-Integrität gegen Verzweiflung (Erik Homburger Erikson)

Nur derjenige, der die Sorge für Dinge und Menschen in irgendeiner Weise auf sich genommen hat und sich den Triumphen und Enttäuschungen angepasst hat, die damit zusammenhängen, dass man nolens volens zum Ursprung anderer Menschenwesen und Schöpfer von Dingen und Ideen geworden ist – nur solch ein Mensch kann allmählich die Frucht dieser sieben Phasen ernten. Ich weiß kein besseres Wort dafür als „Ich-Integrität". Mangels einer klaren Definition möchte ich wenigstens einige Bestandteile dieses seelischen Zustandes andeuten. Es ist die wachsende Sicherheit des Ichs hinsichtlich seiner natürlichen Neigung zu Ordnung und Sinnerfülltheit. Es ist eine post-narzisstische Liebe zum menschlichen Ich – nicht zum Selbst – ein Erlebnis, das etwas von einer Weltordnung und einem geistigen Sinn vermittelt, gleichgültig wie viel diese Erkenntnis gekostet haben mag.

[…] Obwohl der integere Mensch sich der Relativität all der vielen verschiedenen Lebensformen bewusst ist, die dem menschlichen Streben einen Sinn verleihen, ist er bereit, die Würde seiner eigenen Lebensform gegen alle physischen und wirtschaftlichen Bedrohungen zu verteidigen. […]

Mangel oder Verlust dieser gewachsenen Ich-Integrität ist durch Todesfurcht gekennzeichnet: Der einzige, einmalige Lebensablauf wird nicht als die Ultima Ratio des Lebens anerkannt. Verzweiflung entspricht einem Gefühl, dass die Zeit zu kurz ist, zu kurz für den Versuch, ein anderes Leben zu beginnen und andere Wege der Integrität zu suchen. Der Lebensüberdruss verbirgt Verzweiflung, wenn oft auch nur in der Form der „tausend kleinen Verdrüsse". […]

Um reif zu werden, muss jeder einzelne Mensch in ausreichendem Maß sämtliche der erwähnten Ich-Eigenschaften entwickelt haben, sodass ein weiser Inder, ein echter Gentleman und ein alter kluger Bauer sich gegenseitig an diesem Stadium erreichter Integrität zu erkennen vermögen. Aber jedes Kulturgesamt benutzt für die Entwicklung seines besonderen, durch seinen historischen Ort gebotenen Integritätsstils auch eine besondere Kombination dieser Konflikte, zugleich mit besonderen Provokationen und Verboten der kindlichen Sexualität. Infantile Konflikte werden nur dann zu schöpferischen Konflikten, wenn sie an ihren kulturellen Institutionen und an den sie repräsentierenden führenden Klassen einen festen Halt finden. Um zur Integrität zu gelangen, muss der Einzelne auch ein Gefolgsmann der Bannerträger in Religion und Politik, in der Wirtschaftsordnung und Technik, in aristokratischem Leben und in den Künsten und Wissenschaften sein können. Die Ich-Integrität umfasst daher auch eine emotionale Integration, die einem Menschen sowohl die Lebensteilnahme durch Anhängerschaft wie durch die Übernahme von Verantwortung als Führer erlaubt.

Abb. 2.13

Aufgaben

1. Gleichen Sie das insgesamt von Ihnen erarbeitete Modell der psychosozialen Entwicklung nach Erikson mit der folgenden Tabelle ab (M 13) und erläutern Sie insbesondere die Spalten B, C und D.
2. Sehen Sie Grenzen pädagogischer Einflussnahme im Erwachsenenalter?

M13 Übersicht über das psychosoziale Entwicklungsmodell Eriksons

	A Psychosoziale Krisen	B Umkreis der Beziehungspersonen	C Elemente der Sozialordnung	D Psychosoziale Modalitäten	E Psychosexuelle Phasen
I	Vertrauen gg. Misstrauen	Mutter	Kosmische Ordnung	Gegeben bekommen Geben	Oral-respiratorisch, sensorisch kinästhetisch (Einverleibungsmodi)
II	Autonomie gg. Scham, Zweifel	Eltern	„Gesetz und Ordnung"	Halten (Festhalten) Lassen (Loslassen)	Aral-urethral Muskulär (Retentiv-eliminierend)
III	Initiative gg. Schuldgefühl	Familienzelle	Ideale, Leitbilder	Tun (Drauflosgehen) „Tun als ob" (= Spielen)	Infantil-genital Lokomotorisch (Eindringend, einschließend)
IV	Werksinn gg. Minderwertigkeitsgefühl	Wohngegend, Schule	Technologische Elemente	Etwas „Richtiges" machen, etwas mit anderen zusammen machen	Latenzzeit
V	Identität und Ablehnung gg. Identitätsdiffusion	„Eigene" Gruppen, „die Anderen", Führer-Vorbilder	Ideologische Perspektive	Wer bin ich (wer bin ich nicht) Das Ich in der Gemeinschaft	Pubertät
VI	Intimität und Solidarität gg. Isolierung	Freunde, sexuelle Partner, Rivalen, Mitarbeiter	Arbeits- und Rivalitätsordnungen	Sich im anderen verlieren und finden	Genitalität
VII	Generativität gg. Selbstabsorption	Gemeinsame Arbeit, Zusammenleben in der Ehe	Zeitströmungen in Erziehung und Tradition	Schaffen Versorgen	
VIII	Integrität gg. Verzweiflung	„Die Menschheit", „Menschen meiner Art"	Weisheit	Sein, was man geworden ist; wissen, dass man einmal nicht mehr sein wird	

Abb. 2.14

3. Erziehung, Bildung und Sozialisation im Jugendalter

Welchen Herausforderungen man sich im Jugendalter stellen muss, welche Entwicklungsaufgaben man bewältigen muss, erleben Sie jeden Tag. Sie haben sicherlich auch schon oft darüber nachgedacht, was sich im Vergleich zu Ihrer Kindheit verändert hat. Und Sie haben wahrscheinlich mehr oder weniger konkrete Pläne, wie Ihr Leben in zwei, fünf oder zehn Jahren aussehen soll. Im Jugendalter kann man den Fragen nicht ausweichen: Was hat sich bei mir verändert? Wie will ich sein? Welches Verhältnis zu meinen Eltern möchte ich haben? Wer sollen meine Freundinnen und Freunde sein?

In diesem Kapitel werden Sie wissenschaftliche Konzepte und Theorien kennenlernen, die sich mit diesen Themen beschäftigen. Dabei sind unterschiedliche fachliche Sichtweisen im Spiel. Aus pädagogischer Perspektive geht es vor allem darum zu klären, welche Möglichkeiten der Unterstützung bei der Entwicklung zu einem mündigen Erwachsenen es gibt und wann die pädagogischen Einwirkungen an ein Ende kommen sollten. Aus sozialwissenschaftlicher Perspektive geht es um die sozio-kulturellen Einflüsse auf das Heranwachsen in dieser Lebensphase. Psychologische und biologische Erkenntnisse erweitern und ergänzen diese Blickwinkel.

Sie werden zunächst einen Jugendlichen kennenlernen, der über seine Pläne und Probleme berichtet. Danach können Sie das in der Öffentlichkeit viel beachtete Konzept der produktiven Realitätsverarbeitung von Klaus Hurrelmann kennenlernen. Hurrelmann beschreibt aus sozialwissenschaftlicher Perspektive bestimmte „Entwicklungsaufgaben", die im Jugendalter zu bewältigen sind. Im dritten Teil finden Sie bildungstheoretische Positionen und erziehungstheoretisch fundierte Konzepte zum pädagogischen Handeln im Jugendalter.

3.1 Ein Jugendlicher über seine Pläne und Probleme

Aufgaben

In M1, 4m3h6b und j8f6fj erzählen Jugendliche von ihren Plänen und Problemen.

1. Arbeiten Sie heraus, welche Pläne, Sorgen und Entwicklungsaufgaben die Befragten beschäftigen.
2. Ergänzen Sie, wenn Sie möchten, die Aussagen der Jugendlichen um Erfahrungen, die Sie selbst gemacht haben.
3. Entwickeln Sie auf dieser Basis eine nach Kriterien gegliederte Übersicht über Entwicklungsaufgaben, um die es im Jugendalter geht.
4. Nehmen Sie Stellung zu den jeweiligen Lebensentwürfen und Entscheidungen der Jugendlichen.
5. Entwerfen Sie pädagogische Handlungsoptionen, die die Jugendlichen bei der Bewältigung der Entwicklungsaufgaben unterstützen können.

M1 Tom – ein Fallbeispiel

Tom ist 22 Jahre alt und lebt in einem kleinen Ort in Brandenburg, nicht weit von Berlin. Er ging auf eine Gesamtschule und hat die Schule in der 8. Klasse abgebrochen. Seine Eltern trennten sich, als er neun war. Tom wohnt bei seiner Mutter und hat relativ häufig Kontakt mit seinem Vater. Er würde gern Kraftfahrer werden, aber dazu muss er zunächst noch ein paar Hürden überwinden.

Wie würde ick mich vorstellen? Ein offener Mensch bin ick, ick rede manchmal sehr gerne sehr viel, manchmal zu viel. Kann mich aber auch schnell aufregen, also ick bin so ein kleener Choleriker. Ick dreh auch gern mal schnell durch und so 'ne Sachen. Was noch? Eigentlich kann man mit mir viel erleben, ick will immer lachen, eigentlich so gut wie bei allen Sachen dabei sein. Ja. Bin manchmal ein kleener Sesselpupser hier mit meinen Computerspielen halt so, das kann man ja nicht verneinen, heißt aber nicht, dass ick mich hier einschließe wochenlang und die ganze Zeit nur spiele, also ick bin auch gerne draußen, wenn es nicht gerade minus 18 Grad sind und irgendwas. Ja. Also eigentlich ein rundum offener Mensch. Also, ick komm mit allen klar, die mit mir klarkommen wollen.

Schule abgebrochen: Jetzt sitz ick hier

Ich bin 22, habe gar keine Ausbildungsabschlüsse, irgendwie gar nicht, weil ick mich nicht hinjesetzt habe früher. Ick hab wichtige Sachen für mich irgendwie, äh, ja, ick war 'ne stinkfaule Sau früher in der Schule, also richtig doll faul, hab auch keene Arbeiten mitgeschrieben oder so Zeug, weil mir dieser Graffitimist und so wat alles wichtiger war. Äh ja, bin dann ja hier jahrelang zur Schule gegangen, irgendwann in der 8. Klasse bin ick abgegangen, also ick hab in dem Sinne auch keenen richtigen Abschluss deswegen.

Auf was für eine Schule bist du gegangen?

Auf eine Gesamtschule. Und ja, und irgendwann hab ick die Schnauze voll gehabt und hab halt gesagt, ick schaff's sowieso nicht mehr, und dann bin ick ein halbes Jahr früher aus der Schule gegangen und hab dann als Dachdecker gearbeitet, aber auch nicht lange, nur so Familienbetrieb, und dann hab ick da ein halbes Jahr oder so gearbeitet und dann mich durchgeschlagen. Kleinigkeiten halt, hier mal einen Monat, da mal einen Monat gearbeitet und so. Und dann ..., jetzt sitz ick hier.

Kannst du mir beschreiben, wie im Moment so ein normaler Wochentag von dir aussieht?

Ganz sinnlos meistens. Also entweder leb ick einfach nur in den Tag hinein und spiele halt meine drei Stunden Computer am Tag und treff mich mit Kumpels oder so, und dann, rumvegetieren, mache nichts halt. „Chillen", wie man immer so schön sagt. Bei irgendwelchen Kumpels, gucken Filme und so ein Zeug halt, nichts Weltbewegendes.

Führerschein weg: Echte Katastrophe

Ick bin totaler Motorradfan. Also ganz schlimm. Also, mit jede zweite Woche 'n MotoGP gucken und so 'ne Sachen und Valentino Rossi anfeuern und so, das ist 'ne ganz dolle Macke von mir. Mit 16 hab ick meinen Motorradführerschein gemacht, mein Vater hat 'ne Fahrschule, so lag es ja nah, musste auch nichts bezahlen dafür. Da hab ick mir so 'ne kleine Rennkarre gekauft, damit sind wir den ganzen Tag rumgeballert. Das ist halt meine Welt, Motorradfahren. [...] Also, es stand bei mir auf jeden Fall mit an erster Stelle, Motorradfahren. Also, da konnte mir auch keiner reinfunken. Das ist meine Welt. [...]

Und machst du das auch immer noch? Wär schön!

Ich musste meinen Führerschein abgeben.

Aah, wie kam das denn?

Ja, Kifferscheiße. Also, ick wurde angehalten und musste dann, weeß ick nich, da in so 'nen Becher pinkeln und alles. Okay, und damit ist er dann erst mal weg. Erst mal schon. Also, ick muss MPU64 machen, und das wird alles wieder relativ teuer, deswegen muss ick auch gucken, dass ick irgendwie Arbeit kriege langsam. Die wollen irgendwie 3200 Euro von mir haben, nur die Strafe alleine, und dann MPU auch noch mal locker 1000 Euro, also es wird nicht billig ... Also, also ick krieg 'n auf jeden Fall wieder irgendwann, so ist es nicht, aber ick muss das Geld erst mal auftreiben. Das passiert mir nicht noch mal. [...]

Bei der Mutter leben mit Hartz IV

Eine andere Perspektive hab ick zurzeit nicht, weil ick brauch nicht auf 200-Euro-Basis irgendwo anfangen zu arbeiten, da hab ick nichts von, da verdien ick mehr Hartz IV, wenn ick nüscht mache, wie wenn ick mich dann da hinstelle und für 1 Euro die Stunde arbeite, ist einfach mal so.

Das heißt, im Moment beziehst du auch dann Arbeitslosengeld II.

Ja genau, ist aber nicht so, dass ick das auf mein Konto kriege und ick das jeden Tag ausgebe. Dadurch, dass ick bei meiner Mutter wohne, kriegt die das komplette Geld. Ick krieg auch kein Kindergeld, weil ick halt kein, na, keine Lehre, ick bin nicht für Lehre angemeldet. [...] Wenn ick denn mal ein paar Taler haben will, so armselig sich das auch anhört, dann muss Klein-Tom zu seiner Mutti gehen und die mal nach 5 Euro fragen. Is halt einfach so, geht nicht anders.

Graffiti und Respekt

Das war so ein Hobby von euch, Graffiti zu sprühen?

[...] Wir wollen cool sein und müssen jetzt hier sprühen, aber irgendwie hat sich daraus halt wat entwickelt. Ick bin damit aufgewachsen und ohne geht auch nicht mehr. [...]

Computerspiele

Kannst du mir zu den Computerspielen noch ein bisschen was erzählen?

Ja, na wir haben gestern zum Beispiel erst halt wieder gespielt, abends bei 'nem Kumpel. So gegeneinander halt. Wir schleppen dann unsere Laptops rüber, stöpseln die Dinger aneinander und spielen irgendwas. Kann ick gleich sagen, was ick gar nicht abkann, sind so 'ne Sachen wie World of Warcraft, allet dieses Science-Fiction-Zeug hasse ick wie die Pest. [...]

Ick bin so ein Renn-Realismus-Fan, also so Simulationen halt. Wo du halt noch an den Dingern rumbasteln kannst, tunen, jetzt aber nicht so übertrieben tunen. [...] Naja, und dann halt weeß ick nicht, ick will ja nicht sagen Ballerspiele, das hört sich immer so bescheuert an, aber ist ja eigentlich so. Aber dann spiel ick halt auch nicht irgendso ein' Müll, wo ick mit so einer Cyberwaffe rumrenne und irgendwelche Monsterraketen abschieße, sondern dann muss es irgendwie realistisch sein. [...]

Mit dem Vater auf den Schießstand

[...] Aber das ist quasi auch was, was du mit deinem Vater regelmäßig zusammen machst?

Ja, das ist auf jeden Fall so ein Vater-Sohn-Ding. Er ist dann auch immer ganz stolz, wenn ick gut schieße und solche Sachen, und seine Kumpels dann auch. – Macht Spaß.

Mir wurden Manieren beigebracht

Also, mit meiner Mutter und meinem Vater bin ick immer gut klargekommen. Meine Mutter war immer mehr die Frau, die durchgegriffen hat, wenn irgendwas war. Mein Vater konnte mir keine knallen, da wär ick durchs Zimmer geflogen, das ist einfach so. Also hat meine Mutter das gemacht. Aber, na ... ick habe Anstand beigebracht gekriegt von meinen Eltern, ohne Ende, also ohne „Bitte, Danke" und so ging gar nicht. Da war mein Vater rigoros.

Aber du hast ja gesagt, du verstehst dich gut mit deinem Vater?

Sehr gut, ja. Also es ist 'ne extreme Respektsperson. Also, das ist schon was anderes. Wo ick mit meiner Mutter mehr diskutiere, sag ick bei meinem Vater gleich: Ja, ist okay. Bumm, Kopf runter und das war's. Der schafft es heute noch, mich wie einen Elfjährigen hinzustellen. Wo du dir echt wie ein kleines Kind vorkommst so. Aber so sind halt Eltern. Da wirst du auch nie rauskommen, schätze ick mal.

Aber das heißt, du hast auch einfach, also, du hast auch Respekt vor ihm, du findest auch gut, was er macht und was er sagt und so?

Ohne Ende, ja. Ja. Muss ick. Ansonsten wär das alles anders abgelaufen, ist halt einfach so. Mein Vater ist auch manchmal nicht so der Ruhigste, was solche Sachen angeht. Also ist keen Mensch, den man irgendwie an der Nase herumführen kann, sagen wir's mal so, ist 'ne extreme Respektsperson. Und wenn der auf den Tisch kloppt und sagt: „Bis hier und nicht weiter!", dann ist auch bis hier und nicht weiter so. Er kann auch anderen Leuten es gut klarmachen, die ihn nicht kennen. Und das ist bei mir nicht anders. So manchmal wirk' ick och auf Leute, weeß ick nich, aggressiv, obwohl ick's nich bin so. [...]

Zukunft: Hab Schiss!

Beschreib mal dein Gefühl, was die Zukunft betrifft! Also, was würde es da am besten beschreiben?

Hab ick Schiss. [...] Hab einfach Angst vor der Zukunft. Keine Ahnung, warum. Also, irgendwie arbeitstechnisch und allet. Wenn ick sehe, wie es andern Leuten geht so. Weil, ick will auf keenen Fall auf der Straße enden oder irgend so 'n Scheiß oder in 'ner Ein-Raum-Wohnung oder so. Ick will 'n vernünftiges Leben haben. Und davor hab ick Angst. Also Existenzängste einfach. Später, ja ... so Kleinigkeiten. Ick will och in Urlaub und all so 'n Scheiß. Ick will mein Auto nehmen, will meine Freundin einsacken und einfach mal irgendwo hinfahren, an die Ostsee. Wo bei mir schon mehr wieder is, wo ich mich auf die Fahrt freue, wie auf die Ostsee selber so. Weißte, der-Weg-is-das-Ziel-mäßig, so Kleinigkeiten. Wie du das von Mama und Papa früher gesehen hast. Du sitzt als kleener Piepel hinten in dem Van drinne, Papi fährt, Mutti krault ihm den Nacken, weil er schon fünf Stunden fährt, so nach dem Motto, so wat find ick cool einfach, weißte. Diese Fernfahrer-Romantik in dem Sinne, so wat möchte ich einfach och haben später. Und ick will nicht, weeß ick nicht, wie irgendso 'n Asi enden. Weil, det könnt ick nicht. Und ick will jetz och nicht ... Sagen wir's einfach ma so: Also, bevor ick gar nichts habe, hört sich jetzt ganz übel an, nehm ick's mir einfach. Ist einfach so. Weil, ick verreck nicht auf der Straße, ist mir scheißegal, wo ick's dann herhole. Ick meine jetzt nicht in dem Sinne, dass ick jetzt Menschen ausraube, aber kannst ja och bei den Firmen wat machen und Geld machen. Schadest ja zwar der Firma meinetwegen, in dem Sinne, weil du den halben Hof da leerklaust mit irgendwelchem Dreck, aber ick würde auf jeden Fall nicht auf der Straße verrecken, so viel ist schon mal klar. Und da bin ick nicht der Einzigste, dem es so geht.

Mir soll's einfach gut gehen später. Ick will, dass et mir gut geht, egal in welcher Hinsicht. Anderen Leuten geht's gut, wenn se zweitausend Euro auf'm Konto haben, mir geht's gut, wenn ick geliebt werde. In dem Dreh halt, mir muss es einfach gut geh'n. Ick will halt vielleicht mal Kinder, nich übertrieben, vielleicht zwei höchstens, 'ne Frau, die ick lieb habe, und allet so wat. Ick mein, ick will einfach nur ganz normal sein. Das is einfach so. Mehr erwart' ick gar nicht vom Leben. Dass ick och morgen mit 'nem guten Gewissen aufsteh'n kann.

3.2 Die sozialisationstheoretische Perspektive auf Jugend: der Ansatz von Klaus Hurrelmann

Hurrelmann war lange Zeit Professor an der Universität Bielefeld und ist inzwischen an der Berliner Hertie School of Governance tätig.

Abb. 3.1: Klaus Hurrelmann (geb. 1944)

Das Energieunternehmen Shell beauftragt seit den 50er-Jahren unabhängige Forschungsinstitute damit, Ansichten und Stimmungen von Jugendlichen zu erforschen. Für die 16. Shell-Jugendstudie im Jahre 2010 wurden 2604 Jugendliche im Alter von 12 bis 25 Jahren befragt. Federführend wurde die Studie von dem Sozial- und Erziehungswissenschaftler Klaus Hurrelmann durchgeführt. Hurrelmann gehört zu den einflussreichsten und bekanntesten Jugendforschern Deutschlands. Er war lange Zeit Professor an der Universität Bielefeld und ist inzwischen an der Berliner Hertie School of Governance tätig. Grundlegend für seinen sozialisationstheoretischen Ansatz ist das „Modell der produktiven Realitätsverarbeitung".

3.2.1 Das sozialisationstheoretische Modell der produktiven Realitätsverarbeitung

M2 Sozialisationstheorie als Rahmenkonzept (Klaus Hurrelmann/Gudrun Quenzel)

Die Sozialisationstheorie stellt ein Rahmenkonzept bereit, das alle Theorien und Konzepte verbindet, die individuelle Entwicklung in wechselseitiger Beziehung mit der sozialen und materiellen Umwelt thematisieren. Sie ermöglicht es, die Einzeltheorien zu den gesellschaftlichen und individuellen Determinanten der Persönlichkeitsentwicklung im Jugendalter zueinander in Beziehung zu setzen und in ein integrierendes Modell einzubeziehen [...].

Durch die Wahl des Begriffes „Sozialisation" wird nicht nur ein integrationsstiftender Rahmen für verschiedene theoretische Ansätze zur Verfügung gestellt. In die Definition des Begriffes gehen auch bestimmte erkenntnisleitende Annahmen ein, die konzeptionelle Festlegungen vornehmen. Diese Festlegungen entscheiden darüber, welche theoretischen Ansätze unter das „Dach" des Sozialisationsmodells aufgenommen und welche ausgeschlossen werden.

[...] Ansätze, die Sozialisation einseitig als einen Anpassungsprozess verstehen, in dessen Verlauf ein Mensch die gesellschaftlichen Rollen, Normen und Werte passiv verinnerlicht („internalisiert"), passen nicht zu den erkenntnisleitenden Annahmen des Sozialisationsmodells. Das gilt auch für Ansätze, die von einer einseitigen Determination der Persönlichkeitsentwicklung durch genetische und angeborene Faktoren ausgehen. Solche monokausalen, auf den mechanischen Einfluss nur eines einzigen Faktors setzenden Erklärungsmuster führen meist zu einem unfruchtbaren Streit, ob es „die Umwelt" oder alternativ „die Anlage" ist, die eine Persönlichkeit bestimmt. Die Erkenntnis aller von uns vorgestellten Ansätze ist aber gerade, dass es das Wechselspiel zwischen Umwelt und Anlage, also zwischen gesellschaftlichen und genetischen Faktoren, ist, das die Entwicklung erklärt.

Definition von Sozialisation

Der Begriff „Sozialisation" wird aus diesen Überlegungen heraus so definiert, dass er die Annahme des Wechselspiels von gesellschaftlichen Umwelt- und angeborenen Individualfaktoren als festen Bestandteil enthält. In der „Einführung in die Sozialisationstheorie" wird folgende Definition vorgenommen: „Sozialisation bezeichnet den Prozess, in dessen Verlauf sich der mit einer biologischen Ausstattung versehene menschliche Organismus zu einer sozial handlungsfähigen Persönlichkeit bildet, die sich über den Lebenslauf hinweg in Auseinandersetzung mit den Lebensbedingungen weiterentwickelt. Sozialisation ist die lebenslange Aneignung von und Auseinandersetzung mit den natürlichen Anlagen, insbesondere den körperlichen und psychischen Grundlagen, die für den Menschen die innere Realität bilden, und der sozialen und physikalischen Umwelt, die für den Menschen die äußere Realität bilden" (Hurrelmann 2006, S. 15).

Die „lebenslange Aneignung und Auseinandersetzung" ist ein wichtiger Bestandteil der Definition, denn sie schließt die Vorstellung aus, Sozialisation sei der Erwerb eines gesellschaftlich erwünschten Repertoires von vorgegebenen Verhaltensweisen und Orientierungen. Die Persönlichkeitsentwicklung eines Menschen, auch und gerade im Jugendalter, wird vielmehr als eine in ihren Grundmerkmalen aktive und prozesshafte Form der Auseinandersetzung mit den inneren Anforderungen von Körper und Psyche und den äußeren Anforderungen von sozialer und dinglicher Umwelt konzipiert. Um diesen Charakter in einem Wort zum Ausdruck zu bringen, kann sie auch als „produktiv" bezeichnet werden.

„Das Wort ‚produktiv' wird nicht als ein wertender, sondern beschreibender Begriff verwandt. Der Begriff soll ausdrücken, dass es sich bei der individuell je spezifischen Verarbeitung der inneren und der äußeren Realität um aktive und agentische Prozesse handelt, bei denen ein Individuum eine individuelle, den eigenen Voraussetzungen und Bedürfnissen angemessene Form wählt. Die Verarbeitung ist ‚produktiv', weil sie sich aus der jeweils flexiblen und individuell kreativen Anpassung der inneren und der äußeren Bedingungen ergibt" (Hurrelmann 2006, S. 28).

Aufgaben

1. Arbeiten Sie heraus, wie Hurrelmann den Begriff der Sozialisation bestimmt und die Sozialisationstheorie als „integrierendes Rahmenkonzept" setzt.
2. Erörtern Sie, inwiefern sich diese sozialisationstheoretische Perspektive von der pädagogischen unterscheidet.

Sie können die nun folgenden zehn „Maximen" Hurrelmanns arbeitsteilig erschließen, indem Sie sich in Kleingruppen einer bestimmten Maxime zuwenden, diese mit weiteren Informationen erläutern und Ihrer Lerngruppe präsentieren.

Aufgaben

1. Achten Sie genau auf die Definition der Begriffe, die Hurrelmann und Quenzel einführen.
2. Veranschaulichen Sie die Thesen der beiden Autoren, indem Sie Fallbeispiele und Visualisierungen heranziehen. Bei Ihrem Kurzvortrag sollten Sie auch ein Schaubild oder eine Powerpoint-Präsentation einsetzen.
3. Nach den Präsentationen sollten alle den Text gründlich lesen.
4. Prüfen Sie, inwieweit Sie allen zehn Maximen zustimmen können.

Methode

Präsentieren/Visualisieren

Vor der Präsentation steht das Recherchieren und Verarbeiten der notwendigen Informationen. Danach wird das gesammelte Material gegliedert. Schon in diesen beiden Phasen können Visualisierungen hilfreich sein. Bei der Vorbereitung der Präsentation ist es dann auf jeden Fall notwendig, unterstützende Visualisierungen einzubeziehen.

Visualisierungen erfüllen vor allem die Aufgabe, komplizierte, abstrakte Sachverhalte zu veranschaulichen.

Visualisiert werden können Informationen u.a. durch Bilder, Filme, verschiedenartige Diagramme (z.B. Fluss-, Fischgräten-, Venn-Diagramme), Tabellen, Conceptmaps, Mindmaps.

Die veranschaulichten Sachverhalte können durch unterschiedliche Medien dargeboten werden: Tafel, Flipchart, Folien und Overheadprojektor (bzw. Tageslichtprojektor), Wandzeitungen. Oft werden ergänzend Thesenpapiere bzw. Handouts mit den wichtigsten Informationen angeboten.

Bei einem Folienvortrag ist zu beachten:
„Welche Vorteile bietet der Tageslichtprojektor?
- Das Gerät ist in der Schule verfügbar.
- Es ist einfach zu bedienen und lenkt so den Vortragenden nicht unnötig ab.
- Der Raum muss nicht verdunkelt werden, wie dies bei Diapositiven oder auch bei vielen Videobeamern der Fall ist.
- Der Vortragende kann ins Plenum schauen, wenn er sich neben den TLP stellt.
- Der Vortragende kann einzelne Elemente der Folie mit einem Stift vor oder während des Vortrags hervorheben.
- Mit Folien können die Inhalte des Vortrags schrittweise aufgedeckt werden.
- Folien sind relativ preiswert.
- Folien können von Hand oder am PC vorbereitet werden, sodass zum Beispiel eine unleserliche Handschrift ausgeglichen werden kann.
- Mit Folienstiften können wasserfeste oder wasserlösliche Eintragungen vorgenommen werden.
- Folien können im Unterricht oder zu Hause sorgfältig vorbereitet werden.
- Folien können aufbewahrt und häufig verwendet werden.
- Folien können als Vorlage für Kopien dienen. Farbfolien sind möglich (Scanner oder Farbkopie), sodass auch ohne aufwändige Techniken (z.B. Periskop) Farbabbildungen präsentiert werden können. […]

Wie sollten Folien angefertigt und gestaltet werden?
- Lesbare und große Schriften verwenden: Als Faustregel kann gelten, dass die Schrifthöhe auf der Folie mindestens 5 mm (bzw. 18 Punkt) betragen sollte. Bei von Hand beschriebenen Folien darf die Schrift noch größer sein. Zudem ist eine saubere Druckschrift zu empfehlen. Folien, die unmittelbar aus einem Buch übernommen werden, z.B. indem sie fotokopiert werden, sind aufgrund der Aufteilung und Proportionen häufig nicht als Folie geeignet […].
- Die Folien sollten nicht mehr Informationen enthalten, als für den Zusammenhang unbedingt notwendig sind. Es geht also nicht darum, in einem Vortrag alle Informationen auf Folie zu präsentieren, sondern sich auf die Kerngedanken zu beschränken.
- Stichworte statt Texte: Lange zusammenhängende Texte sind für eine Präsentation genauso ungeeignet wie komplexe Strukturdiagramme. Deshalb sollte der Vortragende sich darum bemühen, nur zentrale Begriffe anzuführen. Vor diesem Hintergrund ist es auch problematisch, wenn Schüler lange Zitate auf Folie präsentieren und diese anschließend noch vorlesen. Die treffende Paraphrase und die Zuspitzung in wenigen Begriffen sind hier sinnvoller.
- Die Zusammenhänge oder Strukturen visualisieren: Für den Zuhörer ist es sehr hilfreich, wenn die sachlichen Zusammenhänge sichtbar sind. Dazu können die Schüler vor allem auf Pfeile, Einrahmungen oder Unterstreichungen zurückgreifen. […]

Wie trägt man mithilfe des Tageslichtprojektors vor?
- Folien ausreichend lange aufliegen lassen: Die Zuhörer müssen gleichzeitig dem Vortrag folgen und die Visualisierung aufnehmen. Das braucht Zeit. Komplexe Darstellungen sollten in Ruhe betrachtet werden können. Deshalb sollten die Folien einige Zeit auf dem TLP verbleiben (mind. zwei Minuten).
- Nur wenige Folien einsetzen: […] Es ist also durchaus möglich, nur eine einzige Folie zu verwenden, die im Kern den gesamten Zusammenhang enthält.
- Bezug herstellen: […] Jede zusätzliche visuelle Information muss von den Zuhörern verarbeitet werden. Dies ist nur dann sinnvoll, wenn die Folie inhaltlich einen deutlichen Bezug zum Vortrag aufweist. Dieser Bezug sollte vom Vortragenden durch entsprechende Hinweise und Verweise deutlich gemacht werden, sodass sich Folie und Vortrag wechselseitig unterstützen.
- Folie während des Vortrags ergänzen: Fortgeschrittene Benutzer werden Details erst während des Vortrags in die Folie eintragen, z.B. lassen sich die Daten in ein Tortendiagramm […] erst nach und nach eintragen, immer dann, wenn der Vortragende die entsprechenden Informationen bereits genannt hat. Andernfalls stellt sich für den Betrachter vielleicht die Frage, warum er dem Vortrag noch folgen sollte, die wichtigen Informationen könnte er ja bereits der Grafik entnehmen.

Für die Gestaltung einer […] Powerpoint-Präsentation gelten […] die gleichen Bedingungen wie für einen ansprechenden und zielgerichteten Folienvortrag."

M3 Zehn Maximen der sozialisationstheoretischen Jugendforschung (Klaus Hurrelmann/Gudrun Quenzel)

In den folgenden Abschnitten werden die Kernaussagen der verschiedenen theoretischen Ansätze zur Analyse der Persönlichkeitsentwicklung in der Lebensphase Jugend zusammengefasst und in den konzeptionellen Rahmen des Sozialisationsmodells eingeordnet. […]
Unter Maximen verstehen wir erkenntnisleitende programmatische Aussagen, die sich auf die verschiedenen theoretischen Ansätze zur Analyse der Persönlichkeitsentwicklung im Jugendalter berufen […].

Erste Maxime

Wie in jeder Lebensphase gestaltet sich im Jugendalter die Persönlichkeitsentwicklung in einem Wechselspiel von Anlage und Umwelt. Hierdurch werden auch die Grundstrukturen für Geschlechtsmerkmale definiert.

Ein Teil der Persönlichkeitsmerkmale und Verhaltenseigenschaften eines Menschen kann auf die genetische Ausstattung zurückgeführt werden. Durch diese werden die Grundstrukturen von Geschlecht, die körperliche Konstitution, die Intelligenz, das Temperament und die Psyche bestimmt. Der andere Teil wird durch die soziale und physische Umwelt (Größe und Zusammensetzung der Familie, ihre soziale und wirtschaftliche Lage und Wohnsituation, Bildungs- und Ausbildungseinrichtungen, Freizeitangebote, Wohlstandsniveau, Klima usw.) bestimmt.
Es lassen sich also individuelle, innerhalb der Person zu verortende und gesellschaftliche, außerhalb der Person zu verortende Determinanten der Persönlichkeitsentwicklung im Jugendalter unterscheiden. Erstere können als die „innere", letztere als die „äußere Realität" der Persönlichkeit verstanden werden.
Die genetische Ausstattung legt die Spiel- und Möglichkeitsräume für Eigenschaften und Verhalten fest, die durch Umwelteinflüsse verändert und geformt werden. Es herrscht ein ständiges Wechselspiel von Anlage und Umwelt. […]
Im Jugendalter wird das interaktive Verhältnis von Anlage und Umwelt bei der Ausprägung von männlichen und weiblichen Persönlichkeitsmerkmalen besonders deutlich. Die angeborenen Unterschiede (Körperbau, Organe und hormonelle Ausstattung) werden von kulturellen Vorstellungen von „Weiblichkeit" und „Männlichkeit" durchzogen. Viele Verhaltensweisen von jungen Frauen und Männern sind sozial erlernt, ihre Persönlichkeitsmerkmale bilden sich im Verlauf des Sozialisationsprozesses heraus. Auch der Körper wird durch gesellschaftliche Vorgaben – etwa zu Körperhaltung und -ausdruck, Bewegungsformen und Kleidung – im Laufe des Sozialisationsprozesses kulturell geformt.

Abb. 3.2

Zweite Maxime

Im Jugendalter erreicht der Prozess der Sozialisation, verstanden als die produktive Verarbeitung der inneren und äußeren Realität, eine besonders intensive Phase, der für den ganzen weiteren Lebenslauf ein musterbildender Charakter zukommt. Die produktive Realitätsverarbeitung setzt eine Bewältigung der für das Jugendalter typischen Entwicklungsaufgaben voraus.

Im Unterschied zu anderen Lebensphasen kommt es im Jugendalter durch die besonders heftigen körperlichen, psychischen und sozialen Umbrüche zu einem intensiven Prozess der Auseinandersetzung mit der inneren und äußeren Realität. […]
Die Sozialisation im Jugendalter ist durch die ständige Beobachtung und Diagnose der eigenen Anlagen und ihrer Veränderung charakterisiert. […]
Das Wort „produktiv" soll ausdrücken, dass es sich bei der individuell je spezifischen Verarbeitung der inneren und der äußeren Realität um aktive Prozesse handelt, bei denen ein Jugendlicher eine individuelle, den eigenen Voraussetzungen und Bedürfnissen angemessene und flexibel angepasste Form wählt. Die Verarbeitung ist „produktiv", weil sie sich aus der jeweils individuell besonderen kreativen Aneignung der inneren und der äußeren Bedingungen ergibt.
Die inneren und äußeren Anforderungen an die Verarbeitung, die sich aus den jeweils altersspezifischen Konstellationen ergeben, lassen sich als „Entwicklungsaufgaben" bezeichnen. Entwicklungsaufgaben sind Zielprojektionen, die in jeder Kultur existieren, um die Erwartungen zu definieren, die an einen Jugendlichen bei der Auseinandersetzung mit den Lebensbedingungen gestellt werden. Diese Zielprojektionen sind kulturell so tief verankert, dass sich die Jugendlichen zu ihnen verhalten müssen: Entweder sie entsprechen den an sie gestellten Erwartungen oder sie finden als Einzelperson oder im Kollektiv einen alternativen Weg, der es ihnen ermöglicht, den Erwartungen zumindest teilweise auszuweichen.
Die Entwicklungsaufgaben werden in einem Prozess der Selbstregulation bearbeitet. Jeder und jede Jugendliche versucht, eine Übereinstimmung zwischen den persönlichen Bedürfnissen und Kompetenzen und den gesellschaftlichen Erwartungen herzustellen. Voraussetzung hierfür ist die ständige „Arbeit an der eigenen Person", also das permanente Bemühen um eine Strukturierung und Gestaltung der Persönlichkeit. Die soziale und gegenständliche Umwelt wird dabei nach Inhalt und Struktur mit allen Sinnen aufgenommen, eingeordnet, bewertet und interpretiert, in Vergleiche einbezogen, erneut eingeordnet, bewertet und interpretiert und dann auf der kognitiven wie der affektiven Ebene mit den eigenen Bedürfnissen und Handlungsplänen abgestimmt. […]

Dritte Maxime

Menschen im Jugendalter sind schöpferische Konstrukteure ihrer Persönlichkeit mit einer sich schrittweise erweiternden Kompetenz zur selbstverantwortlichen Lebensführung.

Jugendliche erreichen im Vergleich zu Erwachsenen in einigen Lebensbereichen (soziale Kontakte, Freundschaften,

Freizeit, Medien, Konsum) schon den vollen Grad der Autonomie des Handelns, in anderen (Beruf, Familiengründung) noch nicht. Diese „Statusinkonsistenz" erfordert flexible Strategien und Kompetenzen für den Umgang mit den Lebensanforderungen und ermöglicht einen ständigen Prozess des Suchens, Tastens und Ausprobierens von innovativen Verhaltensmöglichkeiten. Der unfertige, noch offene Charakter dieses Lebensabschnittes als Statuspassage zwischen Kind und Erwachsenem bietet große Spielräume für eine eigenwillige und selbstverantwortliche Lebensführung. […]
Durch die Verlängerung der Lebensdauer und die heute typischen großen Spielräume für einen individuellen Lebensstil ist die Persönlichkeitsentwicklung in keiner Phase des Lebens wirklich „abgeschlossen", sondern befindet sich in mehr oder weniger großen Schüben ständig im Fluss. Die für das Jugendalter charakteristische suchende und sondierende Haltung gilt heute vielen Menschen auch in späteren Lebensphasen als Muster und Vorbild für die Persönlichkeitsbildung. Die „jugendtypischen" Formen der Lebensführung, die sich durch die Fähigkeit auszeichnen, offene Perspektiven und Unsicherheit zu ertragen, werden immer aussagekräftiger für die Lebensphasen im frühen und späten Erwachsenenalter, weil auch dort in Beruf und Privatleben Umbrüche immer typischer und häufiger werden.

Abb. 3.3

Vierte Maxime

Die Lebensphase Jugend ist durch die lebensgeschichtlich erstmalige Chance gekennzeichnet, eine Ich-Identität zu entwickeln. Diese Ich-Identität entsteht aus dem Austarieren von persönlicher Individuation und sozialer Integration, die in einem spannungsreichen Verhältnis zueinander stehen.

Mit Eintritt in das Jugendalter beginnt eine intensive Phase der Selbstreflexion, der Identitätssuche und Identitätsbildung. Jugendliche besitzen im Unterschied zu Kindern die Fähigkeit, mit anderen in einen Prozess der Kommunikation über Werte, Normen und soziale Bedeutungen einzutreten und diese mit ihren eigenen Interessen, Neigungen und Handlungsmöglichkeiten in Verbindung zu bringen. Sie werden zu gleichberechtigten Partnern in der sozialen Interaktion, weil sie sich selbst im Prozess des Handelns auch als „Akteur" und „Objekt" für andere wahrzunehmen vermögen. Sie bauen auf diese reflexive Weise ein Bild von sich selbst auf, indem sie alle Ergebnisse ihrer bisherigen Interaktionen auswerten und zu einem in sich stimmigen und schlüssigen Entwurf als „Selbstbild" („Selbstkonzept") zusammenfügen. Von „Identität" kann gesprochen werden, wenn ein Mensch über verschiedene Entwicklungs- und Lebensphasen hinweg eine Kontinuität des Selbsterlebens auf der Grundlage eines positiv gefärbten Selbstbildes wahrt. […]
Unter „Integration" kann der Prozess der „Vergesellschaftung" des Menschen verstanden werden, also die Anpassung an die gesellschaftlichen Werte, Normen, Verhaltensstandards und Anforderungen und die Platzierung in der ökonomischen Chancenstruktur. Der Prozess der sozialen Integration ist die Basis für die Entwicklung der „sozialen Identität", also des subjektiven Erlebens, eine anerkannte gesellschaftliche Mitgliedschaftsrolle einzunehmen.
Unter „Individuation" kann der Prozess des Aufbaus einer individuellen Persönlichkeitsstruktur mit unverwechselbaren körperlichen, psychischen und sozialen Merkmalen und Kompetenzen verstanden werden. Zur Individuation gehört auch das subjektive Erleben als einzigartige, einmalige Persönlichkeit, das mit dem Aufbau der „personalen Identität" gleichzusetzen ist.
Individuation und Integration stehen während des gesamten Lebenslaufs in einem ständigen Spannungsverhältnis zueinander. Identität als Kontinuität des Selbsterlebens und des inneren Sich-selbst-gleich-Seins setzt aber die Verbindung von Individuation und Integration voraus. Es geht um die Schaffung eines Gleichgewichts zwischen zwei sich widersprechenden, weil jeweils in eine andere Richtung zielenden Anforderungen und Erwartungen. Dieses Spannungsverhältnis zwischen persönlicher Einzigartigkeit und sozialer Gemeinschaftlichkeit wird im Jugendalter zum ersten Mal bewusst und deshalb besonders intensiv erlebt. Das Austragen und Aushalten dieses Spannungsverhältnisses ist Voraussetzung für ein Mindestmaß von Belastbarkeit und Widerstandsfähigkeit hinsichtlich der weiteren Persönlichkeitsentwicklung.
Da sich Jugendliche noch in der Phase des Aufbaus ihrer personalen und sozialen Identität befinden, fragen sie die Sozial- und Wertstrukturen der Gesellschaft nach Sinn und Bedeutung ab und stellen diese mitunter fundamental infrage. Die sozialen und ethischen Normen, denen sich Jugendliche gegenübersehen, werden zum Gegenstand von Reflexion, Widerstand und möglicher Veränderung. Auch die institutionellen und organisatorischen Machtstrukturen der Gesellschaft werden hinterfragt. Aus diesen kritischen Impulsen ergibt sich die innovative Kraft, die von der jungen Generation in einer Gesellschaft ausgeht.

Fünfte Maxime

Der Sozialisationsprozess im Jugendalter kann krisenhafte Formen annehmen, wenn es Jugendlichen nicht gelingt, die Anforderungen der Individuation und der Integration aufeinander zu beziehen und miteinander zu verbinden. In diesem Fall werden die Entwicklungsaufgaben des Jugendalters nicht gelöst und es entsteht ein sich aufstauender Entwicklungsdruck. […]

Aus der Dichte und Vielfalt von Entwicklungsaufgaben in der Jugendphase können sich derartig hohe Belastungen ergeben, dass die für die Bewältigung zur Verfügung stehenden Kompetenzen nicht ausreichen.
Jugendliche mit guten personalen und sozialen Ressourcen, wie zum Beispiel günstigen körperlichen und psychischen Merkmalen und wirtschaftlich gesicherten und stabilen Herkunftsfamilien, können in der Regel bessere Bewältigungskompetenzen aufbauen und damit auch die persönliche Individuation und die soziale Integration besser austarieren als Jugendliche mit schwachen Ressourcen. [...]
Besitzen Jugendlichen keine ausreichenden und passenden Kompetenzen zur Bewältigung der Entwicklungsaufgaben, kann es zu einer negativen und gestörten weiteren Persönlichkeitsentwicklung kommen. Häufige Ausprägungen sind ein nach innen gerichtetes, ausweichendes oder nach außen gerichtetes Problemverhalten wie etwa psychosomatische Störungen, Drogenkonsum oder Gewalt.

Abb. 3.4

Sechste Maxime

Um die Entwicklungsaufgaben zu bewältigen und das Spannungsverhältnis von Individuations- und Integrationsanforderungen auszutarieren, sind neben individuellen Bewältigungsfähigkeiten („personale Ressourcen") auch soziale Unterstützungsleistungen von den wichtigsten Bezugsgruppen („soziale Ressourcen") notwendig.

Die für das Jugendalter typische permanente Neuorganisation der Persönlichkeitsstruktur und der Handlungskompetenzen stellt hohe Anforderungen an die personalen Ressourcen. Dazu gehören die individuellen Handlungs- und Kommunikationskompetenzen, die Basisfähigkeiten des Rollenhandelns und die kreativen Potenziale des flexiblen, „eigenaktiven" Verhaltens.
Wie Jugendliche mit diesen Anforderungen zurechtkommen, hängt in entscheidendem Ausmaß aber auch von den Hilfestellungen ihrer sozialen Umwelt ab. Jugendliche benötigen solche Formen der Unterstützung, damit sie ihre Fähigkeit zum Selbstmanagement stärken können. Dafür ist es wichtig, dass verschiedene Lösungswege akzeptiert werden und Spielräume für probeweises Handeln offenstehen. Die Existenz solcher Spielräume kann das vorübergehende Einschlagen eines vom Erwartungsspektrum abweichenden Entwicklungsweges für die Bewältigung von Entwicklungsaufgaben ermöglichen – bis hin zur vorübergehenden Weigerung, eine Entwicklungsaufgabe anzugehen und eine vorgesehene Rolle zu übernehmen.
Es liegt in der Verantwortung der gesellschaftlichen Sozialisationsinstanzen, also zum Beispiel der Schulen und beruflichen Bildungseinrichtungen, hierfür die Voraussetzungen zu schaffen. Dazu bedarf es einer Kombination von Freiheitsgraden, die die Entwicklung der Selbstständigkeit stimulieren, und klarer Struktursetzung, um sowohl dem entwicklungsbedingt starken Individuationsverlangen der Jugendlichen als auch dem systemnotwendigen Integrationsverlangen der Gesellschaft gerecht zu werden. [...]
Die formellen und informellen Arten der Hilfe im emotionalen, instrumentellen und sozialen Bereich sind dann besonders wirksam, wenn sie sich zu einem Unterstützungsnetzwerk verbinden, das für vielfältige Ausgangssituationen mit unterschiedlichen Belastungen angemessene Hilfsimpulse bereithält.

Siebte Maxime

Neben der Herkunftsfamilie sind Schulen, Ausbildungsstätten, Gleichaltrige und Medien als „Sozialisationsinstanzen" die wichtigsten Vermittler und Unterstützer im Entwicklungsprozess des Jugendalters. Günstig für die Sozialisation sind sich ergänzende und gegenseitig anregende Impulse dieser Instanzen.

Grundsätzlich steht jede Sozialisationsinstanz vor der Aufgabe, den ihr anvertrauten Jugendlichen die Motivationen und Kompetenzen zu vermitteln, die für den zukünftigen Erhalt und die Weiterentwicklung der Gesellschaft funktional sind. Es geht darum, Jugendliche auf die verantwortliche Übernahme von „Erwachsenenrollen" vorzubereiten.
Familien beeinflussen durch ihr dichtes und intensives Netzwerk und die engen Beziehungen zu den Eltern die Grundstrukturen der Persönlichkeit von Jugendlichen. Die Eltern sind für junge Frauen und junge Männer bei allen relevanten Fragen der Lebensplanung die wichtigsten sozialen Vorbilder. [...]
Neben der Familie haben die Gleichaltrigen- und die Freundesgruppe einen großen Stellenwert im Sozialisationsprozess. Sie prägen den Konsum- und Lebensstil und spielen auch für die Wertorientierungen eine wichtige Rolle. Für die Persönlichkeitsentwicklung der Jugendlichen ist es vorteilhaft, wenn die beiden Instanzen Elternhaus und Gleichaltrigengruppe in einer nicht allzu großen Spannung zueinander stehen und sich ihre Sozialisationsimpulse ergänzen.
Schulen, Ausbildungsstätten, Jugendfreizeitstätten, Jugendberatungsstellen und Einrichtungen der Jugendhilfe sind in erster Linie für die Vermittlung von Lern- und Bildungsprozessen und die Korrektur von fehlgelaufenen biografischen Entwicklungen verantwortlich. [...]
Großen Einfluss auf die jugendliche Persönlichkeit hat der Medien- und Freizeitsektor, über den zahlreiche und vielfältige Informations- und Unterhaltungsimpulse gegeben werden, oft im Zusammenhang mit gemeinsamen Aktivitäten der Gleichaltrigen und Freunde. Die Sozialisations-

instanzen im Medien- und Freizeitsektor sind solche, die von Jugendlichen sehr frei und praktisch unkontrolliert von ihren Eltern genutzt werden. […]

Achte Maxime

Die Lebensphase Jugend muss unter den heutigen historischen, sozialen und ökonomischen Bedingungen in westlichen Gesellschaften als eine eigenständige Phase im Lebenslauf identifiziert werden. Sie hat ihren früheren Charakter als Übergangsphase vom Kind zum Erwachsenen verloren.

Das Jugendalter entstand vor etwa 100 Jahren als ein neuer, zunächst durch schulische und berufliche Bildung definierter und geprägter Lebensabschnitt im Anschluss an die Kindheit. […] Diese Phase des Übergangs dauerte nur wenige Jahre an und endete mit der Übernahme der Erwerbs-, Familien-, Konsumenten- und Bürgerrolle, die den Erwachsenenstatus kennzeichnen.

Am Beginn des 21. Jahrhunderts hat die Lebensphase Jugend diesen Übergangscharakter weitgehend verloren, nicht zuletzt bedingt durch die deutlich verlängerten Bildungs- und Ausbildungszeiten und den Trend zu späten Übergängen in ein Beschäftigungsverhältnis. Das Jugendalter ist heute eine lang gestreckte, eigenständige Phase im menschlichen Lebenslauf.

Abb. 3.5

[…] Die Komponenten der Passage („Transition") und des Verweilens („Moratorium") können miteinander verbunden werden und durch ihre jeweils individuelle Kombination dem Jugendalter seinen unverwechselbaren Platz im gesamten Lebenslauf geben.

Bei den meisten Jugendlichen lässt sich diese Lebensphase in zwei aufeinander bezogene Abschnitte unterteilen: die Phase der Adoleszenz etwa vom 12. bis zum 18. Lebensjahr, in der die körperliche Entwicklung und die Ablösung von den Eltern im Vordergrund stehen, und die Phase des „werdenden Erwachsenenalters" („emerging adulthood"), die etwa im 18. Lebensjahr beginnt und bis zum 25., in manchen Fällen auch bis zum 30. Lebensjahr andauert und in der die Vorbereitung auf die Erwerbsarbeit und die Familiengründung im Vordergrund stehen.

Neunte Maxime

Hoch entwickelte Gesellschaften sind nicht nur durch schnellen sozialen Wandel, sondern auch durch ein großes Ausmaß an sozialer und ethnischer Vielfalt und durch immer stärker werdende ökonomische Ungleichheit gekennzeichnet. Diese Merkmale prägen zunehmend auch die Jugendphase und führen zu einer Spaltung jugendlicher Lebenswelten.

Der Anteil der Jugendlichen, die aus Familien mit einem Zuwanderungshintergrund kommen, ist in den letzten 50 Jahren in allen hoch entwickelten Gesellschaften angewachsen. In Deutschland liegt er bei rund einem Drittel. Für diese Jugendlichen sind die Bewältigung der Entwicklungsaufgaben und die Identitätsbildung in der Regel schwieriger als für die einheimischen Jugendlichen. […]

Auch der Anteil der Jugendlichen aus relativ armen Elternhäusern, die nur über ein Minimum des landesüblichen Wohlstands verfügen, ist in allen hoch entwickelten Gesellschaften in den letzten drei bis vier Jahrzehnten angestiegen. In Deutschland liegt er bei etwa einem Fünftel eines Altersjahrgangs. […] Die Jugendlichen aus den relativ armen Elternhäusern haben große Schwierigkeiten, mit den komplexen Anforderungen der Individuation und Integration zurechtzukommen und die zentrale Entwicklungsaufgabe „Qualifizieren" erfolgreich zu meistern. […]

Durch diese unterschiedlichen Ausgangslagen kommt es zu einer Spaltung der jugendlichen Lebenswelten. […]

Zehnte Maxime

Die Zugehörigkeit zum weiblichen oder männlichen Geschlecht prägt die Muster der Bewältigung der Entwicklungsaufgaben. In den letzten drei bis vier Jahrzehnten haben die Mädchen und jungen Frauen sich in vielen Bereichen der Lebensführung bessere Ausgangschancen als die Jungen und die jungen Männer erschlossen.

In den hoch entwickelten Gesellschaften haben gegenwärtig die Mädchen und jungen Frauen bessere Ausgangsbedingungen für die Bewältigung der jugendtypischen Entwicklungsaufgaben. Das drückt sich symptomatisch in der Bewältigung der Entwicklungsaufgabe „Qualifizieren" aus. Junge Frauen erwerben die besseren Schul- und Ausbildungsabschlüsse, während junge Männer in ihren Leistungen stagnieren. Auf diese Weise verschieben sich die geschlechtsspezifischen Ungleichheitsmuster im Bildungsbereich zugunsten der Frauen. […]

Junge Frauen erwerben nicht nur die höheren und besseren Schulabschlüsse, verlassen die Schule seltener ohne Abschluss und verbleiben seltener ohne abgeschlossene Ausbildung. Vielmehr schneiden sie auch bei der Bewältigung anderer Entwicklungsaufgaben tendenziell besser ab als junge Männer. So haben sie zum Beispiel häufiger ein gutes Verhältnis zu ihren Eltern, ziehen früher von zu Hause aus, bekommen von ihren Peers mehr Anerkennung für ihre schulischen und außerschulischen Erfolge, weisen ein kreativeres und flexibleres Freizeitverhalten auf und verbringen deutlich weniger Zeit vor dem Fernseher und dem Computer. Sie sind toleranter, engagieren sich in ihrer Freizeit öfter für ihre Mitmenschen und neigen zu Wertorientierungen, die sich förderlich auf ihre schulische Leistungsbereitschaft auswirken.

[…] Die weiblichen Jugendlichen sind auf eine Kombination von Anforderungen in Familie, Haushalt, Kindererziehung, Gemeinde und Beruf vorbereitet, während die männlichen Jugendlichen sich auf den traditionellen Lebensbereich der beruflichen Karriere fixieren. Diese Engführung ihrer Lebensperspektive scheint der Grund für ihre geringe Bewältigungskapazität zu sein, weil sie sich damit ein soziales „Rollengefängnis" bauen, in dem sie nur wenige flexiblere Verhaltensanforderungen einüben können.

Aufgaben

1. Erläutern Sie das einführende Fallbeispiel des 22-Jährigen Toms (M 1) mithilfe der zehn Maximen.
2. Auf welche Grenzen pädagogischer Hilfestellung lassen die von Hurrelmann/Quenzel genannten zehn Maximen schließen?
3. Welche Möglichkeiten pädagogischer Unterstützung bei der Bewältigung des Jugendalters legen die zehn Maximen nahe?

Das Modell der produktiven Realitätsverarbeitung wird in der sozialwissenschaftlichen Forschung genutzt und diskutiert. Einen kritischen Einwand trägt Ullrich Bauer im folgenden Text vor. Gleich danach finden Sie Hurrelmanns Antwort.

M4 Kritik des Modells der produktiven Realitätsverarbeitung (Ullrich Bauer)

Das Modell des produktiv realitätsverarbeitenden Subjekts vermengt offenbar […] ein von der Fähigkeit zur kritischen Reflexion abhängiges Vermögen (das Potenzial einer wirklich autonomen Ich-Identität) mit der basalen Kompetenz, den Anforderungen der Systemintegration nachzukommen. Dies jedoch stellt einen beschnittenen Identitätsbegriff dar, der lediglich die Anpassung an vorgelagerte gesellschaftliche Bedingungen (anstatt die Entwicklung zu einem autonom-handlungsfähigen, eben nicht durchgängig angepassten Individuum) zur Grundlage macht. Analog unterscheidet Hurrelmann Prozesse „misslingender" und „gelingender" Sozialisation allein dadurch, inwieweit das Kompetenzniveau Heranwachsender den Ausgleich mit institutionalisierten Handlungsaufgaben (s. u. das Konzept der Entwicklungsaufgaben) ermöglicht. Diese Vorstellung „gelungener" Persönlichkeitsentwicklung bzw. Identitätsbildung wird von einem Zweifel getroffen, den kritische Autorinnen in den Sozialwissenschaften […] denjenigen gegenüber aussprechen, die meinen, „Ich-Identität" bzw. Handlungsautonomie würde unter gegenwärtigen gesellschaftlichen Verhältnissen vollständig erreichbar sein […]. Nicht ausreichend differenziert Hurrelmann demnach zwischen der Potenzialität autonomer Persönlichkeitsentwicklung […] und einer sehr normativen Auffassung, nach der Heranwachsende dann bereits autonom handeln, wenn sie als „produktiv realitätsverarbeitend" angesehen werden. Die Verwirklichung eines mit der Identitäts- und Persönlichkeitsentwicklung verbundenen kritischen Anspruchs wird also nicht schon dadurch erreicht, dass normative Auffassungen über die Handlungsfähigkeit Heranwachsender die analytische Betrachtung beeinflussen. Im Gegenteil, wie gezeigt, neigen diese subjektbezogenen Konzeptionen dazu, die strukturellen Bedingungen der Sozialisationsverläufe (benachteiligende wie privilegierende Einflüsse) theoretisch zu vernachlässigen. Das scheinbar

Abb. 3.6

Abb. 3.7

widersprüchliche Phänomen, dass bereits Heranwachsende auf ihr Handeln bewusst Einfluss zu nehmen vermögen, ihre Handlungskompetenzen jedoch den modalen (also meistens gebräuchlichen) Verhaltensweisen der sozialen Herkunft vorangepasst sind – diese analytische Unterscheidung von bewusst und unbewusst, Autonomie und Beschränktheit –, findet in der sozialisations-, handlungs- und subjekttheoretischen Perspektive der Konzeptionen, die seit den 1980er-Jahren aufkommen, zu wenig Beachtung.

Aufgaben

1. Arbeiten Sie den Text M 4 Satz für Satz im reziproken Verfahren durch.
2. Geben Sie Bauers Kritik wieder. Erläutern Sie seine Kritik, indem Sie sie in eigene Formulierungen übersetzen.

M5 Weiterführung und kritische Diskussion des Modells (Klaus Hurrelmann)

In der wissenschaftlichen Diskussion wurde das Modell der produktiven Realitätsverarbeitung konstruktiv aufgenommen und als ein überzeugender Schritt in Richtung einer integrierenden interdisziplinären Sozialisationstheorie gewürdigt. […]

Die kritische Auseinandersetzung mit dem Modell hat Ullrich Bauer (2011) systematisch zusammengefasst. Danach konzentriert sich die Kritik vor allem auf das Missverständnis, dass der Prozess der Verarbeitung der inneren und äußeren Realität durch das beschreibende Wort „produktiv" semantisch positiv klassifiziert wird. Bauer selbst bemängelt, durch die wertende Verwendung des Begriffs „produktiv" werde der Eindruck erweckt, jeder Mensch verfüge in jeder Lebenslage über ein hohes Ausmaß an Handlungsautonomie und über die Kompetenz, ein aktiver Umweltgestalter zu sein, der selbstreflexiv die eigene biografische Entwicklung zu kontrollieren vermag.

Bauer weist darauf hin, dass durch diese Akzentsetzung die Bedeutung ungleicher Sozialisationsbedingungen übersehen werde […].

Diese Kritik trifft zu. Der Begriff „produktiv" wurde in einigen Darstellungen des Modells, vor allem bei der Übertragung auf die Persönlichkeitsentwicklung im Jugendalter, nicht beschreibend, sondern wertend und damit normativ setzend verwendet. Diese Verwendung verstößt gegen die von mir selbst erwünschte und beabsichtigte konzeptionelle Festlegung. Danach beschreibt der Begriff „produktiv" eine dynamische und aktive Form von Tätigkeit, die dem menschlichen Naturell eigen ist. Ob diese aktive Form der Auseinandersetzung mit den inneren und äußeren Anforderungen zu einer persönlichen Autonomie mit Ich-Identität führt oder nicht, ist eine empirische Frage. Der Begriff „produktiv" ist in der Grundfassung des Modells jedenfalls nicht wertend, sondern deskriptiv angelegt. [...]
Um einem weiteren Kritikpunkt Rechnung zu tragen, wird in diesem Buch die Beeinflussung der Persönlichkeitsentwicklung durch die gesellschaftlichen Lebensbedingungen, also die äußere Realität, durchgehend stark betont. Damit reagiere ich auf den Hinweis von Bauer, ohne diese Betonung stehe das Modell der produktiven Realitätsverarbeitung (MpR) in Gefahr, „dem Handelnden ein hohes Maß an individuellen Kompetenzen zur autonomen Steuerung der Lebensführung zu unterstellen und damit die Bedeutung ungleicher Sozialisationsbedingungen in den Hintergrund zu stellen" (Bauer 2011).
Ungleiche Sozialisationsbedingungen wurden bereits in der Ausgangsfassung des Modells der produktiven Realitätsverarbeitung (MpR) thematisiert. Das MpR geht von der Grundannahme aus, dass die „äußere Realität" der sozialen und ökologischen Lebensbedingungen entscheidend mit darüber bestimmt, ob und wie die Potenziale für eine autonome Lebensführung eines Menschen umgesetzt werden können. In allen bisherigen Ausarbeitungen des Modells der produktiven Realitätsverarbeitung und in jeder empirischen Untersuchung, die sich auf dieses Modell bezieht, wird die Bedeutung der ungleichen ökonomischen, sozialen und kulturellen Lebensbedingungen und Ressourcen für die Lebensbewältigung und insbesondere für den Aufbau von Handlungsautonomie und Ich-Identität herausgearbeitet. In diesem Buch wird diese Akzentsetzung in jedem Kapitel vorgenommen.

Abb. 3.8

Abb. 3.9

Aufgaben

1. Geben Sie Hurrelmanns Antwort auf Bauers Kritik wieder und erläutern Sie sie.
2. Stimmen Sie Bauer zu? Nehmen Sie Stellung zu dieser Kontroverse.

In seiner Antwort geht Hurrelmann auch auf das Verhältnis von deskriptiven (beschreibenden) und präskriptiven (vorschreibenden bzw. wertenden bzw. normativen) Aussagen im Modell der produktiven Realitätsverarbeitung ein. Dazu ist eine Veränderung interessant, die Hurrelmann in zwei Büchern aus dem Jahre 2012 bei der Darstellung seines Modells vornimmt. In „Lebensphase Jugend" (M 3) spricht er von „Maximen": „Unter Maximen verstehen wir erkenntnisleitende programmatische Aussagen, die sich auf die verschiedenen theoretischen Ansätze zur Analyse der Persönlichkeitsentwicklung im Jugendalter berufen [...]."

In seinem Buch „Sozialisation. Das Modell der produktiven Realitätsverarbeitung" ist nicht mehr von Maximen, sondern von „Thesen" oder „Kernaussagen" die Rede. Hurrelmann leitet hier die Darstellung seines Modells so ein:

M6 Kernaussagen als Thesen (Klaus Hurrelmann)

Die Kernaussagen des Modells der produktiven Realitätsverarbeitung

In den folgenden Abschnitten soll das „Modell der produktiven Realitätsverarbeitung" durch die Formulierung von zehn Kernaussagen detailliert entfaltet werden. Bei den Kernaussagen handelt es sich um Feststellungen, die den Gegenstandsbereich „Sozialisation" in Form von Leitsätzen auf seinen wesentlichen Gehalt zuspitzen. Sie stellen eine Zusammenfassung der für wichtig befundenen wissenschaftlichen Erkenntnisse zu jeweils einem Teilaspekt dar und eröffnen zugleich Perspektiven für künftige inhaltliche Arbeitsschwerpunkte und methodische Strategien der Sozialisationsforschung.
Die Kernaussagen werden als „Thesen" bezeichnet. Sie korrespondieren mit den zehn „Maximen" in der letzten Auflage des Buches „Lebensphase Jugend" (Hurrelmann/Quenzel 2012), wo sie inhaltlich auf die spezifische Situation der Bevölkerungsgruppe der jungen Generation bezogen sind.

M7 Das Modell der produktiven Realitätsverarbeitung in 10 Thesen (Ullrich Bauer/Klaus Hurrelmann)

Erkenntnistheoretische und konzeptionelle Grundannahmen	
1. These zum Verhältnis von innerer und äußerer Realität	Sozialisation bezeichnet den das ganze Leben lang anhaltenden Prozess der Persönlichkeitsentwicklung. In diesem spiegelt sich konstitutiv der Prozess der Verarbeitung der inneren und äußeren Realität.
2. These zur aktiven Gestaltung („Produktion“) der eigenen Persönlichkeit	Menschen sind „Produzenten“ ihrer eigenen Entwicklung, indem sie in der gesamten Lebensspanne eine Verarbeitung der inneren und äußeren Realität vornehmen, die ihren individuellen Eigenschaften und Ressourcen entspricht.
Die Perspektive der produktiven Realitätsverarbeitung im Lebenslauf	
3. These zur Bewältigung der Entwicklungsaufgaben im Lebenslauf	In jedem Lebensabschnitt gibt es selbst definierte und aus der sozialen Umwelt stammende Erwartungen an die Verarbeitung der inneren und äußeren Realität. Sie definieren Entwicklungsaufgaben. Es wird erwartet, dass Veränderungen in der psychischen Befindlichkeit angenommen und angemessen im eigenen Verhalten zum Ausdruck gebracht werden.
4. These zur Bildung der Ich-Identität	Werden Entwicklungsaufgaben nicht bewältigt, ist der Aufbau der Ich-Identität gefährdet oder sogar unmöglich. Von einer Ich-Identität eines Menschen ist zu sprechen, wenn über verschiedene Entwicklungs- und Lebensphasen hinweg eine Kontinuität des Selbsterlebens auf der Grundlage eines positiv gefärbten Selbstwertgefühls und des Empfindens einer Selbstwirksamkeit gegeben ist.
5. These zur Persönlichkeitsentwicklung im Lebenslauf	Durch sich ständig verändernde gesellschaftliche Rahmenbedingungen und offene, teilweise ungewisse Zukunftsperspektiven stehen Menschen in den jeweiligen Lebensphasen vor unterschiedlichen Herausforderungen. Ihre Persönlichkeitsentwicklung ist daher biografisch stets unabgeschlossen.
Sozialräumliche Kontexte	
6. These zur Bedeutung der Familie für die Realitätsverarbeitung	Als primärer und wichtigster Sozialisationskontext fungieren in unserem Kulturkreis die Familien. Sie agieren seit Jahrhunderten als die einflussreichsten Vermittler der äußeren Realität für den gesellschaftlichen Nachwuchs.
7. These zur Bedeutung der Bildungsinstitutionen für die Realitätsverarbeitung	Von immer größerer Bedeutung werden sekundäre Sozialisationskontexte, darunter öffentliche Erziehungs- und Bildungsinstitutionen wie Kindertagesstätten, Horte, Schulen, Ausbildungseinrichtungen, Hochschulen, sozialpädagogische Institutionen sowie Einrichtungen der beruflichen Aus- und Weiterbildung, die eigens zu diesem Zweck etabliert wurden.
8. These zur Bedeutung der alltäglichen Lebenswelt für die Realitätsverarbeitung	Neben den primären und sekundären Sozialisationskontexten existiert ein breites Spektrum von sozialen Systemen, deren wesentliche gesellschaftliche Funktion nicht in Sozialisation, Erziehung, Bildung und Qualifizierung besteht, sondern in der Erfüllung anderer gesellschaftlicher Aufgaben (vor allem dem Konsum, dem Bereich der Unterhaltung und der medialen Vernetzung).
Diversitäten der Realitätsverarbeitung	
9. These zur Ungleichheit von Sozialisationsprozessen	Menschen, die in privilegierenden Kontexten leben, steht in ihrer alltäglichen Lebenswelt von Geburt an ein reichhaltigeres Ausmaß an personalen und sozialen Ressourcen zur Verfügung als jenen, die in einem benachteiligenden Kontext leben. „Ungleichheiten“ sind das Ergebnis kontextueller und kompositorischer Differenzierung und können schwer zu behebende Nachteile für die Lebensführung von Menschen haben.
10. These zur geschlechtlichen Diversität in der Realitätsverarbeitung	Weiblichkeit und Männlichkeit werden gelebt und individuell hergestellt, indem ein Mann oder eine Frau mit der jeweils angelegten physiologischen Ausstattung, der körperlichen Konstitution, den psychischen Grundstrukturen und den zugeschriebenen Erwartungen individuell arbeitet und diese mit der sozialen und physischen Umwelt in eine Passung bringt („doing gender“).

Abb. 3.10: Das Modell der produktiven Realitätsverarbeitung in der Sozialisationsforschung in 10 Thesen

Aufgaben

1. Geben Sie wieder, wie Hurrelmann die Begriffe „Maxime“, „These“ bzw. „Kernaussage“ bestimmt.
2. Beschreiben und recherchieren Sie, wie das Wort „Maxime“ in der Regel benutzt wird.
3. Beurteilen Sie Hurrelmanns Sprachgebrauch in beiden Büchern vor dem Hintergrund der Unterscheidung von deskriptiven und präskriptiven Aussagen.
4. Untersuchen Sie ausgewählte „Maximen“ (M 3) im Hinblick auf diese unterschiedlichen Aussagetypen.
5. Ist das Modell der produktiven Realtitätsverarbeitung deskriptiv, präskriptiv oder beides?

3.2.2 Sozialisation im Jugendalter

Das Modell der produktiven Realitätsverarbeitung ist auf die gesamte Lebensspanne bezogen. Hurrelmann zeigt, dass in Kindheit, Jugend und Erwachsenenalter jeweils besondere Anforderungen zu bewältigen sind. Im Folgenden geht es um die Lebensphase Jugend. Die Texte erweitern und vertiefen die Ausführungen Hurrelmanns zu den zehn „Maximen“.
Einen weiteren Text von Hurrelmann zur Entstehung der Lebensphase Jugend finden Sie online (r5br6c).

M8 Entwicklungsaufgaben im Jugendalter (Klaus Hurrelmann/Gudrun Quenzel)

Die von außen an die Jugendlichen herangetragenen gesellschaftlichen und kulturellen Erwartungen ähneln sich durchaus, auch der Umgang der Jugendlichen mit ihnen weist gemeinsame Muster auf.
Sozialisationstheoretisch spricht man in diesem Zusammenhang auch von Mustern der Bewältigung psychosozialer „Entwicklungsaufgaben“. Darunter werden Zielprojektionen verstanden, die in jeder Kultur existieren, um die Anforderungen zu definieren, die ein Kind, ein Jugendlicher, ein Erwachsener und ein alter Mensch zu erfüllen haben (Hurrelmann, 2006, 35). Nach diesem von Havighurst (1981) entwickelten Konstrukt werden an die Individuen der verschiedenen Altersgruppen kulturell und gesellschaftlich vorgegebene Erwartungen herangetragen, die ihrer Entwicklung nützlich und der Gesellschaft zu ihrem Erhalt funktional sind.
Was an die verschiedenen Altersgruppen an Entwicklungsaufgaben herangetragen wird, ist kulturspezifisch und ändert sich im Zeitverlauf. Die für die Lebensphase Jugend in den modernen Industriegesellschaften aktuell konstitutiven Entwicklungsaufgaben lassen sich in vier Cluster unterteilen (Hurrelmann, 2010, 27):
Entwicklungsaufgabe „Qualifikation“: Hier geht es um die Entfaltung einer intellektuellen und sozialen Kompetenz, um selbstverantwortlich schulischen und anschließenden beruflichen Anforderungen nachzukommen, mit dem Ziel, eine berufliche Erwerbsarbeit aufzunehmen und dadurch die eigene ökonomische Basis für die selbstständige Existenz als Erwachsener zu sichern. Soziologisch gesprochen handelt es sich hierbei um die Übernahme einer Mitgliedschaftsrolle in der Leistungsgesellschaft und die Vorbereitung auf die Übernahme der Verantwortung für die „ökonomische Reproduktion“ der Gesellschaft.
Entwicklungsaufgabe „Ablösung und Bindung“: Hier geht es um das Akzeptieren der veränderten körperlichen Erscheinung, die soziale und emotionale Ablösung von den Eltern, den Aufbau einer Geschlechtsidentität und von Bindungen zu Gleichaltrigen des eigenen und des anderen Geschlechts sowie um den Aufbau einer Partnerbeziehung, welche potenziell die Basis für eine Familienplanung und die Geburt und Erziehung eigener Kinder bilden kann.
Aus soziologischer Perspektive handelt es sich bei dieser Aufgabe um die Übernahme von Verantwortung für die Sicherung sozialer Bindungen und der „biologischen Reproduktion“ der Gesellschaft.
Entwicklungsaufgabe „Regeneration“: Hier geht es um selbstständige Handlungsmuster für die Nutzung des Konsumwarenmarkts einschließlich der Medien, um die Fähigkeit zum Umgang mit Geld, mit dem Ziel, einen eigenen Lebensstil und einen kontrollierten und bedürfnisorientierten Umgang mit den „Freizeit“-Angeboten zu entwickeln.

Abb. 3.11

Soziologisch gesprochen geht es um die Partizipation an der Konsumwirtschaft und die Regeneration der Arbeitskraft.

Entwicklungsaufgabe „Partizipation“: Hier geht es um den Aufbau einer autonomen Werte- und Normenorientierung und eines ethischen und politischen Bewusstseins, das mit dem eigenen Verhalten und Handeln in Übereinstimmung steht. Soziologisch gesprochen handelt es sich um die verantwortliche Übernahme von gesellschaftlichen Partizipationsrollen als Bürger im kulturellen und politischen Raum und damit um die Sicherstellung der Einbindung des Individuums in den kulturellen und politischen Reproduktionsprozess einer demokratischen Gesellschaft.

Bedingt durch den ökonomischen Wandel von der industriell produzierenden zur Dienstleistungs- und Wissensgesellschaft, die rasanten Entwicklungen im Konsum- und Freizeitmarkt sowie die die Geschlechterrollen herausfordernden Identitätsbewegungen ist die Bewältigung der verschiedenen Entwicklungsaufgaben für viele Jugendliche zu einer sehr viel größeren Herausforderung geworden. Jugendliche müssen heute mehr Informationen verarbeiten und mehr Entscheidungen treffen als jede Generation vor ihnen. Um diese Wahlfreiheit nutzen zu können, benötigen Jugendliche heute vielfältige Kompetenzen, angefangen mit der Fähigkeit, die möglichen Konsequenzen ihrer Wahl abschätzen zu können, bis hin zur Selbsterkenntnis und auch dem Selbstbewusstsein, ihre eigenen Präferenzen zu erkennen und nach diesen zu handeln.

Die Chance, dass mit der erhöhten Wahlfreiheit und der individuellen Gestaltungsmöglichkeit auch eine Biografie gestaltet wird, die den Wünschen und Bedürfnissen der einzelnen Jugendlichen entspricht, erhöht sich dabei aber nicht bei allen Jugendlichen. Während erhöhte Wahlfreiheit und individuelle Gestaltungsmöglichkeit bei den einen den Raum schaffen, in dem sie kreativ ihre eigene Zukunft gestalten können, lösen sie bei den anderen Unsicherheiten und Ängste aus. Freiheiten können dann auch als Zwang empfunden werden, das eigene Leben erfolgreich gestalten zu müssen, und hierüber vermittelt zum Gefühl der Überforderung und zu Zukunftsängsten führen.

Aufgaben

1. Stellen Sie den Übergang vom Jugendalter ins Erwachsenenalter durch die Bewältigung der Entwicklungsaufgaben in einem Diagramm übersichtlich dar (vgl. auch M 10).
2. Entwickeln Sie mögliche pädagogische Hilfen zur Bewältigung der Entwicklungsaufgaben.

M9 Kritik des Konzepts der Entwicklungsaufgaben (Jutta Ecarius)

Über die Entwicklungsaufgaben lässt sich die Jugendphase von der Kindheit und dem Erwachsenenalter abgrenzen. Im Kindesalter geht es um die Entwicklung kognitiver und sprachlicher Kompetenzen und um die Entwicklung sozialer Kooperationsformen sowie moralischer Grundorientierungen. Der Übergang ins Erwachsenenalter ist gegeben, wenn die jugendspezifischen Entwicklungsaufgaben vollständig bewältigt sind und eine Identität herausgebildet sowie der innere Prozess der Ablösung von den Eltern abgeschlossen ist. Der Entwicklungsverlauf des Lebens ist danach eine kontinuierliche Abfolge der Lebensphasen Kindheit, Jugend, frühes Erwachsenenalter, spätes Erwachsenenalter und spätes Alter [...], mit denen jeweils spezifische Konfigurationen von Handlungskompetenzen definiert werden. Präzise Altersdatierungen tauchen nur noch dann auf, wenn sie durch institutionelle Vorgaben festgelegt sind, wie z. B. den Beginn der Schulpflicht oder die Länge der Berufsausbildung.

Vernachlässigung bzw. Verengung der Generationenunterschiede

Generationenunterschiede werden auf diese Weise zu unterschiedlichen Entwicklungsaufgaben im Lebenslauf. Die Perspektive lässt die sozialen Bedeutungszuschreibungen der jungen und alten Generationen verschwinden. Welche Personen Entwicklungsaufgaben formulieren und auch einfordern, sie gesetzlich über die Schulpflicht und das Ausbildungsrecht verankern, bleibt offen. Diskutiert wird nicht, dass es sich auch hier um eine spezifische Form von Generationsbeziehungen und Generationsunterschieden handelt und Entwicklungsaufgaben von älteren Generationen formuliert werden. Die Verknüpfung von Lebenslauf und Entwicklungsaufgaben führt zu einer Verengung, da mit der Perspektive der Subjekthaftigkeit Verantwortlichkeiten zwischen den Generationen, Erziehungsaufgaben und Anforderungen an die jüngere Generation unbeantwortet bleiben und auch nicht beantwortet werden müssen. Durch die Überbetonung der Selbsttätigkeit der jüngeren Generation scheint sich die Notwendigkeit von pädagogischen Generationsbeziehungen zu erübrigen.

Aufgaben

1. Geben Sie die Kritik wieder, die Ecarius an dem Konzept der Entwicklungsaufgaben formuliert.
2. Erörtern Sie, ob bzw. inwiefern Ecarius' Kritik überzeugen kann.

Methode

Erörtern

Dieser Operator ist dem Anforderungsbereich III zugeordnet und folgendermaßen definiert:

„Die Vielschichtigkeit eines Berurteilungsproblems erkennen und darstellen, dazu Thesen/ggf. Hypothesen erfassen bzw. aufstellen, Argumente formulieren und dabei eine begründete Schlussfolgerung erarbeiten (dialektische Erörterung), ggf. Wege empirischer Überprüfung entwickeln."

Erörtern verlangt eine methodische kontrollierte Schrittfolge:

1. Das Beurteilungsproblem wird darlegt. Dazu gehört auch, es in den fachlichen und/oder überfachlichen Kontext zu stellen und seine Aktualität und pädagogische Bedeutung aufzuzeigen.

2. Im zweiten Schritt werden Pro- und Kontra-Argumente gesammelt und geordnet. Dabei können verschiedene Kriterien eingesetzt werden: Stärke der Argumente, empirische Fundierung der Argumente, normative Gehalte der Argumente …

3. Jetzt werden die Argumente kritisch beurteilt. Fragen wie diese können leitend sein: Wie empirisch belastbar sind sie? Sind sie aus pädagogischer Perspektive normativ überzeugend? Geht es also darum, die altersmögliche Mündigkeit der Adressaten des Handelns zu fördern? Gibt es nichtpädagogische Interessen, die explizit genannt werden oder implizit enthalten sind?

4. Am Ende steht die eigene begründete Stellungnahme aus pädagogischer Perspektive als Ergebnis der Abwägung der Pro- und Kontra-Argumente. Dabei sollte die Komplexität des Problems nicht wieder sachwidrig reduziert werden. Es kann auch herausgestellt werden, dass eine eindeutige Antwort nicht möglich oder sinnvoll ist.

In seinem Buch „Sozialisation" formuliert Hurrelmann zwei Grundfragen der Sozialisationstheorie, die miteinander zusammenhängen:

- „Wie schafft es eine Gesellschaft, die in ihr lebenden Menschen zu sozialen Wesen zu machen, die sich in die sozialen Strukturen integrieren?
- Wie gelingt es den Menschen in einer Gesellschaft, sich die Freiheiten für ihre persönliche Entwicklung und Lebensgestaltung zu erschließen und zu autonomen Individuen zu werden?"

(Klaus Hurrelmann [11 2012]: Sozialisation. Weinheim, Basel, S. 12)

In den heutigen „individualistisch geprägten" Gesellschaften sind die Antworten auf diese Fragen kompliziert. Im folgenden Text erörtert Hurrelmann mögliche Antworten in Bezug auf die Lebensphase Jugend.

M10 Ich-Identität und Biografie-Management in der Lebensphase Jugend (Klaus Hurrelmann)

Die Entwicklung von Selbstbild und Ich-Identität

Die herausragende Besonderheit des Sozialisationsprozesses im Jugendalter ist der Aufbau einer Ich-Identität, der in dieser Lebensphase zum ersten Mal möglich ist. Er setzt ein dem Alter und dem Entwicklungsstand angemessenes eigenes Selbstbild voraus, also eine realistische Einschätzung der personalen und sozialen Ressourcen.

Voraussetzung für den Aufbau eines Selbstbildes ist die Fähigkeit, zwischen der eigenen Person mit ihrer inneren Realität und der umgebenden äußeren Realität unterscheiden zu können. Diese Fähigkeit baut sich im Verlauf der Entwicklung im Jugendalter auf. Die reflexive Beziehung eines Menschen zu seinem Körper und zu seinen Bedürfnissen, Motiven und Interessen wird differenzierter und komplexer und erreicht in der frühen Jugendphase eine qualitativ neue Entwicklungsstufe. Das Gleiche gilt für die Einschätzung der sozialen und physischen Umweltbedingungen.

In den entwicklungspsychologischen Theorien wird das Jugendalter als ein Abschnitt verstanden, in dem heftige persönliche Entwicklungskrisen im Lebenslauf auftreten. Junge Männer und junge Frauen in der Pubertät reagieren äußerst sensibel auf die Veränderungen von Körper und Psyche, aber auch auf die sich ihnen unvermittelt stellenden Herausforderungen in der sozialen und physischen Umwelt. Es handelt sich um eine besonders konfliktanfällige Zeit, in der es eine Abfolge von „Adoleszenzkrisen" zu bewältigen gilt […].

Die hiermit verbundenen Spannungen und Stimmungsschwankungen müssen voll durchlebt werden, um eine ausgereifte Persönlichkeitsstruktur mit einem Ausgleich von Individuations- und Identitätsanforderungen und einer leistungsfähigen Ich-Identität aufbauen zu können. Nur nach dem Durchstehen dieser Krisen kann es gelingen, über eine oberflächliche Anpassung an die gesellschaftlichen und kulturellen Verhältnisse, etwa durch eine mechanische Leistungsmotivation und eine materialistische Orientierung an Geld, Ansehen und Karriere, hinwegzukommen und autonome Handlungskompetenzen aufzubauen.

Anforderungen an das Biografie-Management

Da die heutigen individualistisch geprägten Gesellschaften so viele Freiräume für unkonventionelle Verhaltensweisen einräumen, bieten sich den Jugendlichen nicht die Reibungen und Widerstände, die sich in Zeiten der standardisierten „Normal-Biografie" […] fast zwangsläufig einstellten. Durch die verhältnismäßig frühe Selbstständigkeit im Konsum-, Medien- und partnerschaftlichen Lebensbereich auf der einen und die lang anhaltende Bildungs- und Ausbildungszeit mit ökonomischer Unselbstständigkeit auf der anderen Seite tritt an die Stelle einer noch in den 1950er-Jahren selbstverständlichen genormten Statuspassage von der Jugendzeit in das Erwachsenenalter eine selbst gestaltete Übergangsphase mit der Anforderung, sie biografisch sinnvoll zu gestalten […].

Von Jugendlichen wird eine kreative individuelle Lebensführung verlangt, um die erheblichen Spannungen zwischen den Selbstständigkeitspotenzialen in den verschiedenen Lebensbereichen auszugleichen. Eine solche Lebensführung scheint vor allem dann möglich zu sein, wenn die Lebensphase Jugend nicht ihrem traditionellen Verständnis gemäß als Durchgangsphase von der Kindheit in den vollwertigen Status des Erwachsenen interpretiert wird, sondern als eine Lebensphase, die selbstständig gestaltet wird und eine besondere Lebensqualität hat. Die […] Unterteilung der Jugendphase in einen ersten Abschnitt bis zum etwa 20. Lebensjahr, der vorrangig Bildung und Ausbildung gewidmet ist, und einen zweiten Abschnitt bis zum etwa 30. oder 35. Lebensjahr, der eine freie Lebensgestaltung in den Bereichen Qualifizieren, Binden, Konsumieren und Partizipieren zulässt, ist Ausdruck dieser Grundeinstellung.
Im Jugendalter spitzt sich die Anforderung zu, die persönliche Individuation und die soziale Integration miteinander auszutarieren und hierauf die personale und die soziale Identität aufzubauen. Unter den heutigen Lebensbedingungen sind die Chancen für den Aufbau einer personalen Identität sehr groß, weil traditionelle Vorgaben für das Rollenverhalten und entsprechende Wertorientierungen entfallen und vielfältige Möglichkeiten gegeben sind, eine eigene Lösung für die Aufgaben und Probleme des Alltags zu finden. Demgegenüber ist es schwierig, eine soziale Identität zu finden, denn die Möglichkeiten für eine Übernahme von sozialer Verantwortung sind relativ begrenzt, zudem verzögert sich im Lebenslauf der für die soziale Identität wichtige Übergang in den anerkannten wirtschaftlichen Status des Erwerbsbürgers immer mehr. Entsprechend anspruchsvoll ist für Jugendliche heutzutage die Aufgabe, eine Ich-Identität mit den beiden Komponenten der personalen und der sozialen Identität zu entwickeln.

Aufgaben

1. Geben Sie wieder, welche Antworten Hurrelmann auf die beiden Grundfragen der Sozialisationstheorie in Bezug auf die Lebensphase Jugend in heutigen individualisierten Gesellschaften gibt.
   Beachten Sie dabei seine Begriffe „Individuationsanforderungen", „Integrationsanforderungen", „persönliche Individuation", „soziale Integration", „personale Identität", „soziale Identität".
2. Erörtern Sie Hurrelmanns Antworten. Greifen Sie dabei auch auf Ihre eigenen Erfahrungen zurück.

Hurrelmann hat als Jugendforscher in den letzten Jahrzehnten kontinuierlich die Entwicklungen in der Jugendphase erforscht. Der nächste Text, den er zusammen mit Erik Albrecht veröffentlicht hat, bezieht sich auf die neuesten Untersuchungen zum Verhältnis von sozialer Verantwortung, politischem Engagement und Streben nach Autonomie bei den heute 15- bis 30-Jährigen, der sog. Generation Ypsilon.

M11 Politisches Engagement der Generation Y (Klaus Hurrelmann/ Erik Albrecht)

Generation Y

Die heute 15- bis 30-Jährigen verändern unsere Welt radikal. Sie haben in kurzer Zeit den strukturellen Wandel in Politik, Wirtschaft, Arbeitsleben, Familie, Technik und Freizeit eingeleitet. Allerdings nicht gewaltsam und mit militanten Mitteln, ohne die lautstarken Proteste, unter denen andere Generationen sich ihren Platz in der Gesellschaft erkämpft haben. Sie agieren still und leise, gewissermaßen aus der zweiten Reihe heraus, wirken im Verborgenen hinter den Kulissen. Deshalb sind die Umwälzungen, die sie anstoßen, auf den ersten Blick gar nicht zu erkennen. Sie werden oft unbemerkt übernommen und setzen sich wie selbstverständlich im Alltag durch. […]

Politik à la Y

„Bei uns wird es so etwas nicht geben", erklärt Simone selbstbewusst und schaut kopfschüttelnd auf die leeren Fahrradständer im Zentrum von Aachen. Es ist Februar, Schwefelgeruch der Heilquellen des Elisenbrunnens nebenan liegt schwer in der Luft. Das Verleihsystem der Deutschen Bahn hat Winterpause. Die Schlösser, die eigentlich die Elektrofahrräder gegen Diebstahl sichern sollen, sind mit Kabelbinder an die Ausleihstation gebunden. Dabei gebärdet sich selbst der Februar im tiefen Westen mit 13 Grad und Sonnenschein alles andere als fahrradfeindlich. Im angrenzenden Park flanieren bereits die ersten Sonnenhungrigen. Nur drei Stationen betreibt die Deutsche Bahn in Aachen mit insgesamt 15 Elektrofahrrädern, sogenannten Pedelecs. Zu wenig, um selbst im Zentrum der 240.000-Einwohner-Stadt schnell und bequem von A nach B zu kommen.

Deshalb nimmt Simone mit einer Gruppe Studierender der Aachener Hochschulen die Sache jetzt selbst in die Hand. 1000 E-Bikes an 100 Stationen, heißt ihr ambitioniertes Ziel. Ihre Initiative Velocity plant ein engmaschiges Netz in der Stadt und damit eine radikale Alternative zum Autoverkehr. Das Mammutprojekt lässt ihr derzeit neben Studium und Job als studentische Hilfskraft kaum noch Freizeit. Doch sie glaubt daran. Der Stadt drohe sonst der Verkehrskollaps, fürchtet Simone. „In Aachen ist einfach nicht genug Platz für Autos", sagt sie. „Da kann man auch direkt in die richtige Richtung steuern und weniger Unzufriedenheit erzeugen." Ein solches System verbessere zudem die Situation der Studierenden und vieler anderer Aachener.

Gesellschaftliches Engagement mit einer klaren Vision für die Zukunft – es sind die klassischen Motive eines Politikers, aus denen sich Simone in dem Projekt engagiert. Doch dann sagt sie einen Satz, den so wohl nur ihre Generation formulieren kann: „Für mich ist das kein politisches Projekt."

Abb. 3.12

Die Ypsiloner definieren Politik deutlich enger als andere Generationen vor ihr. „Wenn man die Frage stellt: Interessierst du dich für Politik?, denken alle erst mal an die Politiker und das, was in der Tagesschau als Politik verkauft wird", beobachtet die Berliner Politikstudentin Leonie. Mit dieser Politik der traditionellen Machart kann die Generation Y nicht viel anfangen. Zwar spricht sie sich in ihrer überwältigenden Mehrheit für die Demokratie als Staatsform und für das Grundgesetz aus. In der Shell-Jugendstudie 2010 bezeichneten sich jedoch nur 40 Prozent als politisch interessiert, wenn es um die Arbeit von Parteien und Parlamenten geht. […]

„Ich tue mich immer schwer damit, zu sagen, wir seien eine unpolitische Generation", widerspricht die Politikstudentin Leonie dennoch. „Das glaube ich ganz und gar nicht." Viele Ypsiloner verbuchten bewusstes Konsumverhalten oder soziales Engagement für Zuwanderer einfach nicht unter Politik. Ihre Generation sei anders politisch, schreibt auch Kerstin Bund. Sie setze auf lokales, zeitlich begrenztes Engagement in einzelnen Projekten – schließlich sei in ihrem Leben ohnehin nichts auf Dauer angelegt. Auch Simone wird sich wohl wieder auf ihr Studium konzentrieren, wenn das Pedelec-Projekt in Aachen angelaufen ist. […]

Politisches Engagement dann, wenn es etwas bringt

Die Ypsiloner sind wie in allen Lebensbereichen auch in der Politik Egotaktiker. Im Mittelpunkt der MeMeMe-Generation steht ihr eigenes Leben. Politisches Engagement zeigt sie, wenn „es ihr etwas bringt". Doch das ist längst nicht so egoistisch gemeint, wie es sich anhört. […] Wichtig ist ihnen allen, dass sie selbst wertvolle Erfahrungen daraus mitnehmen. „Weltfriede" allein zieht nicht – das ist unverbindliche Träumerei, und die Ypsiloner sind viel zu pragmatisch, um an Träume zu glauben. Politik soll handfest sein und eben „etwas bringen".

Parteien, Parlamente und Regierungen sind für die Generation Y Institutionen, die dafür gewählt und mit Steuermitteln bezahlt werden, dass sie die notwendigen Rahmenbedingungen für politische Entscheidungen herstellen. Allzu viel erwartet sie von ihnen nicht. Fast jeder in der Generation Y spürt, wie anstrengend es in einer offenen Gesellschaft voller Optionen und Ablenkungen ist, dem eigenen Leben eine Richtung zu geben. Doch kaum jemand käme auf die Idee, von einer Partei oder einer Regierung eine solche Orientierungshilfe zu erwarten. Die Ypsiloner sehnen sich nach persönlicher Freiheit und eigenverantwortlichem Handeln. Sie sind grundsätzlich bereit, sich für Gemeinschaft und sozialen Zusammenhalt zu engagieren. Und sie wünschen sich Parteien, Parlamente und Regierungen, die sich dafür einsetzen, ihre Lebensqualität und ihre Zukunftsperspektiven zu verbessern.

Die Generation Y steht so für ein neues Politikverständnis, bei dem politisches Agieren breit definiert und mit urpersönlichen Interessen verknüpft wird. Partizipation an gesellschaftlichen Belangen wird durch die ganz persönlichen Motive jedes einzelnen Bürgers gespeist. Die Ypsiloner sind – aus Eigeninteresse und Eigennutz heraus – bereit und interessiert, politisch zu handeln, um ihre persönliche Lebenssituation zu verändern. Angetrieben vom angesprochenen Verantwortungsgefühl für sich selbst („eigenverantwortlich leben und handeln"), handeln sie im politischen Bereich mit erklärtermaßen eigennützigen Motiven. Doch ihr Eigennutz kann genau aus diesem Grund dem gesamten Gemeinwesen zugutekommen. Die Generation Y kennt Solidarität, aber es ist eine Schwarm-Solidarität. Fische schwimmen im Schwarm mit, um selbst zu überleben – nicht, um andere Fische gegen Übergriffe zu verteidigen. Ihr Mitschwimmen, so die unterschwellige Annahme, nützt dem gesamten Schwarm gerade deshalb so stark, weil jeder nur an sich selbst denkt.

Aus dieser selbstbezogenen, egotaktischen Grundhaltung entsteht kein Wir-Gefühl. Es kommt nicht zu einer kollektiven Solidarisierung, mit der frühere Generationen gemeinsam auf die Straße gegangen sind, wenn ihnen politische Weichenstellungen nicht mehr passten. Das Engagement der Generation Y speist sich nicht aus einem Gefühl der Verpflichtung gegenüber den bestehenden Gemeinschaftsbindungen, die andere vor ihr hergestellt haben, sondern aus einer Mischung aus Eigeninteresse mit dem Ziel der Selbstentfaltung und der Erwartung, auf diese Weise würde indirekt auch die Gemeinschaft profitieren. „Wir sind nicht gerne ‚Wir', schreibt Haaf. „Für etwas einzutreten, das über die eigene Individualität hinausgeht, fällt vielen entsprechend schwer."

Ypsiloner wollen sich unmittelbar einbringen, direkt etwas gestalten, dabei Spaß und Erfüllung erleben und am Ende einen Gewinn an Wohlbefinden und Selbstbewusstsein haben. In traditionellen Verbänden und gesellschaftlichen Institutionen, in Sportvereinen, Gewerkschaften, Kirchen und Parteien engagieren sie sich nur dann, wenn sie diese Kriterien erfüllt sehen und ihre Vorstellungen umsetzen können. Da das oft nicht der Fall ist, sehen sie davon ab.

In Zeiten, in denen die Grenzen zwischen Arbeit und Freizeit immer mehr verschwimmen, soziale Systeme flüssiger werden und Hierarchien schwinden, in denen immer mehr Menschen projektbezogen arbeiten, lässt sich in der Generation Y kaum noch jemand wie weiland die 68er auf einen „Marsch durch die Institutionen" ein, um sie in mühseliger Gremienarbeit von innen heraus umzulenken. Ein solcher Marsch erscheint ihnen als Vergeudung von Zeit und Energie. Sie wünschen sich vielmehr Transparenz, direkte Einflussmöglichkeiten, schnelle Reaktionen und Veränderungen.

Aufgaben

1. Erläutern Sie das Verhältnis von Engagement und Streben nach Autonomie bei den „Ypsilonern".
2. Erörtern Sie die Darstellung mit Rückgriff auf Ihre Erfahrungen.

Weiterführende Aufgabe

Erweitern Sie Ihr Glossar um die in den letzten Abschnitten eingeführten sozialisationstheoretischen Fachbegriffe:

Sozialisation, Sozialisationsinstanzen, produktive Realitätsverarbeitung, innere, äußere Realität, Entwicklungsaufgaben, Maxime, Thesen, Statuspassage, Transition, Moratorium, Ich-Identität, Individuationsaufgaben, Integrationsaufgaben, personale Identität, soziale Identität …

3.3 Die erziehungs- und bildungstheoretische Perspektive auf Jugend

Die Positionen dieses Abschnitts formulieren pädagogische Perspektiven auf die Entwicklung im Jugendalter: Es geht um anthropologische Voraussetzungen von Identitätsentwicklungen im Jugendalter, bildungstheoretische Überlegungen zum Autoritätsverhältnis der Generationen und um erziehungstheoretisch fundierte Handlungsoptionen.

M12 Begabung und Bildsamkeit (Jürgen Rekus)

Ein Beispiel soll am Anfang der Überlegungen stehen: Ein aufgewecktes Mädchen aus bildungsinteressiertem Elternhaus, erhält – wie alle Kinder – im ersten Schuljahr Blockflötenunterricht, und offenbar bringt es für das Flötenspielen eine Begabung mit. Das Spiel gelingt mit Leichtigkeit, Fortschritte werden rasch gemacht. Den Eltern bleibt das nicht verborgen, und sie schicken das Kind ergänzend zum schulischen Flötenunterricht zu einer privaten musikalischen Früherziehung. Hier wird das Flötenspiel vertieft, auch eine Altflöte kommt dazu. Verschiedene Auftritte bei Schul- und Kirchenfesten machen dem Kind und insbesondere den Eltern viel Freude. Eines Tages, das Kind ist mittlerweile im zweiten Schuljahr, bemerkt es beiläufig beim Mittagessen, dass der Piepston im Radio gerade ein „a" gewesen sei – offenbar Ausdruck eines absoluten Gehörs. Bei einer solchen Begabung reicht nach Ansicht der Eltern das Blockflötenspiel nicht mehr hin, ein weiterführendes „klassisches" Instrument soll erlernt werden. Die Wahl fällt auf die Oboe, weil sie so schön klingt. Es folgt die Anmeldung bei der örtlichen Musikschule, und der Oboenlehrer bestätigt die ausgeprägte musikalische Begabung. Das Oboenspiel der Tochter verfeinert sich, aber mit zunehmendem Alter muss doch häufiger an das tägliche Üben erinnert; manchmal auch ermahnt werden. Es ist schwer einzusehen, dass das, was später Freude bereiten soll, nicht immer gleich Spaß macht. Im Alter von 14 Jahren verkündet die Tochter, nicht mehr länger Oboe spielen zu wollen. Statt dessen möchte sie sich stärker in der örtlichen Basketballmannschaft engagieren. Offenbar hat das Mädchen auch eine sportliche Begabung, die sie im Vereinsspiel mit Freundinnen entdeckt hat. Das weitere Training erfolgt regelmäßig, ohne dass daran erinnert werden müsste. Es gelingt der begeisternde Aufstieg in die Regionalliga.

Die Eltern hatten die Entscheidung der Tochter akzeptiert, da sie großen erzieherischen Wert auf die Förderung der Selbstständigkeit und Eigenverantwortung legten. Die sportlichen Erfolge und das zufriedene Kind gaben ihnen recht. Erst ein paar Jahre später, die Tochter ist inzwischen Mitte zwanzig Jahre alt, kommen Vorwürfe. „Warum habt ihr mich nicht ermahnt, weiterzuspielen. Heute kann ich gar nichts mehr, dabei war ich doch musikalisch so hoch begabt. Ihr hättet es doch besser wissen müssen und mich von meiner impulsiven kindlichen, unreflektierten Entscheidung zurückhalten sollen."

Abb. 3.13: Jürgen Rekus

Ein schwerer Vorwurf! Dahinter steht die Vorstellung, dass man Begabungen als Ressourcen auch nutzen muss, sie nicht verkümmern lassen soll, dass man die besten Lernjahre nicht ungenutzt verstreichen lassen darf, dass man mit seinen Pfunden wuchern soll usf. Daran ist gewiss etwas Wahres, aber was genau?

Bei der gegenwärtig in vielen Lebensbereichen noch vorherrschenden ökonomistischen Weltsicht drängt sich allzu rasch ein Verwertungsgedanke auf. Soll man nicht Sprachbegabungen möglichst früh identifizieren, um dann – wie die Neurowissenschaften nahelegen – am besten im Alter von drei Jahren die erste Fremdsprache zu trainieren? Soll man nicht Kindern, die bestimmte motorische Geschicklichkeiten zeigen, in Kadern trainieren, um die späteren Goldmedaillenchancen zu erhöhen? Soll man nicht die Computerbegeisterung ausnutzen, um junge Informatiker zu gewinnen? Soll man nicht Kinderuniversitäten einrichten, um die Begabungen möglichst früh zu fördern? Brauchen wir nicht überhaupt mehr Goldmedaillen, mehr Informatiker, mehr Ingenieure? Lassen wir nicht zu viele „Begabungsreserven" (Georg Picht) ungenutzt ruhen? Müssen wir nicht als rohstoffarmes Land unsere Begabungspotenziale stärker ausschöpfen? Vergeuden wir nicht unser Humankapital? [...]

Eine solche Argumentation ist auch heute weit verbreitet. Sie dürfte kaum den Hintergrund für die Kritik der Tochter an der Erziehungspraxis der Eltern gebildet haben. Denn sie enthielt nicht den Vorwurf, dass sie nun kein Geld als erste Oboistin bei den Berliner Philharmonikern verdienen könne, sondern bezog sich auf die eigene Person und ihre nicht realisierten individuellen Entfaltungsmöglichkeiten. Wäre es nicht ein „Gewinn" für das Leben gewesen, wenn man das Oboespielen aufrechterhalten und weiter entfaltet hätte? Die Rückfrage war offenbar nicht ökonomistisch, sondern pädagogisch gemeint.

Vielen Eltern von erwachsenen Kindern dürften solche Fragen bekannt vorkommen. Ob Oboe, Schach, Fußball, Malen, Turniertanz, Schauspiel, was auch immer, stets zeigen sich im Laufe der Entwicklung von Kindern und Jugendlichen besondere Stärken, die wir als Begabung bezeichnen. Soll man sie fördern? Soll man sie alle fördern? Soll man eine Förderauswahl treffen? Soll man nur die sogenannten Hochbegabungen fördern? Was heißt überhaupt fördern? All das sind keine ökonomischen, sondern pädagogische Fragen, die sich auf das Eltern-Kind-Verhältnis, allgemeiner: auf das Erzieher-Zögling-Verhältnis richten.

Abb. 3.14

Die Schule hat es auch mit den Begabungen der verschiedenen Kinder zu tun. Auch sie muss diese in Rechnung stellen. Aber wie? Soll sie sich darauf konzentrieren, Begabte zu unterstützen? Oder soll sie weniger ausgeprägte Begabungen kompensieren? Was ist ihre Aufgabe angesichts der unterschiedlich Begabten? Aus pädagogischer Sicht ist dabei nicht die Frage interessant, ob und welche Begabungen Menschen haben, sondern nur wie mit ihnen umzugehen ist. [...]

Bildungstheoretischer Aspekt

Die Menschen sind verschieden. Die einen haben blaue Augen, die anderen braune. Die einen haben blonde Haare, die anderen schwarze. Die einen haben eine musikalische Begabung, die anderen eine sportliche. Die einen können gut räumlich denken, die anderen haben eher kommunikative Stärken. Und so weiter. Die Aufzählung der faktischen menschlichen Unterschiede ließe sich beliebig vermehren. Am Ende würde deutlich: Jeder Mensch unterscheidet sich von seinem Mitmenschen, und zwar von Natur aus. Er ist ein einmaliges Ensemble von Möglichkeiten und Voraussetzungen.

Freilich sprechen wir in dieser Hinsicht noch nicht von einer einmaligen Person. Die Person ist nicht schon mit der Natur des Menschen identisch. Vielmehr bildet sie sich im Laufe des Lebens in Ausgestaltung der Möglichkeiten und Voraussetzungen. Es gibt jedoch keinen Nullpunkt der Personalität. Sie ist von Anbeginn menschlicher Existenz vorhanden und entfaltet sich permanent bis zum Ende. Die Person „ist" immer und ist zugleich stets im Werden. Eben wegen dieses unabschließbaren Entfaltungsprozesses gilt die Person als würdevoll: In dieser Würde der Selbstgestaltung ist sie unantastbar. Und diese Unantastbarkeit der Personenwürde gilt nicht etwa, weil sie im Grundgesetz der Bundesrepublik verankert ist. Sie ist vielmehr in die Verfassung aufgenommen worden, weil sie grundsätzlich, d.h. in jedem Falle gilt.

Der Bildungsprozess kann davon nicht nur nicht absehen, sondern hat darin seinen Fokus. Unterrichts- und Erziehungsprozesse sind – recht verstanden – Ausdruck der Anerkennung der Personenwürde des Menschen, nur ihm kommt die Bildung als Aufgabe der Personwerdung zu. Das gilt grundsätzlich für jeden Menschen, für jede Person, und zwar unbeschadet der jeweiligen natürlichen Möglichkeiten und Voraussetzungen.

Wenn Eltern sich ihren Kindern in pädagogischer Absicht zuwenden, dann betrachten sie es nicht als das Naturwesen, das durch Gaben und Begabungen schon geprägt ist, sondern als Kulturwesen, das vor der Aufgabe steht, sich selbst zu gestalten. Es geht ihnen darum, die Voraussetzungen und Möglichkeiten des Kindes als vom Kind selbst gestaltbare und selbst auszugestaltende in den Blick zu nehmen. Es geht nicht darum, die Grenzen des Kindes im Positiven wie im Negativen auszuloten, sondern ihm zu helfen, bisherige Grenzen in eigener Anstrengung und Selbsttätigkeit zu überwinden. Pädagogisches Handeln ist immer auf die Zukunft gerichtet, es unterstellt, dass das Kind, das, was es noch nicht beherrscht, in eigener Tätigkeit erlangen kann. Diese Unterstellung erfolgt grundsätzlich. Sie ist gewissermaßen die Geschäftsgrundlage der Pädagogik. Sie gilt für alle Kinder, Jugendliche, Menschen überhaupt. Wenn pädagogisch gehandelt werden soll, dann muss unbeschadet der faktischen, naturgegebenen Voraussetzungen und Möglichkeiten unterstellt werden, dass der im Lernprozess Geführte das zu Lernende sich selber aneignen kann. Diese Unterstellung als pädagogische Grundvoraussetzung gilt selbst dann, wenn der Lernprozess am Ende nicht gelingt, weil es an der rechten Begabung mangelt. Bildsamkeit muss in jedem Fall vorausgesetzt werden, wenn die Interaktion pädagogisch sein soll. Denn pädagogisches Handeln heißt nicht, etwas herstellen, sondern helfen, dass der Edukand selber etwas herstellen kann – nämlich seine Bildung. Unpädagogisch wäre es deshalb, wenn es vorab schon hieße: „Das kannst du ja doch nicht, dafür bist du nicht begabt." Und ebenso unpädagogisch wäre es allerdings auch, wenn es hieße: „Das musst du lernen, weil das deiner Begabung entspricht". Pädagogisches Handeln kann zwar für den Vollzug der Lernaufgaben und für die Angemessenheit der individuellen Lernhilfen nicht von den jeweiligen Begabungen absehen, aber sie können es nicht begründen. Begründet wird pädagogisches Handeln allein durch das Prinzip der Bildsamkeit.

Das Prinzip der Bildsamkeit ist keine Natureigenschaft des Lernenden, sondern ein Relationsprinzip, das das Handeln der pädagogischen Akteure begründet. Das bedeutet, dass die erzieherischen Hilfen, die Eltern (Erzieher, Betreuer, Erwachsene) ihren Kindern geben, grundsätzlich darauf gerichtet sein sollen, das Selbstverhältnis von eigener Natur und Person herzustellen. Sie richten sich als pädagogische Maßnahmen gerade nicht auf ein bestimmtes Bildungsergebnis, sondern auf den Prozess der Bildung selbst. Das mag an einigen Beispielen erläutert werden:

Jeder, der Säuglinge beobachtet hat, weiß, dass sie anfangs „schockartig" auf Sinneseindrücke reagieren, mit dem ganzen Organismus unkoordiniert zusammenzucken, und dass das im Laufe der Zeit in Bewegungskoordination übergeht. Sehen, Hören und Bewegen werden aufeinander bezogen, Tönen und Stimmen wird eine Bedeutung zugewiesen, optische Sinneseindrücke werden nach ihrer Vertrautheit unterschieden. Vater und Mutter, Bekannte und Fremde werden deutlich auseinandergehalten. Die Möglichkeiten und Voraussetzungen dazu sind dem Kind von Natur aus gegeben und werden fortwährend verfeinert. Aber nicht nur das. Es wird auch entschieden, welchem Ton besondere Aufmerksamkeit geschenkt, wer oder was länger angeschaut wird und welchem anderen Menschen man sich zuwendet. All dieses ist Ausdruck seiner Persönlichkeit, die sich in der Ausdifferenzierung seiner natürlichen Möglichkeiten und Voraussetzungen zeigt [...].

Eltern und Erwachsene begleiten und unterstützen diesen Prozess, indem sie mit dem Kind sprechen und ihm etwas vorsingen, ihm Glockenspiel und Spieluhr vorführen, ihm eine Betrachtung der ihn umgebenden Welt ermöglichen usf. Ziel ist dabei nicht das Nachsprechen, das Nachsingen, das Nachspielen und Nachzeichnen des Angebotenen, sondern das „Wohl" und das „Wohlfühlen" des Kindes, und das meint in pädagogischer Wendung nichts anderes als die Bildung der eigenen Person.

Ein anderes Beispiel: Als Geburtstagsgeschenk gab es ein Fahrrad. Die Erwachsenen, die dem Kind das Fahrrad schenkten, sind davon ausgegangen, dass das Kind tatsächlich Radfahren lernen kann, dass es die natürlichen Möglichkeiten und Voraussetzungen dazu mitbringt. Sie gehen davon aus, dass es die Begabung hat, das Gleichgewicht zu halten, Arm- und Beinbewegungen so zu koordinieren, dass es tatsächlich Rad fahren kann. Mit dem Geschenk übernehmen sie zugleich die Aufgabe, dem Kind beim Radfahrenlernen zu helfen. Natürlich klappt das nicht sofort. Es kommt vielleicht sogar zum Sturz und Ängste entstehen. Man tröstet, man macht Mut, man läuft hinterher und hält noch am Fahrrad fest. Ziel ist hier nicht nur das Radfahren, Ziel ist auch, dass das Kind gern radfährt, es Freude dabei empfindet, dass es ihm Spass macht. Wenn es nicht gleich gelingt, ist es nicht schlimm. Wenn es gar nicht gelingt, ist das auch kein Problem, da es ja nicht um das Radfahren, sondern um das Kind geht. Die Eltern werden nach anderen Gestaltungsmöglichkeiten Ausschau halten.

Um das Eingangsbeispiel noch einmal aufzugreifen: Das Musikinteresse der Tochter wurde von den Eltern unterstützt, und zwar durch das Angebot von Flöten- und späterem Oboenunterricht. Es wurde unterstützt durch die Erinnerung an das notwendige Üben und die Ermahnung bei seiner Vernachlässigung. Ziel war für die Eltern aber niemals das perfekte Oboenspiel, sondern die persönliche Entfaltung eigener Interessen. Und das galt nicht nur für das musikalische Spiel, sondern auch für Literatur, Kunst und Sport. Den Eltern ging es darum, dass die Tochter die eigenen Begabungen entdeckt, die naturgegebenen Möglichkeiten und Voraussetzungen nicht nur als Gabe, sondern auch als Aufgabe begreifen lernt und sich dazu in eigener Verantwortung verhält. Das hätte im Beispiel die Vertiefung des Spiels als eine Option beinhalten können. Die Entscheidung fiel allerdings anders aus.

Ein letztes Beispiel: Eltern stellen fest, dass ihr Kind körper- oder geistig behindert ist, dass bestimmte Begabungen nicht in dem Maße vorhanden sind, wie es durchschnittlich der Fall ist. Die pädagogische Zuwendung der Eltern zum Kind ist auch in diesem Fall nicht prinzipiell anders. Ziel ist wiederum die Entdeckung und Annahme seiner Selbst, die Einsicht, dass die gegebenen naturhaften Möglichkeiten und Voraussetzungen bestimmte Optionen beinhalten, aber eben auch ausschließen, und dass es an ihm liegt, das für sich Beste daraus zu machen. [...]

Zusammenfassung

Begabungen sind Gaben und Aufgaben zugleich. Jede Begabung ist eine Naturtatsache, die vom betreffenden Menschen eine Entscheidung fordert, ihn aber nicht auf eine bestimmte Entscheidung festlegt. Im Bildungsprozess geht es darum, ein gültiges Verhältnis zur Welt auszuprägen, auch zur eigenen Existenz als Teil der Welt. Bildung heißt demnach nicht „automatisch", vorhandene Begabungen entfalten, sondern sich zu ihnen verantwortlich verhalten lernen. Pädagogisches Handeln ist darauf gerichtet, dieses Selbstverhältnis zu kultivieren und eine eigene Identität auszuprägen. Dazu gehört Unterricht, damit man weiß, was man kann, aber auch was man nicht kann, was einem leichtfällt, aber auch, was man sich hart erarbeiten muss. Dazu gehört zugleich eine Erziehung, die hilft, über sich selbst in Ansehung der eigenen Begabungsmöglichkeiten und -grenzen urteilen zu lernen und daraus Konsequenzen für das eigene Handeln zu folgern.

Aufgaben

1. Geben Sie wieder, wie Rekus die Begriffe „Begabung" und „Bildsamkeit" umschreibt und definiert. Greifen Sie dazu auf die von Rekus angeführten Beispiele zurück.
2. Erläutern Sie in diesem Zusammenhang auch seine These: „Bildsamkeit muss in jedem Fall vorausgesetzt werden, wenn die Interaktion pädagogisch sein soll." (Z. 176 ff.)
3. Arbeiten Sie heraus, wie Rekus vor dem Hintergrund der „Bildsamkeit" die pädagogische Aufgabe bestimmt. Ziehen Sie auch hier die Beispiele heran.
4. Entwickeln Sie im Anschluss an Rekus' Position pädagogische Handlungsmöglichkeiten beim Umgang mit den Entwicklungsaufgaben des Jugendalters. Reflektieren Sie in diesem Zusammenhang auch die Schwierigkeiten.

Methode

Funktionsanalyse von wissenschaftlichen Texten (Georg Brun/Gertrude Hirsch)

Das „Herzstück" des Gliederns besteht darin, aufzuzeigen, welche Funktion die verschiedenen Textpassagen haben und wie sie zusammenspielen. Man muss sich deshalb für jedes Textstück fragen: Welche Funktion erfüllt das Textstück? Wie bezieht es sich auf andere Gliederungseinheiten?

Funktionen ermitteln
Es gilt, herauszufinden und explizit zu machen, wie die Autorin in einer Textpassage gerade „handelt".
Zum Beispiel: Behauptet sie etwas? Oder begründet sie etwas? Oder berichtet sie über eine Behauptung oder Begründung?

Das Ziel der Analyse von Funktionen besteht darin, die im Text manchmal ausdrücklich benannten (z. B. „Das begründe ich so …"), meist aber implizit belassenen Sprechhandlungen zu bestimmen und explizit zu bezeichnen (z. B. „These", „Beispiel" oder „Einwand"). Zur Charakterisierung der Funktion können illokutionäre (d. h. die kommunikative Absicht betreffende; Anmerkung des Verfassers) Verben (bzw. Substantivierungen davon) verwendet werden […]. Zum Beispiel:
- schlägt eine Definition vor
- führt eine These ein
- behauptet etwas
- bringt Beispiele
- stellt eine Frage
- kommentiert das Vorgehen
- stellt eine Forderung auf
- gibt ein Werturteil ab
- verweist auf etwas
- begründet etwas
- folgert etwas […]

Die Funktion, die für die Gliederung relevant ist, kann allerdings nicht einfach mit der Sprechhandlungsweise (was der Autor mit seiner Äußerung „macht") gleichgesetzt werden. Wenn zum Beispiel ein Text über eine Kontroverse berichtet, so möchte man nicht bloß festhalten, dass es sich bei allen Passagen um einen Bericht handelt, sondern den Text nach den Funktionen gliedern, die die berichteten Passagen in der fraglichen Kontroverse haben.

Man wird also beispielsweise in der Gliederung statt
- Bericht über die Position von X
- Bericht über einen Einwand von Y gegen die Position von X
- Bericht über ein Argument von X gegen den Einwand von Y

die Funktionen so bezeichnen:
- Position
- Einwand
- Gegenargument

Hilfreich ist es, wenn man sich den Text als ein Gespräch vorstellt und die verschiedenen Abschnitte virtuellen Gesprächsteilnehmern zuordnet. Dann kann man die Funktion eines Abschnittes identifizieren, indem man sich fragt, welche Sprechhandlung die virtuelle Sprecherin vollzieht, wenn sie diesen Abschnitt äußert.
Nicht immer ist es einfach, die Funktion von Textabschnitten zu ermitteln und die Struktur des Gedankengangs klar herauszuarbeiten. Dann empfiehlt es sich, im Text gezielt nach strukturanzeigenden Formulierungen zu suchen, das heißt nach Wörtern oder Phrasen, die Hinweise auf die argumentative Struktur geben. Diese kann man speziell markieren, etwa durch farbige Hervorhebung. Einige Beispiele für Strukturwörter und strukturierende Fügungen sind:

ferner, außerdem, darüber hinaus	für Hinzufügungen
nicht nur … sondern, allerdings	für Gegenüberstellungen oder Hinzufügungen
denn, weil, da	für Begründungen
folglich, somit, sodass	für Folgerungen

Eine andere Methode besteht darin, mithilfe von expliziten Fragen an den Text zu arbeiten. Einerseits kann man sich bei jedem Abschnitt fragen, welche Art von Frage er beantwortet. Zum Beispiel:
- Wer hat das behauptet?
- Warum hat X das behauptet?
- Gegen wen wendet sich X?
- Oder man formuliert eine Liste von Fragen, von denen man denkt, dass der Text sie beantworten müsste, auch wenn vielleicht nicht so klar ist, ob und wo genau dies geschieht. Anschließend liest man den Text im Hinblick auf diese Fragen nochmals durch. Konzentriert man sich auf die argumentative Struktur, kann man beispielsweise Fragen folgender Form stellen und zu beantworten versuchen:
- Welche Thesen werden explizit formuliert?
- Welche Annahmen werden implizit in Anspruch genommen?
- Wie werden die Behauptungen begründet?
- Gibt es Behauptungen, die nicht begründet werden?
- Welche argumentative Funktion erfüllen die angeführten Beispiele?
- Welche weiteren Konsequenzen werden aus den Argumentationen gezogen?

M13 Jugend und Autorität im Generationenverhältnis (Werner Sesink)

Erziehung als Traditionssicherung ist so alt wie die Menschheitsgeschichte. Jedes Kind muss – heute in der Regel von seinen Eltern, aber das war nicht immer so – in die bestehende gesellschaftliche Ordnung eingeführt werden; eine Ordnung, die ihm als die Ordnung, als die Welt der Erwachsenen, der Generation seiner Eltern erscheint, obwohl sie von sehr viel weiter her kommt. Aber von den Erwachsenen selbst wird sie als „ihre Ordnung" angesehen, als ihr „Eigenes", das sie zu bewahren suchen. Denn die Eltern sind [...] Mit-Eigentümer in dieser Eigentums-Ordnung, beziehen daraus ihre Berechtigungen und Verpflichtungen im Zugriff auf die Welt, aber sind damit auch Bestandteil dieser Ordnung, ihr selbst übereignet: müssen auch entsprechend dieser Ordnung über sich verfügen lassen.

Den Eltern erscheint die gesellschaftliche Ordnung als ihre eigene Ordnung. [...] Für das Kind ist dies erstmal eine fremde Ordnung; mehr noch: Für das Kind ist Ordnung überhaupt erst mal etwas Fremdes. [...]

Integration in die bestehende Ordnung, Aneignung der Kinder durch die Gesellschaft, dies ist – geschichtlich betrachtet – die Sicherung der Tradition, der Überlieferung, des kulturellen Erbes. Überlieferung vollzieht sich im Generationenverhältnis. Als Generationenverhältnis übersteigt es das bloße Eltern-Kind-Verhältnis. Dies ist im Kern ein intimes Verhältnis, auch ein Liebesverhältnis. Das Generationenverhältnis dagegen ist alles andere als intim. Und ob dabei sehr viel Liebe im Spiel ist, mag bezweifelt werden. In der Familie überlagern sich diese beiden Dimensionen des Generationenverhältnisses. Welche mehr im Vordergrund steht, hängt sehr stark ab vom Rollenverständnis der Eltern. Insbesondere Vätern wird oft eher die Aufgabe zugeschrieben, für die gesellschaftliche Dimension des Eltern-Kind-Verhältnisses einzustehen; während Müttern eher die Dimension der Intimität nahegelegt wird. Der Konflikt zwischen Vater und Mutter ist oft durch diese spannungsvolle Differenz geprägt. [...]

Wie auch immer verborgen, verschleiert, verzerrt, kommt im Eltern-Kind-Verhältnis auch ein gesellschaftlich gewolltes Generationenverhältnis zum Ausdruck. [...] Dies müssen wir uns bewusst halten, wenn es nun um die Frage geht, wie Erziehung Tradition über die Generationenabfolge hinweg sichern soll und kann. Es hat immer auch damit zu tun, wie sich die elterliche Autorität und später die staatliche Autorität im Erziehungs- und Bildungswesen begründet. Es gibt immer erst eine sozusagen ursprüngliche Autorität, die ganz einfach mit dem ursprünglichen Eltern-Kind-Verhältnis zusammenhängt. Aber immer muss diese natürliche Autorität im Laufe des Entwicklungsprozesses transformiert werden in eine irgendwie von den Heranwachsenden bewusst und willentlich angenommene Autorität.

Wie sich diese Transformation vollzieht, hängt ab von der Art der Autorität, deren Anerkennung der Jugend abverlangt wird. Das lateinische Wort auctoritas heißt ursprünglich soviel wie die Macht, wachsen zu lassen, zu mehren; übertragen auch Urheberschaft. Die ursprüngliche elterliche Autorität ist insofern die Macht derer, die wachsen lassen, die fördern, die entwickeln lassen können. Auch der übertragene Sinn der Urheberschaft passt zum Eltern-Kind-Verhältnis: die Eltern erscheinen als die Urheber der kindlichen Existenz oder zumindest als die von einer noch höheren Macht mit dieser Urheberschaft belehnten Menschen. Zur Anerkennung der ursprünglichen Autorität der Eltern gehört die absolute Abhängigkeit des Kindes und sein Vertrauen, dass die Eltern ihre Macht für es, das Kind, einsetzen: es versorgen, sich um es kümmern; seine Fragen beantworten; ihm die Welt zeigen und dafür sorgen, dass es dort seinen Platz findet.

Abb. 3.15: Werner Sesink

Mit wachsender Selbstständigkeit des Kindes wächst auch seine Fähigkeit, selbst zu beurteilen, ob die Eltern ihre Autorität zu Recht beanspruchen. Das Kind erfährt die Grenzen der elterlichen Macht, wenn es erfährt, dass es außerhalb der Familie anders zugeht und seine Eltern dort keineswegs dieselbe Rolle spielen wie in der Familie, dass es dort andere Autoritäten gibt. Und es gewinnt Einsicht in die Begründungen der Autorität. An diesen Erfahrungen und Einsichten beginnt es, seine Eltern zu messen.

Autorität kann unterschiedlich begründet sein; aber immer beruht sie auf einer Überlegenheit, die bedeutsam ist und daher Macht verleiht. Wichtig aber ist: Autorität ist niemals die bloße Unterwerfung; sie beruht auf Anerkennung. Ohne Anerkennung ist sie nicht Autorität, sondern Herrschaft. Die Anerkennung der Autorität bedeutet ein Einverständnis, wodurch der Anerkennende an der Autorität, die er anerkennt, partizipiert.

Ich sagte, Autorität beruht auf einer (ungezwungen) anerkannten Überlegenheit. Was ist es, was diese Überlegenheit ausmacht?

Ich möchte fünf Typen unterscheiden:

- überlegene physische Kraft: Dies setzt sich über die körperliche Überlegenheit hinweg fort in die Verfügung über Gewaltmittel jeglicher Art; relevant hieran ist nicht, dass der andere aufgrund seiner physischen Überlegenheit mich zu etwas zwingen kann (das wäre der Herrschaftsaspekt), sondern dass ich, indem ich sie anerkenne, mit in ihren Genuss komme, an ihr Anteil habe; gesellschaftlich gesehen manifestiert sich diese Autorität der älteren Generation in ihrem Gewaltapparat, insbesondere Polizei und Militärapparat;
- überlegene Erfahrung: umfasst die Spanne von der größeren Lebenserfahrung der Eltern bis hin zur gesammelten Erfahrung einer Gesellschaft, die sich in Personen repräsentieren kann, aber auch in dem kulturellen Erbe, worin die Lehren aus der Geschichte bewahrt sind; in frühen Gesellschaften war es der Ältestenrat, der diese Autorität beanspruchen konnte; heute ist es nicht mehr so eindeutig, wo sich die gesellschaftliche Erfahrung versammelt;

Abb. 3.16

- überlegenes Können: Es ist für ein kleines Kind staunenswert, was die Eltern alles können, es selbst aber erst noch erlernen muss; andere Menschen außerhalb der Familie können anderes, können mehr; und vor allem wird heute das Können der Menschheit gespeichert in ihren Technologien;
- überlegenes Wissen: Kleinen Kindern erscheinen ihre Eltern noch als allwissend; später erfahren sie, dass es verschiedene Arten und Quellen des Wissens gibt; die Religion beziehungsweise Kirche verfügt über ein anderes Wissen aus anderer Quelle als die Wissenschaften;
- überlegene Moral: Die Eltern sind moralisches Vorbild: Was sie tun, ist gut; gut ist, wovon sie sagen, dass es gut sei; mit der Erweiterung des Lebensbereichs erweitert sich auch der Raum, in dem die moralischen Maßstäbe ihre Gültigkeit zu erweisen haben; die Moral selbst verändert sich im Maße ihres Geltungsbereichs; letztlich ist in einer Weltgesellschaft auch eine Universalität der moralischen Maßstäbe gefordert.

Autorität ist durch ihren spezifischen Überlegenheitstyp legitimierte Macht. Diese Überlegenheit muss anerkannt werden. Die Anerkennung wiederum berechtigt zur Partizipation an dieser Macht. Sie wird damit selbst machtfördernd. Hierin liegt eine spezifische Autorität derer, die eine Autorität anerkennen: Diese ist auf ihre Anerkennung angewiesen. Also haben die Anerkennenden selbst die Macht, Anerkennung zu geben oder zu versagen. Dies ist niemals ein einseitiges Verhältnis. (Im Unterschied zur Herrschaft, worin sich die Autorität von ihrer Anerkennung abgelöst hat – was sie nur kann, wenn die Anerkennenden auf ihre Macht der Anerkennung freiwillig oder gezwungenermaßen verzichten.) […]

Nun habe ich aber noch ein Kriterium für die Überlegenheit eingeführt, welche Autorität ausmacht, nämlich die Bedeutsamkeit dieser Überlegenheit. Selbstverständlich ist auf einer frühen gesellschaftlichen Entwicklungsstufe der Menschheit die *physische Überlegenheit* von ganz anderer Bedeutung gewesen, als sie es heute ist. Physische Kraft mag heute bewundert werden; aber sie verleiht in der Erwachsenengesellschaft keine Autorität mehr. […]

Dass heute auch *Lebenserfahrung* nicht mehr reicht, um Autorität zu verleihen, sehen wir am Autoritätsverlust der Alten in unserer Gesellschaft. Die Alten erscheinen – obwohl sie doch so viel rüstiger und fitter sind als die Gleichalten vor hundert oder gar tausend Jahren – als die, die den Anschluss verpasst haben, die sich nicht mehr auskennen, die nicht wissen, was Sache ist, worum es eigentlich geht und so weiter. Auch Berufserfahrung verliert immer mehr an Stellenwert. Über 50-Jährige haben in den meisten Berufen kaum noch eine Einstellungs-Chance. Erfahrung wird eher zum Hemmnis, weil damit die Offenheit für das Neue blockiert werden könnte. Lebenslanges Lernen ist angesagt; niemand kann sich auf seinen Erfahrungen ausruhen. […]

Können ist heute in erster Linie technisches Können; das subjektive Können wird heute ebenso wie die berufliche Erfahrung oder das berufliche Wissen so schnell entwertet, dass es nur noch für relativ kurze Zeiten Autorität verleiht; von größerer Autorität ist dagegen das personenunabhängig in den Technologien gespeicherte und fortwährend gemehrte Können; die Autorität des Könnens ist heute vor allem eine Autorität der Technik und ihrer Sachverwalter; doch auch diese Autorität ist nicht mehr unbestritten legitimiert, seit immer deutlicher wird, dass die wachsende technische Macht auch immer mehr unbeherrschte Phänomene hervorbringt, also auch die Ohnmacht steigert.

Wie steht es mit dem *Wissen*? Zunächst könnte es scheinen, als ob das Wissen an die Stelle der Erfahrung treten könnte. Erfahrung ist zeitgebunden. Aber ist Wissen nicht zumindest dem Anspruch nach überzeitlich gültig? Auch dies steht mehr und mehr infrage. Die göttliche Offenbarung mochte noch ein ewiges Wissen vermitteln, solange der Glaube als hinreichende Basis für den Wissenserwerb gelten konnte. Anders, wenn das Wissen auf die Erkenntnistätigkeit des Menschen selbst zurückgeführt wird, wenn Wissen eine menschliche Hervorbringung ist. Dann relativiert sich die Gültigkeit des Wissens wie alle Hervorbringungen des Menschen. Dann wird auch das Wissen der Dynamik geschichtlicher Entwicklung unterworfen. Und was gestern galt, ist heute zumindest überholt. […]

Mit der Verantwortung der Wissenschaften bin ich auch schon beim fünften Typ angelangt: der Autorität qua moralischer Überlegenheit. Wenn Sie an die Studentenbewegung denken, so war es vor allem der Verlust der morali-

Abb. 3.17

schen Autorität, der den Bruch zwischen den Generationen hervorrief. Die für den Faschismus verantwortlich gemachte Generation verfügte nicht mehr über die moralische Autorität, der nachwachsenden Generation zu sagen, was richtig und falsch, was gut und böse ist. Sie hätte diese Autorität vielleicht wiedergewinnen können, wenn sie sich ihrer Schuld gestellt hätte. Aber eben dies war nicht geschehen. Und angesichts der massiven Forderungen nach Vergangenheitsaufarbeitung durch die Jugend sah sich die Elterngeneration offenbar so sehr in die Ecke gedrängt, dass sie zu einem großen Teil nur mit Abwehr zu reagieren vermochte. Denn nun trat die Jugend plötzlich als moralische Autorität auf. Frei von der Schuld ihrer Eltern konnte sie diese auffordern, reuig in sich zu gehen, die eigene Schuld zu bekennen und aus der Geschichte die nötigen Lehren zu ziehen, so das traditionelle Verhältnis zwischen den Generationen […].

Sie sehen, die Frage nach der Anerkennung der Autorität der Älteren und damit die Frage nach den Bedingungen kultureller und gesellschaftlicher Kontinuität über die Generationenfolge hinweg, ist nicht zu beantworten, ohne die gesellschaftlichen Verhältnisse zu betrachten, unter denen bestimmte Typen von Autorität bedeutsam werden oder an Bedeutung verlieren.

In letzter Instanz werden allerdings, so meine These, heute alle fünf Autoritätstypen an eine sechste, nämlich die Autorität der Vernunft gebunden. Was nicht heißt, dass diese Anbindung tatsächlich gegeben ist. Es mag sich zeigen, dass sie im Einzelfalle oder gar generell nicht gegeben ist: Dann haben wir es statt mit Autorität mit Herrschaft zu tun.

Zur Begründung meiner These:

Seit dem Ende des 18. Jahrhunderts, also seit rund zweihundert Jahren, ist ein gegenüber vorher radikal verändertes Weltbild vorherrschend. Dieses Weltbild beinhaltet eine neue, zentrale Stellung des Menschen. Er gilt seitdem als „Subjekt", das heißt als die Instanz, auf die letztlich alle Weltverhältnisse zurückzuführen sind. Damit übernahmen die Menschen qua Selbstermächtigung die göttliche auctoritas als nunmehr menschliche Autorität. Sie übernahmen selbst die Verantwortung für ihre Lebensverhältnisse und ihre Geschichte. Und mit dieser Übernahme der auctoritas wurde deren Ausübung legitimationspflichtig: Sie musste sich von nun ab begründen, und zwar mit den Mitteln begründen, auf die die menschliche auctoritas sich gründete, mit den Mitteln der Vernunft.

Physische Überlegenheit, die Überlegenheit an Erfahrung oder an Wissen, all diese Überlegenheiten mussten sich seitdem auf ihre Begründungen in der Vernunft befragen lassen. Auch die Moral konnte sich nicht mehr auf vorgegebene Ordnungen und Werte berufen. Auch sie wurde an die Instanz der Vernunft zurückgebunden. Die bloße physische Überlegenheit, die militärische Überlegenheit mögen weiterhin faktisch Herrschaft sichern können; sie sichern keine Autorität mehr, solange sich ihre Ausübung nicht an Maßstäbe der Vernunft bindet. Das Mehr an Erfahrung begründet keine Autorität mehr, wenn sich die Alten nicht infrage stellen lassen. Technik verliert ihre Autorität, wenn sie unvernünftige Wirkungen hervorbringt. Das überlegene Wissen verleiht keine Autorität, wenn es sich nicht auf seine gesellschaftliche Legitimation befragen lässt. Und auch die Moral muss sich darauf prüfen lassen, wie universalistisch sie begründet, also von allen Menschen, allen Völkern, allen Kulturen dieser Welt akzeptiert werden kann.

Vernunft ist die letzte Autorität. Alles andere ist Herrschaft. […] Was die Eltern-Generation für vernünftig hält, kann der Jugend nicht mehr verordnet werden. Es muss sich vielmehr ihrer, der Jugend Vernunft stellen, von ihr sich prüfen lassen. Es muss sich ihrer Kritik stellen. Autorität kann nur noch beanspruchen, was durch die Kritik gegangen ist. Dies ist der sechste Typ: die überlegene Vernunft. […]

Abb. 3.18

Jede Erziehung zielt letztlich auf Emanzipation. Aber Emanzipation vollzog sich nicht immer auf die gleiche Weise. Emanzipation heißt, dass ein Heranwachsender soweit selbst zur Autorität geworden ist, dass er aus der Abhängigkeit von der Autorität der Eltern heraustreten kann. Ein Maßstab hierfür kann die physische Reife sein; ein anderer die hinreichende Erfahrung; ein dritter der Erwerb des nötigen Könnens; ein vierter die Aneignung von Wissen; ein fünfter die gefestigte moralische Haltung. All diese Maßstäbe reichen heute nicht mehr hin. Emanzipation bedarf der kritischen Vernunft. […]

Was die Jugend dabei lernen muss, ist, dass sie ebenso, wie sie dies von der älteren Generation verlangen kann, die von ihr beanspruchte auctoritas legitimieren muss. […]

Es gibt nur noch einen Weg, im Generationenverhältnis die Autorität zu wahren: Vertrauen zu beweisen in die Autorität der Vernunft, indem man sich ihrem Prozess überantwortet. Dieser Prozess aber ist der mit Argumenten geführte Dialog zwischen den Generationen. Alle anderen Autoritäten gründen entweder im Prozess der Vernunft oder sind längst in Herrschaft umgeschlagen.

Aufgaben

Um den Text zu erschließen, können Sie sich an diesen Aufgaben orientieren:

- Geben Sie wieder, wie Sesink die Aufgaben der Elterngeneration beschreibt.
- Erläutern Sie, was in diesem Zusammenhang mit „Generationenverhältnis“ gemeint ist.
- Erklären Sie mit Bezug auf den Text und mithilfe selbst gewählter Beispiele, was der Autor unter „Autorität“ versteht und wie er diesen Begriff von „Herrschaft“ abgrenzt.
- „Mit wachsender Selbstständigkeit des Kindes wächst auch seine Fähigkeit, selbst zu beurteilen, ob die Eltern ihre Autorität zu Recht beanspruchen.“
  Erläutern Sie diesen Satz.
- Entfalten Sie mit eigenen Erläuterungen die fünf Quellen von Autorität und ihre problematische Ausprägung in der heutigen gesellschaftlichen Situation.
- Untersuchen Sie, wie Sesink die Begriffe „Vernunft“ und „Emanzipation“ versteht und wie er sie in Beziehung setzt. Erläutern Sie in diesem Zusammenhang vor allem die letzten Sätze des Textes.
- Erörtern Sie Sesinks Position im Hinblick auf das Verhältnis von Familie, Jugend und Autorität.

Sie lernen nun vier erzieherische Handlungskonzepte kennen, die sich auf das Jugendalter beziehen (M 14 – M 17). Die Darstellungsform variiert: ein Interview, zwei Kombinationen von Erzählung und Darstellung der fundierenden pädagogischen Idee, Darstellungen von Konzeptionen mit Beispielen.
Sie sollten arbeitsteilig vorgehen, allerdings sollte jedes Kursmitglied alle Texte lesen.

M14 Eltern als Sparringspartner (Jesper Juul)

Jesper Juul ist Familientherapeut und Lehrer, Konfliktberater und Leiter von Elternkursen. Er hat zahlreiche Bücher zu Fragen der Erziehung veröffentlicht.

Abb. 3.19: Jesper Juul (geb. 1948)

Die Gesellschaft muss aufhören, sich vor der Jugend zu fürchten, sagt der Familientherapeut Jesper Juul. Eltern sind vor allem in der Rolle des Sparringspartners gefragt, der maximalen Widerstand bietet und minimalen Schaden anrichtet.

Laut einer deutschen Studie sind die Eltern mit ihren Erziehungserfolgen im Großen und Ganzen zufrieden. Die Gesellschaft ist das nicht. Sie fürchtet sich teilweise richtig vor den Jugendlichen – vor genau der Bevölkerungsgruppe, die ihren Bestand sichern soll.

Ganz genau. Wenn das nicht so furchtbar wäre, wäre es komisch. Da stehen alle diese alten Männer mit Erfahrung und mehr oder weniger Intelligenz und haben Angst. Und wollen nicht mit den Jugendlichen reden. Wenn eine Gesellschaft so mit den Kindern umgeht, wie kann man dann Respekt erwarten? Dennoch bekommen wir von mehr als 90 Prozent der Kinder und Jugendlichen Respekt. Das wird aber nie lobend erwähnt.

Stattdessen wird ein Bild entworfen, das eine „Jugend außer Rand und Band“ zeigt: unkontrollierbar, ohne Manieren, ohne Werte, ohne Leistungsbereitschaft.

Aber Werte werden von den Erwachsenen auch nicht viele beigesteuert. Jede sechste Sekunde sucht ein erwachsener Mann in Österreich nach Pornografie im Internet. Und da sagen wir, die Jugendlichen haben keine Werte? Kinder und Jugendliche in Europa haben kaum positive Vorbilder. Von den Pop- und Rockstars haben viele Probleme mit Drogen und Alkohol, viele sind in Rehabilitation. Die Sportler sind gedopt, die Geschäftsleute sind Betrüger. Die Politiker lügen jeden Tag, von denen erwarten wir gar nicht mehr, dass sie die Wahrheit sagen. Die Kirche hat ihre moralische Integrität verloren. Da kann man nur hoffen, dass die Eltern als Vorbilder funktionieren. Aber wenn die – so wie derzeit – mit den Politikern in den Chorus gegen die Jugend einstimmen, dann geht das auch kaputt.

Viele Eltern fühlen sich hilflos, weil sie das Gefühl haben, ihre Teenager leben auf einem anderen Planeten.

Die leben auch auf einem anderen Planeten. Und, wie gesagt, Dinge wie die frühere Sexualisierung haben mit uns begonnen, da waren wir die Vorreiter. In diese Welt sind die Kinder hineingeboren. Aber Kinder haben keine Geschichte. Die wissen ja nicht, dass es einmal anders war. Da können wir nichts machen. Um etwas zu ändern, brauchen wir eine völlig neue Rolle, einen neuen Zugang. Wir müssen mit der Erziehung aufhören.

Hurra! Ab welchem Alter?

Mit dem Anfang der Pubertät – sei es zehn, 13 oder 14. Kleinkinder brauchen dringend eine Erziehung, die aus Dialog, Erfahrung und Besserwissen besteht. Erwachsene entscheiden und sagen, was das Beste für das Kind ist. Ab der Pubertät sollten die Kinder sich fragen: „Wer bin ich eigentlich? Jetzt hab ich zwölf Jahre lang mit meinen Eltern kooperiert, habe gedacht, sie seien die besten Eltern der Welt. Jetzt bin ich nicht mehr so sicher, jetzt muss ich ausprobieren, was richtig für mich ist; muss meine Meinungen und meine Wertvorstellungen überprüfen.“ Das machen die Jugendlichen dann die nächsten zehn Jahre. Die werden immer selbstständiger. Und das wollen wir ja auch. Man kann aber einem Menschen nicht sagen: Du musst zwar selbstständig sein, aber zu meinen Bedingungen. Das geht nicht. Was die Kinder hingegen dringend brauchen, sind Rückmeldungen. Sie brauchen einen Sparringspartner. Dessen Aufgabe ist es, maximalen Widerstand zu bieten und minimalen Schaden anzurichten. Genau das müssen die

malerweise von ihnen verlangt wird. Zwanzig Vokabeln am Tag pauken, ein paar Formeln auswendig lernen, ab und zu abgefragt werden – das sind, auch in den Augen der Jugendlichen, keine Herausforderungen. Wenn das alles ist, was Schule zu bieten hat, braucht sich niemand zu wundern, wenn Jugendliche der Schule überdrüssig werden. Die Schule müsste anerkennen, dass sie nicht für alle Schüler und nicht für jede Altersgruppe der geeignetste Ort ist, um tatsächlich zu lernen. Vermutlich wäre es für sehr viele vierzehnjährige Mädchen und Jungen hilfreich, ein Jahr lang überhaupt nicht zur Schule gehen zu müssen. Diese Teenager, die endlich erwachsen sein, die sich nicht mehr ständig bevormunden lassen wollen, brauchen Ernstsituationen. Sie sollten auf Schiffen die Welt erkunden, nach Halt suchend in Steilwänden hängen oder eben etwas tun, was sie unmittelbar erfahren lässt, dass sie gebraucht werden und nützlich sind. Jugendliche in diesem Alter sind bereit für ihr persönliches Überlebenstraining. Sie wollen schwierige Situationen meistern, die nicht von Lehrern für sie ausgedacht wurden, sondern in die sie durch ihre eigenen Entscheidungen geraten sind. Sie wollen losgelassen werden. Lassen wir sie gehen und sich selbst in Schwierigkeiten bringen! [...]

Abb. 3.23

Sozialpraktikum

[...] Der Alltag im Sozialpraktikum ist für die Sechzehnjährigen allerdings weit weniger von Grenzerfahrungen als von Routine geprägt. Da kommt es auf Pünktlichkeit und Zuverlässigkeit an. Da muss man ganz einfache Handgriffe für das Umbetten, Waschen, vielleicht auch Füttern lernen. Meist ist das Pflegepersonal hilfsbereit, erläutert und zeigt den Jugendlichen, wie dies oder das am besten, am schonendsten für die alten Menschen, am kräftesparendsten für die Helfer zu machen ist. Die Jugendlichen beobachten die Erwachsenen in ihrem Arbeitsverhalten, stellen Vermutungen an, welchen Einfluss die eigene Einstellung, die Tagesform oder die jahrelange Erfahrung im Pflegeberuf auf den Umgang mit den alten Menschen haben. Aber auch dieser harmlose Alltag enthielt doch immer wieder das Schwanken zwischen Angst und Erleichterung, den Zweifeln, ob man der nächsten Situation gewachsen sei, und der Befriedigung, die sich einstellt, wenn man merkt, wie sehr sich diese alten Menschen über die Hilfe freuen und wie dankbar die übrigen Pfleger in dem Altenheim sind, wenn man mit anpackt und sich nicht zu schade ist für schwierige, dreckige, manchmal auch eklige Arbeiten. Es hat an unserer Schule viele, oft sehr grundsätzliche und darum manchmal sehr persönliche Diskussionen über dieses Projekt gegeben, in denen letztlich eine Überzeugung besonders deutlich wurde: Wer älteren Jugendlichen derartige Erfahrungen ermöglicht, vergrößert die Chancen, dass sie wirklich erwachsen und mündig werden.

M16 Die Bühne als Schule (Enja Riegel)

Osterferien, Montagmorgen, 10.00 Uhr, in der ungeheizten Aula. Der Raum ist dunkel, nur der Bühnenbereich mit zwei Scheinwerfern erleuchtet. Abdul, der Regisseur, sitzt davor an einem kleinen Tisch. Hendrik und Fee proben das Ende des siebten Bildes. Hans und die Prinzessin stehen sich zum ersten Mal gegenüber und gestehen sich ihre Liebe.
Hendrik: „Prinzessin ..."
Abdul springt auf: „Überleg dir, in welcher Situation du bist. Du stehst unter Druck. Groß anfangen! Man muss das Gefühl haben, du bist gespannt wie ein Flitzebogen, nur – du kannst die Pfeile nicht abschießen. Deine innere Unruhe, probier', sie auszudrücken."
Abdul setzt sich wieder. Hendrik und Fee versuchen den Anfang erneut bis zu Hendriks „Mir wird so warm".
Abdul rennt nach vorne: „Nicht so beiläufig, so cool! Du stehst doch nicht an der Bushaltestelle. Du musst uns vorführen, was mit dieser Figur passiert. Es steigt in dir hoch. Du machst dich so schön wie möglich, wie ein Gockel, der sich aufplustert. Deutlich spielen und nicht schämen. Und jetzt noch mal von vorne bis zum Ende."
Die beiden Jugendlichen proben die Szene wieder und wieder. An diesem Morgen wohl fast zwanzigmal.
Wer den drei mitten in den Ferien bei ihrer Arbeit zusieht, spürt eine Intensität, die fast vergessen macht, dass man in einer Schule ist. Aber mit dem üblichen Schulbetrieb hat dieses Arbeiten nichts mehr zu tun. [...]

Eine andere Rolle spielen

Wieder wird geprobt. Diesmal mitten im Schuljahr. Es sind noch zwei Wochen bis zur Premiere. Am Ende der Szene, in der Diana ein Attentat verhindern soll, hält es den Regisseur nicht mehr auf seinem Platz: „Schlag zu!" Diana lässt die Aufforderung ziemlich kalt: „Nein." „Komm schon. Der Königssohn wird attackiert, es geht um Leben und Tod. Da kannst du den Attentäter nicht streicheln." „Das mach' ich nicht." Mit verschränkten Armen blickt Diana zum Regisseur. Der ist in die Rolle des Attentäters geschlüpft, der von Diana eigentlich in letzter Sekunde niedergeschlagen werden sollte. „Wenn du mich nicht schlägst, schlag ich dich", lässt der Attentäter die Schülerin wissen. „Das würdest du nicht machen." Ein Regisseur schlägt doch keine Schüler. „Ich zähle bis drei, und wenn du mich bis dann nicht niedergeschlagen hast, haue ich dir eine runter, dass du dort hinten an der Wand klebst!" Die Drohung klingt ernst. Würde der Attentäter sie schlagen? Diana holt tief Luft und schlägt zu.

Sie ist eine der Besten in der Klasse. Sie ist klug genug, um sich mit Worten zu verteidigen. Beherrscht genug, um ihre Gefühle und Gedanken vor anderen zu verbergen, wenn sie will. Aggressionsausbrüche bei anderen empfindet sie als kindisch oder peinlich. Ausgerechnet die soll sie auf der Bühne nun zeigen – gespielte Gewalttätigkeit zwar, aber während der Proben ihre Rolle und die damit verbundenen Gefühle von ihrer eigenen Person zu trennen, ist schwierig. Tastend, experimentierend, äußerst konzentriert, spielerisch und zugleich ernst entdecken die „Schauspieler" ihre inneren Welten und lernen, ihnen Ausdruck zu geben. In der Auseinandersetzung mit eigener Gewalttätigkeit, mit Themen wie Liebe und Angst wird sowohl ein äußeres wie ein inneres Suchen angestoßen. Dianas Suche nach ihrem Platz in einer Welt, die brutal und rücksichtslos ist, genauso wie Hendriks Beschäftigung mit der Figur des Hans, der mittellos in die Welt zieht, sind gleichzeitig Entdeckungsreisen zu sich selbst.

Nico, der sich sonst gern als „cooler Typ" gab, spielte in den „Bremer Stadtmusikanten" den Hund, der den Weg verloren hat und allein und verlassen im dunklen Wald sitzt. „Ich habe gar keine Angst", versichert er lautstark, und die Zuschauer spüren seine Angst und seine innere Verletzbarkeit, die er in dieser Rolle gestalten kann und gleichzeitig als ein Stück von sich selbst zeigen darf.

Das sollte nicht zu einem Missverständnis führen: Ernsthaftes Theater mit Jugendlichen ist keine Selbsterfahrungsveranstaltung. Es geht nicht darum, dass sich am Ende alle an die Hand fassen und jeder sagt, wie er sich fühlt. Theater wird immer für andere gemacht. Auch wenn die Schüler während des Entstehungsprozesses sich selbst gegenübertreten, am Ende stehen bei uns alle Mitspielenden – nicht nur die begabten Schauspieler – einem kritischen Publikum gegenüber. Sie liefern sich in ihrer Rolle, mit ihrer Gestaltung eines Themas oder einer Figur, den Blicken und der Kritik einer fremden Öffentlichkeit aus. Alle schauen auf mich!

„Kann ich nicht wenigstens die Hose anlassen?" Die Probe hat noch gar nicht angefangen, aber Paula machen die Regieanweisungen im Text Sorgen. In der Schlussszene soll sie den ahnungslosen Geliebten scheinbar verführen und in dessen Kleider schlüpfen, um ihn so vor ihrem rachsüchtigen Vater zu schützen. „Meinetwegen ziehe ich Christoph das Hemd aus. Aber die Hose lasse ich an, okay?" Armin, der Regisseur, möchte lieber erst mal proben. „Lass uns das später entscheiden." Die beiden jugendlichen Darsteller nehmen sich an der Hand.

Paula: „Wir machen diese Nacht/zu einem Fest der Liebe, willst du?/Komm!"

Armin unterbricht sie: „Vergiss für einen Moment die Gefahr. Dein Geliebter muss das Gefühl haben, du lässt alle Sorgen hinter dir und es gibt nur noch euch beide. Stell dir vor, du bist die Erfüllung aller seiner Sehnsüchte!"

Paula versucht es noch einmal. […]

In der Pause kommt Paula zu ihm. Sie könne diese Szene nicht spielen. Schon gar nicht im grellen Licht und vor hundert Leuten. „Dann grölt mir doch in jeder Pause der ganze Jahrgang hinterher." „Niemand wird grölen", verspricht Armin. Alle wissen doch, dass sie auf der Bühne nicht Paula sei, sondern eine Rolle spiele, und weil das kaum jemand so gut hinbekommt wie sie, würden die anderen sie nicht auslachen, sondern bejubeln. Außerdem sei es im Stück so, dass sie die Liebesszene nur vortäusche, um den gefährdeten Liebsten zu retten. Unzufrieden nippt Paula an ihrem Wasser. Die Probe geht weiter.

Eine Woche später – vor über hundertfünfzig Premierengästen – klappt der Kleidertausch problemlos. Paula und Christoph spielen das Liebespaar so überzeugend, dass sie von Mitschülern sogar Fanpost bekommen. Ausgelacht wird keiner von beiden. Es denkt auch niemand, Paula und Christoph wären wirklich ein Liebespaar. Trotzdem waren sich die beiden bis zuletzt nicht sicher, was das Publikum von ihnen denken wird.

Die Unsicherheit der Jugendlichen, durch die Pubertät oft um ein Vielfaches verstärkt, ist die größte Schwierigkeit und zugleich eine Chance, die unsere Theaterregisseure bei ihrer Arbeit mit den Jugendlichen begleitet. Wer als Person gerade damit beschäftigt ist, herauszufinden, wer er eigentlich ist, der schlüpft nicht selbstsicher und bewusst in andere Rollen. Verunsicherte Jugendliche, die sich selbst nicht ausstehen können, die sich hässlich finden und denen gleichzeitig nichts wichtiger ist als die Meinung ihrer Altersgenossen, gehen auf einer Bühne selten ungehemmt aus sich heraus. Stattdessen bemühen sie sich, Klischeevorstellungen gerecht zu werden, die sie beispielsweise von Filmen oder Fernsehserien abgeschaut haben. Wie sie gehen, wie sie sprechen, wie sie sich kleiden, ihre Begriffe von Schönheit und Attraktivität entwickeln die wenigsten Jugendlichen aus sich selbst heraus, sondern sie greifen auf Vorbilder zurück, meist auf solche, die auch in ihrem Freundeskreis anerkannt sind.

Bevor Jugendliche auf der Bühne erscheinen, ganz gleich ob als kaltschnäuziger Schurke, als sanfter oder leidenschaftlicher Liebhaber, meistern sie eine doppelte Schwierigkeit. Einerseits arbeiten sie daran, ihre Rolle überhaupt ausfüllen zu können, andererseits müssen sie mit ihrer Angst zurechtkommen, die Zuschauer könnten denken, sie seien so, wie sie sich auf der Bühne gezeigt haben.

Abb. 3.24

M17 Lehrer als Fremdenführer in ungewohnte Sinnwelten (Thomas Ziehe)

Besonders ab dem Pubertätsalter wird die Frage der Ansprechbarkeit der Schüler zu einem Schlüsselproblem für alle Lehrkräfte. Sie sind nun gehalten, immer erst dafür werben zu müssen, dass andere Welten und Weltzugänge überhaupt einen Sinn haben – also etwa die Welt der fiktionalen Literatur, der Symbole, der Zahlen, des religiösen Glaubens, der Historie, naturwissenschaftlicher Modelle. Den Schülern erscheinen solche anderen Welten zunächst einmal als nicht nachvollziehbare Ablenkung von Wichtigerem. Es wird zu einem schwierigen Balanceakt, Schülern Ausflüge in fremde Sinnwelten nahezulegen und sie mit der Vielheit möglicher Welten vertraut zu machen. Das gelingt nicht durch ein bloßes Beibehalten der Alltagsperspektive. Es fordert umgekehrt Angebote, die es erlauben, die Wirklichkeitsvorstellungen gerade zu erweitern und Gegenstände der Alltagswelt im Unterricht in einer anderen Perspektive, in einem anderen Licht, sehen zu lernen. So eröffnet das „Betreten" eines Romans die Begegnung mit fremden Vorstellungswelten. Es ermöglicht das Verstehen anderer Perspektiven, aber auch, den eigenen Innenzuständen eine neue und ungewohnte Sprache und Form geben zu können.
Einsichten in andere Welten anzubahnen, ist Arbeit an der Akzeptanz von Fremdheit. Das setzt aufseiten des Lehrers Fingerspitzengefühl und Behutsamkeit voraus. Man sollte bei Bedarf auch ohne Verlegenheit bereit sein, die Lernthemen radikal zu vereinfachen und anschaulich zu elementarisieren. Der Eintritt in fremde Sinn-Welten ist für die Schüler umso eher aushaltbar, je mehr kognitive Regale ihnen „im Kopf" zur Verfügung stehen, um neu Gelerntes einordnen und überblicken zu können. Insofern lässt sich die Lehrertätigkeit als die eines Fremdenführers in fremde Sinngebiete beschreiben. Der Fremdenführer ermutigt zum Reisen und er bemüht sich, das Ansehen des Fremdenverkehrs zu heben. Er kennt sich aus an den Grenzübergängen und weiß um das beträchtliche Nichtwissen der Touristen, ohne sie dafür zu beschimpfen. Er verzichtet auf kulturelle Drohgebärden und trumpft nicht mit Überlegenheit auf. Der Fremdenführer steht für den zeitweiligen Genuss der Fremde, ohne das Zuhause zu unterschätzen, das ein jeder braucht. Zu Alltagsgewissheiten eine Distanz einnehmen zu können, muss nicht heißen, diese Haltung als Lebensform vorzuschlagen. Wohl aber wirbt der Lehrer dafür, sich in der Eigenwelt nicht selbst einzumauern.

Weiterführende Aufgabe

Überprüfen Sie die vier Konzepte M 14 – M 17 vor dem Hintergrund von Sesinks Position zu Jugend, Familie und Autorität M 13.

Fragen und Anregungen zum Abschluss

Sie haben in diesem Kapitel verschiedene wissenschaftliche und nicht-wissenschaftliche Perspektiven auf das Jugendalter kennengelernt. Ihre Erkenntnisse sollten Sie nun reflektieren.

1. Unterscheiden Sie die soziologischen, sozialpsychologischen und pädagogischen Sichtweisen auf Jugend.
2. Überlegen Sie, inwiefern das neu erworbene Wissen und Können für Sie hilfreich, nützlich und gewinnbringend sein kann.
3. Inwiefern hat sich Ihr Wissen über Erziehung ausdifferenziert?

Sie können Ihr Wissen und Können auch anwenden und erweitern, indem Sie spannenden Fragen nachgehen:

- Warum unterscheiden sich die Schulleistungen von Jungen und Mädchen immer deutlicher? Was sind die Fakten? Was sind die Gründe dafür, dass Jungen statistisch gesehen schlechter abschneiden?
- Welche Bedeutung hat eigentlich der Körper im Jugendalter? Sie können dazu auf die Bedeutung von Sport für Jugendliche eingehen. Denken Sie auch an die Körper-Vorbilder der „Stars", an die beliebten Casting-Shows. Wie soll man mit diesen Einflüssen pädagogisch umgehen?
- Welche Bedeutung haben „Stars" aus der Musik- und Unterhaltungsbranche, aus dem Sport für Jugendliche? Welche Vorbilder haben Jugendliche? Sollte man pädagogisch auf solche medial produzierten Vorbilder reagieren? Wenn ja, wie?
- Was für Folgen haben die neuen Medien auf das Heranwachsen im Jugendalter? Stichworte wie „Cyber-Mobbing", „Facebook", Computerspiele, Pornografisierung der Jugendsexualität können andeuten, wie vielfältig die Entwicklungen und Probleme sind.
- Lernen Jugendliche außerhalb der Schule, ohne Lehrer und freiwillig nicht mehr und intensiver? Denken Sie an die Neuen Medien, an Sport, Musik, Neben- und Ferienjobs. Wie lernen Jugendliche in diesen Bereichen? Welche Unterschiede gibt es zwischen dem sogenannten „informellen Lernen" in diesen Bereichen und dem „offiziellen" bzw. „formellen" Lernen in der Schule? Wie sollte man pädagogisch mit dem informellen Lernen umgehen?

Kompetenzcheck

Hier finden Sie eine Übersicht über die Kompetenzen, die Sie vor allem in den Kapiteln 1, 2 und 3 erwerben konnten. Schätzen Sie selbst ein, wie gut Sie sie beherrschen.

Sachkompetenz

Ich …	… sicher	… noch nicht sicher genug	Hier kann ich nachschlagen:
… beschreibe die zentralen Aspekte von Eriksons Modell der psychosozialen Entwicklung.			
… erläutere Eriksons Modell der psychosozialen Entwicklung aus pädagogischer Perspektive.			
… stelle die Interdependenz von Entwicklung und Sozialisation am Beispiel von Hurrelmanns Modell der produktiven Realtitätsverarbeitung dar.			
… beschreibe die zentralen Aspekte des Identitätskonzepts von Erikson.			
… beschreibe die zentralen Aspekte des Identitätskonzepts von Hurrelmann.			
… erläutere das Identitätskonzept von Erikson aus pädagogischer Perspektive.			
… erläutere das Identitätskonzept von Hurrelmann aus pädagogischer Perspektive.			
… erläutere den Zusammenhang von Identität und Bildung am Beispiel des Jugendalters mit Bezug auf die Modelle von Erikson und Hurrelmann.			
… stelle die Bedeutung und die Auswirkungen anthropologischer Grundannahmen für erzieherisches Denken und Handeln mit Bezug auf den Begriff der Bildsamkeit dar.			
… erläutere erzieherisches Denken und Handeln im Hinblick auf Mündigkeit und Sozialisation.			

Urteilskompetenz

Ich …	… sicher	… noch nicht sicher genug	Hier kann ich nachschlagen:
… erörtere kontroverse Vorstellungen zu Entwicklung und Sozialisation sowie die Geltungsansprüche dieser Vorstellungen.			
… beurteile die Reichweite und pädagogische Relevanz von Erkenntnissen der sozialwissenschaftlichen und psychologischen Jugendforschung für pädagogisches Denken und Handeln.			
… beurteile die Gefährdungen von Kindern und Jugendlichen auf dem Weg zur Selbstbestimmung sowie pädagogische Einwirkungsmöglichkeiten.			
… beurteile pädagogische Handlungsformen zur Förderung im Jugendalter.			

Methodenkompetenz

Ich …	… sicher	… noch nicht sicher genug	Hier kann ich nachschlagen:
… beschreibe komplexe Situationen aus pädagogischer Perspektive unter Verwendung der Fachsprache.			
… ermittle pädagogisch relevante Informationen aus der Fachliteratur oder dem Internet.			
… ermittle aus erziehungswissenschaftlich relevanten Materialsorten wissenschaftliche Positionen.			
… ermittle aus erziehungswissenschaftlich relevanten Materialsorten explizit oder implizit verfolgte Interessen und Zielsetzungen.			
… analysiere differenziert Texte (u.a. Fallbeispiele) mithilfe hermeneutischer Methoden der Erkenntnisgewinnung.			
… analysiere die erziehungswissenschaftliche Bedeutung von Erkenntnissen aus Psychologie und Sozialwissenschaft am Beispiel der Jugendforschung.			
… stelle Arbeitsergebnisse in geeigneter Präsentationstechnik dar.			
… wende den Kompetenzcheck als Verfahren der Selbstevaluation im Hinblick auf die eigene pädagogische Erkenntnisgewinnung und Urteilsfindung an.			

Handlungskompetenz

Ich …	… sicher	… noch nicht sicher genug	Hier kann ich nachschlagen:
… entwickle unter Nutzung des Modells der produktiven Realitätsverarbeitung pädagogische Handlungsoptionen zum Jugendalter.			
… entwickle erziehungs- und bildungstheoretisch begründete Handlungsoptionen zum Jugendalter.			
… vertrete pädagogische Handlungsoptionen argumentativ.			
… entwickle Handlungsoptionen unter Berücksichtigung der Perspektiven der beteiligten Akteure.			

4. Erziehungsprobleme in der Familie in psychologischer, soziologischer und pädagogischer Perspektive

Die systemische Pädagogik lässt sich im Unterschied zu anderen Theorien bzw. Modellen, mit denen Sie sich bisher beschäftigt haben – z. B. mit der Psychoanalyse nach Freud oder Lernen als denkende Erfahrung nach Dewey – nicht auf eine Gründerpersönlichkeit zurückführen. Vielmehr entwickelte sich die systemische Pädagogik als systemische Theorie aus unterschiedlichen Wissenschaftsdisziplinen, z. B. aus Ideen der Philosophie, der Soziologie, der Psychologie, der Medizin und den Naturwissenschaften. In rascher Folge liefert die Wissenschaft bis heute an vielen Orten und in vielen Köpfen unterschiedliche Ideen zur Beschreibung von Wirklichkeit. Damit stellt sich die Frage, ob sich infolge dieser Entwicklung nicht auch pädagogisches Denken und Handeln verändern muss.

Im Folgenden machen wir Sie mit Grundgedanken einer systemischen Pädagogik vertraut. Was heißt systemisch? Welches Menschenbild verbirgt sich dahinter? Welche neuen Deutungsmuster bietet mir die systemische Pädagogik für die Erziehungspraxis? Wie verändern die Erkenntnisse der systemischen Pädagogik meine Haltung und Handlungsalternativen im Umgang mit anderen? Systemisches Denken und Handeln wird mit dem Anspruch einer besonderen Haltung gegenüber der Welt und gegenüber sich selbst propagiert. In diesem Sinne ist kritisch zu fragen, in welchem Sinne systemisches Denken pädagogische Orientierungen bereichern kann und inwieweit ein systemisches Denken in einer pädagogischen Perspektive nicht auch kritisch geprüft werden muss.

4.1 Erkenntnisse des systemischen Ansatzes für die Erziehung in der Familie

Kinder und Jugendliche geben Eltern bisweilen kleine, bisweilen große Anlässe zur Sorge. Die folgenden Beispiele finden sich in dem 1974 erstmals veröffentlichten Band „Eltern und Kinder“ von Helm Stierlin, studierter Philosoph und Mediziner, der zunächst als psychoanalytisch ausgerichteter Therapeut arbeitete und dann an der Entwicklung systemischer Familientherapie beteiligt war.

Aufgaben

1. Arbeiten Sie an den beiden von Helm Stierlin ausgewählten Beispielen heraus, welche Sorgen sich die Mütter um ihre Kinder machen **M 1**. Gehen Sie dabei arbeitsteilig vor.
2. Stellen Sie dar, welche Gründe der Therapeut (Helm Stierlin) für das problematische Verhalten der Jugendlichen in den beiden Fällen nahelegt.
3. Erläutern Sie mithilfe der Beispiele, inwiefern „schwierige“ Kinder oder Jugendliche bisweilen als Symptomträger – wie es in der systemischen Familientherapie heißt – für eine Erkrankung der Familie (oder des „Familiensystems“) herhalten.
4. Entwerfen Sie Lösungsvorschläge für die „Gesundung“ der Familien.
5. Diskutieren Sie die Möglichkeiten und Grenzen pädagogischer Einflussmöglichkeiten auf die beiden Jugendlichen.

M1 Zwei Fallbeispiele „problematischer Kinder“ (Helm Stierlin)

Sorgenkind war hier die 16-jährige Sabine. Sie war vor etwa neun Monaten, zwei Jahre vor ihrem Abitur stehend, von zu Hause ausgerissen und in der Drogenszene ausgeflippt. Sie kehrte nach einigen Tagen zu ihren Eltern zurück, schlief von da an die meiste Zeit zu Hause, verbrachte aber ihre Tage außerhalb der Schule mit anderen herumbummelnden und schuleschwänzenden Jugendlichen. Nach ihrer Rückkehr zu den Eltern löste sie ein Karussell von Konsultationen bei verschiedensten Psychiatern und Psychologen aus.
Bereits im ersten Familieninterview stellte sich heraus, dass Sabine ihrer Mutter als Aufregungs- und Sorgenlieferant diente und diese damit aus einer chronischen Depression „herauspeitschte“. Die Mutter war seit dem durch einen Verkehrsunfall verursachten Tode eines jüngeren Bruders Sabines in Vereinsamung erstarrt, hatte sich ihrem Mann entfremdet und besaß seither nur noch Sabine als zentrale Bezugsperson, die ihre Vereinsamung abzuschwächen und ihrem Leben einen Sinn zu geben vermochte. Mehrfach stand die Mutter, ihren eigenen Aussagen zufolge, vor dem Selbstmord. Die Sorgen um ihre Tochter ließen sie jedoch alle Selbstmordgedanken vergessen und sich in eine hektische Aktivität stürzen: Sie nahm Kontakte mit Lehrern, Psychologen, Ärzten und Bekannten auf und kam, wegen der gemeinsamen Sorge um die Tochter, auch mit ihrem Ehemann wieder ins Gespräch, allerdings ohne eine Lösung finden zu können. Immerhin: Sabine hatte erreicht, dass sich die Eltern – wenn auch nur im Rahmen der von ihr geschaffenen Ausnahmesituation – wieder näherkamen.

Abb. 4.1

Hans, zur Zeit unseres Kontaktes etwa 18 Jahre alt, war bereits vor zwei Jahren von zu Hause ausgezogen. Das Zusammenleben mit seiner Schwester und alleinstehenden Mutter, erzählte er, sei immer unerträglicher geworden. Die Mutter habe bei ihm immer häufiger die schlechten Seiten seines Vaters entdeckt und gescholten: Egoismus, Starrsinn, emotionale Kälte. Der Vater war vor sieben Jahren – Hans war damals neunjährig – ohne Vorankündigung, gleichsam bei Nacht und Nebel, aus dem Haus gezogen. Seitdem bestehe kein Kontakt mehr zu ihm. Möglicherweise sei er im Ausland, möglicherweise habe er sich umgebracht. Hans hatte nur vage Erinnerungen an ihn. Im Ganzen war sein Vaterbild negativ gefärbt und entsprach dem, was ihm die Mutter ständig vom Vater erzählt hatte.
Bei einem folgenden, im Beisein der Mutter und Schwester geführten Gespräch erfuhr ich, dass die Mutter den Vater nur wenige Monate nach dem plötzlichen Tode ihres eigenen Vaters kennengelernt und bald darauf geheiratet hatte. Ihr Mann, Hans' Vater, habe damals, ganz ähnlich wie ihr verstorbener Vater, ein freundliches, extrovertiertes Wesen gezeigt, das sich aber nach der Heirat bald verändert habe. Er sei immer mürrischer, egoistischer, starrköpfiger, ausbeuterischer geworden, sodass sich das Familienleben zunehmend zu einer Hölle gestaltete. Sie sei daher froh gewesen, als er eines Tages verschwunden war. Darum habe sie auch keine weiteren Nachforschungen nach ihm angestellt.
Die Mutter war am bewegtesten, als sie vom Tode *ihres* Vaters sprach. Es wurde schnell deutlich, dass sie dessen Tod nicht wirklich betrauert, niemals wirklich von ihm Abschied genommen hatte. Fast übergangslos hatte sie den Vater durch einen Ehemann ersetzt, der ihm auf den ersten Blick ähnlich war. Später schlugen dann dem Manne gegenüber die ebenfalls ihrem Vater geltenden, verdrängten, negativen Gefühle durch – vor allem Wut, weil er (der Vater) sie verlassen, weil er sie bindend ausgebeutet hatte. Aber da sie diese Gefühle nicht bewusst hatte erleben und durcharbeiten können, blieben sie abgespalten und richteten sich schließlich gegen den Ehemann (wobei der Vater weiter idealisiert und geschont blieb). Da keine offene Kommunikation zwischen den Ehepartnern möglich war, steigerte sich die beidseitige Frustration und Spannung bis zur Ausstoßung (bzw. Flucht) des Mannes.

M2 Familie aus systemischer Sicht (VESUV e.V.)

In der systemischen Familientherapie ist nicht der isolierte Mensch das Objekt der Betrachtung, sondern das ganze System, in dem er sich bewegt (z.B. die Familie, das Arbeitsteam) – einschließlich Subsystemen und den Beziehungen, die untereinander bestehen. Der Blick richtet sich auf bestehende Muster, Zusammenhänge und Dynamiken des Systems, ausgehend von dem Grundgedanken, dass

Abb. 4.2

sich die Handlungen von Mitgliedern eines Systems wechselseitig beeinflussen und das Netzwerk der Interaktionen das entscheidende Band zwischen Teilen und Ganzem eines Systems ist.
Im systemischen Ansatz geht man davon aus, dass verschiedene Wirklichkeiten existieren und es nicht nur eine „richtige" Wirklichkeit gibt. Die unterschiedlichen Sichtweisen und Muster, die jeder Mensch im Laufe seines Lebens im Rahmen *seiner Wirklichkeit* entwickelt, und die Auswirkungen, die diese individuellen Anschauungsweisen auf die bestehenden sozialen Beziehungen eines Systems haben – und umgekehrt, werden wechselweise betrachtet. Grundsätzlich wird von dem Gedanken ausgegangen, dass das Verhalten der einzelnen Mitglieder eines Systems (Kinder, Eltern, Großeltern, Geschwister, Arbeitskollegen etc.) das Beziehungsgefüge des ganzen Systems bestimmt.

Aufgaben

1. Skizzieren Sie die Besonderheiten der systemischen Familientherapie und erarbeiten Sie, welche Gesichtspunkte in der systemischen Familientherapie zur Sprache kommen, die ansonsten vielfach unberücksichtigt bleiben.
2. Prüfen Sie, für welche Familien eine solche Therapie möglicherweise besonders hilfreich sein könnte.

M3 Verstrickende Bindung und Ausstoßung (Helm Stierlin)

Aus systemisch familientherapeutischer Sicht zeigt sich demokratische Partnerschaft in Familien als Ausdruck und Folge dessen, was ich andernorts als gelingende bezogene Individuation beschrieben habe. Individuation bedeutet hier vor allem: Ich bin willens und fähig, mich hinsichtlich meiner Ideen, Wünsche, Erwartungen von denen anderer abzugrenzen und eigene Ziele und Werte zu verfolgen, auch wenn sich diese von denen meiner maßgeblichen – elterlichen wie gesellschaftlichen – Umgebung unterscheiden. Ich erlebe mich als ein Zentrum von Kraft und Eigeninitiative und bin auch bereit, Verantwortung für die Konsequenzen meines Handelns – und so auch für mein Gesundheitsverhalten, ja meine Symptome – zu übernehmen. Ich ertrage die Spannung der Ambivalenz, der sich widerstreitenden Seelen in meiner Brust. Das heißt: Ich bin willens, negativ zu bewertende Antriebe und Anteile in mir selbst zu erkennen und auszuhalten, anstatt diese von mir abzuspalten, auf andere zu projizieren und dann in diesen zu bekämpfen.
[…] Auch der Beziehungsprozess in Familien, der aus einem Säugling schließlich einen demokratisch und partnerschaftlich eingestellten Erwachsenen werden lässt, vermittelt sich in einer Dynamik, worin sich Abhängigkeit und Autonomie nicht gegenseitig ausschließen, sondern vielmehr gegenseitig bedingen und aus einander hervorgehen. Das sich entwickelnde, immer autonomer und damit selbstverantwortlicher werdende Ich des kleinen Kindes bleibt auf lange Zeit auf ein fürsorgendes, das heißt nährendes, anregendes, haltgebendes und auch (altersangemessen) Grenzen setzendes Wir (verkörpert durch Mutter, Vater, Geschwister und diejenigen, die an ihre Stellen treten) angewiesen. Man kann sagen: Es geht aus diesem Wir hervor, aber formt auch dieses Wir mit. […] Ganz allgemein lassen sich zwei Szenarien beschreiben, in denen die Prozesse, die familienweit bezogene Individuation und demokratische Partnerschaftlichkeit fördern, fehlschlagen können. Ich habe sie als Bindung und Ausstoßung dargestellt.
Überwiegt „Bindung" – oder genauer verstrickende Bindung –, laufen auf verschiedensten (emotionalen, kognitiven, kommunikativen) Ebenen sich rekursiv verstärkende Prozesse ab, die dazu führen, dass ein Kind über Gebühr lange im Familienghetto festgehalten wird; bei „Ausstoßung" wird dieses hingegen zu früh aus dem schützenden und nährenden Familienverband entlassen. Ich sprach auch von einer zentripetalen und einer zentrifugalen Individuationsdynamik. In beiden Szenarien zeigen sich Kinder (und dann auch Jugendliche und Erwachsene) vermehrt für körperliche und seelische Störungen anfällig. Und in beiden Szenarien fehlt die angedeutete „liebende Streitkultur", die den Nährboden für bezogene Individuation wie auch für demokratische Partnerschaftlichkeit abgibt.
Zu vermehrter verstrickender Bindung kann es etwa kommen, wenn ein alleinerziehender Elternteil mit seinem Kind eine Art Schutz- und Trutzbündnis gegen eine als verständnislos, wenn nicht feindlich erlebte menschliche Umgebung bildet. Ein in solchem Bündnis aufwachsendes Kind zeigt sich oft früh entwickelt, parentifiziert und um einen Teil der unbeschwerten Kindheit gebracht, die eigentlich sein Geburtsrecht sein sollte. Viele derart gebundene Kinder, Jugendliche und junge Erwachsene erleben wir als besonders anfällig für psychotische und psychosomative Störungen, darunter insbesondere auch Ess-Störungen.

Abb. 4.3

Demgegenüber korreliert eine vernachlässigende Ausstoßung, wie inzwischen viele Studien zeigen, deutlich mit einer Zunahme von Delinquenz, Suchtanfälligkeit, Orientierungslosigkeit und Gewaltbereitschaft bei Kindern und Jugendlichen. Solche Ausstoßung zeigt sich uns nicht zuletzt als Folge und Ausdruck der angedeuteten Entwicklungstrends, die zur Schwächung von Familiensinn und Familienbindung beitragen.

Aufgaben

1. Erklären Sie Formen und Folgen ausstoßender und verstrickender Beziehungen.
2. Ziehen Sie Folgerungen aus Ihren Erkenntnissen über solche Beziehungsformen für elterliches Verhalten.
3. Setzen Sie sich mit der Frage auseinander, ob solche Beziehungsformen auch in anderen pädagogischen Institutionen – z.B. Kindergärten oder Schulen – vorkommen bzw. Bedeutung gewinnen.
4. Arbeiten Sie heraus, ob und inwieweit mithilfe einer systemischen Betrachtung andere und neue Sichtweisen auf menschliche Beziehungen möglich werden, welche mit den Ihnen bisher bekannten Modellen, wie z.B. von Freud, Erikson, Hurrelmann, Mead, noch nicht möglich waren.

M4 Familiäre Rahmenbedingungen für die Entstehung von Gewalttätigkeit (Haim Omer/Arist von Schlippe)

Wir [sehen] in dem Fehlen elterlicher Präsenz einen Faktor, der für die Entstehung von Gewalttätigkeit bei Kindern entscheidend ist. Je weniger Eltern ihre Präsenz wahrnehmen und zeigen, desto höher ist das Risiko, dass das Kind gewalttätig ist. Elternpräsenz kann auf einer physischen, einer systemischen und einer emotionalen Ebene verloren gehen.

Physische Seite der Elternpräsenz
Gesellschaftliche Rahmenbedingungen können viel dazu beitragen, dass es Eltern erschwert wird, physisch präsent zu sein. Es wäre verfehlt, dies ihnen allein anzulasten. […]

Systemische Seite der Elternpräsenz
Von „systemischer Präsenz" sprechen wir, wenn Eltern und Kinder die Erfahrung gemacht haben, dass die Umgebung die Eltern unterstützt und sie mit sozialer Bestätigung ausstattet. Eltern bewegen sich nicht in einem sozialen Vakuum, sondern stehen in Verbindung mit dem Ehepartner, Verwandten, Nachbarn und Freunden, Institutionen und der Gemeinschaft, in der sie leben. Elternteile, die nicht die Unterstützung eines Partners, von Verwandten oder Freunden haben, befinden sich in einer Position systemischer Schwäche in Beziehung zu dem aggressiven Kind. Elterliche Schwäche ist direkt gekoppelt an das Fehlen sozialer Unterstützung. Wenn etwa der Vater bei einer Scheidung das Haus verlässt, steigt der Grad gewalttätigen Verhaltens von Kindern gegenüber der Mutter und den anderen Geschwistern an. Diese Zunahme der Aggressivität wird gewöhnlich als ein Zeichen emotionaler Belastung interpretiert, aber es gibt eine andere mögliche Erklärung: Die Mutter wurde durch das Verlassen des Vaters geschwächt. […]

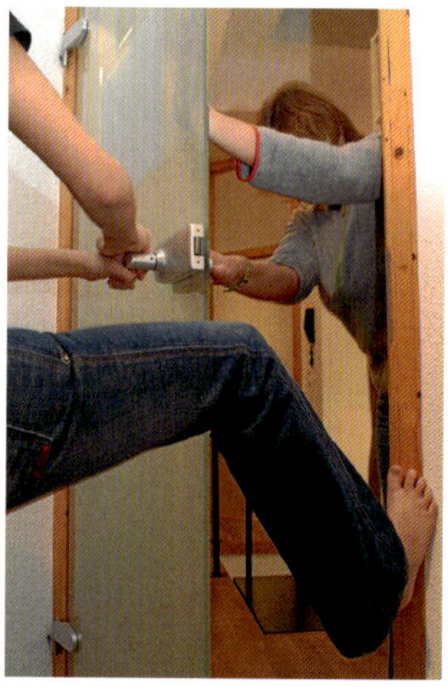
Abb. 4.4

Eine andere Quelle systemischer Schwächung ist die Geheimhaltung. Viele Eltern entscheiden sich dafür, die gewalttätigen Handlungen ihres Kindes geheim zu halten, um den guten Ruf des Kindes oder der Familie zu schützen. Das reduziert die systemische Präsenz, weil es die Eltern isoliert und mögliche Hilfe blockiert. In solchen Fällen bezahlen oft die Geschwister den Preis […].
Systemische Schwäche kann auch die Auswirkung eines nur gering oder negativ beteiligten Vaters sein. Patterson (1980) wies darauf hin, dass die Wahrscheinlichkeit kindlicher Gewalttätigkeit umso geringer ist, je aktiver und positiver der Vater an der Erziehung des Kindes beteiligt ist. Generell sind auch anhaltende Konflikte zwischen den Eltern ein Nährboden für Gewalt bei Kindern, speziell gegen Geschwister. […]

Emotionale Seite der Elternpräsenz
Wie erwähnt, können bestimmte Ansichten die Eltern zu einem Verhalten bringen, das Verhaltensprobleme verschiedenster Art fördert. So kann eine permissive Haltung dazu führen, dass es der Elternteil nicht wagt oder nicht richtig findet, sich einzumischen, wenn es zu Gewalt zwischen Geschwistern kommt. Diese Einstellung schwächt die Präsenz und das schwächere Kind wird völlig der Willkür des Gewalttätigen überlassen.

Aufgaben

1. Skizzieren Sie die Auffassung von Omer/von Schlippe, wie es zu Gewalttaten bei Jugendlichen kommen kann, indem Sie den Text mit eigenen Worten wiedergeben.
2. Erläutern Sie die beiden Fallbeispiele in M1 auf dem Hintergrund der systemischen Sicht von Familie neu.
3. Prüfen Sie, inwieweit die Sichtweise der Autoren Omer/von Schlippe M4 Erkenntnisse ermöglicht, welche ohne diese spezifische Sichtweise nicht hätten gewonnen werden können.
4. Setzen Sie sich mit der Frage auseinander, inwieweit in Orientierung an einer systemischen Sichtweise sich Lebensläufe in einer Weise positiv begleiten lassen und so einer Eskalation von Gewalt entgegengewirkt werden kann.

Weiterführende Aufgaben

1. Vergleichen Sie die aus systemischer Sicht in Familien problematische verstrickende Bindung und Ausstoßung M 3 und die problematischen Seiten der Elternpräsenz M 4 mit den in Heft 3 erarbeiteten Erkenntnissen der Bindungstheorie (vgl. Heft 3, Kapitel 3.1).

2. Diskutieren Sie die möglichen Gefahren (und Chancen) für das Aufwachsen der Kinder und Jugendlichen angesichts der von Rosemarie Nave-Herz geschilderten Veränderungen der Familienstrukturen in der heutigen Zeit (vgl. Heft 3, Kapitel 3.2, M 5 und M 6), auch aus der systemischen Perspektive auf die Familie.

M5 Konstruktivistische Grundannahmen (Hermann Krüssel)

Um eine Einordnung des hier vertretenen Konstruktivismus vornehmen zu können, ist es notwendig, die Forschungstraditionen und Argumente zu beschreiben, aus denen sich dieses Modell speist. Der moderne Konstruktivismus steht in einer Denktradition, die davon ausgeht, dass die Welt nicht direkt erkennbar ist, sondern gewissermaßen konstruiert wird. Bisherige Positionen einer Erkenntnis als Konstruktion sind in der Philosophie (Skeptizismus, Kant, Vico), in der Psychologie (Gestaltpsychologie, kognitive Psychologie), in der Soziologie (Wissenssoziologie) und in der Sprachwissenschaft (kognitiver Ansatz) entwickelt worden. Wie bei jeder anderen Erkenntnis- und Wissenstheorie bildet die Frage nach dem Verhältnis von Wissen und Wirklichkeit den Ausgangspunkt.

Fester Bestandteil des alltäglichen wie des wissenschaftlichen abendländischen Denkens ist die Vorstellung, dass der Mensch der äußeren Welt als unabhängiger Betrachter gegenübersteht. Im Gegensatz zu dieser traditionellen Auffassung vertritt der sogenannte Konstruktivismus die Ansicht, dass wir an die vermeintlich bestehende Wirklichkeit immer mit gewissen Voraussetzungen und Grundannahmen herangehen, d.h., die Möglichkeit einer strikten Subjekt-Objekt-Trennung und damit die Möglichkeit einer unmittelbaren Bezugnahme des Erkennenden auf den Erkenntnisgegenstand wird grundsätzlich bezweifelt. Nicht mehr die Realität kann demnach den Ausgangspunkt für die Erkenntnisbildung darstellen, sondern konstruierte Wirklichkeiten.

Alle Wege der Erkenntnisbildung – im Alltag, in schulischen Institutionen und auch in der Wissenschaft – sind gewissermaßen Strategien, um die Wirklichkeit zu ordnen, nicht um sie abzubilden. Die traditionelle Auffassung, die das Ziel der Erkenntnisbildung darin sieht, subjektunabhängiges Wissen zu erhalten, das mit der Realität übereinstimmt, wird dementsprechend als ikonisches (bildhaftes) Wissensmodell bezeichnet. Die konstruktivistische Wissenstheorie spricht demgegenüber von viablem Wissen. Viabilität bedeutet so viel wie Gangbarkeit einer Erkenntnis. Der Wert einer Erkenntnis wird daran gemessen, wie weit sie den Bedürfnissen des Erkennenden bzw. der Erkenntnisgemeinschaft entgegenkommt. Jede Erkenntnis ist demnach als eine Konstruktion aufzufassen, und die Beurteilung eines möglichen Erkenntnisgewinnes über die Welt muss daher notwendigerweise den Erkennenden mit einschließen.

Eine provokante, wenn auch ideengeschichtlich nicht neue Behauptung. Diese Argumentationslinie lässt sich zurückverfolgen bis zu skeptizistischen Ideen aus der Zeit der Vorsokratiker. Hier wurde der Zweifel an der Übereinstimmung von Wissen und Wirklichkeit im abendländischen Kulturkreis, beispielsweise von Xenophanes, erstmals formuliert. Gemeinsam ist diesen Positionen, dass sie die prinzipielle Nicht-Erkennbarkeit der Welt und die Vorläufigkeit und Begrenztheit unseres Wissens betonen. Vico drückte diese Einsicht mit dem Schlagwort „Verum ipsum factum“, das Wahre ist dasselbe wie das Gemachte, aus. Kant hat diese philosophiegeschichtliche Traditionslinie fortgeschrieben und in der „Kritik der reinen Vernunft“ in einzigartiger Weise die Abhängigkeit der Erkenntnis von der menschlichen Vernunft herausgearbeitet.

Diese Ideen einer konstruktiven Weltverarbeitung werden nun – und das ist eine entscheidende Neuerung – verknüpft mit einer „Biologie der Kognition“. Die Basis bilden Experimente zur Wahrnehmung und Informationsverarbeitung im Gehirn.

Traditionelle Auffassungen über die Wahrnehmung waren von der Vorstellung bestimmt, dass der Mensch regelrechte Abbilder von der Realität bildet, wie etwa ein Dia oder einen Film. Diese Auffassung ist bereits von der Gestaltpsychologie infrage gestellt worden. Demzufolge ordnet der Mensch seine Eindrücke zu einem Muster (Ganzheit, Gestalt), das für ihn einen Sinn ergibt. Diese Erkenntnisse werden neurophysiologisch untermauert. […]

Die bisherige Position, dass wir letztendlich nicht die Wirklichkeit erkennen, sondern dass jeder Einzelne seine je eigene Wirklichkeit konstruiert, nennt man radikalen Konstruktivismus. Er bestreitet die Möglichkeit der Erkenntnis des Wahren und der Verständigung über das Wahre. Krüssel stellt sich als Vertreter eines moderaten Konstruktivismus vor und ergänzt entsprechend seine bisherigen Ausführungen:

Erkenntnis ist in einen kulturellen Kontext eingebunden

[…] Jeder Mensch schafft sich seine inneren Wissens- und Orientierungssysteme […] nicht allein als biologisches Wesen, sondern als Teil einer Kultur oder eines sozialen Systems. „Auch Konstruktivisten sind nie frei von Kultur, von sozialen Voraussetzungen, von Beziehungen, auch sie stehen in den intentionalen Spannungen einer Lebenswelt, die durch ihre Konstrukte vorrangig symbolisch, durch normative Sätze, begrenzt wird.“ Pointiert könnte man sagen: Der Mensch ist zwar Teil der Natur, aber primär Kulturwesen.

[…] Auch der handelnde Mensch ist ein Kulturwesen. Jeder Mensch wächst in einer von anderen Menschen vorstrukturierten und damit sinnhaften Wirklichkeit auf; er schafft sich seine eigenen Landkarten als Teil sozialer Systeme.

Das Spezifische des Kulturwesens Mensch ist das In-der-Sprache-Sein. Sprachwissenschaftler behaupten seit Langem, dass die Prinzipien der Wirklichkeitskonstruktion vor allem durch Sprache vermittelt und im Subjekt verinnerlicht werden. Insbesondere Heinz von Foerster und Paul Watzlawick haben diese Überlegungen fortgeführt und in verschiedenen Analysen verdeutlicht, inwiefern die Wirklichkeit das Ergebnis von Kommunikation ist. Um sprachlich kommunizieren zu können, müssen Individuen zuvor einen Bereich gemeinsam erzeugter Bedeutungen aufgebaut haben. Durch wechselseitig aufeinander bezogene Interaktionen wird eine gemeinsame Wirklichkeitsbeschreibung gebildet. Die Funktion von Sprache besteht dabei darin, Orientierungshandeln im kognitiven Bereich des zu Orientierenden auszulösen. Sprache dient damit nach konstruktivistischem Verständnis nicht primär der Informationsübertragung, sondern der Orientierung.

Beispiel: Die zerkratzten Windschutzscheiben
Gegen Ende der Fünfzigerjahre brach in der Stadt Seattle eine merkwürdige Epidemie aus: Immer mehr Autobesitzer mussten feststellen, dass ihre Windschutzscheiben von kleinen pocken- oder kraterähnlichen Kratzern übersät waren. Das Phänomen nahm so rasch überhand, dass Präsident Eisenhower auf Wunsch Rosollinis, des Gouverneurs des Staates Washington, eine Gruppe von Sachverständigen des Bundeseichamtes zur Aufklärung des Rätsels nach Seattle entsandte. Laut Jackson, der den Verlauf der Untersuchung später zusammenfasste, fand diese Kommission sehr bald, dass unter den Einwohnern der Stadt zwei Theorien über die Windschutzscheiben im Umlauf waren. Aufgrund der einen, der sogenannten „Fallout"-Theorie, hatten kürzlich abgehaltene russische Atomtests die Atmosphäre verseucht, und der dadurch erzeugte radioaktive Niederschlag hatte sich in Seattles feuchtem Klima in einen glasätzenden Tau verwandelt. Die „Asphalttheoretiker" dagegen waren überzeugt, dass die langen Strecken frisch asphaltierter Autobahnen, die Gouverneur Rosollinis ehrgeiziges Straßenbauprogramm hervorgebracht hatte, wiederum unter dem Einfluss der sehr feuchten Atmosphäre Seattles, Säuretröpfchen gegen die bisher unversehrten Windschutzscheiben spritzten.
Statt diese beiden Theorien zu untersuchen, konzentrierten sich die Männer des Eichamts auf einen viel greifbareren Sachverhalt und fanden, dass in ganz Seattle keinerlei Zunahme an zerkratzten Autoscheiben festzustellen war. In Wahrheit war es vielmehr zu einem Massenphänomen gekommen: Als sich die Berichte über pockenartige Windschutzscheiben häuften, untersuchten immer mehr Autofahrer ihre Wagen. Die meisten taten dies, indem sie sich von außen über die Scheiben beugten und sie auf kürzeste Entfernung prüften, statt wie bisher von innen und unter dem normalen Winkel durch die Scheiben durchzusehen. In diesem ungewöhnlichen Blickwinkel hoben sich die Kratzer klar ab, die normalerweise und auf jeden Fall bei einem im Gebrauch stehenden Wagen vorhanden sind. Was sich also in Seattle ergeben hatte, war keine Epidemie beschädigter, sondern angestarrter Windschutzscheiben.

Abb. 4.5

[…] Lernen wird beim Paradigma der Informationserzeugung als konstruierende Tätigkeit aus der Perspektive des lernenden Systems beschrieben, das, eingebunden in soziale Interaktionen, Anschlussmöglichkeiten für die vermittelten Inhalte bildet. Der Mensch wird als aktiver Gestalter im Interaktionsgefüge, d. h. im Netzwerk mit seiner Umwelt gesehen. Er ist als Produzent seiner eigenen Entwicklung aktives und reflexives Subjekt.
Entscheidend ist nach diesem Verständnis die Bedeutung, die [etwa] ein Schüler einem Lerngegenstand beimisst. Lernen gründet hiernach nicht auf einer „Einschleusung von Fremdwissen in ein System", sondern beruht auf der „Mobilisierung von Prozessen, die dem lebenden System selbst inhärent sind, zu seinem eigenen kognitiven Bereich gehören".
Motor für die Entwicklung neuer Erfahrungs- bzw. Wissensbereiche sind die Diskrepanzen, die auftreten, wenn Deutungen neuartiger Wahrnehmungen bisherigen Erwartungsstrukturen widersprechen.

Aufgaben

1. Erläutern Sie das Beispiel Watzlawicks von den zerkratzten Windschutzscheiben mithilfe der konstruktivistischen sowie der kultur- und sprachwissenschaftlichen Annahmen Krüssels.
2. Analysieren Sie die unterschiedlichen Sichtweisen der Kinder, Mütter und des Therapeuten in den einleitenden Fallbeispielen aus **M 1** mithilfe der Annahmen Krüssels.
3. Überdenken Sie auf der Grundlage Ihrer neuen Analyse die von Ihnen skizzierten therapeutischen Maßnahmen.
4. Vergleichen Sie Ihre Vorschläge mit den folgenden Darstellungen systemischer Familientherapietechniken in **M 6** und **M 7**.

M6 Das „Kerngeschäft" systemischer Therapie: über Wirklichkeitskonstruktionen sprechen (Arist von Schlippe/Annette Braun-Brönneke/Karin Schröder)

Mit der Entwicklung von der Familientherapie zur systemischen Therapie verlagerte sich der Schwerpunkt der Betrachtung von der Familie auf das Geflecht aus Beschreibungen und Bedeutungen, wie es sich im jeweiligen Problemsystem konstelliert. Es wird danach gesucht, welche Beschreibungen, welche Kommunikationen, welches Verhalten zusammengenommen das ausmachen, was als „Problem" erlebt wird und welche Optionen diese Beschreibungen ermöglichen. In Problemsystemen werden vielfach Beschreibungen prozessiert, die die Optionen einzelner oder mehrerer Personen im System massiv begrenzen. Die Konsequenz, die v. Foerster daraus zog, war die Formulierung eines elementaren Imperativs: „Handle stets so, dass du die Anzahl der Möglichkeiten vergrößerst!" Als Therapie lassen sich mithin (vorwiegend) sprachliche Operationen bezeichnen, die das Ziel verfolgen, die Optionen, die in einem System wahrgenommen werden, zu vermehren. Therapie befasst sich mit inneren „Landkarten" von Menschen und es ist erklärtes Ziel jeder Therapie, diese Landkarten anzureichern, in ihnen gemeinsam mit den Rat suchenden Systemen neue Wege zu entwickeln. Im therapeutischen Prozess erfolgt hierzu ein Diskurs darüber, wie Wirklichkeit(en) zu beschreiben seien und welche Alternativen der Konstruktion gefunden werden können. In den seltensten Fällen verändern Therapeuten direkt durch aktives Handeln die Lebensumstände ihrer Klienten und wenn, dann handelt es sich entweder um Mischkontexte zwischen Therapie und sozialer Arbeit oder aber um Kunstfehler des Überengagements. In therapeutischen Gesprächen wird über Wirklichkeitskonstruktionen gesprochen – und zwar nicht über irgendwelche, sondern über bedeutsame Aspekte des persönlichen Erlebens, persönlicher Möglichkeiten sowie über Erfahrungen und Beziehungen. Therapie soll im Folgenden als „engagierter Austausch von Wirklichkeitsdefinitionen" konzeptualisiert werden […]: Mit jeder therapeutischen Intervention wird ein Angebot gemacht, das vom Klientensystem angenommen, abgelehnt oder ignoriert werden kann. Dies gilt natürlich auch umgekehrt: jede Klientenaussage stellt ihrerseits ein Angebot an den Therapeuten dar, die Wirklichkeit zu beschreiben – und wenn vom Klientensystem überzeugend genug vermittelt wurde, dass es „keinen anderen Ausweg als …" (z. B. Heimeinweisung, Scheidung, Chronifizierung usw.) gibt, dann erleben sich Therapeuten gemeinsam mit den Ratsuchenden in der Sackgasse. Eine solche Perspektive ermöglicht einen spezifischen diagnostischen Zugang auf der Mikroebene des Therapieprozesses: Jede therapeutische Interaktion kann daraufhin untersucht werden, ob die ausgetauschten Beschreibungen für das Rat suchende System mehr Optionen bereitstellen als bisher.

Der Einfachheit halber soll der Prozess an einem idealtypischen Beispiel so expliziert werden, als sei es ein einseitiges Geschehen, in dem nur der Therapeut/die Therapeutin dem Klientensystem Angebote der Wirklichkeitsdefinition macht: Eine Mutter kommt mit ihrem Kind zur Therapie und legt ihre Wirklichkeitssicht dar: „Mein Junge ist böse!" Bereits mit der Frage: „Was tut Ihr Sohn, was Sie böse nennen?" wird eine neue Beschreibung angeboten: Es ist ein „Verhalten", und zwar ein „von jemandem benanntes Verhalten" statt einer Eigenschaft. Wenn er oder sie nun weiterfragt: „Wann zeigt Ihr Junge dieses Verhalten?", dann wird die Eigenschaftsbeschreibung weiter dekonstruiert: Das Verhalten taucht evtl. nur zu bestimmten Zeiten auf. In ihrer Antwort könnte die Mutter dieses Angebot leicht zurückweisen: „Mein Sohn benimmt sich ständig so!" – von der Eigenschaftsbeschreibung ist sie dann jedoch bereits abgerückt. Sie könnte aber auch sagen: „Er ist ständig böse!" und damit alle Angebote verwerfen.

Abb. 4.6

Weiter wäre es möglich zu fragen: „War das eher vor oder nach dem Tode der Großmutter, dass Ihr Sohn entschieden hat, sich öfter ‚böse' zu verhalten?" oder: „Wer in der Familie regt sich darüber am meisten auf?" (Angebot: „Böse" ist eine Form von Entscheidung des Sohnes – für die gibt es Gründe und Hintergründe – und diese Entscheidung steht mit Beziehungen im Zusammenhang, und in diesen Beziehungen gibt es Differenzierungen.) „Angenommen, Ihr Sohn würde sich entscheiden, sich weniger ‚böse' zu zeigen, würden Sie und Ihr Mann dann weniger oder mehr streiten?" (Angebot: „böse" ist nicht nur eine Entscheidung, sondern auch veränderbar; und es steht vielleicht mit der Beziehung der Eltern im Zusammenhang.) „Wenn ich Sie bitten würde, z. B. jetzt Ihren Sohn dazu zu bringen, dass er sich ‚böse' verhält, wüssten Sie, wie Sie das machen könnten?" (Angebot: Es gibt für „böse" bestimmte Kontextbedingungen, und diese liegen zumindest teilweise auch in Mutters Hand.)

In jedem Fall können die in den Fragen implizit enthaltenen Angebote von der Mutter leicht und ohne Gesichtsverlust abgelehnt werden (anders als etwa eine Deutung oder Interpretation). Es ist ein wichtiger Bestandteil des Therapieprozesses, kreativ so lange zu suchen, bis ein Angebot gefunden wurde, das als sinnvolle Änderung in die Landkarte der Familie integriert werden kann. Die Leichtigkeit, mit der die Mutter die Implikationen ablehnen kann, schützt vor Blockierung durch zu starke Widerstände. Sie muss nicht widersprechen. Sie gibt lediglich eine Antwort auf eine Frage. So entsteht, wenn die Therapie (wie gesagt) idealtypisch verläuft, ein lebendiges Bild, in dem mit spielerischer Leichtigkeit im Prinzip von Versuch und Irrtum nach neuen Beschreibungen gesucht wird. Mit dieser Form prozessualer Diagnostik lässt sich jede Verhaltensweise als Intervention ansehen (analog zu dem Axiom, dass es nicht möglich ist, nicht zu kommunizieren) und auf ihre Implikationen hin überprüfen: Mit jedem therapeutischen Verhalten wird implizit komplexe Information vermittelt [...] – ein Aspekt, der in der Praxis oft nicht zur Kenntnis genommen wird: Was bedeutet es z. B. für ein Kind, bei einer kinderpsychiatrischen Untersuchung zuerst zum EEG geführt zu werden?

Die Überlegungen zur Unmöglichkeit, soziale Systeme zielgerichtet zu beeinflussen („instruktive Interaktion"), haben gerade in der systemischen Therapie in besonderem Maße Anstrengungen stimuliert, wie der engagierte Austausch von Wirklichkeitsdefinitionen so gestaltet werden kann, dass einerseits ein größtmögliches Maß an Freiheit der Annahme/Ablehnung gewährleistet ist, andererseits ein Optimum an Möglichkeiten angeboten wird. Durch das zirkuläre Fragen [...], besonders das hypothetische Fragen, werden solche Angebote besonders „elegant" vermittelt. Fragen wie: „Was würde geschehen, wenn Sie nicht mehr ... täten? Was würde geschehen, wenn Sie plötzlich zu ... begännen?" enthalten das spielerische Angebot einer Beschreibung, in der es mehr als nur die eine Möglichkeit gibt. Und immer bleibt der Weg des „Neins" offen, ganz im Sinne Tom Andersens, für den das Nein „grundlegend" ist [...]. Dies sehen wir als eine wesentliche Entwicklungslinie moderner systemischer Therapie: der engagierte Austausch von Wirklichkeitsbeschreibungen, die kreative Suche nach Veränderungsangeboten, ohne dabei Macht auszuüben.

Aufgaben

1. Erläutern Sie den im Text angesprochenen systemisch-therapeutischen Ansatz.
2. Informieren Sie sich mithilfe des Textes gu43uv über die Techniken des systemisch-therapeutischen Ansatzes.

Die systemische Familientherapie hat insbesondere in der Begleitung von magersüchtigen Jugendlichen, zumeist jungen Mädchen, in den letzten Jahrzehnten an großer Bedeutung gewonnen.

3. Helm Stierlin und Guntrad Weber haben ein gemeinsames Buch zur Problematik mit dem Titel „In Liebe entzweit" überschrieben. Erläutern Sie die Krankheit „Magersucht" mithilfe dieses Titels.
4. Informieren Sie sich über diese besondere Form der Familientherapie und prüfen Sie, ob und warum gerade eine systemische Familientherapie jungen Menschen helfen kann, Wege aus der Magersucht zu finden (vgl. e9y37f und 5gg6cy).

M7 Theoretische Grundlagen einer Sozialpädagogischen Familienhilfe (Deutsches Jugendinstitut = DJI)

Eine solch umfassende Hilfe wie die SPFH [Sozialpädagogische Familienhilfe] ist ohne die **Annahme eines Menschenbildes** und ohne Vorstellungen über das menschliche Zusammenleben schwer leistbar: Dies betrifft das Bild, dass die Fachkräfte von sich haben, ihre Annahmen über ihre KlientInnen, ihr Verständnis für deren soziale Umgebung und ihre Meinung von der Gesellschaft. Die Konzepte sozialpädagogischen Handelns und die gewählten Methoden müssen dementsprechend möglichst in einem Zusammenhang mit diesen Vorstellungen stehen, was sicher nicht ohne Widersprüche ist. Diese Vorstellungen und die daraus abgeleiteten Ziele sind bei einem professionellen Handeln im sozialen Bereich nicht beliebig, sie finden ihr Ziel und ihre Begrenzung im Menschenbild des Grundgesetzes. Dort ist die Würde des Menschen und dessen Recht auf die freie Entfaltung der Persönlichkeit von zentraler Bedeutung. Aus diesem Menschenbild leiten sich letztendlich die Rechte der Bürger und auch die Ziele der Jugendhilfe ab. Im § 1 KJHG [Kinder- und Jugendhilferecht] ist dementsprechend das Recht junger Menschen auf die Förderung ihrer Entwicklung und auf die Erziehung zu einer eigenverantwortlichen und gemeinschaftsfähigen Persönlichkeit ge-

Abb. 4.7

nannt. Pflege und Erziehung der Kinder sind dabei für die Eltern sowohl natürliches Recht als auch Pflicht. Jugendhilfe hat dabei die Aufgabe, die Eltern zu unterstützen. Aus dem Grundgesetz […] lassen sich zwar zentrale Leitsätze von Sozialpädagogischer Familienhilfe begründen (etwa die Förderung und die Achtung der Eigenverantwortlichkeit der KlientInnen) –, es lassen sich aber keine konkreten Konzepte oder Handlungsstrategien für das professionelle Handeln ableiten. Dies ist die Aufgabe von Theorien, die eine Doppelfunktion haben: Sie dienen einerseits zur Ableitung von Konzepten, andererseits erlauben sie es, die fachliche Arbeit hinsichtlich der Zielsetzungen und der Methoden zu reflektieren. Theorien sind in der Sozialpädagogischen Familienhilfe aber nur ein fachliches Mittel zur Konzeptentwicklung und Reflexion der Arbeit. Entscheidend hinsichtlich der Ziele und für den Erfolg der Arbeit sind die „Kunden" der Sozialpädagogischen Familienhilfe, die Familien selbst. In den Konzepten der Arbeit müssen sie dementsprechend ihren eigenständigen Platz haben. Theorien können immer nur Teilaspekte umfassen, mehrere Theorien sind deshalb – zumindest in komplexen sozialen Bereichen – grundsätzlich nützlicher als nur eine. Die notwendige Verwendung mehrerer Theorien führt dabei unvermeidlich zu gelegentlichen Widersprüchen, dies gehört aber zu den Grundgegebenheiten des Handlungsfeldes.

Aufgaben

1. Geben Sie die Aufgaben der Eltern und der Familienhilfe mit eigenen Worten wieder.
2. Erkäutern Sie an den Beispielen aus dem bisherigen Pädagogikunterricht, inwiefern pädagogischen Handlungskonzepten stets ein Menschenbild, ein Bild vom Kind oder Jugendlichen zugrunde liegt.

M8 Systemische Sichtweisen Sozialpädagogischer Familienhilfe (DJI)

In den meisten neueren Konzepten der Sozialpädagogischen Familienhilfe taucht inzwischen die Kategorie des „Systems" auf. Systemisches Arbeiten oder Denken wird als geeignetes theoretisches Modell für die Arbeit in der SPFH angesehen. […] Systemische Sichtweisen – oft gleichgesetzt mit konstruktivistischen – sind wesentlich über die Familientherapie in die psychosoziale Praxis eingebracht worden. „Der Grund dafür, warum wir so viele Familienprobleme (selbst so einfache wie das schlechte Betragen eines Jungen in der Schule) nicht lösen können, liegt darin, dass wir nicht erkennen, wie das Verhalten jedes Familienmitgliedes das Verhalten der übrigen Mitglieder beeinflusst und dadurch beeinflusst wird" (Minuchin/Nichols). Das Interesse gilt in den systemischen Theorien dem Aufeinander-bezogen-Sein der verschiedenen Elemente, deren gemeinsamer Organisation und den Wechselwirkungen: dem Individuum in der Familie, dem „Subsystem" Geschwister z. B. im Verhältnis zum Subsystem „Eltern", der Familie in der engeren und weiteren sozialen Umgebung usw. Dieses „Bezogen-Sein" wird daraufhin befragt, ob und wie es zum Wohlbefinden des Einzelnen beiträgt. Ein Kind z. B. „ist" nicht mehr einfach „aggressiv" als eine Wesenseigenschaft, sondern das Verhalten, das dieses Kind in einer bestimmten Situation anderen gegenüber zeigt, wird als aggressiv beurteilt. Es gibt bspw. deutliche Unterschiede darin, was bei Mädchen und Jungen als aggressiv interpretiert bzw. noch zugelassen wird. Das Kind präsentiert sich als aggressiv, es zeigt sich so in einer bestimmten Situation. Das Verhalten eines/r jeden steht im Kontext des Umfeldes. „Was vorher als Merkmal des Individuums angesehen worden war, wurde nunmehr als Teil eines Interaktionssystems aufgefasst" (Berg). Familie als System wahrzunehmen, bedeutet, die Verhaltensweisen der einzelnen Familienmitglieder als sinnvoll aufeinander bezogen zu definieren, auch wenn dieser Sinn manchmal destruktive Konsequenzen hat. Soziale Systeme sind jedoch nicht „subjektlos", auch wenn sie in manchen Ansätzen systemischer Theorien so erscheinen. Die Kritik an diesem Punkt der Systemtheorie […] besagt, dass eine Familie zwar als System Balancen herstellt, manchmal auf Kosten eines einzelnen Familienmitgliedes, das der Sündenbock für das Gleichgewicht der Familie sein muss/spielt, dass aber dennoch auch die persönliche Verantwortung, vor allem von Erwachsenen, bedacht werden muss. Soziale Systeme sind „das Ergebnis der Handlungen von gesellschaftlich geprägten Subjekten in bestimmten sozialen Kontexten (Kulturen, Milieus, Situationen). Diese Subjekte besitzen die Freiheit, sich auch anders zu verhalten und verfügen trotz aller einschränkenden Bedingungen über einen empirisch feststellbaren Handlungsspielraum" (Heiner). Soziale Systeme handeln nicht, sondern es handeln die Subjekte; aus dem Zusammenspiel ihrer Handlungen bilden sich aber Regeln, Strukturen, Deutungsmuster, Normen, Routinen usw. Diese Sichtweise „stellt eine radikale Abkehr von traditionalen Auffassungen dar, wie psychologische Probleme zu verstehen und zu behandeln sind. Aus traditioneller Perspektive muss ein Individuum erst gesund werden, bevor sich sein Verhalten verändert. Demgegenüber betont der interaktionale Standpunkt, dass sich das Verhalten der Einzelnen als Reaktion auf Veränderungen, die in seiner/ihrer Umwelt stattfinden, verändern kann. Es ist leicht zu erkennen, dass die interaktionale gegenüber der traditionalen Sichtweise

wesentlich optimistischer über Möglichkeiten des Wandels denkt" (Berg).
In Bezug auf die Familien ist die systemische Sichtweise zweckmäßig als Versuch, den „Sinn" von bestimmten Verhaltensweisen in der Familie zu verstehen. Symptome können funktional sein für ein System: Ein Kind z. B. verhält sich aggressiv und schwierig. Sein Verhalten hat vielleicht mit einem unterschwellig brodelnden Ehekonflikt der Eltern zu tun. Das Kind bringt die Eltern dazu, sich über sein Verhalten Sorgen zu machen, sie schließen sich vorübergehend zusammen. Die Gefahr, dass der Ehekonflikt offen ausbricht, die Eltern sich möglicherweise trennen, ist erstmal reduziert. „Soll in diesem Fall eine Änderung im Verhalten des Kindes von Dauer sein, ist eine komplementäre Änderung anderer Familienmitglieder vonnöten" (Tomm). Ein bestimmtes Familien-Spiel oder der „Tanz" (Minuchin), den eine Familie gemeinsam aufführt, kann bspw. aus der sogenannten Co-Abhängigkeit eines Familienmitgliedes in einer Familie mit einem alkoholabhängigen Elternteil resultieren. Der Nicht-Abhängige, der auf einer oberflächlichen Ebene einen Kampf gegen die Abhängigkeit seines Partners ausficht, kann insgeheim diese Sucht unterstützen, weil die Schwäche des anderen seine Stärke bedeutet, oder weil er sich so nicht mit sich selbst auseinandersetzen muss und mit der Sucht des anderen die eigene Leere füllt […]. Ein bestimmtes Verhalten einer Person hat also eine Bezogenheit innerhalb des Familiensystems. […]
Systemische Therapien gibt es in unterschiedlichen Ausprägungen […]. Systemische Therapien hatten zu Beginn hauptsächlich Interesse an dem Hier und Jetzt von Beziehungen, insbesonders die eher strategisch-strukturellen Familientherapien. Erst in den 80er-Jahren wurde die Berücksichtigung auch der Glaubenssysteme und der inneren Welten von KlientInnen in das systemische Verständnis aufgenommen, was von Welter-Enderlin die „konstruktivistische Wende" in der systemischen Therapie genannt wird.

Aufgaben

1. Erklären Sie, inwieweit eine sozialpädagogische Familienintervention mithilfe einer systemischen Therapie zunächst die „Bedingungen der Möglichkeit von Erziehung" schafft.

2. Stellen Sie mithilfe der folgenden Ausführungen des Deutschen Jugendinstituts die wechselwirksamen Ursachen, Gründe, Bedingungen und Verantwortungen für misslingendes Heranwachsen von Kindern und Jugendlichen dar und erläutern Sie die daraus resultierenden Grenzen sozialpädagogischer Hilfe, gerade aus systemischer Perspektive.

3. Erarbeiten Sie aus dem folgenden Text M 9 Kompetenzen, die in der sozialpädagogischen Familienhilfe relevant sind, und Gefahren, die ein professionelles sozialpädagogisches Handeln gefährden.

M 9 Erweiterung des systemischen Ansatzes (DJI)

Die Weiterentwicklung des systemischen Denkens führt dahin, Individuen/Familien/Gruppen/Institutionen innerhalb ihrer sozialen Umwelten zu betrachten. Das führt zur Berücksichtigung von biologischen, materiellen und gesellschaftlichen Kontexten. Systemisch bedeutet in dieser Perspektive weniger eine bestimmte Technik der therapeutischen Intervention, sondern eine Art des Verstehens menschlicher Beziehungen unter vielfältigen Perspektiven der am Prozess Beteiligten […]. Systemische Ansätze grenzen sich gegen linear-kausale Interventionen ab und berücksichtigen komplexere Zusammenhänge. „Um die theoretische und praktische Grundlage zu erweitern, gehen wir von einem konzeptuellen Rahmen offener hierarchischer Systeme aus. Aus dieser Perspektive repräsentiert jedes Element oder jede Einheit auf einer bestimmten Ebene der Hierarchie sowohl ein holistisches System auf dieser Ebene als auch einen Teil eines größeren Systems auf der nächst höheren Ebene. […] Das Individuum ist sowohl Selbst als auch Teil der Familie. Die Familie ist grundlegende soziale Einheit und Teil der größeren Gemeinde oder des soziokulturellen Systems. […] Die Systemtheorie offener Hierarchien besagt, dass die Änderung einer Einheit auf einer Ebene sich auf anderen Ebenen auswirkt. So wirkt sich zum Beispiel eine durch Krankheit, Genuss von Alkohol […] hervorgerufene Änderung auf der biologischen Ebene auf das Verhalten eines Individuums auf der individuellen Ebene aus, und dieses wiederum kann Probleme auf der Ebene größerer sozialer Systeme auslösen. Wichtige neue Erfahrungen, die die Psyche eines Individuums festigen, ändern die Beziehungen zu seiner Familie" (Tomm).
Mit dieser weiteren Perspektive wird auch der Gefahr einer Familientherapie begegnet, die die Familie zu sehr auf ein System von paritätischen Interaktionen reduziert – das Tun des einen ist das Tun des andern – und so z. B. gesellschaftliche Machtstrukturen übersieht. Verhaltensweisen und Muster in Familien sind auch sozial erlernt und haben eine Bedeutung innerhalb eines kulturellen Kontextes. Sie haben ihren Anlass nicht nur in innerfamiliären Beziehungsmustern. […] Aufgrund struktureller Ungleichheit sind die Anteile der Einzelnen am Geschehen unterschiedlich zu bewerten, sie sind abhängig von Macht, Körperkraft, Einfluss, Alter usw.: „Es steht jedoch außer Frage, dass die Anteile des Kindes und die des misshandelnden Elternteils im Blick auf die angewandte Gewalt nicht gleich sind. Das Kind ist für die Misshandlung nicht verantwortlich, es hat nicht die gleiche Macht, die gleiche Verantwortung, die gleiche Wahlfreiheit oder die gleiche Fähigkeit, aus dem Kreislauf auszubrechen. Dasselbe gilt für die geprügelte Ehefrau, das Opfer eines Inzests, das trödelnde Kind oder überhaupt für jeden, welcher von einem anderen überwältigt wird, der ihm an Körpergröße, Körperkraft, Alter oder Einfluss überlegen ist" (Walters). In einer systemischen Perspektive, die die Umwelt der familiären Systeme einbezieht, müssen auch Grenzen der Möglichkeiten von Systemen mitbedacht werden: „Materielle Armut, Diskriminierung, biologische Grenzen durch Behinderung und

Krankheit usw." (Schweitzer). Neuere systemische Ansätze haben die theoretische und praktische Grundlage erweitert und beziehen mehrere Denkmöglichkeiten ein. Auf welcher Ebene sind Lösungsversuche sinnvoll und effektiv, bzw. wo sind sie überhaupt möglich: auf der Ebene der Interaktions- und Kommunikationsmuster in der Familie oder ihrer materiellen Lebensbedingungen, der Veränderung eines einzelnen Individuums, der Beziehungen zwischen Familie und einem größeren System oder hauptsächlich in der sozialen Umwelt, in der Nachbarschaft, im Gemeinwesen? [...] Es lassen sich durch bestimmte Techniken keine eindeutigen Effekte erzielen. Entwicklungen sind nicht grundsätzlich vorhersehbar, Ziele nicht von außen bestimmbar, Familien sind in ihrer Struktur nicht wirklich „durchschaubar", eine Kontrolle ist nicht wirklich möglich. Dennoch entwickeln sich Muster und Regelmäßigkeiten, die Wahrscheinlichkeiten zulassen und die die Basis von Hypothesenbildung sind. Hypothesen sind aber immer nur vorläufig und erlauben auch keine – in der Sprache der Systemtheoretiker – „instruktive Interaktion" in lebenden, selbst organisierenden Systemen: Diese Systeme kann man nicht zielgerichtet zu einer Veränderung bringen, sondern sie nur dazu anregen. Professionelles Verhalten ist Verhalten auf Probe – wenn auch auf der Basis von methodologisierten Erfahrungen [...]. „Die Umwelt erscheint nicht mehr als interventionsmächtige Planungsinstanz; sie kann das System nur noch anstoßen, anregen, verstören, in Eigenschwingung versetzen; sie kann aber nicht mehr kontrollieren, was im System passiert; sie kann allenfalls das System zerstören" (Schweitzer). Man kann allerdings neben der Anregung des Systems auch günstigere Randbedingungen herstellen, „in denen der Hilfesuchende die für ihn notwendigen Veränderungen realisieren kann" (Ludewig 1991, S. 61). Auch materielle Hilfen verändern Situationen und Kontexte und können wünschenswerte, aber auch weniger wünschenswerte Effekte haben: Eine neue Wohnung kann vorhandene Beziehungen zerstören, eine neue Arbeitsstelle kann Auswirkungen auf das prekäre Gleichgewicht von Mutter und Vater in der Familie haben usw. [...]

Wer will was von wem, wann, warum, wie, wie lange, wozu?

Systemische Denkweisen eignen sich zur Analyse komplexer Beratungsaufträge [...]. Hier geht es um die Klärung von vielfältigen und oft widersprüchlichen Erwartungen und Bedeutungszuschreibungen: Wer will was von wem, wann, warum, wie, wie lange, wozu? Ein von Imber-Black dargestelltes Beispiel bezieht sich auf das oft widersprüchliche Verhältnis von größeren sozialen Systemen zu alleinerziehenden Müttern: Einelternteilfamilien werden implizit sowohl von den Müttern selber als auch von den Systemen als unvollständig angesehen, sodass Mütter oft von HelferInnen die Botschaft vermittelt bekommen, sie selber seien (eigentlich) unfähig, mit ihren Kindern fertig zu werden, das könnten nur die HelferInnen (obwohl die Hilfe die Mutter dazu befähigen soll). Das – so Imber-Black – verstärkt die Mutter in ihrer Hilflosigkeit und bringt die Kinder in eine Zwangslage: „Hier werden die Kinder leicht in Beziehungsdreiecke zwischen ihren eigenen Müttern und externen Helfern verstrickt. Eine „Besserung" mit einer derartigen Hilfe von außen, die die Mutter disqualifiziert, bedeutet, dass sich die Kinder ihrer Mutter gegenüber illoyal verhalten. Bei einer Beibehaltung der Symptome (dass die Kinder sich weiterhin schlecht betragen) wird andererseits die Kritik der externen Systeme an der Mutter fortgesetzt" (Imber-Black).

Kernfragen systemisch-konstruktivistischer Therapie und Beratung (nach von Schlippe/Schweitzer):

- Die erste Frage ist die Frage nach der Realität, im Sinne des Konstruktivismus: Was ist wirklich? Soziale Realität ist nicht unabhängig von einer aktiven Konstruktion.
- Die zweite Frage ist die nach Kausalität: Was verursacht was? Systemisches Denken geht dabei von der Rekursivität sozialer Prozesse aus, d.h., Verhaltensweisen der Individuen sind rekursiv aufeinander bezogen, sie bedingen einander, sodass eine linear kausale Sichtweise eine Verkürzung darstellt.
- Sprache und Rekursivität: Wie erzeugen wir soziale Wirklichkeit? Wir leben in einer Welt der Bedeutungen, die wir vor allem durch Sprache erzeugen: „Unsere Sprache stellt den Rahmen dar, vor dem unsere Erfahrungen Bedeutungen bekommen, ja, unsere Erfahrungen sind ohne diese Bedeutungsgebung überhaupt nicht (mehr?) denkbar. Menschliches Leben findet in einer Welt der Bedeutungen statt, in Konversation, im Gespräch und im Erzählen."

Systemisch-konstruktivistische Grundhaltungen, Annahmen und Zielsetzungen umfassen (nach von Schlippe/Schweitzer):

- Vergrößerung des Möglichkeitsraums
- Kontextorientierung. Kontext des Auftrags: Wer will was von wem, wann, warum, wie, wie lange, wozu? Kontext der Probleme in der Lebensgeschichte, im Beziehungsnetz. Das bedeutet, dass bisher Sinnloses als sinnvoll erscheinen kann.
- Ressourcenorientierung – Lösungsorientierung
- Zirkularität: Eingebundenheit von Verhalten der Elemente eines Systems in einen Kreislaufprozess
- Neugier, Respektlosigkeit gegenüber jeglichen Gewissheiten, Ideen, Theorien, dagegen Respekt gegenüber Menschen [...]
- Hypothesenbildung: Erzeugung multipler Wirklichkeitsideen, d.h. unterschiedliche Zukunftsentwürfe und Lösungsmöglichkeiten durchspielen; Hypothesen sollen die vielfältigen Informationen im Familiengespräch ordnen und neue Sichtweisen anbieten.
- Verstörung und Anregung von Systemen, d.h. ergebnisoffene Interventionen. Ob eine Intervention eine Anregung oder Verstörung wird, entscheiden die KlientInnen.
- Zulassen von Ambivalenz: „Nichts ist eindeutig. Menschen und Institutionen haben meistens zwei Seelen in einer Brust – es sei denn, sie schlachten die eine. Viele scheinbare Probleme sind der Versuch, beiden Seiten gleichzeitig statt nacheinander gerecht zu werden. Andere Probleme resultieren aus dem Versuch, die eine Seite zu eliminieren" (Schweitzer).

Ein systemisches Familienmodell

Ein Modell der Verbindung von konstruktivistischer Perspektive (Beachtung der Glaubenssysteme von Familien) und systemischer Perspektive (Interaktionsmuster) könnte nach Welter-Enderlin (1993) folgendermaßen aussehen:

Natürliche Umwelt
Arbeits-/Wohnumwelt
Gesellschaftliche Sinnstrukturen
Teilhabe an sozialen Ressourcen, Einfluss von Institutionen
Verwandte, Freunde, Nachbarn

↕

Familien-
Geschichte(n)
(familiäre Sinnstrukturen)

„Wir“
- Lebenswelt der Familie als Ganzheit + als Mikrokosmos der Gesellschaft: Versorgung mit Bildung, Arbeit, Wohnen, Geld, gesellschaftliche Teilhabemöglichkeiten
- Familien-Geschichte
- Familien-Mythen und
- Familien-Entwurf

„Ich“: Frau/Mann/Kinder
- Herkunft/Lebensgeschichte
- Geschlecht als soziales Konstrukt
- Körper: Gesundheit, Behinderung, Krankheit, Sucht
- Individuelle Mythen, Leitmotive, Lebenserfahrung

Familienthemen
„Melodien“

„Wir“: Integration
- Verbindlichkeit, Verbundenheit
- Lange Weile („Wurzeln“)

„Ich“: Selbstbehauptung
- Autonomie
- Leidenschaft („Flügel“)

Interaktionsmuster („Tanz“)
zwischen diesen Polen
(Zirkularität, Symmetrie, Komplementarität, Gleichgewicht, Triangulation, Spaltung, Koalition, Grenzen, Subsysteme: Dyaden, Triaden usw.)

Sprachregelungen/Beziehungsdefinitionen
Machtverhältnisse/Rollenverteilung

↓

Zukunfts-Szenarien

Abb. 4.8

Schon in Heft 3 haben Sie neben einem soziologisch-beschreibenden einen pädagogischen Blick auf die Familie kennengelernt, der es erlaubte, die oft intuitiven Erziehungs- und Bildungsprozesse in der Familie zu untersuchen (vgl. Winkler in Heft 3, Seite 35 f.).

In den bisherigen Texten wurde ein psychologischer bzw. psychotherapeutischer Blick auf Familien gerichtet, den Sie im Folgenden wieder mit einer pädagogischen Perspektive auf Familien vergleichen sollen, einer Perspektive, die aber weder psychologische noch soziologische Erkenntnisse ausschließt, sondern sich als interdisziplinäres Projekt mit einem pädagogischen Fokus versteht. Es handelt sich um das Forschungsprojekt „Familie als kulturelles Erziehungsmilieu. Studien zum Bildungssinn familialer Kulturerfahrungen am Beispiel des Spiels, des Fernsehens und der Familienmahlzeiten“, das von Hans-Rüdiger Müller und Dominik Krinninger geleitet wird.

Aufgaben

1. Geben Sie die Ziele und Forschungsmethoden des Projekts wieder M 10.
2. Erklären Sie die Begriffe Erziehungsgestus, Familienstil und Bildungskonfiguration.
3. Referieren Sie die Analyse der Familie Antonow mithilfe der zuvor erklärten Begriffe M 11.
4. Erläutern Sie die spezifisch pädagogische Perspektive des Projekts auf die Beispielfamilie und stellen Sie diese Perspektive einer systemischen Betrachtung gegenüber. Beachten Sie hierzu auch M 12.

M10 Erziehung und Bildung in der Familie (Hans-Rüdiger Müller, Dominik Krinninger u. a.)

Die Familie stellt mit ihren Erziehungs- und Bildungsleistungen ein interdisziplinäres Forschungsfeld dar, das gegenwärtig besondere Aufmerksamkeit auf sich zieht. Der vielfach nachgewiesene enge Zusammenhang zwischen institutionellem Bildungserfolg und sozialer Herkunft hat das Interesse am „Bildungsort" Familie neu belebt […].

1. Beschreibung des Projekthintergrundes

Das Projekt „Familie als kulturelles Erziehungsmilieu" verfolgt die Absicht, die Lebenswelt der Familie nach ihrem inhärenten Bildungssinn zu befragen. Dabei ist unter „Bildungssinn" mehr zu verstehen als nur der Erwerb von Fähigkeiten und Kulturtechniken, die den Eintritt in das Schulsystem erleichtern. Als bildend werden auch diejenigen Erfahrungen angesehen, die die Kinder in ihrer personalen Entwicklung insgesamt fördern und in weit über die Schul- und Berufslaufbahn hinaus sich erstreckende Fragen und Praktiken der Lebensführung einführen. Die Heterogenität kultureller Umwelten und biografischer Verlaufsformen lässt es dabei angemessen erscheinen, die familialen Bildungsmilieus weniger vertikal (hohes vs. niedriges Bildungspotenzial) als vielmehr horizontal (nach der Art des Bildungspotenzials) zu differenzieren. Daraus folgt zugleich eine Verschiebung der Blickrichtung von der Defizitanalyse (sog. bildungsferner Milieus) auf die Ressourcen, die im Binnenmilieu einer Familie bestehen. In der Untersuchung der jeweiligen Alltagspraxen soll so dem kulturellen Eigensinn und den darin enthaltenen Anregungen für die Bildungstätigkeit der Kinder (und der Erwachsenen) nachgegangen werden. Besondere Aufmerksamkeit liegt dabei auf den aktiven Strategien und Praktiken, mit denen die Mitglieder der Familie ihre je spezifische soziale Situation bewältigen und die darin auftretenden Differenzerfahrungen (Generationendifferenz, Entwicklungsdifferenz, kulturelle Differenz, Geschlechterdifferenz etc.) bearbeiten. […]
Das untersuchte Sample besteht aus acht Familien unterschiedlicher Zusammensetzung (Differenzierung nach Familienformen) und aus verschiedenen sozialen Milieus (Differenzierung nach sozialstruktureller Platzierung), die über die Verteilung von Projektflyern in Kindertagesstätten in einer Großstadt und deren Umgebung im Nordwesten Deutschlands gewonnen wurden. Ein gemeinsames Merkmal der Familien ist, dass in ihnen mindestens ein Kind im Vorschulalter (5–6 Jahre) lebt, sodass sich in allen Familien ein Kind kurz vor dem Schuleintritt befindet und überdies ein entwickelter gemeinsamer Familienalltag besteht, den das Kind in diesem Alter bereits aktiv mit gestaltet. Die Erhebung der Daten fand während je fünf Besuchen in den Familien statt. Darüber hinaus haben die Familien selbst in unserem Auftrag Alltagsszenen mit Videoaufzeichnungen und Fotos dokumentiert. Um die Vergleichbarkeit zu erhöhen und das auszuwertende Material zu begrenzen, wurden drei Untersuchungsbereiche in den Vordergrund gestellt, von denen angenommen werden konnte, dass sie in allen Familien eine Rolle spielen: die Familienmahlzeit, das Spiel und das gemeinsame Fernsehen. […] Die Datenbasis zum Familienalltag und zu den drei Untersuchungsbereichen setzt sich, neben dem von den Familien selbst erhobenen Video- und Fotomaterial, aus aufgezeichneten Leitfadeninterviews mit den Eltern und den Kindern (insbesondere mit dem Vorschulkind), einem Gruppengespräch mit der gesamten Familie und Beobachtungsnotizen der Forscherinnen zusammen. Außerdem füllen die Familien einen kurzen Fragebogen zu den deskriptiven Familiendaten aus. […]

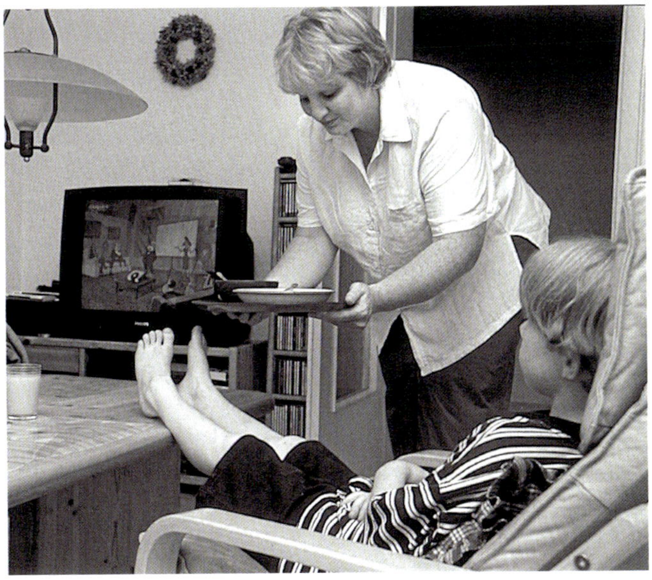

Abb. 4.9

2. Erziehungsgestus, Familienstil und Bildungskonfiguration

Eine zentrale Aufmerksamkeitsspur unseres pädagogischen Forschungsinteresses gilt der Frage, wie die Familie mit den Differenzen umgeht, die sich aus den unterschiedlichen Entwicklungsständen ihrer Mitglieder ergeben, und mit welchen Praxisformen sie in diese Entwicklungsdynamik (z. B. im Sinne der Anregung und Unterstützung) steuernd eingreift. Dazu bieten entwicklungspsychologische Ansätze zunächst eine wichtige Orientierung. […]
Entwicklung lässt sich demzufolge als ein kultureller Prozess begreifen, der mit den Strukturen sozialen Lernens

und intersubjektiven Verstehens (Tomasello) konstitutiv verbunden ist. Entwicklungstheoretische Konzepte dieser Art geben einer pädagogischen Rekonstruktion familialer Erziehungs- und Bildungsprozesse wichtige Impulse. Speziell die Aspekte der Differenzerfahrungen, der Mitgestaltung von Entwicklungskontexten und -prozessen durch die Subjekte und die Auffassung von Entwicklung als Prozess kulturellen Lernens bieten hier zentrale Anschlussstellen. Was durch diese Bezüge jedoch kaum beschreibbar wird, das sind die Formen der Reaktion der Familie auf die Tatsache der Entwicklung, also das, was mit Siegfried Bernfeld im allgemeinen Sinne als „Erziehung" bezeichnet werden kann. Genau diese Frage aber zielt auf den pädagogischen Sinn der entwicklungspsychologischen Erkenntnisse. Hier ist ein Perspektivenwechsel erforderlich, mit dem sich systematisch verfolgen lässt, wie die Familie mit unterschiedlich entwickelten Zugangsweisen zur Welt praktisch umgeht. Als Erziehung gelten dabei nicht nur pädagogisch intendierte Handlungsweisen der Eltern, sondern die Reaktionen der Familie als Gemeinschaft insgesamt. […] Soll es um die pädagogische Relevanz individueller und zugleich sozial und kulturell konstituierter Entwicklungsdynamiken gehen, dann sind die diesbezüglichen Differenzerfahrungen zwischen Eltern und Kindern wie auch unter den Geschwistern im Hinblick darauf von Bedeutung, wie die Familie diese Differenzkonstellationen praktisch integriert und auf welche Weise sie versucht, in der Reaktion auf diese Differenzen Dynamiken der Entwicklung zu gestalten. Unter diesem Gesichtspunkt verwenden wir zur Interpretation der familialen Praxisformen den Begriff des familialen **Erziehungsgestus**.

Eine zweite Spur führt zu dem Versuch, die in den Binnenraum der Familie gerichteten pädagogischen Handlungsformen zu den Handlungsaufforderungen und Erwartungen in Beziehung zu setzen, die sich aus ihrem kulturellen Umfeld und ihrer sozialstrukturellen Lage ergeben. Unsere These ist, dass die untersuchten Familien einen kohärenten Vorrat an Verhaltens-, Ausdrucks- und Gestaltungsformen sowie spezifische Muster der Verteilung ihrer Aufmerksamkeit entwickeln, mit dem sie sowohl auf die innere Struktur des Familienmilieus als auch auf die sozialen und kulturellen Kontexte reagieren. […] [D]as Interesse [müsste sich] nicht primär auf die Mechanismen der Verstetigung des sozialen und kulturellen Erbes richten, sondern darauf, wie Familien zur konstruktiven Bearbeitung ihrer Lage auf die ihnen zur Verfügung stehenden Handlungsmuster zurückgreifen und wie sie diese Handlungsmuster auch den Erfordernissen aktueller Situationen anpassen. Von diesen Überlegungen aus haben wir in der Analyse des erhobenen Materials die Kategorie des **Familienstils** entwickelt, um zu erfassen, wie die Familien die ihnen eigenen Praxisformen reflexiv gebrauchen. Damit wird einerseits die soziale und kulturelle Bedingtheit des familialen Alltags aufgenommen, andererseits hält der Begriff des Stils den Blick dafür offen, dass die spezifische Art, wie Familien ihren Alltag und ihre Lage bearbeiten, über unilaterale Effekte sozialer und kultureller Voraussetzungen hinausgeht und konstruktive Dimensionen aufweist. […] Aus pädagogischer Sicht ist deshalb besonders interessant, wie kultureller und sozialer Sinn im differenzierten Erfahrungsfeld der Familie nicht nur präformiert zutage tritt, sondern auch erzeugt, angeeignet und modifiziert wird. Der Familienstil und der Erziehungsgestus der Familie beschreiben in mikroperspektivischer Sicht, mit welchen Praktiken und Strategien das Binnenmilieu der Familie aktiv als Erfahrungs- und Handlungsraum hergestellt und strukturiert wird. Die Einflüsse der äußeren Lebenssituation der Familie (die berufliche und gesellschaftliche Position der Eltern, die Verankerung der Familie in der Nachbarschaft, die Bezüge zu den Einrichtungen des Bildungssystems und zu anderen gesellschaftlichen Institutionen und Erfahrungsbereichen) finden dabei zwar als Rahmung dieser inneren Prozesse der Familie Berücksichtigung, stehen aber nicht systematisch im Zentrum der Betrachtungen. In einer dritten Spur unseres Zugangs zum Forschungsfeld der Familie soll es nun darum gehen, den strukturellen Zusammenhang des familialen Erziehungsmilieus mit seinem gesellschaftlichen und kulturellen Umfeld genauer zu verfolgen. […] Pädagogisch gesehen kommt es [dabei] darauf an, zwischen der Familie und den unterschiedlichen Ebenen der sozialen Strukturierung dieser Gemeinschaft eine kategoriale Verbindung zu schaffen. Hier zeigt der von Norbert Elias (1970) in die Soziologie eingeführte figurations-theoretische Ansatz in eine produktive Richtung. Elias verwendet den Begriff der Figuration, um die wechselseitigen Verflechtungen, oder wie er es nennt: die Interdependenzen zwischen den Individuen, in einem sozialen Gefüge zu beschreiben. Das heißt, „[…] dass […] der Begriff ‚Individuum' sich auf interdependente Menschen in der Einzahl, der Begriff der ‚Gesellschaft' sich auf interdependente Menschen in der Mehrzahl bezieht." Dabei leugnet Elias nicht die Machtdimension sozialer Beziehungen, verweist aber auch darauf, dass es sich dabei stets – graduell unterschiedlich – um Beziehungen relativer Autonomie handelt. So hebt sich zum Beispiel in einem Kartenspiel der Spielverlauf nach und nach in relativer Autonomie gegenüber den einzelnen Spielern ab; gleichzeitig können diese selbst aber auch relativ autonom entscheiden, wie sie im Fortgang des Spiels ihre Spielzüge durchführen. Entsprechend können sich (in unterschiedlichem Ausmaß) Individuen autonom zu den Figurationen verhalten, in die sie verflochten sind, wie umgekehrt die Figurationen sich in relativer Autonomie von

Abb. 4.10

den Individuen entwickeln, die sie hervorbringen […]. Der von Elias unternommene Versuch, schon in der Wahl der Begriffe die Entgegensetzung von Person und sozialem System zu lockern und nach den konkreten Überschneidungen von sozialen Subjekten und objektiven sozialen Gebilden zu fragen, begründet die pädagogische Relevanz des Figurationsmodells. Zur Bezeichnung dieses komplexen relationalen Geflechts, in das die Familie mit der Herausbildung ihres spezifischen Familienstils wie auch mit ihrem besonderen Erziehungsgestus eingebunden ist, verwenden wir den Begriff der **Bildungskonfiguration**. Er ermöglicht es, bei der Rekonstruktion der Familie als konkretem Erziehungs- und Bildungsmilieu die Frage mit einzubeziehen, inwiefern das praktisch aufeinander bezogene Tun der Familienmitglieder in figurative Muster eingeflochten ist, die die Familie als mikrosoziales Gefüge mit den meso- oder makrosozialen Strukturen ihres Umfeldes verbindet.

M11 Familie Antonow (Hans-Rüdiger Müller, Dominik Krinninger u. a.)

Familie Antonow ist aus Russland eingewandert, wo auch ihr Sohn Alex als ältestes von vier Kindern geboren wurde. Anna, die Mutter, stammt aus einer großstädtischen Mittelschichtsfamilie (der früh verstorbene Vater war Unternehmer, die Mutter Lehrerin), sie hat in Russland als Gartenbauingenieurin mit Hochschulabschluss gearbeitet. Ihr Mann Artur kommt aus einem eher kleinbürgerlich-proletarischen Milieu (der Vater war erst beim Militär, dann Polizist; die Mutter Fabrikarbeiterin), hat eine Kfz-Mechaniker-Ausbildung absolviert und in Russland als Lkw-Fahrer gearbeitet. Etwa zur Zeit des Forschungskontaktes hat die Familie (nach zehn Jahren Aufenthalt) die deutsche Staatsbürgerschaft erhalten. Allerdings müssen die Eltern wegen der verweigerten Anerkennung ihrer Abschlüsse in beruflicher Hinsicht quasi von vorne beginnen: Anna, indem sie ein Studium der Ökotrophologie an der Fachhochschule aufnimmt, intensiv ihre Deutschkenntnisse erweitert und sich um einen Zuverdienst als Tagesmutter bemüht; Artur als Taxifahrer, was eine häufige und unregelmäßige Abwesenheit aus dem Familienalltag nach sich zieht und kaum eine berufliche Aufstiegsperspektive bietet. Während sich die Familie insbesondere auf Initiative der Mutter aktiv um eine nachbarschaftliche, schulische und berufliche Integration in das neue sozialkulturelle Umfeld bemüht und sich dabei unverdrossen gegen erhebliche bürokratische Hindernisse und auch soziale Diskriminierungen mit relativ gutem Erfolg behauptet, hält sie bewusst über regelmäßige Besuche in der Heimat und die zweisprachige Erziehung der Kinder wie auch Bücher, DVDs und die heimische Kochkultur Kontakt zur russischen Tradition. Die Familie Antonow lebt somit in einem komplexen Geflecht kultureller, sozialer, politisch-bürokratischer und familienbiografischer Interdependenzen und Handlungsfelder, die ihren Alltag einerseits spürbar vorstrukturieren, die sie aber andererseits auch in ihrem alltäglichen Tun – als „interdependete Individuen“ – als Herausforderung annehmen, bearbeiten, modifizieren und gewissermaßen (auf der Ebene konkreter Praktiken, Strategien und Interaktionen) auch herstellen. Damit repräsentiert der Familienalltag eine übergreifende Bildungskonfiguration, die das Aufwachsen der Kinder entscheidend rahmt. In der aktiven Auseinandersetzung mit dieser sozialkulturellen Situierung hat die Familie einen spezifischen Familienstil entwickelt, den wir in Abgrenzung zu den Stilen anderer Familien den „performativen Familienstil“ nennen. Den performativen Stil zeichnet aus, dass der Ebene einer handlungspraktischen, eher am Vollzug als an der expliziten Reflexion orientierten Strukturierung des Alltags (die weniger markant auch in anderen Familien beobachtbar ist) eine ganz besondere Bedeutung und auch Produktivität bzw. Funktionalität zukommt. Führt man sich die Komplexität und Dynamik des von vielen heterogenen Ansprüchen gekennzeichneten Alltags der Familie Antonow vor Augen, dann erscheint der performative Familienstil mit seiner selbstverständlichen Grundorientierung und zugleich flexiblen Ausrichtung auf wechselnde Situationen in besonderer Weise geeignet, das Feld der familialen Interaktion produktiv zu gestalten. Die spezifische Bildungskonfiguration und der performative Familienstil bilden zudem einen Rahmen, in den die mehr oder weniger explizit pädagogischen Regulierungen eingebettet sind, die sich zu einem familientypischen Erziehungsgestus bündeln lassen. Diese Verschränkung von Konfiguration, Stil und Gestus zeigt sich exemplarisch in einer Familienmahlzeit.

Für Aaron (10 Monate) und Anastasia (5) hat Anna Grießbrei aus der Küche mitgenommen, Andre (8) hat seinen Teller selbst mitgebracht und gleich mit dem Essen begonnen. Anastasia lässt sich etwas Zeit und wird zu Tisch gerufen. Obwohl es keinen gemeinsamen Beginn der Mahlzeit gibt, wirkt die Situation auch in ihrer sukzessiven Herstellung deutlich als ‚Familienmahlzeit' markiert. Jeder weiß, was zu tun ist; das Tischdecken und Platznehmen, der individuelle Beginn mit dem Essen und der kommunikative Bezug aufeinander verlaufen routiniert. Anna ist hauptsächlich mit dem Füttern von Aaron beschäftigt. Nebenbei sorgt sie mit kleinen Gesten oder Bemerkungen dafür, dass der situative Rahmen erhalten bleibt […]. In beiden Funktionen wird sie von Andre unterstützt. Er versucht, seinen kleinen Bruder bei Laune zu halten, der des Öfteren den Löffel verweigert und quengelt. Anastasia ist mehr mit ihrem Essen und den Ideen beschäftigt, die ihr dabei in den Kopf kommen.

Bei Familie Antonow wird ein Modus der pädagogischen Regulierung sichtbar, der v. a. durch den Vollzug des gemeinsamen Handelns geprägt ist. Häufig wird dies gestützt durch kleine mimische oder gestische Signale oder knappe verbale Äußerungen, durch die auf die von den Erwachsenen vertretene und von allen im Prinzip geteilte, aus sich selbst heraus verständliche Ordnung der Familie verwiesen wird. Dieser Modus verlangt nicht nach expliziter Begründung; er vermittelt spontan zwischen den individuellen Entwicklungsvoraussetzungen der Kinder und den praktischen Erfordernissen der Situation und strukturiert so die gemeinsame Interaktion unter Wahrung individueller Spielräume. Reguliert wird sparsam: so wenig wie möglich, aber so viel wie nötig. Dieser Erziehungsgestus baut auf dem ‚performativen' Familienstil (und dadurch auch auf der in ihrer Interkulturalität und durch die sozialstrukturel-

menbedingungen der Nah- und Umwelt des Jugendlichen zu überprüfen. Die nachstehende Checkliste kann dabei behilflich sein. Eine übermäßige und zeitintensive Nutzung des Computers kann als Reaktion des Heranwachsenden gedeutet werden, um auf

- schulische Probleme (Überlastung, Überforderung, Versagensängste etc.),
- Probleme mit Freunden,
- fehlendes Urvertrauen, nicht vorhandenes Selbstwertgefühl, Entmutigung,
- starke Spannungszustände bei gleichzeitig fehlendem Stressabbau,
- unbefriedigende Eltern-Kind-Beziehungen, Gleichgültigkeit in zwischenmenschlichen Beziehungen sowie nicht vorhandene alternative Freizeitangebote hinzuweisen.

Aufgaben

1. Stellen Sie die im Text genannten Sichtweisen von einerseits Kindern und Jugendlichen und andererseits Eltern auf den Umgang der Kinder und Jugendlichen mit digitalen Medien tabellarisch gegenüber.
Beachten Sie dabei, dass Rogge drei Typen der Elternreaktion bzw. -haltung unterscheidet.

2. Fassen Sie die vermittelnde Position Rogges zum elterlichen Umgang mit der Mediennutzung ihrer Kinder mit eigenen Worten zusammen.

3. Welche erzieherischen Konsequenzen erwachsen aus der von Rogge angestellten Betrachtung des medialen Umgangs der Jugendlichen mit Computern und Handys und der von ihm ausgemachten Ursachen für eine übermäßige Nutzung der Geräte?

M14 Computerspiel- und Internetsucht vorbeugen (Gordon Schmid/Andreas Niggestich)

Mediennutzung sollte niemals Überhand nehmen. Das aufsuchende Präventionsprojekt „DIGITAL – voll normal?!" klärt über die Suchtgefahr auf und bildet Lehrer/-innen und Eltern fort. Für Schulklassen bietet das Team Projekttage an.

Eine Studie über das Internetsuchtverhalten von europäischen Jugendlichen (Dreier et al. 2013) kam zu dem Ergebnis, dass bereits 1,2 Prozent der befragten Jugendlichen im Alter von 14–19 Jahren eine Internetsucht aufzeigten und weitere 12,5 Prozent der Probanden ein erhöhtes Risiko aufwies. Vergleicht man diese mit anderen Studien, in denen auch junge Erwachsene befragt wurden, ergibt sich eine Prävalenzschätzung von 3–5 Prozent, die dieses Ergebnis bestätigt (Wölfling 2012). Es gilt daher zu reagieren und neben Intervention mit Präventionsangeboten die gesamte Zielgruppe zu erreichen. Die problemlos Konsumierenden müssen sensibilisiert, die Risikokonsument/-innen frühzeitig erkannt und zur Konsumreduzierung motiviert werden. Risikofreies Aufwachsen in dieser digitalen Welt bedeutet, Kinder und Jugendliche für einen verantwortungsbewussten Konsum zu stärken und ihre persönlichen Ressourcen in Bezug auf den Umgang mit den modernen Medien zu steigern. Gleichzeitig gilt es, Eltern und pädagogische Fachkräfte über den Nutzen zu informieren und für die Gefahren zu sensibilisieren sowie Unterstützung anzubieten.

Dies ist das Ziel des Projektes „DIGITAL – voll normal?!" [...] In Kooperation mit den katholischen Schulen im Erzbistum Berlin richtet sich „DIGITAL – voll normal?!" an Kinder und Jugendliche der Klassenstufen fünf bis zehn, an deren Eltern sowie an Lehrer/-innen und Fachkräfte aller Schularten. [...] Auf der Grundlage der tagtäglichen Erfahrungen in der Arbeit mit den betroffenen Computerspiel- und Internetsüchtigen und deren Angehörigen konnte ein passendes präventives Angebot entwickelt werden. Bereits erfolgreich erprobte Methoden aus der Beratung und Gruppenarbeit wurden dabei an den präventiven Bereich angepasst.

Abb. 4.12

Schüler/-innen

Die Projekttage finden meist im Rahmen eines Schultages statt, sodass die Veranstaltung alle Schüler/-innen einer Klassenstufe erreichen kann. Inhaltlich können die Projekttage bzw. Projektstunden die Vorteile und Gefahren der Medienwelt aufzeigen, das eigene Mediennutzungsverhalten reflektieren und die Entstehung sowie die Folgen einer Abhängigkeitserkrankung darstellen. Ein vertrauensvolles Verhältnis zu den Schüler/-innen aufzubauen, ist für diese Arbeit von grundsätzlicher Bedeutung. Das heißt, von Beginn an jungen Menschen in ihrer Lebenswelt zu begegnen und wertfrei über Medienerfahrungen zu sprechen. Wissen, Ideen und Thesen werden gesammelt, visualisiert und in der Gruppe diskutiert. Jugendliche verfügen meist über ein breites Grundwissen zum Thema Computerspielsucht, können dies aber kaum auf ihr eigenes Verhalten übertragen. Am PC „zu suchten" ist schon bei Sechstklässler/-innen allgemeiner Sprachgebrauch. Im weiteren Verlauf der Projektarbeit wird das eigene (Medien-)Freizeitverhalten hinterfragt und ausgewertet. Zudem ist es notwendig, auch Entstehung und Folgen einer Computerspiel-/Internetsucht mit der Klasse zu thematisieren. Oberstes Ziel ist dabei, die Ressourcen der Kinder und Jugendlichen in Bezug auf einen risikoarmen Umgang mit den modernen Medien zu steigern, Hilfsmöglichkeiten für Betroffene anzubieten und das vorhandene Hilfesystem vorzustellen. Die Praxis bestätigt an dieser Stelle die Statistik. In jeder Klasse finden sich etwa zwei bis drei Schülerinnen und Schüler, die einen riskanten Medienkonsum und bereits Folgen davon, wie nachlassende Schulleistungen, Vernachlässigung der sozialen Kontakte und Konzentrationsschwierigkeiten, aufweisen. Sich speziell diesen jungen Menschen behutsam zu nähern und Risikokonsument/-innen ins ‚real life' zurückzuholen, ist ein wichtiger Bestandteil der Arbeit. Die intensiven Vorbereitungsgespräche mit den Klassenlehrer/-innen können bereits erste Hinweise auf riskante Nutzungsformen innerhalb der Klasse geben und ermöglichen einen Ablauf gezielt am Bedarf der Schüler/-innen.

Eltern

Ein gelungener Projekttag wird sinnvoll ergänzt, wenn die gesammelten Erfahrungen in den Familienalltag überführt werden können. Eine nachhaltige und somit erfolgreiche Präventionsarbeit bezieht daher die Eltern bei einem anschließenden Elternabend aktiv mit ein. Neben der Vorstellung der Arbeitsergebnisse aus den Klassen dient dieser dazu, sich einen Überblick über die aktuellen Trends zu verschaffen und den Eltern die Faszination, die die Jugendlichen bei der Nutzung des Internets erleben, aufzuzeigen. Der Elternabend informiert über aktuelle Gefahren im Netz und zeigt Risiken problematischer Mediennutzung auf. Die Veranstaltung gibt weiterhin praktische Hinweise für eine präventive Medienerziehung im Familienalltag und dient als Elternforum für einen Austausch untereinander. Der Elternabend soll und kann Erziehungsberechtigte motivieren, sich mit den Bedürfnissen und Wünschen ihrer Kinder auseinanderzusetzen und zeitgleich den kritischen Blick zu schärfen. Die Erfahrungen zeigen, dass hier erhebliche Unterschiede bestehen – von einer ablehnend-restriktiven Haltung gegenüber Bildschirmmedien bis hin zu uneingeschränktem, wenig kontrolliertem Konsumverhalten. Die Auseinandersetzung mit dem eigenen elterlichen Mediennutzungsverhalten und der damit verbundenen Vorbildfunktion ist wichtiger Bestandteil dieses Informationsabends. Der Wunsch vieler Eltern nach einer schnellen und einheitlichen Lösung ist nachvollziehbar: Antworten und Diskussionen über die Höhe von Nutzungszeiten oder über mögliche Sicherungssoftware sollen dies befriedigen. Viel wichtiger und gewinnbringender sind jedoch Denkanstöße, in welchem Zusammenhang beispielsweise das elterliche Verhalten mit dem Computernutzungsverhalten der Jugendlichen steht. Aus den gewonnen Erkenntnissen lassen sich logische Verhaltensänderungen und Regeln ableiten, die es braucht, um Veränderungen im Alltag einzuleiten. Fehlende, unklare oder komplizierte Regelwerke gilt es, durch einfache, klare Regeln mit eindeutigen Konsequenzen zu ersetzen.

Lehrer/-innen

Die Schule ist für Kinder und Jugendliche ein Lebensraum, an dem sie viel Zeit verbringen. Da ist es naheliegend, alle Akteure in die Präventionsarbeit einzubeziehen. Lehrer/-innen und Schulsozialarbeiter/-innen stehen im täglichen Kontakt mit ihren Schüler/-innen und erleben deren Vorliebe für Smartphone und Co. Störungen im Unterricht, mangelnde Konzentration und nachlassende Schulleistungen, die u. a. von der mobilen Internetnutzung ausgehen, beeinflussen die Schul- und Lernatmosphäre. Demgegenüber steht der politische Bildungsauftrag, junge Menschen für die Teilhabe an der Informationsgesellschaft auszubilden. Schulen setzen dies sehr unterschiedlich um: vom frei verfügbaren WLAN-Netzwerk bis hin zum strikten Smartphoneverbot. Das Projekt steht den Schulen beratend zur Seite und bietet für Lehrkräfte entsprechende Fortbildungsveranstaltungen an. Auch hier gilt es, neben der Vermittlung der jugendlichen Faszination an Computerspielen, über die Gefahren und Folgen einer Computerspiel-/Internetsucht aufzuklären. Ergänzt wird das Präventionsangebot durch spezielle Fortbildungsveranstaltungen ausschließlich für Beratungslehrer/-innen. Sie sind häufig mit den Problemen konfrontiert und können den Rahmen eines Beratungsgespräches nutzen, um Schüler/-innen nach deren Nutzungsgewohnheiten zu fragen. Ziel ist es, jugendliche Risikokonsument/-innen frühzeitig zu erkennen, die Eltern mit in die Beobachtungen einzubeziehen, um sie ggf. in das Hilfesystem zu überführen.
Die drei Zielgruppen erreicht das Projekt „DIGITAL – voll normal?!" gleichermaßen. Wenn verantwortungsvoller Konsum zwischen Eltern und ihren Kindern, zwischen Lehrer/-innen und ihren Schüler/-innen sowie von den Jugendlichen untereinander regelmäßig thematisiert wird, sichert dies eine erfolgreiche Präventionsarbeit.

Aufgaben

1. Bestimmen Sie die von Schmid/Niggestich genannten Gefahren der Mediennutzung und die dafür genannten Belege.

2. Erläutern Sie, inwiefern in dem Projekt unmittelbar pädagogisch gehandelt wird und inwiefern über das Projekt die Bedingungen für die Erziehung durch Eltern und Lehrende hergestellt werden sollen.
Welchen Aufklärungsbedarf vermuten Schmid/Niggestich bei Eltern und Lehrern?

3. Informieren Sie sich über vergleichbare Initiativen: Wie möchte etwa das EU-Projekt „klicksafe" Kinder, Jugendliche, Eltern und Lehrer über einen sicheren Gebrauch des Internets aufklären? Welche Chancen und welche Gefahren digitaler Medien machen die Initiatoren des EU-Projektes aus? Welche Schwächen im Umgang mit digitalen Medien werden befürchtet, welche Fähigkeiten sollen ausgebaut werden? Wie sollen die Kinder und Jugendlichen, wie Eltern und Lehrer aufgeklärt werden?

4. Einen weiteren Text zum Thema Mediennutzung finden Sie online (m8c4uw). In dem Text geht der US-amerikanische Bestsellerautor Jonathan Franzen auf die individuelle Identität und die Gefahren digitaler Massenmedien ein.

klicksafe.de

Abb. 4.13

M15 KIM-Studie 2014 (Kinder und Medien): Basisuntersuchung zum Medienumgang 6- bis 13-Jähriger

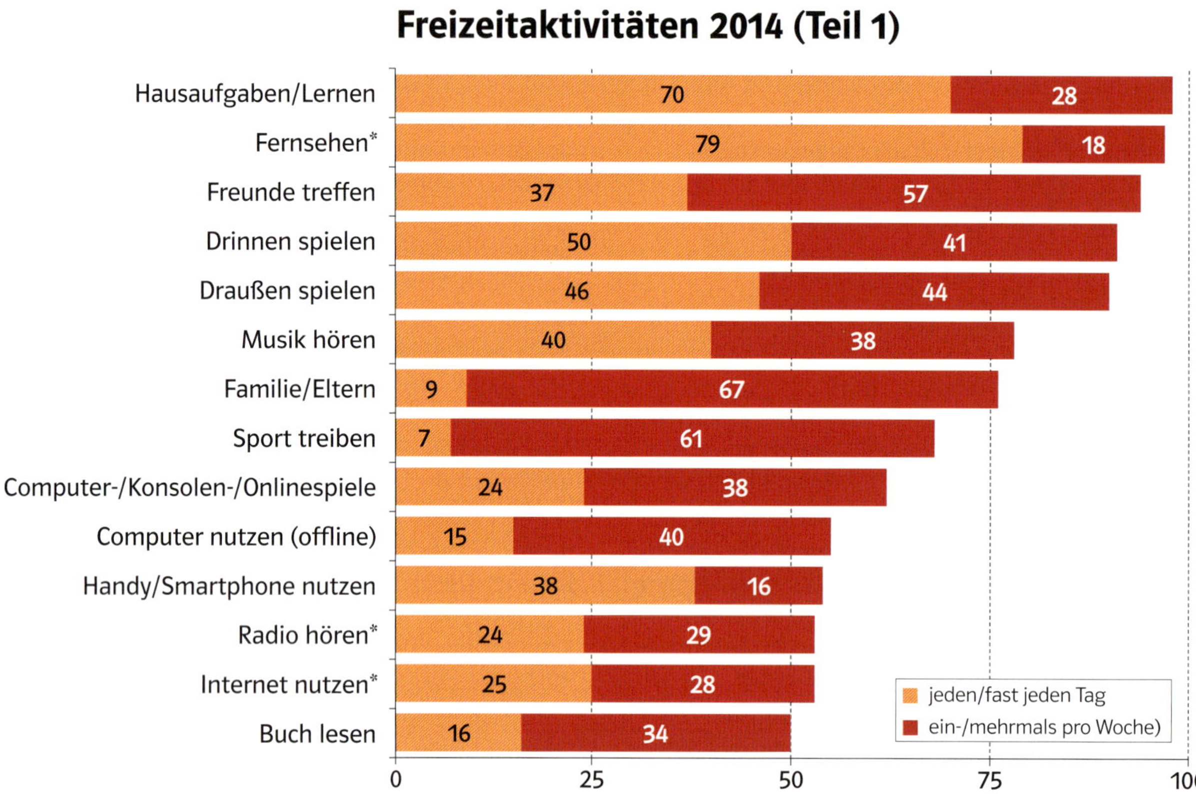

Abb. 4.14

Quelle: KIM-Studie 2014, Angaben in Prozent, *egal über welchen Verbreitungsweg; Basis: alle Kinder, n = 1.209

M16 JIM-Studie 2014 (Jugend, Information, [Multi-]Media): Basisuntersuchung zum Medienumgang 12- bis 19-Jähriger

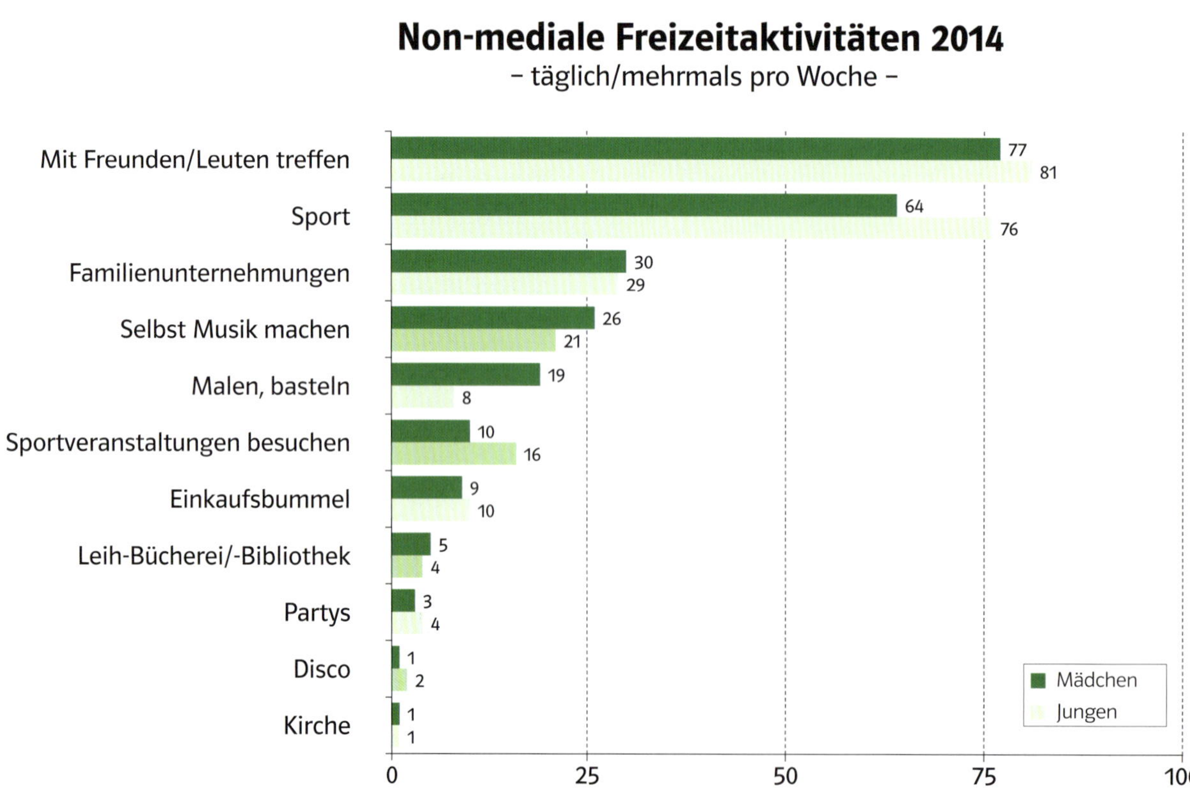

Abb. 4.15

Quelle: JIM 2014, Angaben in Prozent; Basis: alle Befragten, n = 1.200

Medienbeschäftigung in der Freizeit 2014

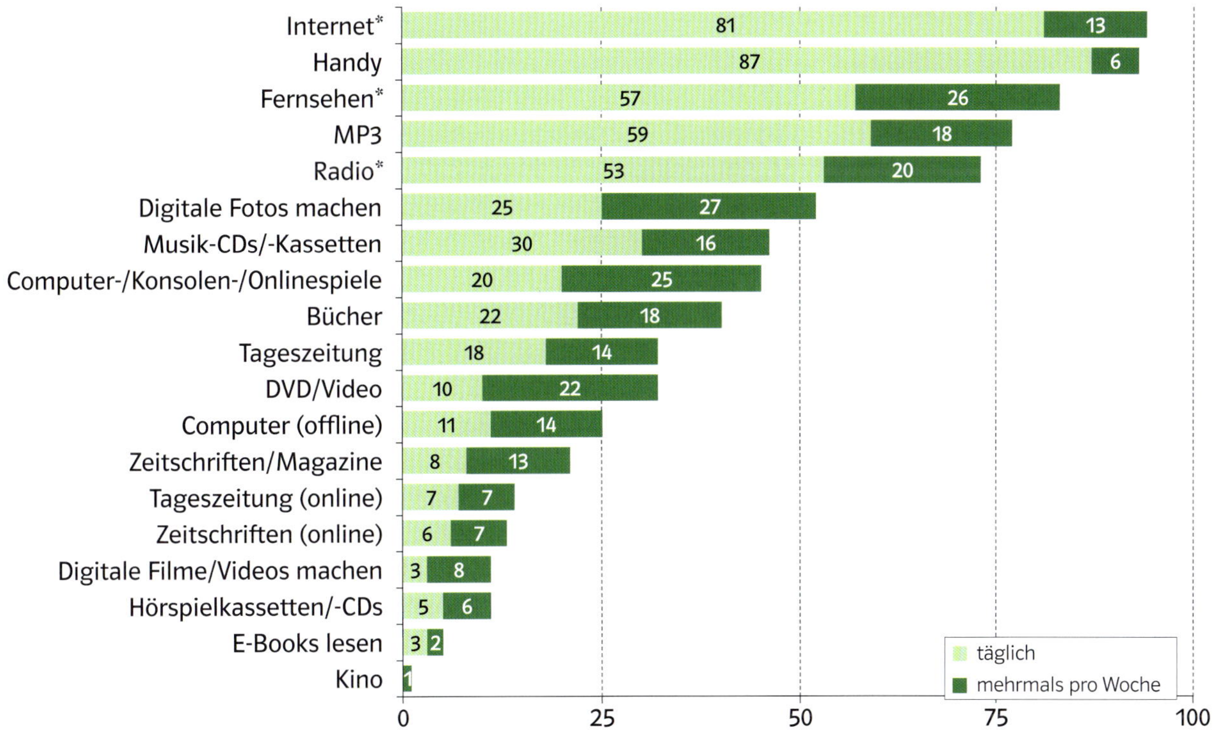

Abb. 4.16

Quelle: JIM 2014, Angaben in Prozent, *egal über welchen Verbreitungsweg; Basis: alle Befragten, n = 1.200

Nutzungshäufigkeit von WhatsApp pro Tag 2014

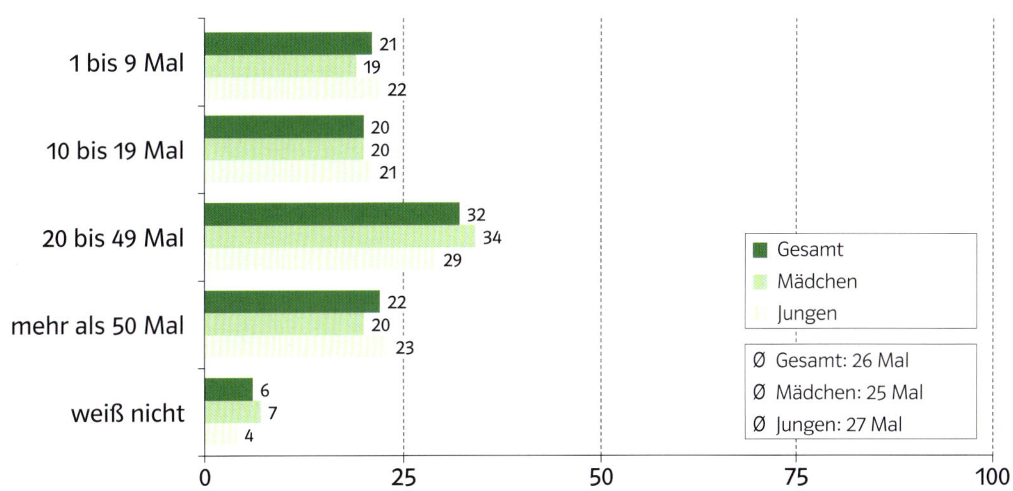

Abb. 4.17

Quelle: JIM 2014, Angaben in Prozent; Basis: Befragte, die WhatsApp täglich nutzen, n = 951

Aufgaben

1. Beschreiben Sie arbeitsteilig die Diagramme der Kinder- und Jugendstudien KIM und JIM zum Medienverhalten.
2. Vergleichen Sie das sich verändernde Verhalten von der Kindheit zur Jugendzeit.
3. Erheben Sie das Medienverhalten in Ihrem Kurs und vergleichen Sie es mit den Ergebnissen der Studien.
4. Wie verhalten sich Ihre Eltern zu Ihrer Mediennutzung? Hat sich deren Verhalten gegenüber Ihrer Mediennutzung in den letzten Jahren verändert?
5. Wie bewerten Sie Ihre eigene Mediennutzung?

M17 Mediale, simulierte, virtuelle, reale Identität? (Jörg Zirfas/Benjamin Jörissen)

Die 90er-Jahre werden im Allgemeinen als das Jahrzehnt des Internets betrachtet. Dabei ist „das Internet", entgegen der landläufigen Wahrnehmung, kein relativ homogenes Medium, sondern ein ausgesprochen heterogener Verbund unterschiedlicher Technologien zum Austausch von Daten und zur Kommunikation, dessen (Vor-)Geschichte bis in die 1960er-Jahre zurückreicht. Will man die Bedeutung dieses Mediums für Identitätsbildungsprozesse auch nur ansatzweise nachvollziehen, so ist es erstens wichtig, die Unterschiedlichkeit der verschiedenen Kommunikationstechnologien im Internet zu berücksichtigen; zweitens aber, das Internet nicht etwa als bloßes (wenn auch hochpotentes) Kommunikations- und Informationswerkzeug, sondern als einen neu hinzugewonnenen Kulturraum zu erkennen – ein Anspruch, dem etwa der landläufige Begriff des Nutzers (Users) in seiner instrumentalistischen Reduziertheit nicht gerecht wird. Ob Newbee, Netizen oder Nerd – jeder, der in einer Form Umgang mit anderen Personen oder Personae innerhalb dieses Mediums aufnimmt, ist de facto bereits Teil bestehender, häufig mit eigenen Regeln, Ritualen und Traditionen ausgestatteter Kommunikationszusammenhänge. Und schon mit diesen Labels gehen neue Identitätszuschreibungen, gehen neue Möglichkeiten der Selbstbeschreibung und -inszenierung einher.

„On the Internet, nobody knows you're a dog", untertitelte der Cartoonist Peter Steiner im Jahr 1993 einer inzwischen weithin bekannten Karikatur im Magazin „The New Yorker", die einen chattenden Hund zeigt. Damit ist eine spezifische Grunderfahrung der Internetkommunikation angesprochen, nämlich die der grundsätzlichen Anonymität (wie auch immer diese ungewollt bedroht oder gewollt aufgehoben werden kann). Die Anonymität befördert eine Tendenz zur kommunikativen Enthemmung, die häufig zu einem Maß der Freundlichkeit führt, das sich im Vergleich zu Offline-Begegnungen auffällig ausnimmt, freilich aber auch zu entfesselten Hassausbrüchen (sog. flame-wars) führen kann. Als folglich gleichermaßen anonymisierter wie enthemmter/enthemmender Kommunikationsraum ist das Internet ein prädestiniertes Medium, eher verborgene Persönlichkeitseigenschaften und Wünsche, ggf. sogar die persönliche Schamgrenze überschreitende Selbstinszenierungen auszutesten und soziale Rückmeldungen auf neue Verhaltensweisen auszuprobieren. Besonders in den frühen Zeiten des Internets, in denen die Ökonomisierung, und mit ihr alle Sorten juristischer Problematiken erst in geringem Maße fortgeschritten waren, bedingten die kommunikativen Besonderheiten des Mediums, jedenfalls in ihrer akademischen Wahrnehmung, einen ausgeprägten Hang zum Rollenspiel. Die Online-Person inszenierte sich hauptsächlich als Persona – dieser römisch-antike Terminus, hier in seiner Bedeutung der Charaktermaske, ist ein gängiger Ausdruck zur Bezeichnung der virtuellen Identitätsform im Netz.

"On the Internet, nobody knows you're a dog."

Abb. 4.18

Online-Personae sind, grundsätzlich betrachtet, nichts anderes als symbolische Konstrukte. Folgt man der Philosophin Sibylle Krämer [...], so können Personen im Netz nur agieren, „sofern sie sich dabei in symbolische Ausdrücke verwandeln". In der Online-Kommunikation hat man daher, so Krämer (ebd.), entgegen der erzeugten Illusion nicht zu Personen Kontakt, sondern nur zu symbolischen Strukturen. Unabhängig davon, ob eine andere Identität gespielt oder vorgespiegelt wird, oder ob die Person sich authentisch einzubringen versucht – es ist unmöglich, im Internet zu agieren, ohne dabei seine Person in eine Persona zu transformieren. Folglich kann nur diese Persona von den anderen erfahren werden: „Die im Netz möglichen Interaktionen [...] beruhen darauf, dass die Teilnehmer sich in symbolische Repräsentationen verwandelt haben, Repräsentationen allerdings, denen kein natürlicher Referent mehr entspricht bzw. entsprechen muss" (ebd., S. 109). An dieser Feststellung ist kaum zu rütteln – seien es Wörter und Sätze, seien es die sogenannten Emoticons, die grundsätzliche emotionale Gestimmtheiten signalisieren, oder seien es grafische (Re-)Präsentationen von Charakteren (die sog. Avatare); all dies sind symbolische Ausdrücke, und etwas anderes (Personen, Körper etc.) würde auch schwerlich Eingang in ein symbolisches Kommunikationsmedium finden.

Es stellt sich allerdings die Frage, ob diese apodiktische Feststellung – dass man es hier notwendig mit der bloßen Simulation von Personen und folglich von Interaktionen zu tun habe – dem Blick auf die medialen Handlungspraxen standhält, und ob sie nicht vielmehr an den Besonderheiten dieser neuen Kommunikations- und Kulturräume, zumindest teilweise, vorbeizielt. Sowohl kulturwissenschaftlich-ethnografische und soziologische wie auch sozialpsychologische Studien zum Internet geben jedenfalls durchaus Grund zur Annahme, dass man es hier zwar mit nur virtuell präsenten, jedoch keineswegs mit bloß simulierten Personen und Interaktionen zu tun hat. [...]

Woran einige der besorgten und teilweise überdramatisierten Diskussionsbeiträge um das Schicksal der Identität im Zeitalter der Neuen Medien kranken, ist die – nicht ganz der Ironie entbehrende – Tatsache, dass der Blick des medienkritischen (oder medienenthusiastischen) Beobachters selbst auf den medialen Rahmen in einer ähnlichen Weise fixiert ist, wie er seinerseits den Internet-Nutzern stereotyperweise unterstellt, in ihren Beziehungen und Identitätsentwicklungen auf das Netz fixiert zu sein. Und das, obwohl gerade die Durchdringung des Medialen und des Außermedialen (oder auch des „Virtuellen" und des „Realen") einen inzwischen weithin anerkannten Sachverhalt darstellt. In diesem Sinne plädiert bereits Turkle dafür, „[...] dafür zu sorgen, dass das Reale und das Virtuelle füreinander durchlässig werden und sich so wechselseitig befruchten und erweitern".

Dass sich das Virtuelle und das Reale aus Sicht der Philosophie ohnehin durchdringen, hat Wolfgang Welsch in einer Reihe von Aufsätzen verdeutlicht. Beide Bereiche, so

Welsch, stünden in komplexer Beziehung zueinander […]. Außermediale und mediale Erfahrungswelten, so Welschs These […], seien nicht wechselseitig substituierbar: So wenig die außermediale Erfahrungswelt „virtualisierbar" sei, so wenig seien ihrerseits die medialen Erfahrungsformen am Maßstab der außermedialen zu messen. Letztere seien daher keineswegs minderwertige Simulationen, denn sie eröffnen Handlungs- und Erfahrungsräume sui generis. „Realität" und „Virtualität" können sich heute nicht mehr „an sich", sondern nur noch als aufeinander bezogene (relationale) Konzepte verstanden werden, die sich nur jeweils in Abgrenzung von ihrem Gegenpol fassen lassen. Was Welsch auf erkenntnistheoretischer Ebene formuliert, entspricht ganz unmittelbar den alltäglichen Durchdringungserfahrungen von medialen und außermedialen Räumen, die weder als melancholische Verlustgeschichten noch als posthumanistische Cyber/Cyborg-Fantasien angemessen erfasst werden. […] Aus dieser differenzierten Perspektive erscheint die Sorge, ob die in den neuen Kulturräumen des Internets entstehenden und erworbenen Identitätsformen „nur simuliert" oder echt bzw. authentisch seien, als falsch gestellte Frage. Es gilt vielmehr zu beobachten, in welcher Weise sich die anthropologischen Bedingungen von Selbstverhältnissen mit den Neuen Medien transformieren.

Geht man mit Welsch davon aus, dass das Reale und das Virtuelle für zwei verschiedene Erfahrungsbereiche stehen, die zugleich distinkt und miteinander verwoben sind, so kann man verschiedene Durchdringungsverhältnisse voneinander unterscheiden. […]

1. „Reale" Identitäten als emergente Effekte „virtueller" Interaktionen: Die klassischen Beispiele für Online-Identität, wie sie etwa in Turkle (1999) angeführt werden, entstammen überwiegend Forschungen über Chat-Räume und virtuelle Rollenspiel-Umgebungen (MUDs und MOOs). Man erfährt von Individuen, die online Identitäten aus- bzw. anprobieren wie Kleidungsstücke, und die in verschiedenen (Programm-)Fenstern verschiedene Personae gleichzeitig ausleben. Es ist nun kaum zu leugnen, dass solche auffälligen, auch für die öffentliche Wahrnehmung besonders attraktiven Interaktionsformen tatsächlich bestimmte Gruppen von Nutzern besonders faszinieren – wie beispielsweise Internet-Neulinge, welche die Möglichkeiten der Anonymität zum ersten Mal auskosten können; Small-Talk-Addikten, die sich allabendlich in „ihrem" Chatraum mit Gleichgesinnten treffen, passionierte Rollenspieler, von denen einige sicherlich besonders an der Möglichkeit der Identifikation mit mächtigen Archetypen (Magiern, Göttern, Helden etc.) interessiert sind.

Diese Haltung wird jedoch nicht etwa von den jeweiligen Kommunikationsumgebungen, also etwa dem Internet Relay Chat (IRC) oder einer Rollenspielumgebung, erzwungen. Sie entspricht vielmehr einer bestimmten Gebrauchsweise dieser Umgebungen – einer spezifischen medialen Handlungspraxis neben anderen. So können Online-Rollenspieler weniger an ihrer jeweiligen virtuellen Identität interessiert sein als vielmehr – oder sogar ausschließlich – an den strategischen Herausforderungen des Spiels (Bewährung), an der ästhetischen oder ludischen Freude am Gamedesign (Lustgewinn), an der Community jenseits des eigentlichen Spiels (soziale Einbindung). Nur im speziellen Fall der erstgenannten Handlungspraxis, die nicht ausschließlich, aber bisweilen eskapistischen Charakter aufweist, ist das oben entfaltete Modell der doppelten Imaginationsstruktur wirklich von Belang, während die anderen medialen Handlungspraxen durch verschiedene Distanz erzeugende Rahmungen ein Medialitätsbewusstsein voraussetzen oder gar initiieren können.

Abb. 4.19

Das muss nicht bedeuten, dass ein Spiel, bestimmte virtuelle Handlungen oder die entwickelten Personae nicht ernst genommen werden. Ganz im Gegenteil zeigen Forschungen aus dem Bereich der Online-Actionspiele, dass eine große Bandbreite der „Ernsthaftigkeit" der Spieler existiert – von „fun"-orientierten über ambitionierte bis hin zu Spielern mit semiprofessionellen Ansprüchen. Der Punkt ist jedoch, dass im Fall dieser gerahmten medialen Handlungspraxen die Zurechnung der Rückmeldungen (identitätsstiftende Anerkennungshandlungen) aus medial vermittelten sozialen Situationen nicht in Identifikation mit der jeweiligen Persona erfolgt: Eine besondere strategische Leistung, ein Dienst an der Spieler-Gemeinschaft oder auch das Labeling als Falschspieler (Cheater) werden dem Spieler, nicht der Spielfigur, zugerechnet. Dennoch bleiben sie an die jeweilige Persona als den konkreten Akteur in der virtuellen Umgebung notwendig gebunden (zumal dort, wo es nicht oder noch nicht zu Offline-Kontakten gekommen ist).

Die so entstehenden Online-Identitäten sind mit dem adjektiv „virtuell" nicht mehr gut zu kennzeichnen; sie weisen vielmehr einen komplexen, hybriden Charakter auf – in dem Sinne, dass Person und Persona sich verschränken, aber nicht miteinander verschmelzen. Im Rahmen solcher medialer Handlungspraxen, die besonders im Kontext von Online-Communitys relevant sind, sind neu entdeckte Persönlichkeitsanteile, Selbstbeschreibungen, Änderungen von Selbstbildern keineswegs Simulationen oder nur imaginäre Identitäten, sondern unmittelbare Bestandteile der handelnden Person und ihres Selbstverhältnisses. Die rein „virtuelle Identität" erscheint demgegenüber als ein Derivat, das durch Kollusion von Person und Persona gekennzeichnet ist.

2. Alltagsidentitäten in virtuellen Umgebungen: Die reine Online-Identität im Sinne einer angenommenen, zumeist (rollen-)spielerisch motivierten Persona ist bei Weitem nicht der einzige, und nicht einmal der vorwiegende Identitätstypus in den Neuen Medien. In ihrer zum Standardwerk avancierten Untersuchung über Identitäten und soziale Beziehungen im Internet weist die Sozialpsychologin Nicola Döring auf, dass es, ganz im Gegenteil zu den Klischees der medienkritischen Diskussionen, „[…] letztlich auch im Netz nur in wenigen Situationen und Kontexten der Fall [ist], dass die Beteiligten wirklich identitätslos auftreten können und wollen, nicht als Personen mit individuellen und kollektiven Identitäten aufeinander reagieren, sondern nur intertextuelle Bezüge herstellen, beliebiges Identitäts-Hopping betreiben […]" (Döring 2003). Die nicht zu Unrecht häufig hervorgehobene Anonymität von Online-Kommunikationen erweist sich bei genauerer Hinsicht als brüchig: „Wie nicht zuletzt die Sorge um den Online-Datenschutz und digitales Identitätsmanagement zeigt, ist die sozio-technische Netzumgebung keineswegs automatisch frei von identifizierenden Hinweisen, sei es, dass diese bewusst übermittelt, versehentlich herausgegeben oder vom Gegenüber erschlossen werden" (ebd). Und ganz abgesehen von dieser eher technischen Frage der Anonymität, treten Personen im Internet weitaus weniger maskiert auf, als es der mediale Hype um Identitätsspielereien im Internet vermuten ließe. [...]

3. Online-Identitäten in der außermedialen Sphäre: Als „Spill-over"-Effekte sind solche Phänomene bekannt, in denen mediale Interaktionen nachhaltige Wirkungen in außermedialen Kontexten hervorrufen. Bezogen auf Online-Identitäten bedeutet dies, dass im Internet entstandene und an Online-Communitys etc. gebundene Identitäten zu integralen Bestandteilen auch des außermedialen Selbstverhältnisses werden. Marotzki (2003) weist darauf hin, dass etwa in Online-Communitys häufig strukturelle Vorkehrungen bestehen, welche die Erweiterung der Online-Beziehung auf Offline-Aktivitäten ermöglichen und häufig sogar fördern. In vielen Online-Communitys (auch Chat-Communitys) stellen solche „real-life"-Treffen ein fest institutionalisiertes Ritual dar. Dabei geht es typischerweise nicht um die Erschaffung eines sozialen Raumes für alternative Beziehungen, sondern tatsächlich um die Erweiterung der jeweiligen Community in den außermedialen Raum hinein. D.h., Themen-Communitys sind auch in ihren Offline-Treffen in aller Regel um ihr jeweiliges Interessenfeld herum zentriert; Spieler-Communitys treffen sich vorwiegend zu kleineren oder größeren „LAN-Partys", d.h., sie spielen ihr Online-Spiel mit verkabelten Computer-Netzwerken in leiblicher Kopräsenz; Treffen etwa lokaler Chatrooms haben eher informellen Party-Charakter.
Auf die Identitäten der Mitglieder bezogen bedeutet dies, dass sie in diesen „real-life"-Treffen dann nicht etwa ihre Online-Identität hinter sich lassen, sondern – das ist das besondere Potenzial der hybriden Identitätsform – ihre hybride Online-Identität nahtlos in den außermedialen sozialen Kontext einbringen können (die dann freilich um v.a. sinnliche Erfahrungsgehalte angereichert und erweitert wird, die online nicht zu vermitteln wären).

4. Die virtuelle Strukturiertheit der (außermedialen) personalen Identität: Der letzte Aspekt entfaltet sich anhand einer überraschenden Form des unmittelbaren Übergriffs der medialen in die außermediale Sphäre. Für großen Aufruhr in den US-amerikanischen Printmedien sorgt seit Ende der 1990er-Jahre das Thema des Identitätsdiebstahls. Unter dem Ausdruck „Identity Theft" ist zu verstehen, dass ein Dieb die komplette öffentliche Identität eines Netz-Nutzers, also dessen Name, Adresse, Kreditkarteninformationen, Personalausweis- und Sozialversicherungsnummer, Führerscheinnummer und die Bankverbindung in seinen Besitz bringt, um mit diesen gestohlenen Informationen unter falschem Namen etwa Kredite aufzunehmen oder illegale Geschäfte abzuwickeln (vgl. McNamara 2003). Wie Mark Poster (2004) berichtet, wurde eine erhebliche Zahl von Individuen teilweise in ruinöser Weise finanziell, sozial oder beruflich geschädigt. Was sich mit dem Phänomen des Online-Identitätsdiebstahls ankündigt, zeigt, so Poster, nicht weniger als eine Transformation der tradierten Identitätsverständnisse mit ihrer Orientierung am personalen Bewusstsein (Locke) und am Ich (Erikson) an: „What is stolen is not one's consciousness but one's self as it is embedded in (increasingly digital) databases. The self constituted in these databases, beyond the ken of individuals, may be considered the digital unconscious" (ebd. 2004, S. 23). Die Idee eines „digitalen Unbewussten", also von Daten, welche die (öffentliche) Identität einer Person konstituieren, ohne dass sie selbst oder ein anderes Individuum sich dieses Umstands bewusst ist, stellt in der Tat, wie hierzulande an den immer wieder aufkommenden Diskussionen um Datenschutzbelange im Kontext Neuer Medien ablesbar ist, ein Problem zunehmender Größenordnung dar.
Diese aktuelle Problematik wirft ein besonderes Licht auf die Konstitution personaler Identität, deren Relevanz sich nicht auf die vernetzte Gegenwart beschränkt, sondern an die Anfänge der Moderne zurückverweist. Am Beispiel des virtuellen Identitätsdiebstahls wird deutlich, in welchem Maße die Identität der Person auch außerhalb medialer Kontexte ein rein symbolisches – und ausgesprochen fragiles – Konstrukt darstellt. Identitätsdiebstahl im Internet ist letzten Endes nur deshalb möglich, weil mediale Vermittlungen – Daten, Dokumente, Lebensläufe, Dossiers – in den Prozess der sozialen Herstellung des Person-Status tief eingeschrieben sind. [...]
Die virtuellen Daten begleiten und konstituieren unsere Selbstverhältnisse bereits seit einer Zeit, die der Erfindung des Computers und der Verbreitung des Internets weit vorausgeht. Die Neuen Medien erscheinen aus dieser Perspektive nicht mehr ausschließlich als ein Feld der radikalen Umbrüche und Innovationen; sie schließen auch an eine spezifische historische Disposition an – und vielleicht konnte das Internet sich nur deshalb zu einem weit über die ursprünglich angedachten militärischen, wissenschaftlichen und wirtschaftlichen Zwecke hinausgehenden Phänomen von erheblicher Relevanz für den individuellen Alltag und die Konstitution individueller Selbstverhältnisse entwickeln.

Aufgaben

1. Klären Sie die Ihnen nicht bekannten Begriffe.
2. Skizzieren Sie, wie Zirfas/Jörissen das Verhältnis von Realität und Virtualität kennzeichnen.
3. Vergleichen Sie das hier dargelegte Identitätsverständnis mit Eriksons Identitätsvorstellungen und der Kritik an Eriksons Identitätsbegriff bei Keupp (vgl. Kapitel 2).
4. Diskutieren Sie, welchen Umgang mit Smartphones, Computer(spielen) und Internet Sie auf der Grundlage der bisherigen Materialien für angemessen halten. Welche Chancen bzw. Gefahren sehen Sie?
5. Wie sollten Eltern und Lehrende auf den Umgang ihrer Kinder bzw. Schülerinnen und Schüler mit dem Internet Einfluss nehmen? Was müssen Eltern und Lehrende aus Ihrer Sicht hinsichtlich des Umgangs (ihrer Kinder bzw. Schülerinnen und Schüler) mit den Medien noch lernen?

5. Dissozialität und Jugendgewalt in sozialpsychologischer, psychoanalytischer und pädagogischer Perspektive

Psychologen untersuchen die psychischen Faktoren, die Gewalt und andere Formen dissozialen oder devianten Verhaltens begünstigen, mit denen Menschen sich und andere schädigen. Soziologen fragen nach gesellschaftlichen Einflüssen für die Entstehung von Gewalt. Aus pädagogischer Perspektive liefern beide Nachbarwissenschaften wichtige Erkenntnisse, die beim pädagogischen Urteilen und Handeln im Umgang mit Gewalt zu beachten sind. Dies beinhaltet auch die kritische Prüfung der Frage, inwieweit gesellschaftliche Bedingungen die Möglichkeiten pädagogischen Handelns begünstigen oder einschränken.

5.1 Beispiele für Gewalt von Jugendlichen und Erklärungsansätze für ihre Ursachen

M1 Drei Berichte über Jugendgewalt

Jugendliche filmen ihre Gewalt gegen Obdachlose

Sie prügelten auf wehrlose Menschen ein und übergossen sie angeblich mit Fäkalien. Dabei filmten sich die Täter, um die Misshandlungen ins Netz zu stellen. Dabei gaben sich die beiden 16-jährigen Schüler in Köln klar zu erkennen. Inzwischen sind die Täter gefasst, die Polizei sucht die Opfer.

Zwei 16-jährige Schüler haben in Köln wiederholt Obdachlose misshandelt und Filme ihrer Attacken sogar noch ins Internet gestellt. Die Jugendlichen hätten inzwischen fünf Übergriffe auf wehrlose Obdachlose zugegeben, berichtete die Polizei.

Auf die Spur des Duos war die Polizei durch einen anonymen Anrufer gekommen. Er hatte der Polizei berichtet, dass zwei Mitschüler sich seit geraumer Zeit damit brüsteten, Obdachlose in der Kölner Innenstadt mit Urin aus Flaschen übergossen und anschließend zusammengetreten zu haben. Filmaufnahmen der Misshandlungen hätten die Jugendlichen in der Internet-Film-Plattform „YouTube" eingestellt, sagte der Anrufer und nannte der Polizei auch den Benutzernamen und den Link zu den Aufnahmen.

Tatsächlich fanden die Ermittler sieben eingestellte Filme mit Namen wie „Penner" oder „Penner 2", auf denen mehrere Fälle zu sehen waren, bei denen Obdachlose zur Nachtzeit mit einer gelben Flüssigkeit aus Flaschen oder Pappbechern übergossen wurden, während sie schliefen.

In zwei Fällen wurden diese Obdachlosen währenddessen auch noch getreten. In einem Fall hantierte einer der Täter mit einer Schusswaffe herum und deutete nachher in einer eingeblendeten Schrift an, er habe dem Obdachlosen ins Auge geschossen.

Die beiden handelnden Personen waren bei allen Taten klar zu erkennen. Im Video brüsteten sie sich, sie würden den Krieg gegen die Penner gewinnen. Die Beamten stellten daraufhin Strafanzeige. Als die Ermittler die Filme am darauffolgenden Tag sichern wollten, waren sie allerdings bereits gelöscht worden. Eine Wiederherstellung der Daten über den Betreiber der Internetplattform sei aber veranlasst, berichtete die Polizei.

Keines der Opfer, die vermutlich aus dem Kölner Obdachlosenmilieu stammen, konnte bisher ermittelt werden. Auch Strafanzeigen der Betroffenen liegen nicht vor. Die Polizei bat deshalb die Opfer oder mögliche Zeugen der Übergriffe, sich zu melden.

Bei einer Durchsuchung der elterlichen Wohnungen der Schüler stellte die Polizei einen PC und Speicherkarten für Handys sowie einen Schlagring und ein defektes Klappmesser sicher. Die Taten selbst ereigneten sich nach Angaben der Polizei im Zeitraum zwischen dem 06. und 27. Oktober 2007 in der Kölner Innenstadt.

Frauen krankenhausreif geschlagen

[...] Am Mönchengladbacher Hauptbahnhof sind am Samstag (27.05.2012) zwei Frauen krankenhausreif geschlagen worden. Der Auslöser für den Übergriff war nichtig: Laut Polizeiangaben hatten die beiden 35 und 39 Jahre alten Frauen die drei Jugendlichen in der Bahnhofshalle angesprochen.

Abb. 5.1

Die Tatverdächtigen spielten dort Fußball und sollen dabei die Frauen angerempelt haben. „Die 39-Jährige hat die Jungs aufgefordert, doch bitte in der Bahnhofshalle das Fußballspielen zu unterlassen", sagte Polizeisprecher Roggon. Der 15-Jährige sei auf die Frau zugegangen. „Ohne viel Worte zu machen, hat er ihr mit der Faust ins Gesicht geschlagen, hat nachgesetzt und weitergeschlagen." Die beiden anderen hätten mitgemischt. Die Freundin des Opfers habe sich dazwischengeworfen, um die Frau zu schützen. Auch sie sei dann zusammengeschlagen worden.
„Ich war gerade auf dem Weg in die Halle, als ich eine harsche Stimme hörte", berichtete ein Augenzeuge WDR.de. „Als ich um die Ecke kam, sah ich einen Jugendlichen, der mit der Faust mehrfach gnadenlos auf eine Frau einschlug, bis sie blutend zu Boden ging." […] Polizeibeamte, die vor der Bahnhofshalle Streife liefen, hörten ebenfalls die Hilferufe. Sie verfolgten die Jugendlichen mit dem Auto und zu Fuß. Dabei wurde der 15-jährige Mönchengladbacher gefasst. […]
Bei der Festnahme habe der Jugendliche erheblichen Widerstand geleistet. Die beiden mutmaßlichen Mittäter sind noch flüchtig. Die beiden verletzten Frauen wurden blutüberströmt von Rettungssanitätern in ein Krankenhaus gebracht. Die 39-jährige Kölnerin erlitt eine Gesichtsschädelfraktur, einen Nasenbruch und Würgemale im Halsbereich. Ihrer 35-jährige Begleiterin aus Mönchengladbach brachen die Täter ebenfalls die Nase. Zudem trug sie mehrere Prellungen davon.

Eine Tote meldet sich zu Wort
Janine Meier geht in die Klasse 8 des Gymnasiums. Sie ist magersüchtig. Jeden Morgen schreit ihr Klassenkamerad Kevin laut über den Schulhof: *„Da kommt wieder unser lebender Kleiderbügel!"* Oder er bezeichnet sie als *dürre Bohnenstange, Klappergerüst* und benutzt manchmal noch heftigere Ausdrücke. Alle lachen. Keiner hilft Janine. Niemand ergreift Partei für sie. Auch kein Lehrer. *Wie feige. Dabei sind einige doch ganz nett.* Janine sucht immer wieder Kontakt. Sie möchte eigentlich gerne zur Clique um Kevin gehören. Da sind auch einige nette Mädchen drin. Warum sagt niemand, dass Kevin endlich damit aufhören soll?
Jeden Morgen spürt Janine die Schmerzen im Bauch. Sie hat Angst, zur Schule zu gehen, schwänzt immer öfter den Unterricht. Ihrer Mutter möchte sie nichts von ihrer Angst erzählen. Sie will Mama nicht noch mehr belasten. Denn Mama hat auch Angst. Viel größere Angst als Janine. Mama hat Krebs. Sie wird bald sterben.
Mama ist jetzt schon vier Wochen tot. […] Dann der erste Schultag nach der Beerdigung. Erste Pause. Janine geht wie immer mit einigen aus der Klasse an den Kastanienbaum. Nur Judith umarmt sie. Die anderen wissen nicht, was sie machen sollen. Sind peinlich berührt. Kevin grinst sie blöd an. Wie immer. Dann klingelt sein Handy.
„Hallo?", meldet sich Kevin und schaut nach oben in den strahlend blauen Himmel.
„Guten Tag, Frau Meier", schreit Kevin in das Handy, Janine wird schwindlig. Nur noch verschwommen dringt Kevins grelle Stimme in ihren Ohren.

Abb. 5.2

„Der Empfang von oben ist aber hervorragend. Ja, klar. Natürlich können Sie mit Ihrer Tochter reden. Einen Moment noch. Sie steht direkt neben mir!" Kevin grinst. *„Hier, deine Mutter!"*
Er reicht Janine sein Handy. Bis heute hat er ihr noch nicht einmal die Hand gegeben, sie kein einziges Mal berührt und dennoch immer schwer verletzt.
Janine blickt in die entsetzten Gesichter der anderen. Die starren Kevin nur an. Aber es fällt kein einziges Wort. Wenn Blicke töten könnten, würde Kevin tot umfallen. Am liebsten wäre sie tot. Sie rennt vom Schulhof. Ob sie es noch einmal mit Tabletten versuchen soll?

Aufgaben

1. Beschreiben Sie die jeweiligen Handlungen und erläutern Sie, inwieweit Sie diese Handlungen für „Gewalt" halten.
2. Setzen Sie sich mit der Frage nach möglichen Motiven der jeweiligen Jugendlichen für ihr jeweiliges Tun auseinander. Berücksichtigen Sie in diesem Kontext die folgende Grafik.

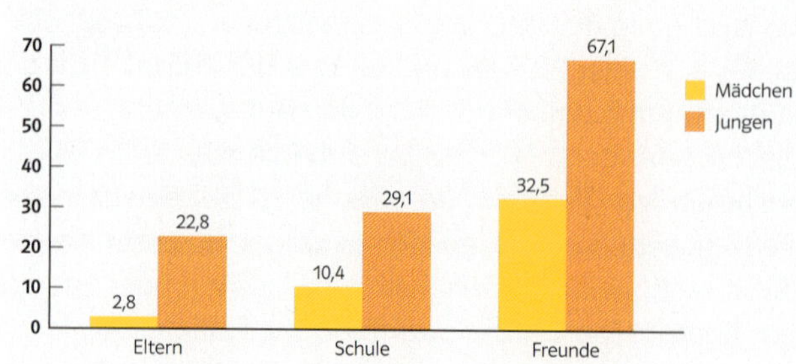

Abb. 5.3: Die vermutete Akzeptanz eigener Gewalt

M2 Unterschiedliche Auffassungen über die Ursachen der Aggression (Dieter E. Zimmer)

Die Frage nach den Ursachen aggressiven menschlichen Verhaltens ist auch in den Wissenschaften weitreichend umstritten. Der Wissenschaftsjournalist Dieter E. Zimmer hat einmal einen fiktiven Dialog entworfen, in welchem sich Vertreter unterschiedlicher wissenschaftlicher Erklärungen um die Fragen nach den Ursachen der Aggression streiten. Der folgende Text ist ein Auszug aus diesem Dialog, in welchem die (fiktiven) Wissenschaftler ihre jeweilige Auffassung vorstellen und begründen. Ausgangspunkt der Diskussion ist die Frage, warum Kain Abel erschlagen hat.

Freud: […] Wir sprechen dann auch von der „Anziehung", die das lustspendende Objekt ausübt, und sagen, dass wir das Objekt „lieben". Umgekehrt, wenn das Objekt Quelle von Unlustempfindungen ist, bestrebt sich eine Tendenz, die Distanz zwischen ihm und dem Ich zu vergrößern […] Wir empfinden die „Abstoßung" des Objekts und hassen es; dieser Hass kann sich dann zur Aggressionsneigung gegen das Objekt, zur Absicht, es zu vernichten, steigern. […] Das war aber nur unsere erste Theorie der Aggression. Um 1920 haben wir unsere Ansicht geändert. […] In unserer Theorie nehmen wir an, dass es ein Bestreben des seelischen Apparates […], also dass es ein Bestreben der Seele sei, die in ihr vorhandene Quantität von Erregung möglichst niedrig oder konstant zu halten. Diese zumeist aus dem Innern kommenden Nervenerregungen heißen wir Triebe. Sie treiben uns zu ihrer Beseitigung. Die Beseitigung erzeugt Lust. Doch Lust ist nichts anderes als die Beseitigung solcher Erregungsspannungen. Die Triebe sind also immer darauf gerichtet, einen früheren Zustand wiederherzustellen, den Zustand, der herrschte, bevor die Erregungsspannung ihn störte. […] Es war doch gewiss das Leblose früher da als das Lebende, das Anorganische früher als das Organische. So darf man von dem Organismus erwarten, dass er auch einen Trieb besitzt, in den früheren Zustand der Leblosigkeit zurückzukehren. Wir wollen ihn den Todestrieb nennen. Somit haben wir Veranlassung, zwei Gruppen von Trieben im Menschen anzunehmen: jene, welche die Schicksale der das Einzelwesen überlebenden Keimzellen in Acht nehmen, also die Fortpflanzung sichern. Es sind dies die Sexual- oder Lebenstriebe. Und jene anderen, die die Unbelebtheit wiederherstellen wollen – die Todestriebe. Eros und Thanatos in ewigem Widerstreit. […]

Vorsitzender: Kain wollte eigentlich Selbstmord begehen, hat dann aber versehentlich stattdessen seinen Bruder erschlagen? […]

Dollard: […] Aggression ist immer die Folge einer Frustration. Sie haben sich nicht verhört: immer, immer! Auftreten von aggressivem Verhalten setzt immer die Existenz einer Frustration voraus, und umgekehrt führt die Existenz einer Frustration immer zu irgendeiner Form der Aggression. […] Geht man von alltäglichen Beobachtungen aus, erscheint es plausibel, anzunehmen, dass die gewöhnlich beobachteten Formen aggressiven Verhaltens immer rückführbar sind auf […] irgendeine Art von Frustration. Jedoch ist es keinesfalls so offensichtlich, dass Aggression in irgendeiner Form und von einem gewissen Intensitätsgrad unausweichlich auftritt, wann immer eine Frustration vorausgeht. Häufig beobachtet man bei Erwachsenen und selbst bei Kindern, dass sie sich unmittelbar nach einer Frustration anscheinend mit der Situation abfinden und sich ihr anpassen […]. Man darf jedoch nicht vergessen, dass eine der ersten Lektionen, die der Mensch aufgrund des sozialen Zusammenlebens lernt, darin besteht, seine offenen aggressiven Reaktionen unter Kontrolle zu bringen. Dies bedeutet jedoch nicht, dass solche Reaktionstendenzen dadurch beseitigt werden; vielmehr findet man, dass diese Reaktionen nicht zerstört werden, obgleich sie vorübergehend komprimiert, verzögert, entstellt, verschoben oder sonst irgendwie von ihrem unmittelbaren und logischen Ziel abgelenkt werden. Unsere Frustrations-Aggressions-Theorie – wir nennen sie kurz F-A-Theorie – erlaubt es uns im Prinzip, genau vorherzusagen, wie stark die Bereitschaft zur Aggression sein wird. Nämlich: je größer die Frustration, desto stärker die Aggressionstendenz. Und die Größe der Frustration hängt von dreierlei ab: wie sehr mir daran gelegen war, wir sagen: wie sehr ich dazu instigiert war, das zu tun, woran ich gehindert wurde; wie stark die Verhinderung war; und ob mehrere solcher Verhinderungen zusammenkamen, denn Frustrationen summieren sich. […]

Lorenz: Bisher haben wir die Ansichten von Philosophen und Psychologen gehört. Ich möchte das Phänomen der Aggression nun aber einmal aus der Sicht des Biologen angehen. […] Hätte Aggression keine sinnvolle Funktion, so hätte der Artenwandel sie ausgemerzt oder gar nicht erst entstehen lassen. Wir müssen immer nach den Zwecken fragen. Was sind die Zwecke der innerartlichen Aggression, über die wir hier sprechen? Gegenseitige Abstoßung verteilt die Tiere über den Lebensraum. Wir dürfen als sicher annehmen, dass die gleichmäßige Verteilung gleichartiger Tiere im Raum die wichtigste Leistung der intraspezifischen Aggression ist. Hierher gehören alle Formen der territorialen Aggression: Jedes Tier verteidigt sein Revier, also den Teil des Lebensraums, den es zu seinem Überleben benötigt; die Konkurrenten müssen andere Reviere aufsuchen. Die Rangordnung aber sorgt wiederum dafür, dass die Stärkeren die meisten Nachkommen haben, dass also die natürliche Zuchtwahl zu besonders großen und wehrhaften Familien- und Herdenverteidigern führt und dass die größte Bedeutung innerhalb der Gruppe den erfahrensten Tieren zukommt. […] Es haben sich vielfältige Tötungshemmungen entwickelt, die die Folgen der Aggressivität abmildern. Auch sind die innerartlichen Kämpfe zumeist so ritualisiert, dass sie nicht tödlich ausgehen. Niemals haben wir gefunden, dass das Ziel der Aggression die Vernichtung der Artgenossen sei, wenn auch durch einen unglücklichen Zufall gelegentlich im Revier- oder Rivalenkampf ein Horn ins Auge oder ein Zahn in die Halsschlagader dringen kann und wenn auch unter unnatürlichen Umständen – […] zum Beispiel in Gefangenschaft – aggressives Verhalten vernichtende Wirkungen entfalten kann. […] Das Furchtbare ist, dass den Menschen eben keine instinktive oder moralische Hemmung daran hindert, Waffen, Fernwaffen zu ge-

Abb. 5.4: Dürer (1511): Kain erschlägt Abel

brauchen. Seine natürlichen Hemmungen waren und sind auf den körperlichen Kampf, auf die natürliche Bewaffnung abgestimmt. Mit der kulturellen Entwicklung der Waffen haben sie nicht Schritt gehalten. Schon auf die Wirkung des Faustkeils waren sie nicht zugeschnitten. Ob Kain betreten war, als der […] Bruder tot vor ihm lag? Wir dürfen es mit Sicherheit annehmen. […] Aggression aber ist keine bloße Reaktion, sie ist ein Trieb. Gerade die Einsicht, dass der Aggressionstrieb ein echter, primär arterhaltender Instinkt ist, lässt uns seine volle Gefährlichkeit erkennen: Die Spontaneität des Instinktes ist es, die ihn so gefährlich macht. Wäre er nur eine Reaktion auf bestimmte Außenbedingungen […], dann könnte man grundsätzlich die reaktionsauslösenden Faktoren erforschen und ausschalten. Aber wie viele andere Instinkte quillt auch der Aggressionstrieb „spontan" aus dem Inneren des Menschen. […] Wenn ein Organismus längere Zeit nicht aggressiv war, staut sich sein Aggressionstrieb und erzeugt eine wachsende Appetenz auf aggressive Akte. Sein Schwellenwert für aggressionsauslösende Reize sinkt. Eventuell kommt es sogar zu dem, was wir in der Verhaltensforschung Leerlaufhandlungen nennen. Das Tier verhält sich ohne Anlass aggressiv. […] In der Kriegsgefangenschaft habe auch ich manchmal einen Koller gekriegt. In einer Situation nämlich, in der man sich nicht mit Menschen auseinandersetzen kann, die nicht zum eigenen Freundeskreis gehören, kommt es so weit, dass man seinen besten Freund ohrfeigen könnte. Dagegen hilft nur, dass man still aus der Baracke schleicht und einen nicht zu teuren, aber mit möglichst sinnfälligem Krach in Stücke springenden Gegenstand zuschanden haut.

Bandura: […] Die Aggression hat ihren Ursprung gar nicht im Innern. Aggression stammt von außen, aus der Gesellschaft. Aggression wird gelernt. Welche Arten des sozialen Lernens gibt es?

Es gibt einmal das Lernen durch eigene Erfahrung. Das wird reguliert durch die unterschiedliche Belohnung oder Bestrafung bestimmter Handlungen. Wenn Kinder für Aggressionen gelobt und belohnt werden, werden sie darin bestärkt. In der Sprache der Lerntheorie: Ihr aggressives Verhalten wird verstärkt. So zieht man aggressive Menschen heran. Und es gibt das Lernen durch Nachahmung eines Modells. Das Modell – das Vorbild, wenn Sie so wollen – lehrt neue Verhaltensweisen, und es stärkt oder schwächt bestehende Hemmungen. Wenn das Kind andere bei Akten der Aggression beobachtet, Eltern, Mitschüler, Film- und Fernsehhelden, gehen diese Formen der Aggression potenziell in sein eigenes Verhaltensrepertoire über, und die Wahrscheinlichkeit, dass sie auch angewendet werden, ist dann besonders hoch, wenn die beobachteten Aggressionen unbestraft blieben oder sogar gerechtfertigt oder verherrlicht wurden. Im Falle der Aggression spielt das soziale Lernen am Modell die größere Rolle. Der Mensch aber ist ein kognitiv so begabtes Wesen, dass bei ihm auch die im Geist vorweggenommene Belohnung eine große Rolle spielt. Das heißt, er ist aggressiv oft, weil er sich Vorteile von seinem Verhalten verspricht und sich gute Erfolgschancen ausrechnen kann. […] Zahlreiche Kollegen, ich selber auch, haben in den letzten Jahrzehnten eine Vielzahl von Studien im Labor und im Feld durchgeführt, die alle zeigten, wie sehr Modellimitation und Verstärkung das aggressive Verhalten formen. Bei einem typischen Versuch wurden Kindern Filme gezeigt, in denen sie ein „Modell" bei einer für sie neuartigen Aggression beobachten konnten. Wenn das „Modell" belohnt worden war, waren auch die Kinder im Anschluss aggressiver. Am aggressivsten aber waren sie, wenn sie selber ebenfalls zur Aggression ermutigt wurden. […] Wer Aggression eindämmen will, muss verhindern, dass die Menschen aggressive Verhaltensmuster durch soziales Lernen erwerben. Kinder dürfen keine Gelegenheit bekommen, Aggressionen zu beobachten, vor allem keine erfolgreichen. Sie dürfen nicht belobigt oder sonstwie belohnt werden, wenn sie sich selber aggressiv verhalten. Aggression darf sich niemals lohnen.

Aufgaben

1. Erarbeiten Sie die unterschiedlichen Standpunkte zu den Ursachen der Aggression.
2. Vergleichen Sie die Auffassungen, indem Sie Gemeinsamkeiten und Unterschiede herausstellen.
3. Erörtern Sie Leistungen und Grenzen der vorgestellten Auffassungen aus pädagogischer Perspektive.

5.2 Wilhelm Heitmeyers soziologischer Erklärungsansatz für Gewalt und Menschenfeindlichkeit

Seit Langem findet der soziologische Erklärungsansatz Wilhelm Heitmeyers zur Analyse der Problematik von Gewalt und Menschenfeindlichkeit große Beachtung und Anerkennung. Heitmeyer fragt nach den gesellschaftlichen Bedingungen, wenn er Gewaltverhalten von Individuen oder Gruppen in den Blick nimmt.

M3 Gewalt als komplexes Phänomen (Wilhelm Heitmeyer)

Zur Bearbeitung von möglichen Problemen im Individualisierungsprozess zur Platzierung und Präsentation zwecks Aufstieg, Sicherung von Statuspositionen oder Anschluss zum Erwerb solcher Positionen, also im Kampf um Anerkennung (Honneth 1993) und Akzeptanz, stehen Jugendlichen prinzipiell vielfältige Wege zur Verfügung. Keine Wahl haben sie allerdings in grundlegender Hinsicht. Da die Individualisierung in einer kapitalistischen Marktgesellschaft eine ständig zunehmende individuelle Konkurrenz erzeugt, müssen Jugendliche die Entwicklung von eigenständigen Lebensplanungskonzepten betreiben, die sich aus den biografischen Erfahrungen, aktuellen Eindrücken und zukünftigen Erfahrungen zusammensetzen. Die objektiven Chancenstrukturen zur Realisierung der im milieuspezifischen Sozialisationsverlauf erworbenen Wertvorstellungen und solche individuellen Lebensplanungskonzepte werden wesentlich über die Varianten mitentscheiden, die zur Bearbeitung unterschiedlicher Anforderungen, Probleme, Lagen und Lebensabschnitte situativ, kurzfristig oder dauerhaft verfolgt werden.

So lassen sich sozialverträgliche Vorgehensweisen über erhöhte Leistungs- und Anpassungsanstrengungen an tatsächliche oder vermutete Anforderungen aktivieren, um Verunsicherung aktiv zu begegnen, etwa mithilfe eines entscheidungsorientierten Lebensplanungskonzeptes. Eine zweite idealtypische Variante lässt sich als verschiebende Bearbeitungsweise vorstellen. Damit sind eher passiv hinnehmendes bzw. ausweichendes, also eher apathisches Geschehenlassen bzw. fatalistisches Hinnehmen gemeint. Und die dritte Variante betrifft schließlich gewaltförmige Handlungsweisen, die zwar der individuellen oder kollektiven Durchsetzung dienen, aber um den Preis zerstörerischer Folgen für die Unversehrtheit von Personen und ein sozialverträgliches Zusammenleben.

Im Kontext dieses Konzeptes wird davon ausgegangen, dass der mit hoher Geschwindigkeit ablaufende, asynchrone Wandel (Hoffmann-Nowotny 1988) von Kultur und Struktur, also von ambivalenten Individualisierungsprozessen und sozialen Ungleichheitsstrukturen, dazu beiträgt, dass Desintegrations- und Verunsicherungspotenziale zunehmen, die sowohl Gewalterfahrungen hinterlassen als auch gewaltförmiges Verhalten zu einer wichtigen Option der Bearbeitung solcher Problemlagen werden lassen. Dies basiert auf der schon angeführten zentralen Annahme, dass dort, wo sich das Soziale auflöst, die Folgen des eigenen Handelns für andere nicht mehr sonderlich berücksichtigt werden müssen: Die Gleichgültigkeit greift um sich, die Gewaltschwellen sinken und die Gewalt-Optionen steigen.

Abb. 5.5

Analytische Sortierungen

Nun ist insbesondere die Gewaltfrage immer mit dem Problem konfrontiert, was denn nun Gewalt sei. [...] Da Gewaltkriterien immer auch Produkt der gesellschaftlich durchgesetzten Definitionsmerkmale und -grenzen sind, ergibt sich eine weitverbreitete Zweiteilung: Die psychischen Formen werden in solche Begriffe gekleidet, die tolerabel erscheinen, weil sie einem „Normalitätsstandard" entsprechen, die physischen dagegen werden sanktioniert. Dies liegt darin begründet, dass die psychischen Formen zur Grundausstattung dieser Gesellschaft gehören, die umso eher durchgesetzt werden und ungestört wuchern können, desto intensiver sich die Diskussion auf die physischen Formen konzentriert. Wenn man aber bedenkt, wie eng beispielsweise Selbstwertverletzungen und gewaltförmiges Handeln zusammenhängen, dann wird die Bedeutung für die Einleitung des Prozesses erst richtig klar: Selbstwertverletzungen verlaufen in der Regel über psychische Formen. [...]

Von daher liegt es nahe, jenen Positionen zu folgen, die auch „institutionelle Gewalt" (Lenk 1982) einbeziehen. Diese Gewaltform kann Lebenskontexten eingelagert sein und die Möglichkeit des Aufwachsens in relativer Angstfreiheit als wesentliches Element psychischer Unversehrtheit beeinträchtigen oder zerstören, und zwar durch Formen von Verunsicherung und Unberechenbarkeit von Lebensperspektiven, durch Ausgrenzung von sozialen Lebenszusammenhängen bis hin zur gezielten Bereitstellung von Gewaltlegitimationen zur Instrumentalisierung zwecks Anwendung von politischer Gewalt. Eine solche Begriffsannäherung schafft Voraussetzungen zur Erläuterung der Grundfigur zur Analyse von Gewaltursachen. In der Forschung hat sich ganz deutlich das Grundmuster eines Interaktionsmodells (Remschmidt u. a. 1990, Mummendey 1982) durchgesetzt. Besonders strittig sind Ansätze, die Gewalt vorrangig auf biologische Faktoren zurückführen, denn Gewalt kann nicht als Eigenschaft von Personen verstanden werden, selbst wenn man unterschiedliche

Temperamente wie Reizbarkeit berücksichtigen muss. Es dominiert eher die Auffassung, dass Gewalt das Ergebnis von Auseinandersetzungen mit den Bedingungen und Situationen der gesellschaftlichen Umwelt ist. Daher ist es notwendig, nicht zuallererst und allein auf das individuelle Verhalten zu verweisen, sondern Gewalt als Ausdruck sozialer Prozesse zu fassen, in denen strukturelle Bedingungen und individuelles Handeln zusammenwirken. Dazu sind dann zumindest drei Aspekte zu betrachten (Neidhardt 1987):

- Das Auftreten von Gewalt hängt zusammen mit Gewaltbilligung und Gewaltbereitschaft. Sie sind ein Ergebnis von individueller Sozialisation, die in Abhängigkeit von biografischen Erfahrungen zu sehen ist, also gewissermaßen erlernt sind.
- Dass Gewaltbilligung und -bereitschaft in bestimmten Situationen zu Gewalttätigkeit wird, hängt vom Interaktionskontext ab. […]
- Auch wenn Gewalthandeln für Außenstehende zumeist sinnlos erscheint, verbinden diejenigen, die so handeln, damit einen subjektiven Sinn. Dies liegt darin begründet, dass jedes Individuum nach Legitimationen für sein Handeln sucht, denn es müssen Gewalthemmungen überwunden werden. Dieser subjektive Sinn wird nun von mehreren Seiten geliefert oder selbst konstruiert; sei es die leidvolle Erfahrung in der Opfer-Rolle als Kind, aus der heraus Gewalt als ‚erfolgreiches' Handlungsmodell interpretiert wird; sei es durch die massenmediale Botschaft, dass sich Gewalt „lohnt"; sei es durch politische Legitimationen der „gerechtfertigten" Überlegenheit; sei es die Vermeidung von Desintegration in der Gruppe durch Überkonformität gegenüber herrschenden Gruppennormen. […]

Eine erste Variante ist die expressive Gewalt. Sie gewinnt an Bedeutung im Zuge der Präsentation von Einzigartigkeit, über die das Individuum wahrgenommen werden will. Dazu ist das Medium Gewalt besonders geeignet, weil es zur Tabuverletzung dienen kann, die erhöhte Aufmerksamkeit sichert, damit die angebliche Einzigartigkeit unterstreicht und die Suche nach immer neuen Spannungszuständen befriedigt. Diese Variante ist auf die Person selbst zugeschnitten, die Opfer sind zweitrangig und beliebig. Deshalb wird diese Form zunehmend gefährlich, weil sie unkalkulierbar wird, nur dem Situationsgefühl ausgeliefert. Kalkulierbarer ist die instrumentelle Gewalt, weil sie nach antizipierbaren Kalkülen ausgerichtet ist und vor allem auf die individuell definierten tatsächlichen oder angeblichen „Problemlösungen" zielt. Sie ist gewissermaßen die soziale Variante, weil es um Anschluss, Sicherung von Positionen und Aufstieg geht, die diese Gewalt stützen sollen. Diese Gewaltform ist eine Radikalisierung und Ausnutzung von Freiheitsräumen. Eine kollektive Variante ist die regressive Gewalt, die so genannt wird, weil sie hinter den erreichten Stand der demokratischen Entwicklung zurückfällt. Ihr liegen politische Motive zugrunde, um unsicherheitsfördernde soziale, berufliche oder politische Desintegrationsprozesse durch eine kollektiv einbindende Gewalt aufzuheben, die an nationalen und ethnischen Kategorien ausgerichtet ist. Es ist gewissermaßen die kollektive „Furcht vor der Freiheit" (Fromm 1987). Die negative Individualisierung im Ungleichheitskorsett erzeugt Anfälligkeiten

- für expressive Gewalt, wenn die Standardisierung, also Nicht-Unterscheidbarkeit und Langeweile, als bedrängend wahrgenommen wird,
- für instrumentelle Gewalt, wenn die Durchsetzungschancen sinken,
- für regressive Gewalt, wenn „stabilisierende" Feindbilder lanciert werden,
- für autoaggressive Gewalt, wenn sich Auswege verknappen. […]

Funktionen, subjektiver Sinn und Regulation

[…] Insofern muss heute aufgrund dieser kulturellen und strukturellen Veränderung nach den Prinzipien der Gewinnmaximierung mit Entsicherungen und Entgrenzungen des Verhaltens gerechnet werden, wenn also gemeinsam geteilte soziale Werte und Normen in Auflösung begriffen sind, was u. a. mit der Ausbreitung gewaltaffiner autoritärer und machiavellistischer Einstellungen einhergeht. Vor diesem Hintergrund können Gewaltsituationen entstehen, wenn sich eine wachsende Kluft zwischen Gleichgültigkeit anderen und *Überempfindlichkeit* sich selbst gegenüber auftut. Die Gleichgültigkeit entwickelt sich aus den

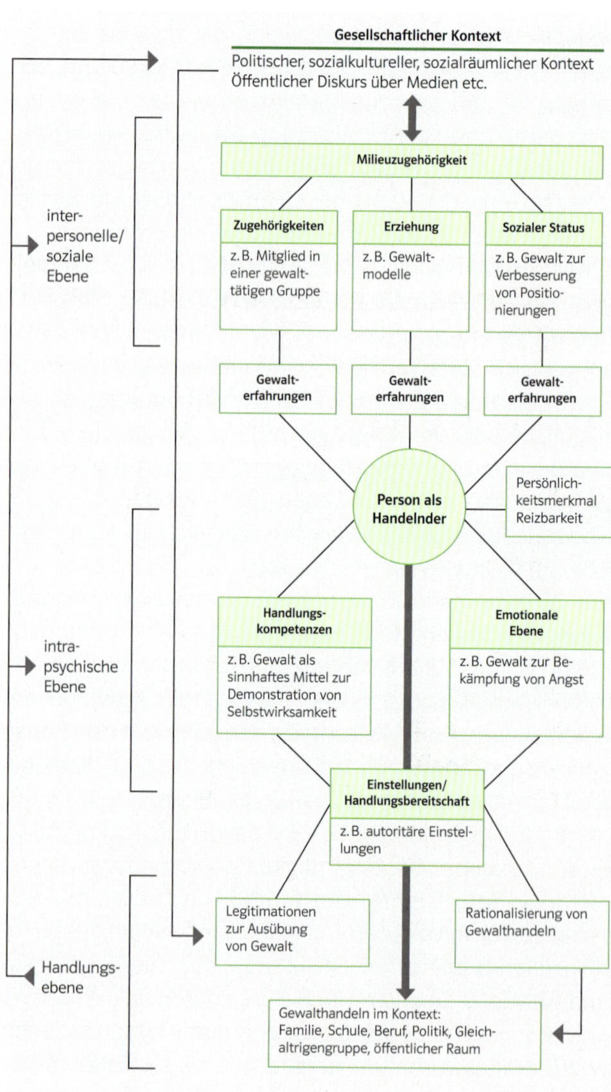

Abb. 5.6: Gewalt

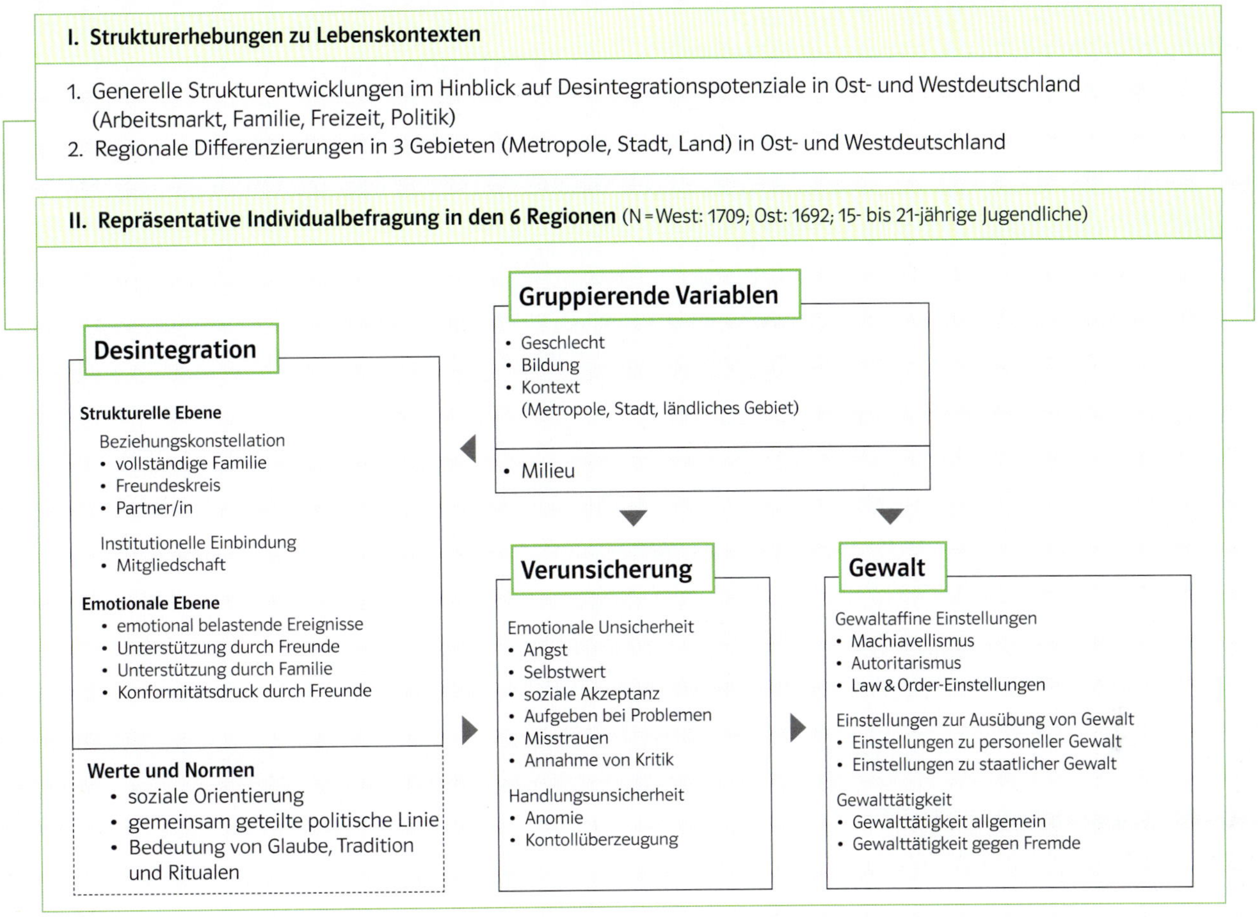

Abb. 5.7: Untersuchungsschema

strukturellen Zwängen des Handelns nach zweckrationalen Nützlichkeitserwägungen. Aufgrund dessen werden Individuen zu Gefangenen eines Opfer- und Täter-Zirkels, wodurch sie vielfältige soziale Enttäuschungen u. a. in Form fehlender Verlässlichkeit erfahren, die sie vielfach selbst im Gegenzug auch weitergeben. Die Überempfindlichkeit sich selbst gegenüber entsteht aus dem kulturellen Druck zur Demonstration von Einzigartigkeit und dem Nachweiszwang sich selbst und anderen gegenüber, „wahrgenommen" zu werden. […]

Sozialisationsmodell und Gewalt

a) Vorformen auf der Einstellungsebene

So ist die *Gewaltlatenz* zu berücksichtigen, die sich in *gewaltaffinen Einstellungen* zeigt. Wir verstehen darunter solche Formen, die gewissermaßen die gedanklichen Vorbereitungen auf die Verletzung der Integrität anderer beinhalten, also Rücksichtslosigkeiten, Ausgrenzungsforderungen etc. […]. Näher an der Destruktivität durch psychische Formen sind *manifeste Gewalteinstellungen*, […]:

- die *Gewaltakzeptanz* als *Normalität* zur Regelung von Beziehungen und
- die *Gewaltbilligung* („Ich mache das nicht, aber wenn andere Gewalt anwenden, so finde ich dieses in Ordnung"),
- die *Gewaltbereitschaft*, in der bestimmte Bedingungen kalkulierend betont werden, unter denen Handeln möglich wird („Ich würde Gewalt anwenden, wenn …").

b) Katalysatoren: Legitimationen

Diese aufgezeigten Varianten werden in ihren Wirkungen wesentlich davon beeinflusst, welche *Legitimationen* zur Verfügung stehen, um dem Denken auch Sinn zu verschaffen. […] Dazu gehören z. B.

- Gewalt als Gegengewalt: Die subjektiv sinnhafte Begründung entspricht der Selbstdefinition als Opfer.
- Gewalt als „Ultima Ratio": Die subjektiv sinnhafte Begründung entsteht z. B. aus der Erfahrung, dass nur so die Fremdwahrnehmung für die eigenen Ziele und Probleme gewährleistet ist, und die so agierenden Personen als ernst zu nehmende Konfliktpartner auftreten können.
- Gewalt als Ordnungsfaktor: Hier dominiert die subjektiv sinnhafte Begründung, dass Konflikte über (staatliche) Gewalt wieder in eine Ordnung überführt werden können.
- Gewalt als normales Handlungsmuster: Die subjektiv sinnhafte Begründung entsteht aus der Wahrnehmung, dass Gewalt alltäglich ist und von daher die Handlungsweisen von Jugendlichen nicht als besonders auffällig und problematisch zu gelten haben, sondern im Gegenteil nur eine ganz normale Anpassung an dominierende Verhaltensweisen darstellen.
- Gewalt als Klärung und Vollstreckung: Die subjektiv sinnhafte Begründung liegt darin, dass Jugendliche sich als furchtlose Avantgarde darstellen, im Gegensatz zu Erwachsenen, die nur reden.

c) Psychische und physische Gewalt
Die Gewalttätigkeit bildet gewissermaßen den eskalierenden Endpunkt der Verletzung der Integrität anderer. Sie schafft Opfer durch Erniedrigung und Bedrohung, durch Raub und Körperverletzung.

d) Rationalisierungen der Gewalt
Welche Ausmaße die Gewaltformen annehmen, hängt individuell auch davon ab, welche Rationalisierungsstrategien zur Neutralisierung der Gewaltfolgen bereitstehen oder konstruiert werden, um diese für sich selbst aushaltbar zu machen. Verunsicherung, Schuldgefühle und Selbstvorwürfe können nicht zugelassen werden, denn sowohl in Gruppen als auch als Einzelperson muss ständig Stärke demonstriert werden. Diese Neutralisierung vermittelt sich nun wieder über einen gesellschaftlich sehr hoch gehandelten Wert: Es ist das Cool-Sein als jugendspezifische Interpretation eben solcher öffentlich gefeierter Eigenschaften in Wirtschaft, Politik und Sport. Es dokumentiert sich darin die Verachtung von Unsicherheit. […] Die Neutralisierung relativiert beim Gewalthandelnden neben den Schuldgefühlen sowohl die Opferperspektive als auch die Angst vor Sanktionen.

Aufgaben

1. Erarbeiten Sie Heitmeyers Erklärungsansatz, indem Sie zunächst nach allgemeinen gesellschaftlichen Entwicklungen, welche Gewaltorientierungen begünstigen, suchen. Untersuchen Sie in einem zweiten Schritt, welche besonderen Faktoren in der Entwicklung und Sozialisation von einzelnen Menschen zu Gewaltakzeptanz oder Gewalthandeln beitragen können.
2. Erläutern Sie die Schaubilder in Abb. 5.6 und 5.7.
3. Skizzieren Sie die unterschiedlichen Formen von Gewalt, die Heitmeyer vorstellt.
4. Setzen Sie sich mit den von Heitmeyer benannten Möglichkeiten einer Rechtfertigung von Gewalt auseinander.
5. Erläutern Sie Grundzüge des Erklärungsansatzes Heitmeyers an konkreten Beispielen, indem Sie nach Fallgeschichten in unterschiedlichen Medien suchen oder sie selbst konstruieren.

M4 Gruppenbezogene Menschenfeindlichkeit als Folge gesellschaftlicher Zustände (Wilhelm Heitmeyer)

Wilhelm Heitmeyer hat im letzten Jahrzehnt seinen Ansatz weiterentwickelt. Er fragt nicht mehr nur nach Motiven und Ursachen von Gewalt, sondern analysiert nun auch in soziologischer Perspektive Motive für „gruppenbezogene Menschenfeindlichkeit". Gewalt wächst auf dem Boden gruppenbezogener Menschenfeindlichkeit, und diese wirkt sich problematisch auf das soziale und politische Leben einer Gesellschaft aus.

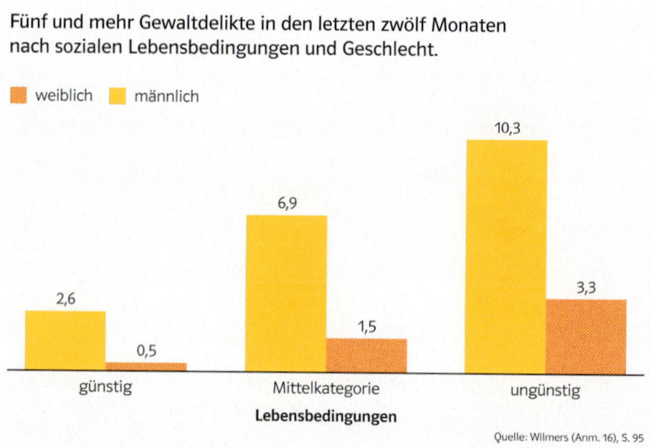

Abb. 5.8: Raten der Mehrfachtäter von Gewalt, Schülerbefragung 2000 (in %; gewichtete Daten)

Das Paradoxe scheint zu sein, dass über Ungleichheit und Ungleichwertigkeit von sozialen Gruppen mit unterschiedlichen Fähigkeiten, Glaubensrichtungen, Lebensgewohnheiten etc. immer wieder Desintegration und Ausgrenzung erfolgt *zwecks* Stabilisierung von Gesellschaft. […] Die soziale Erniedrigung wird auch noch mit einer moralischen „Unterwertigkeit" verbunden. Eine solche Ungleichwertigkeitserfahrung oder Ungleichwertigkeitsbedrohung setzt Prozesse in Gang, sodass weitere Gruppen entweder neu „entdeckt" oder die Abwehr bzw. Distanzierung über die kommunizierten Ungleichwertigkeitsmerkmale verstärkt werden. So können immer wieder neue Konstellationen der Ungleichwertigkeit entstehen, wenn z. B. sozial abgehängte Gruppen sich ebenfalls der Ungleichwertigkeit „bedienen".
Insofern gibt es *Umwandlungsprozesse*. Die Umwandlung der eigenen Ungleichheit in die Bewertung anderer mithilfe von spezifischen Kriterien der Ungleichwertigkeit ist ein Instrument von Ohnmächtigen. Es gilt, die eigene Unterlegenheit in Überlegenheit zu transformieren, also surrogathafte Macht und Abstand zu gewinnen. […]
Die Bewertungsstandards gegenüber jenen Gruppen, die mit Ungleichwertigkeit belegt werden, variierten, und im Kampf um die symbolische Ordnung können sich graduelle in kategoriale Ungleichwertigkeitssemantiken transferieren. Sie treten dann auf, wenn z. B. mehr oder weniger Intelligenz mit ethnischer Gruppenzugehörigkeit verbunden wird oder wenn lange Arbeitslosigkeit ein solches Ausmaß angenommen hat, dass Personen oder Gruppen dann den

Makel des „Unvermittelbaren“ erhalten. Hier kommen *Verschleierungs- bzw. Verschiebungsideologien* zum Zuge. Diese gelten auch für jene Gruppen, die im Syndrom der *Gruppenbezogenen Menschenfeindlichkeit* zusammengefasst sind.

Abb. 5.9

Eine Durchmusterung ergibt folgendes Bild:

- Obdachlose und Behinderte werden im Fokus gesellschaftlicher und vor allem *wirtschaftlicher Nützlichkeit* vs. *Nutzlosigkeit* beurteilt.
- Zugewanderte Migranten werden in der Regel mit *„der Kultur“* in den Ungleichwertigkeitsstrudel gezogen. Rückständigkeit gegenüber der „westlichen Kultur“ wird reklamiert. Auch das Kriterium zwischen nützlichen und nutzlosen Ausländern wird hinzugezogen.
- Gegenüber Juden werden weder geringe Kognition noch die Frage der wirtschaftlichen Nützlichkeit herangezogen, sondern beides negativ gewendet in eine *„verlogene Moral“*. Sie werden mit „naturalisierter“ Ungleichwertigkeit überzogen, indem wirtschaftlich ausbeuterisch raffiniertes Verhalten in Stellung gebracht wird.
- Zur Ungleichwertigkeit von Menschen werden sowohl kulturelle als auch *religiöse* Überzeugungen vorgebracht. Dies gilt insbesondere dann, wenn die eigene Religion als einzig *wahre* auf den Schild gehoben wird. Das Fundamentale tritt hervor und trifft auf ähnliche Vorstellungen im Islam, in dem die Überlegenheit des Mannes definiert ist (Koran Sure 4,34) und für Frauen zwar gleiche Würde, aber nicht gleiche Rechte postuliert werden. Die Ungleichwertigkeit in reklamierten Etabliertenvorrechten werden über zeitliche Vorrangstellungen im geteilten Sozialraum etabliert.
- Homosexuelle werden über *„die Natur“* in die Ungleichwertigkeit hineingezogen. Die Unnatürlichkeit des sexuellen Verhaltens wird aufgerufen, z.T. auch religiös begründet.
- Zum Rassismus wird vielfach die *Kognition* herangezogen, gewissermaßen als angeborene Unterlegenheit. Intellektuelle Unterlegenheit, also geringe Intelligenz gegenüber dem „Weißen Mann“ (Pohl 2007) dient als Überzeugungsgrundlage.
- Im Sexismus reüssiert auch die *Natürlichkeit* der Geschlechter und die Überlegenheit des „Weißen Mannes“, dem der Fortschritt in der geistes- und naturwissenschaftlichen Welt zu verdanken ist. Diese geht zu Ende. „Schuld“ daran ist die Einbindung der Frau in die geistige Entwicklung und in die Bildungssysteme.
- Begriffe von *Nützlichkeit, Kultur, Moral, das Wahre, zeitliche Verweildauer im Raum, Natur* und *Kognition* gehören also zum Arsenal der Etablierung von Ungleichwertigkeiten und machen anfällig für *Eskalationsprozesse*.

Diese Prozesse beginnen mit Anerkennungsverlusten, d.h. *Missachtungen*. Eine weitere Stufe zeigt sich in *Verachtungen*, deren manifester Ausdruck sich in *Diskriminierungen* findet. Die Machtdemonstration in Form von *Unterdrückungen* schließt sich an bis hin zum Extremfall der *Vernichtung* durch Gewalt.

Aufgaben

1. Erarbeiten Sie, wie und warum nach Heitmeyer in unserer Gesellschaft über Ungleichheit auch Ungleichwertigkeit erzeugt wird. Beziehen Sie dazu auch einen weiteren Teil des Textes von Heitmeyer sowie ein weiteres Diagramm mit ein (vgl. ym763e).

2. Setzen Sie sich kritisch mit der Entstehung von menschlichen Bewertungsstandards auseinander und prüfen Sie, ob bzw. inwieweit die Ausbildung von Bewertungsstandards bei Menschen über pädagogische Maßnahmen weitreichend beeinflusst werden könnte oder müsste.

3. Einen weiteren Text zum Thema „Gewaltkarrieren“ von Ferdinand Sutterlüty finden Sie online (vgl. fb86na). In dem Text berichtet Sutterlüty von Gewalt durch Schüler an der Rütli-Hauptschule in Berlin-Neukölln.

Frage und Anregung zum Abschluss

Erläutern Sie, inwiefern pädagogisches Handeln immer angesichts von gegebenen gesellschaftlichen Bedingungen und vorherrschenden Wertorientierungen stattfindet, und erörtern Sie, welche Folgerungen für pädagogisches Handeln daraus gezogen werden müssen.

5.3 Der Ansatz Udo Rauchfleischs zur Diagnose und Therapie bei Dissozialität und Jugendgewalt

Udo Rauchfleisch hat viele Jahrzehnte Strafgegangene therapeutisch begleitet und zugleich seine Erfahrungen wissenschaftlich aufgearbeitet. Rauchfleisch hat die überarbeitete Auflage seines Buches „Dissozialität“ neu mit „Außenseiter der Gesellschaft“ überschrieben. Die Auseinandersetzung mit Gewalttätern hat in diesem Rahmen einen großen Stellenwert eingenommen. Nach Rauchfleisch machen sich Menschen zu gesellschaftlichen „Außenseitern“, wenn es ihnen nicht gelingt, sich konstruktiv in Beziehungen oder Gemeinschaften zu integrieren. Sie fallen so durch problematisches – zumeist aggressives, bedrohendes oder gewalttätiges – Auftreten in Schulen oder an Arbeitsplätzen, aber auch in informellen Gruppen auf. Rauchfleisch orientiert sich an einem weiten Verständnis von „Gewalt“. In seiner psychoanalytisch fundierten Arbeit fragt er nach Mechanismen, welche Menschen zu „dissozialem“ Verhalten bewegen können. Sein Ansatz für einen Umgang mit diesen Menschen kann zeigen, dass Menschen in schweren Krisen therapeutisch geholfen werden kann. Welche Gemeinsamkeiten und Unterschiede gibt es zwischen therapeutischem und pädagogischem Vorgehen? Gibt es Situationen, in denen pädagogisches Handeln auf Therapie angewiesen ist?

M5 Das Verhalten von „Außenseitern“ (Udo Rauchfleisch)

Hans-Peter, ein strafentlassener junger Mann, brachte in die Therapiestunde einen Bescheid mit, den er von der Finanzbehörde erhalten hatte. Hochgradig erregt wies er darauf hin, dass er mit diesem vorgedruckten Formular gerügt werde, weil er seine Steuer noch nicht bezahlt habe; es sei unverschämt, dass man ihm als Termin für die Zahlung ein Datum angebe, das bereits eine Woche zurückliege. Sein wütender Kommentar gipfelte in den Worten: „Die meinen natürlich, mit mir als Verbrecher könnten sie so umgehen. Aber die sollen was erleben! Ich gehe da hin und schlage denen alles kurz und klein.“ Tatsächlich fand sich auf dem Steuerbescheid ein fett gedrucktes Datum der vergangenen Woche. Der Text lautete jedoch nicht, wie Hans-Peter angenommen hatte, er hätte seine Steuern bis zu diesem Zeitpunkt bezahlen sollen, sondern es hieß, in der Abrechnung seien Zahlungen bis zum angegebenen Datum berücksichtigt.

Aufgaben

1. Geben Sie die auffällige Verhaltensweise von Hans-Peter wieder. Ein weiteres Beispiel für ein Verhalten von „Außenseitern“ finden Sie online (vgl. 649x63).
2. Erläutern Sie die Verhaltensweisen, indem Sie psychoanalytisches Wissen und Kenntnisse über Bindungsforschung heranziehen.
3. Erörtern Sie, ob bzw. wie Hans-Peter und Ruth geholfen werden könnte, ihre spontanen und heftigen Reaktionen mehr kontrollieren zu können.

M6 Menschen in psychosozialer Not (Udo Rauchfleisch)

Untersuchen wir die Bedingungen, unter denen Menschen mit schwerwiegenden psychosozialen Problemen aufgewachsen sind, so fällt auf, dass sie in der frühen Kindheit ebenso wie im weiteren Verlauf ihres Lebens zum Teil schwerste Verlust- und Mangelerfahrungen durchgemacht haben […], die vor allem aus der sozialen Instabilität der Herkunftsfamilie resultieren (mit zum Teil gravierenden ökonomischen Problemen und intrafamiliären Spannungen) und aus den vielfältigen Beziehungsabbrüchen, denen diese Kinder ausgesetzt waren. […] Die psychischen Verletzungen haben tiefe Spuren in ihrer Persönlichkeit hinterlassen, vor allem in Form eines zum Teil extremen Misstrauens. […] Viele unserer psychodynamischen Theorien sehen – zumindest in ihren populären Verkürzungen – den Ursprung insbesondere bei den Müttern. Eine solche Sicht ist indes aus zwei Gründen fatal: Zum einen zeigen uns die modernen psychoanalytischen, wie gerade bei der Gewaltproblematik die Väter von großer Bedeutung sind und insofern „Abschied von der Schuld der Mütter“ zu nehmen ist […]. Außerdem ist zu berücksichtigen, dass Eltern mit ihren Kindern ja nicht in einem sozialen Vakuum leben,

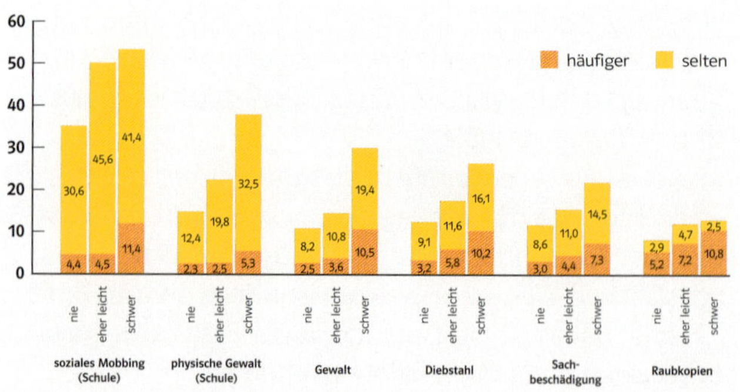

Abb. 5.10: Delinquentes Verhalten nach erlebter elterlicher Gewalt, 9. Jahrgangsstufe (in %; gewichtete Daten; fett: signifikant bei $p < .05$)

sondern in ihren Erziehungsaufgaben von der weiteren Sozietät unterstützt oder (leider vielfach) im Stich gelassen werden. Zum anderen ist eine Kulpabilisierung der Eltern insofern auch verhängnisvoll, als wir ihnen damit nicht nur unrecht tun, sondern in unseren eigenen Gefühlen, in der Gegenübertragung, den Eltern gegenüber voreingenommen werden und, ob reflektiert oder nicht, ihnen gegenüber leicht eine feindselige Haltung einnehmen. […]

Frühkindliche Mangelerfahrungen und ihre sozialen Konsequenzen

Aufgrund der beschriebenen Mangelerfahrungen haben sich in diesen Menschen im Verlaufe der Zeit ungeheure Wünsche und Ansprüche angestaut, und sie sind von einem unstillbaren Hunger nach Zuwendung und Bestätigung erfüllt. Zugleich bestehen bei ihnen aber auch große Ängste vor jeder intensiveren mitmenschlichen Nähe und Verbindlichkeit, sodass sie gerade das fürchten und vermeiden, was sie eigentlich am meisten ersehnen. Verständlicherweise weichen sie deshalb vielfach auf „Ersatzgebiete" aus, indem sie sich Alkohol und andere Suchtmittel einverleiben, sich Gegenstände aneignen oder Menschen ihrer Umgebung zu beherrschen und zu „benutzen" suchen, in der allerdings irrigen Hoffnung, dadurch die innere Leere ausfüllen zu können.

Ein weiterer Störungsbereich ist der der Autonomieentwicklung. Die in diesem Buch geschilderten Menschen haben in ihrer Kindheit häufig keine konstruktiven Formen von Abgrenzungs- und Unabhängigkeitsstrebungen entwickeln können […]

Die Beziehungen, die die hier geschilderten Klientinnen und Klienten aufnehmen, sind zumeist überladen mit unrealistischen Erwartungen, und andere Menschen sind für sie in der Regel nur „Mittel zum Zweck". Ihre Beziehungen sind nach der psychoanalytischen Theorie nicht objektaler Art, bei der die Bezugspersonen als Individuen mit eigenen Gefühlen und Wünschen wahrgenommen und respektiert würden. Es sind vielmehr stark funktionalisierte Beziehungen, die einem narzisstischen Muster folgen. Die Bezugspersonen sind nur insofern von Interesse, als sie für diese Menschen eine bestimmte Funktion erfüllen. Sobald sie dies nicht mehr tun, werden sie gegen andere „ausgewechselt". […] Das heißt: Ihr fragiles Selbstwertsystem bedarf der permanenten Bestätigung und Stärkung von außen. Können die Bezugspersonen dies nicht mehr, so werden sie „uninteressant". Nicht selten richtet sich gegen sie nun aber auch – aus Enttäuschung – ungeheurer Hass, da sie die in sie gesetzten Erwartungen nicht erfüllen.

Die frühkindlichen Entwicklungsbedingungen von Menschen mit schwerwiegenden psychosozialen Problemen führen bei ihnen zu spezifischen ich-strukturellen Störungen in der Wahrnehmung und Steuerung ihrer Gefühle sowie zu Beeinträchtigungen in den Funktionen, die sie benötigen, um sich in der Sozietät bewegen zu können.

Ich-Störungen und Abwehrmechanismen

Vieles von ihrer inneren Befindlichkeit und von der sozialen Realität nehmen sie nicht oder durch ihre Ängste und Hoffnungen verzerrt wahr. Betroffen sind insbesondere

Abb. 5.11

die nach psychoanalytischer Theorie dem Ich zuzuordnenden Funktionen der Realitätsprüfung sowie der Fähigkeit, realistische Zukunftsentwürfe zu entwickeln und sich vor einer Überflutung durch innere und äußere Reize zu schützen. Im Bereich der sogenannten Abwehrmechanismen herrschen archaische (vor allem aus der frühen Kindheit stammende) Formationen vor: Wir finden insbesondere die Mechanismen der Spaltung (der betreffende Mensch vermag die „guten" und „bösen" Teilqualitäten einer anderen oder auch der eigenen Person nicht gleichzeitig – ambivalent – wahrzunehmen, sondern erlebt diese je absolut als unvereinbare Gegensätze, wobei es charakteristischerweise immer wieder zu einem abrupten Umschlag in das gegenteilige Gefühl kommt), der Projektion (eigene, bei sich selber aber nicht akzeptierte Gefühle und Impulse werden in anderen Menschen gesehen und dort oft heftig bekämpft), Verleugnung von Aspekten der sozialen Realität und der inneren Befindlichkeit sowie Idealisierungen und Entwertungen von Bezugspersonen.

Diese Mechanismen dienen zwar ursprünglich dem Schutz der Persönlichkeit vor dem Gewahrwerden der inneren Konflikte, vor der daran gebundenen unerträglichen Angst und vor dem Überflutetwerden durch Aggression. Sie sind insofern „Erhaltungsmechanismen". Zugleich wirken sie sich aber auch unheilvoll aus, weil sie die weitere Entwicklung dieser Menschen erheblich beeinträchtigen, indem sie beispielsweise Reifungsschritte stören, den Realitätsbezug behindern und dazu beitragen, dass diese Menschen viele für ihre soziale Integration wichtige Erfahrungen nicht oder in nur ungenügendem Maße machen (z. B. mangelnde Schul- und Berufsausbildung und Schwierigkeiten beim Erlangen der verschiedensten sozialen Kompetenzen). […]

Über-Ich-Störungen, Selbst(un)wertgefühle und soziale Konsequenzen

Eine weitere Störungskomponente betrifft die Gewissensbildung dieser Menschen (in der psychoanalytischen Theorie das Über-Ich). […] Die hier geschilderten Menschen haben sehr wohl eine Gewissensinstanz aufgebaut, nur weist sie in ihrer Entwicklung und Struktur häufig spezifische Störungen auf: Ein Teil ihres Über-Ich, das Über-Ich im engeren Sinne, besteht aus geradezu grausamen, sie stets entwertenden Stimmen, die sich von frühkindlichen traumatischen Beziehungserfahrungen herleiten. Gegen die von diesem Teil ihrer Gewissensinstanz ausgehende Verurteilung und Selbstentwertung suchen sich diese Menschen vor allem durch eine Projektion der selbstquälerischen Impulse auf Menschen in der Umgebung zu schützen. Gegen solche „Über-Ich-Träger" führen sie dann oft einen geradezu verzweifelten Kampf, in der allerdings irrigen Hoffnung, damit die sie verurteilenden Stimmen im eigenen Innern zum Schweigen bringen zu können. Eine weitere Auffälligkeit dieser Menschen liegt im Bereich ihres Über-Ich darin, dass ihre Vorstellungen von dem, was sie als Leitlinie und Idealentwurf vor Augen haben, ihr Ich-Ideal, zum Teil enorm überhöht und so hochgeschraubt sind, dass sie diese Ziele in Realität nie erreichen können.

Abb. 5.12

Die Folge dieser Über-Ich-Probleme sind einerseits extreme Selbstentwertungen und Selbstverurteilungen und andererseits so hochgesteckte Ziele, dass ein Versagen von vornherein programmiert ist. Außerdem kommt es zu einem oft abrupten Umschlagen von zentralen Selbstunwertgefühlen zu völlig unrealistischen Größenvorstellungen. […]

Aufgrund ihrer frühkindlichen Entwicklungsbedingungen ist es bei den hier geschilderten Menschen im Verlaufe des Lebens ferner zu schwerwiegenden Störungen im narzisstischen Bereich, in ihrem Selbstwerterleben, gekommen. Zentrale Ohnmachts- und Selbstunwertgefühle stehen unvermittelt neben grandiosen, völlig irrealen Vorstellungen von den eigenen Möglichkeiten. […]

Die narzisstische Störung prägt wesentlich die Beziehungen dieser Menschen. Partnerinnen und Partner ebenso wie Betreuer und Therapeutinnen sind für sie vor allem insofern von Bedeutung, als sie ihnen Befriedigung ihrer Wünsche nach Anerkennung und Geltung garantieren und als idealisierte Menschen zur Aufwertung der eigenen, sich insuffizient fühlenden Person benutzt werden können […]. Auch ihre starke Neigung, sich durch Manipulation anderer Menschen das Gefühl eigener Macht und Größe zu verschaffen, sowie ihre erhöhte Kränkbarkeit und ihre geringe Frustrationstoleranz sind unter anderem Ausdruck der Selbstwertstörung. […]

Fazit für den Umgang mit Menschen in psychosozialer Not

Als Fazit der hier skizzierten Theorie zur Entwicklung von Menschen mit gravierenden psychosozialen Problemen können wir festhalten: Wir haben es vielfach mit Menschen zu tun, die bereits in frühester Kindheit schwere reale Mangel- und Verlusterfahrungen erlebt haben. Die Folge sind schwerwiegende Beziehungsstörungen, die Ausbildung eines erheblichen Aggressionspotenzials sowie Beeinträchtigungen in verschiedenen Ich-Funktionen und im Aufbau der Über-Ich-Instanz. Ferner leiden viele dieser Menschen unter einer zentralen Selbstwertstörung, die sich einerseits in Insuffizienz- und Ohnmachtsgefühlen, andererseits in einem grandiosen Gebaren und starken manipulativen Tendenzen äußert. […]

Es sei an dieser Stelle noch ausdrücklich darauf hingewiesen, dass eine derartige Charakterisierung eine große Gefahr in sich birgt: Sie erscheint wie eine Summierung von „Defiziten". Eine solche Sicht wäre jedoch aus drei Gründen verhängnisvoll: Zum einen würde sie der realen Situation unserer Klienten nicht gerecht, denn selbst bei schwersten psychopathologischen Zuständen haben wir nie Menschen vor uns, die nur aus „Defiziten" bestehen. Zum anderen müssten wir, wenn wir eine derartige Haltung einnähmen, den Klienten völlig hilflos und resigniert gegenüberstehen und eine wie auch immer geartete Betreuung und Behandlung als „aussichtslos" ablehnen. Zum dritten könnten wir gar nicht mit Menschen arbeiten, bei denen wir uns nicht auf intakte Persönlichkeitsanteile stützen und Ressourcen erschließen könnten. Mehr noch als andere Klienten fordern uns deshalb Menschen mit schwerwiegenden psychosozialen Problemen zu einem radikalen Umdenken heraus, geradezu zu einem Paradigmenwechsel, indem wir nicht mehr in erster Linie von der psychischen und sozialen Pathologie ausgehen dürfen, sondern im Sinne der Salutogenese unser Augenmerk insbesondere auf die intakten Bereiche und Funktionen und auf die positiven Entwicklungsmöglichkeiten der Klientinnen und Klienten richten müssen.

Aufgaben

1. Erläutern Sie – mithilfe von Fachlexika – zunächst die Bedeutung der Ihnen bislang nicht bekannten fachlichen Begriffe in den Ausführungen Rauchfleischs.
2. Erarbeiten Sie die von Rauchfleisch (auch in den beiden Beispielen) behaupteten Bedingungen bzw. Ursachen dissozialen oder gewalttätigen Verhaltens.
3. Erläutern Sie die von Rauchfleisch angeführten psychischen Störungen dissozialer Menschen auf dem Hintergrund Ihrer psychoanalytischen Kenntnisse – etwa über den psychischen Apparat und die psychischen Instanzen sowie die psychosexuelle Entwicklung.
4. Nehmen Sie zu Rauchfleischs Forderung Stellung, dissoziale Menschen nicht als eine „Summierung von ‚Defiziten'" zu betrachten.
5. Erörtern Sie, ob bzw. inwieweit Menschen mit diesen Schwierigkeiten pädagogisch unterstützt werden können.
6. Weitere Texte von Udo Rauchfleisch zur Begleitung straffälliger Menschen sowie zum „bifokalen" Behandlungskonzept finden Sie online (vgl. 97ax4k und r3j2ex).

5.4 Zum Verhältnis von therapeutischem und pädagogischem Handeln

Sie haben sich in diesem Abschnitt mit psychologischen oder psychologisch orientierten Erklärungen für Gewalt und Dissozialität auseinandergesetzt. Der folgende Text fragt nach dem Stellenwert der psychologischen bzw. psychoanalytischen Erklärungen für pädagogisches Handeln.

M7 Differenz und Interdependenz therapeutischen und pädagogischen Handelns (Hans-Rüdiger Müller)

Therapie hat es allemal […] mit vergangenen lebensgeschichtlichen Erfahrungen zu tun, genauer genommen mit den Spuren, die diese Erfahrungen in der Erinnerung der Klienten hinterlassen haben, und die nun auch deren aktuelle Selbst- und Welterfahrung (sowohl im aktiv-tätigen als auch im passiv-leidenden Verhältnis zu ihrer Umwelt und ihrer Person) nachhaltig mit beeinflussen. Ausgangspunkt therapeutischer Bemühungen ist das geschichtliche Gewordensein des Menschen […] und ihr Ziel ist es, dem Menschen eine *Überschreitung* dieses geschichtlichen Gewordenseins zu ermöglichen […]. Das geschichtliche Werden des Einzelnen bezeichnet indessen zugleich das, was in der Pädagogik unter dem Begriff der „Bildung" zu beschreiben und zu analysieren versucht wird. – Ließe sich also die Schlussfolgerung ziehen, dass die Bildung des Menschen der gemeinsame Gegenstand von Therapie und Pädagogik ist?
[…] Es wurde herausgestellt, dass die menschliche Existenz im Unterschied zu der Existenz anderer Lebewesen auf der Möglichkeit und Notwendigkeit einer Lebenspraxis beruht. Die dem Menschen eigene Fähigkeit, sich gleichsam über den Vollzug seiner Existenz stellen zu können und (der Möglichkeit nach) frei zwischen Handlungsalternativen wählen zu können, sowie die damit gegebene Geschichtlichkeit und Sprachlichkeit seines Daseins (der Mensch als Gattungswesen schafft sich eine sprachlich objektivierte Welt, die ihn als Einzelwesen überdauert und in die er als Einzelwesen eintritt, eine Welt die vor und außer ihm existiert, auch wenn er in sie verändernd eingreift) ermöglicht ihm und nötigt ihn zugleich, sich als vernunftbegabtes Wesen in seinem Tun hervorzubringen, sich zu bestimmen. Sofern sich der Mensch als Gattungswesen bestimmt, sprechen wir von *Kultur*, sofern er sich als Einzelwesen bestimmt von Bildung.
Da der Mensch beides zugleich ist, d.h. als Einzelwesen immer schon auf die Kultur des Gattungswesens trifft, sich in ihr entfaltet, und als Gattungswesen sich nur erhalten kann, indem er sich in jedem Einzelwesen (und dessen Bildungsprozess) immer wieder neu hervorbringt, sind Bildung und Kultur wechselseitig aufeinander bezogen. […]
Die zentralen Komponenten des Bildungsproblems[1] sind (1) die „Präsentation" einer Lebensform und (2) die systematische „Repräsentation" einer sinnhaften kulturellen Ordnung durch die Erwachsenen sowie die Frage nach der „Bildsamkeit" (3) und der „Selbsttätigkeit" (4) aufseiten der Heranwachsenden. […] Wie auch immer der Zugang des Heranwachsenden zu den verschiedenen Bereichen der Kultur durch Vorkehrungen der Erwachsenen gefiltert oder gebremst sein mag (nicht alles wird Kindern und Heranwachsenden unabhängig von ihrem Alter zugemutet), der sich bildende Mensch eignet sich (als tätiges Wesen) die Struktur einer Lebensform an, in der er *sich* auszudrücken und zu bestimmen sucht. Mit dem Grad der Ausdifferenzierung und Komplexität unserer Lebensformen wäre es jedoch zu riskant, sich allein auf die bildende Wirkung der unmittelbar präsentierten Ausschnitte aus der Welt der Erwachsenen zu verlassen, die kulturelle Ordnung verliert (im Vergleich zu historisch früheren Lebensformen) an Transparenz (auch an Konsistenz), und so kommt als zweite Komponente der Bildung die Frage ins Spiel, wie neben dem, was direkt im alltäglichen Zusammenleben von Heranwachsenden und Erwachsenen unmittelbar erfahrbar ist, auch das vermittelt werden kann, was sonst noch wichtig ist, und wie ein derartiger Vermittlungsprozess organisiert sein muss, sodass dieses für die Bildung des Heranwachsenden als wichtig Ausgewählte als Teil eines Ganzen, eines Sinnzusammenhangs, erkannt wird. Dieses Problem […] führt zur Konstruktion einer „pädagogischen Sphäre", deren Einrichtung von der Überlegung angeleitet wird, auf welche Weise kulturell bedeutsame Erfahrungen, zu denen dem Heranwachsenden der unmittelbare Zugang fehlt, angemessen repräsentiert werden können. Zu der „Frage nach der rechten Lebensform" gesellt sich die „Frage nach der richtigen Repräsentation dieser Lebensform in den pädagogisch-didaktischen Arsenalen" eines institutionalisierten Bildungs- und Erziehungswesens.
Wie es nun möglich sein kann, dass der sich bildende junge Mensch in der Auseinandersetzung mit einer derart repräsentierten, vor-strukturierten kulturellen Interpretation der Wirklichkeit sich bestimmt, führt zu den beiden weiteren Komponenten des Bildungsproblems: der Bildsamkeit als Voraussetzung aufseiten des Heranwachsenden und der Bedeutung der Selbsttätigkeit im Prozess der Aneignung einer kulturellen Lebensform. Diese beiden Komponenten stellen zugleich auch Ansatzpunkte für die Frage nach der möglichen Bedeutung psychotherapeutischer Maßnahmen dar, denn sie lenken die Aufmerksamkeit auf die individuelle Seite des Bildungsprozesses.
Mit „Bildsamkeit" wird der dem Menschen unterstellte Antrieb bezeichnet, von seiner Lernfähigkeit Gebrauch zu machen, sich zu bilden. […] Während die Lern- und Erfahrungsfähigkeit des Menschen als seiner natürlichen Grundausstattung zurechenbar betrachtet werden kann, „(ist) Bildsamkeit dagegen nur beschreibbar als Reaktion auf die Herausforderung durch die Kultur. Sie wird ‚aktuell' in Bezug auf die Ordnung der Welt" […]. Die unauflösbare Paradoxie dieses Artikulationsversuches liegt darin, dass der Mensch so, um sich kraft seiner Subjektivität eine Bestimmung zu geben, sich zugleich von sich, seiner Subjektivität, entfernen muss, dass aber andererseits gerade seine Subjektivität es ist, die (herausgefordert durch die Zumutungen der Kultur) ihn dazu treibt, sich selbst eine Bestimmung zu geben, sich selbst hervorzubringen, sich

nicht einfach dem Spiel zwischen inneren und äußeren Bedingungen zu überlassen.

Von diesem Widerspruch lebt die Bildungsbewegung eines Menschen; nicht die Lösung, sondern die Aufrechterhaltung dieses Widerspruchs hält die Bildung in Gang. [...] Sowohl Pädagogik als auch Therapie sind darauf gerichtet, diesen Widerspruch lebendig zu halten (und nicht ihn aufzulösen!), allerdings unter einem je besonderen Akzent. Pädagogische Maßnahmen rechtfertigen sich dadurch, dass sie die subjektiven Kräfte des sich bildenden Menschen durch die geeignete, sowohl dem jeweiligen Gegenstand als auch den je individuellen Voraussetzungen angemessene Repräsentation zu konstruktiver Tätigkeit herausfordern, therapeutische Maßnahmen legitimieren sich dadurch, dass sie lebensgeschichtlich entstandene, ohne besondere Hilfen nicht oder nur unzureichend überwindbare (psychische) Blockaden aufzulösen versuchen, die einer Entfaltung dieser subjektiven Kräfte im Wege stehen. Der Zusammenhang beider Aspekte liegt darin, dass für den Fall solcher, durch die bisherige Bildungsgeschichte des Individuums erzeugten Blockierungen einerseits die Möglichkeit des Individuums, auf die kulturellen Herausforderungen konstruktiv zu reagieren, wesentlich eingeschränkt wird und sich in dem Maße erweitert, wie diese Blockierungen verschwinden, dass aber andererseits die subjektiven Kräfte des Individuums sich nur insoweit von derartigen Blockaden befreien können, wie sie durch das kulturelle Milieu (sei es pädagogisch konstruiert oder nicht) geweckt und zu konstruktiver Aktivität angeregt werden; beides ist wechselseitig aufeinander angewiesen. Pädagogik allein stößt dort an Grenzen, wo verfestigte psychische Blockaden es dem Subjekt verwehren, auf Herausforderungen einer kulturellen Ordnung mit Bildsamkeit zu antworten; und Therapie allein kann dort nichts ausrichten, wo nicht zugleich Bildsamkeit als eine Reaktion des Subjekts auf derartige kulturelle Herausforderungen „gestiftet" wird.

1 Mollenhauer, Klaus: Vergessene Zusammenhänge. Über Kultur und Erziehung. Juventa, Weinheim und München 1983.

Aufgaben

1. Stellen Sie tabellarisch die Unterschiede zwischen Pädagogik und Therapie gegenüber, die Müller benennt. Nutzen Sie dabei auch Winklers Hinweis auf die unterschiedlichen Zugriffe von Therapie und Pädagogik auf Vergangenheit, Gegenwart und Zukunft (vgl. 5iu4xc).
2. Fassen Sie Müllers Verständnis von Bildung zusammen.
3. Prüfen Sie auf dieser Grundlage, welche Aufgabe bei der Förderung junger Menschen Therapie und Pädagogik jeweils übernehmen können. Prüfen Sie auch, welche Aufgaben sie nicht übernehmen können.
4. Erläutern Sie Ihre Überlegungen mit Bezug zu Rauchfleischs bifokalem Konzept (vgl. r3j2ex).

5.5 Konzepte der Sozialpädagogik und Sozialen Arbeit

Überlegungen der Psychologie wie der Soziologie sind für eine fundierte Analyse des Verhaltens von deviantem (abweichendem) Verhalten unverzichtbar. Sie sind notwendige Hilfen für pädagogisches Denken und Handeln, können dies aber nicht ersetzen. In der Geschichte der Pädagogik hat sich in den letzten 200 Jahren ein besonderer pädagogischer Bereich entwickelt, der sich mit den verarmten, exkludierten, dissozialen, notleidenden, überforderten Menschen beschäftigt, die die moderne Gesellschaft hervorbringt.

Aufgaben

Das Bild „Selbstbildnis mit fiedelndem Tod" aus dem Jahre 1872 wurde von Arnold Böcklin (1827–1901) gemalt.

1. Informieren Sie sich über den Maler.
2. Interpretieren Sie das Gemälde.
3. Sehen Sie irgendwelche pädagogischen Bezüge? Erörtern Sie Ihre Antworten.

Abb. 5.13: „Selbstbildnis mit fiedelndem Tod" von Arnold Böcklin aus dem Jahre 1872

5.5.1 Historische Positionen der Sozialpädagogik

Als einer der Begründer der Sozialpädagogik gilt Johann Heinrich Pestalozzi (1746–1827). Pestalozzis Schriften entstehen im Kontext eigener praktischer pädagogischer Erfahrungen. Wiederholt hat er über Jahre mit seinen „Zöglingen" an besonderen Orten, welche die Kinder und Jugendlichen zumindest zeitweise von ihrem gewohnten Umfeld trennte, zusammengelebt. Er war davon überzeugt, dass er auf diese Weise besondere pädagogische Möglichkeiten entwickeln könnte. Sein bekanntester Versuch in dieser Hinsicht ist der gemeinsame Aufenthalt mit Kindern in einer Anstalt in Stans in der Nähe von Luzern (Schweiz). Dieser Versuch konnte nur begrenzte Zeit realisiert werden. Materielle und politische Bedingungen führten dazu, dass Pestalozzi seine pädagogische Arbeit nicht fortsetzen konnte.

M8 Pädagogische Förderung (Pestalozzi)

Die meisten dieser Kinder waren, da sie eintraten, in dem Zustand, den die äußerste Zurücksetzung der Menschennatur allgemein zu seiner notwendigen Folge haben muss. Viele traten mit eingewurzelter Krätze ein, dass sie kaum gehen konnten, viele mit aufgebrochenen Köpfen, viele mit Hudeln, die mit Ungeziefer beladen waren, viele hager wie ausgezehrte Gerippe, gelb, grinsend, mit Augen voll Angst und Stirnen voll Runzeln des Misstrauens und der Sorge, einige voll kühner Frechheit, des Bettelns, des Heuchelns und aller Falschheit gewöhnt; andere vom Elend erdrückt, duldsam, aber misstrauisch, lieblos und furchtsam. Zwischen hinein einige Zärtlinge, die zum Teil ehemals in einem gemächlichen Zustand lebten; diese waren voll Ansprüche, hielten zusammen, warfen auf die Bettel- und Hausarmenkinder Verachtung, fanden sich in dieser neuen Gleichheit nicht wohl, und die Besorgung der Armen, wie sie war, war mit ihren alten Genießungen nicht übereinstimmend, folglich ihren Wünschen nicht entsprechend. Träge Untätigkeit, Mangel an Übung der Geistesanlagen und wesentlicher körperlicher Fertigkeiten waren allgemein. Unter zehn Kindern konnte kaum eins das Abc. Von anderem Schulunterricht oder wesentlichen Bildungsmitteln der Erziehung war noch weniger die Rede.

Der gänzliche Mangel an Schulbildung war indessen gerade das, was mich am wenigsten beunruhigte; den Kräften der menschlichen Natur, die Gott auch in die ärmsten und vernachlässigtesten Kinder legte, vertrauend, hatte mich nicht nur frühere Erfahrung schon längst belehrt, dass diese Natur mitten im Schlamm der Rohheit, der Verwilderung und der Zerrüttung die herrlichsten Anlagen und Fähigkeiten entfaltet, sondern ich sah auch bei meinen Kindern mitten in ihrer Rohheit diese lebendige Naturkraft allenthalben hervorbrechen. Ich wusste, wie sehr die Not und die Bedürfnisse des Lebens selbst dazu beitragen, die wesentlichsten Verhältnisse der Dinge dem Menschen anschaulich zu machen, gesunden Sinn und Mutterwitz zu entwickeln und Kräfte anzuregen, die zwar in dieser Tiefe des Daseins mit Unrat bedeckt zu sein scheinen, die aber, vom Schlamme dieser Umgebungen gereinigt, in hellem Glanz strahlen. Das wollte ich tun. Aus diesem Schlamm wollte ich sie herausheben und in einfache, aber reine häusliche Umgebungen und Verhältnisse versetzen. […]

Ich wollte eigentlich durch meinen Versuch beweisen, dass die Vorzüge, die die häusliche Erziehung hat, von der öffentlichen müsse nachgeahmt werden, und dass die letztere nur durch die Nachahmung der ersteren für das Menschengeschlecht einen Wert hat. Schulunterricht ohne Umfassung des ganzen Geistes, den die Menschenerziehung bedarf, und ohne auf das ganze Leben der häuslichen Verhältnisse gebaut, führt in meinen Augen nicht weiter als zu einer künstlichen Verschrumpfungsmethode unseres Geschlechts. […]

Der Mensch will so gerne das Gute, das Kind hat so gerne ein offenes Ohr dafür; aber es will es nicht für dich, Lehrer, es will es nicht für dich, Erzieher, es will es für sich selber. Das Gute, zu dem du es hinführen sollst, darf kein Einfall deiner Laune und deiner Leidenschaft, es muss der Natur der Sache nach an sich gut sein und dem Kind als gut in die Augen fallen. Es muss die Notwendigkeit deines Willens nach seiner Lage und seinen Bedürfnissen fühlen, ehe es dasselbe will. Alles, was es lieb macht, das will es. Alles, was ihm Ehre bringt, das will es. Alles, was große Erwartungen in ihm rege macht, das will es. Alles, was in ihm Kräfte erzeugt, was es aussprechen macht „ich kann es", das will es. Aber dieser Wille wird nicht durch Worte, sondern durch die allseitige Besorgung des Kindes und durch die Gefühle und Kräfte, die durch diese allseitige Besorgung in ihm rege gemacht werden, erzeugt. Die Worte geben nicht die Sache selbst, sondern nur eine deutliche Einsicht, das Bewusstsein von ihr.

[…] Ich war von Morgen bis Abend soviel als allein in ihrer Mitte. Alles, was ihnen an Leib und Seele Gutes geschah, ging aus meiner Hand. Jede Hilfe, jede Handbietung in der Not, jede Lehre, die sie erhielten, ging unmittelbar von mir aus. Meine Hand lag in ihrer Hand, mein Aug' ruhte auf ihrem Aug'. Meine Tränen flossen mit den ihrigen, und mein Lächeln begleitete das ihrige. Sie waren außer der Welt, sie waren außer Stans, sie waren bei mir, und ich war bei ihnen. Ihre Suppe war die meinige, ihr Trank war der meinige. Ich hatte nichts, ich hatte keine Haushaltung, keine Freunde, keine Dienste um mich, ich hatte nur sie. Waren sie gesund, ich stand in ihrer Mitte, waren sie krank, ich war an ihrer Seite. […] Dadurch aber war es denn freilich auch allein möglich, dass sich die Kinder allmählich und einige innigst und so weit an mich anschlossen, dass sie dem, was sie Dummes und Verächtliches selbst von ihren Eltern und Freunden gegen mich hörten, widersprachen. […]

„Du gutes Kind, wie elend siehst du aus, ich vermag dich noch immer so gut zu erhalten, als du's hier hast, komm du heim." So sprachen viele Mütter, die mit ihren Kindern von Haus zu Haus bettelnd herumzogen, laut vor allen Kindern, sobald sie in die Stube kamen. Der Sonntag war mir über diesen Zeitpunkt ein schrecklicher Tag. Da kamen solche Mütter, Väter, Bruder, Schwester zu ganzen Haufen, zogen meine Kinder auf der Straße und in dem Haus in alle Winkel, redeten meistens mit nassen Augen mit ihnen, dann weinten meine Kinder auch und wurden heimwehig. […] Einige hingegen, nicht wenige, sahen bald, dass sie bei mir etwas lernen und etwas werden könnten, und blieben in der Anhänglichkeit und dem Eifer, den sie von Anfang zeigten, standhaft. […]

Ich konnte nicht anders, ich musste auf den erhabenen Grundsatz Jesu Christi bauen: „Macht erst das Inwendige rein, damit auch das Äußere rein werde" – und wenn je, so hat sich dieser Grundsatz in meinem Gang unwidersprechlich erprobet.

Abb. 5.14: Statue von Johann Heinrich Pestalozzi in Yverdon-les-Bains

Mein wesentlicher Gesichtspunkt ging jetzt zuallererst darauf, die Kinder durch die ersten Gefühle ihres Beisammenseins und bei der ersten Entwicklung ihrer Kräfte zu Geschwistern zu machen. […] Suche deine Kinder zuerst weitherzig zu machen und Liebe und Wohltätigkeit ihnen durch die Befriedigung ihrer täglichen Bedürfnisse ihren Empfindungen, ihrer Erfahrung und ihrem Tun nahezulegen, sie dadurch in ihrem Inneren zu gründen und zu sichern, dann ihnen viele Fertigkeiten anzugewöhnen, um dieses Wohlwollen in ihrem Kreise sicher und ausgebreitet ausüben zu können. Endlich und zuletzt komme mit den gefährlichen Zeichen des Guten und Bösen, mit den Wörtern: Knüpfe diese an die täglichen häuslichen Auftritte und Umgebungen an und sorge dafür, dass sie gänzlich darauf gegründet seien, um deinen Kindern klarer zu machen, was in ihnen und um sie vorgeht, um eine rechtliche und sittliche Ansicht ihres Lebens und ihrer Verhältnisse mit ihnen zu erzeugen. […]

Ich habe meinen Kindern unendlich wenig erklärt; ich habe sie weder Moral noch Religion gelehrt; aber wenn sie still waren, dass man eines jeden Atemzug hörte, dann fragte ich sie: „Werdet ihr nicht vernünftiger und braver, wenn ihr so seid, als wenn ihr lärmt?" Wenn sie mir an meinen Hals fielen und mich Vater hießen, fragte ich sie: „Kinder, dürft ihr eurem Vater heucheln? Ist es recht, mich zu küssen und hinter meinem Rücken zu tun, was mich kränkt?" Wenn von dem Elend des Landes die Rede war und sie froh waren und sich glücklich fühlten, dann sagte ich zu ihnen: „Ist Gott nicht gut, der das Menschenherz mitleidig erschaffen?" Auch fragte ich sie zu Zeiten: „Ist es nicht ein Unterschied zwischen einer Obrigkeit, die die Armen erzieht, dass sie sich für ihr ganzes Leben selber helfen können, und einer, die sie entweder sich selbst überlässt oder sie mit Bettelbrot und in Spitälern erhält, ohne ihrem Elend wirklich abzuhelfen und ihrem Laster und Müßiggang ein wirkliches Ende zu machen?" […] Über alles erhob sie die Aussicht, nicht ewig elend zu bleiben, sondern einst unter ihren Mitmenschen mit gebildeten Kenntnissen und Fertigkeiten zu erscheinen, ihnen nützlich werden zu können und ihre Achtung zu genießen. Sie fühlten, dass ich sie weiterbringe als andere Kinder; sie erkannten den inneren Zusammenhang meiner Führung mit ihrem künftigen Leben lebhaft, und eine glückliche Zukunft stellte sich ihrer Einbildung als erreichbar und sicher dar. Darum ward ihnen die Anstrengung bald leicht. […]

Wenn sich indessen Härte und Rohheit bei den Kindern zeigte, so war ich streng und gebrauchte körperliche Züchtigungen. Lieber Freund, der pädagogische Grundsatz, mit bloßen Worten sich des Geistes und Herzens einer Schar Kinder zu bemächtigen und so den Eindruck körperlicher Strafen nicht zu bedürfen, ist freilich ausführbar bei glücklichen Kindern und in glücklichen Lagen; aber im Gemisch meiner ungleichen Bettelkinder, bei ihrem Alter, bei ihren eingewurzelten Gewohnheiten und bei dem Bedürfnis, durch einfache Mittel sicher und schnell auf alle zu wirken, bei allem zu einem Ziel zu kommen, war der Eindruck körperlicher Strafen wesentlich, und die Sorge, dadurch das Vertrauen der Kinder zu verlieren, ist ganz unrichtig. […] Vater- und Mutterstrafen machen daher selten einen schlimmen Eindruck. Ganz anders ist es mit den Strafen der Schul- und anderen Lehrer, die nicht Tag und Nacht in ganz reinen Verhältnissen mit den Kindern leben und eine Haushaltung mit ihnen ausmachen. Diesen mangelt das Fundament von tausend das Herz der Kinder anziehenden und festhaltenden Umständen, deren Mangel sie den Kindern fremd und für sie zu ganz anderen Menschen macht, als ihnen diejenigen sind, die durch den ganzen reinen Umfang dieses Verhältnisses mit ihnen verknüpft sind.

Keine meiner Strafen erregte Starrsinn; ach, sie freuten sich, wenn ich ihnen einen Augenblick darauf die Hand bot und sie wieder küsste. Wonnevoll zeigten sie mir, dass sie zufrieden und über meine Ohrfeigen froh waren. […]

Der Umfang der sittlichen Elementarbildung beruht überhaupt auf den drei Gesichtspunkten, der Erzielung einer sittlichen Gemütsstimmung durch reine Gefühle, sittlicher Übungen durch Selbstüberwindung und Anstrengung in dem, was recht und gut ist, und endlich der Bewirkung einer sittlichen Ansicht durch das Nachdenken und Vergleichen der Rechts- und Sittlichkeitsverhältnisse, in denen das Kind schon durch sein Dasein und seine Umgebungen steht. […]

Auch die Vorstellung lebhafter Bilder von dem Zustand, in den sie in späteren Tagen kommen mussten, machte großen Eindruck. Ich zeigte ihnen bei jeder Art Fehler, wohin sie führen, fragte sie selber: „Kennst du nicht Menschen, die wegen ihrer bösen Zunge, wegen ihren frechen, ehrabschneiderischen Reden allen Menschen zum Abscheu sind? Möchtest du dich in deinen alten Tagen, deinen Nachbarn, deinen Hausgenossen und selbst den Kindern so zum Abscheu und zum Ekel machen?" So führte ich ihre eigenen Erfahrungen an zum sinnlichen Anschauen des äußersten Verderbens, wohin Fehler uns führen, ebenso auch zu lebhaften Vorstellungen von den Folgen alles Guten, hauptsächlich aber zum deutlichen Bewusstsein der so ungleichen Folgen einer guten und einer verwahrlosten Erziehung. „Kennst du nicht Menschen, die nur darum unglücklich sind, weil sie in der Jugend nicht zum Nachdenken und Überlegen gewöhnt worden sind? Kennst du nicht Leute, die drei- und viermal mehr verdienen könnten, wenn sie nur schreiben und lesen könnten, und kommt dir's nicht übers Herz, durch deine Schuld im Alter ohne einen Notpfennig zu sein und vielleicht deinen eigenen Kindern oder den Almosen zur Last zu fallen, wenn du jetzt etwas zu lernen versäumtest?"

Vorzüglich glaube ich, dass die erste Epoche des Nachdenkens bei den Kindern durch einen wortreichen und mit der Geistesbeschaffenheit des Lernenden und seinen äußeren Verhältnissen unpassenden Unterricht verwirrt werde. Nach meiner Erfahrung hängt alles davon ab, dass jeder Lehrsatz ihnen durch das Bewusstsein intuitiver, an Realverhältnisse angeketteter Erfahrung sich selber als wahr darstelle. Die Wahrheit ohne einen solchen Hintergrund ist für sie ein bloßes, ihnen meistens noch unangemessenes und für sie lästiges Spielwerk.

Aufgaben

1. Beschreiben Sie die Kinder in der Anstalt von Stans und Pestalozzis Umgangs mit ihnen.
2. Erarbeiten Sie die pädagogischen Prinzipien, die Pestalozzi im Kontext seiner Arbeit in Stans entwickelt bzw. berücksichtigt.
3. Setzen Sie sich differenziert mit Pestalozzis Legitimierung von Strafen – sogar „Ohrfeigen" – auseinander.
4. Pestalozzi entwickelte und erprobte seine Ideen für eine pädagogische Förderung „verwahrloster" Kinder, ohne sich weitreichend auf psychologisches oder soziologisches Wissen beziehen zu können. Prüfen Sie, inwieweit Pestalozzi Einsichten der Psychologie und Soziologie schon indirekt berücksichtigte.
5. Prüfen Sie, ob und inwieweit eine Orientierung an Pestalozzi auch in der Gegenwart im Hinblick auf eine pädagogische Förderung dissozialer Kinder und Jugendlicher noch sinnvoll oder realisierbar wäre. Prüfen Sie in diesem Kontext, welche Voraussetzungen aus der Zeit Pestalozzis in der Gegenwart nicht mehr gegeben sind.

M9 Aufgaben und Schwierigkeiten der Sozialpädagogik (Klaus Mollenhauer)

Dass es innerhalb unserer Kultur „normal" ist, wenn erwartet wird, jeder Bürger solle lesen, schreiben und rechnen können, solle mit den wichtigsten Inhalten der Kultur bekannt geworden sein, solle schließlich auch arbeits- und berufsfähig werden – das ist derart selbstverständlich, dass es uns kaum einfällt, solche Erwartungen in Zweifel zu ziehen. Auch wenn einzelne Bildungsinhalte der Schulen gelegentlich ein wenig verändert werden, akzeptieren wir doch im Ganzen den „Normalitätsentwurf", den die Schulen repräsentieren. Und wir glauben, uns darauf verlassen zu können, dass im Regelfall jedes Kind, jeder Jugendliche bereit und in der Lage ist, dieser Vorstellung eines normalen Lebens, normaler Sozialbeziehungen, normaler Wissensbestände und Fähigkeiten zu folgen.
Das ist in der Sozialpädagogik anders. Sozialpädagogische Einrichtungen haben es gleichsam mit der anderen Seite jenes kulturellen Normalitätsentwurfs zu tun. Mit Ausnahme vielleicht des Kindergartens ist jede sozialpädagogische Einrichtung mit einer doppelten Schwierigkeit konfrontiert: Sie hat es einerseits in der größten Zahl der Fälle mit einer Klientel zu tun, der es schwerfällt, sich in die Normalitätserwartungen einzufädeln, freilich aus ganz verschiedenen Gründen; diese können in der psychosomatischen Charakteristik des Individuums liegen, in gesellschaftlichen Bedingungen (z. B. Jugendarbeitslosigkeit, Kindesmisshandlung), in normativen Konflikten zwischen den kulturell-allgemeinen Normalitätserwartungen und dem Wunsch oder Willen nach irgendwie andersartigen Formen der Lebensführung oder gar im offenen Widerspruch zu den gesellschaftlich herrschenden Normen; sie hat eben dadurch andererseits sich beständig mit der Frage auseinanderzusetzen, ob der kulturell-allgemeine Normalitätsentwurf weiterhin Geltung beanspruchen darf. Die Klienten sozialpädagogischer Einrichtungen sind ja zum großen Teil solche, deren Lebensschwierigkeiten aus dem Konflikt mit den Standard-Erwartungen entstehen. Die Einrichtungen, ihre Mitarbeiter müssen deshalb diesen Konflikt sich zum Thema machen; sie können nicht – wenn sie ihre Klientel wirklich verstehen wollen – naiv die Partei der einen oder der anderen Seite nehmen.

Abb. 5.15

Das zeigt sich an sehr verschiedenen, mehr oder weniger dramatischen Lebenssituationen: Einrichtungen der Familienberatung, -bildung und -therapie, aber auch die sozialpolitischen Strategien der Familienhilfe sind mit der Frage konfrontiert, ob der „Normalitätsentwurf" der bürgerlichen Kleinfamilie nicht modifiziert werden muss, besonders angesichts des steigenden Anteils sogenannter alleinerziehender Elternteile. [...] Angesichts steigender Drogenabhängigkeit entstehen Zweifel im Hinblick auf den traditionellen Umgang unserer Kultur mit Drogen jederlei Art. Die (schleichende) Verlängerung des Jugendalters stellt unsere Erwartungen im Hinblick auf die Normen altersgemäßen Verhaltens infrage, damit auch die Standardformen gelungener Bildungs- und Berufskarrieren. Angesichts der Unfähigkeit des Rechtssystems, mit den vielfältigen Formen von Wirtschaftskriminalität in der Erwachsenen-Generation fertig zu werden, mag man sich fragen, wo noch der Geltungsgrund liegt für eine strenge strafrechtliche Verfolgung von Eigentumsdelikten Jugendlicher.
Sozialpädagogische Einrichtungen haben es letzten Endes also immer nicht nur mit den alltäglichen Erziehungs-, Bildungs- und Behandlungsproblemen zu tun, sondern auch mit derart fundamentalen Rückfragen an die normativen Geltungsgründe unserer kulturellen Lebensform, unserer kollektiven Normalitätsentwürfe.

Aufgaben

1. Erläutern Sie, warum nach Mollenhauer sozialpädagogisches Engagement nie einfach sein kann. Beziehen Sie dazu auch folgenden Online-Text von Mollenhauer ein dj6r2k.
2. Setzen Sie diese Überlegungen Mollenhauers in Beziehung zu den grundlegenden Gedanken Rauchfleischs und Heitmeyers.
3. Beziehen sie Stellung zu dieser Bestimmung der Aufgabe der Sozialpädagogik bei Mollenhauer.
4. Erläutern und diskutieren Sie Mollenhauers pädagogisch-kritisches Verständnis von „Verwahrlosung" (w39cv3).

5.5.2 Soziale Arbeit heute: Begriff, Handlungsfelder, Professionalität

In den letzten Jahrzehnten ist der Bereich der Sozialpädagogik immer weiter ausdifferenziert worden. Angesichts der vielfältigen Aufgaben ist strittig, ob diese überhaupt noch dem Bereich der Pädagogik zuzuordnen sind. Sollte man nicht eher von Sozialarbeit sprechen? Der folgende Text schafft im Hinblick auf den Gegenstandsbereich und den Sprachgebrauch Klarheit.

M10 Die Soziale Arbeit – Begriffe und Gegenstand (Werner Thole)

Die Soziale Arbeit ist ein ebenso komplexer wie unübersichtlicher Gegenstand. Studierende erfahren dies schon in den ersten Wochen ihres Studiums. Die in der Sozialen Arbeit beruflich Engagierten erleben die Komplexität tagtäglich. Und auch den Lehrenden an Fachschulen, Fachhochschulen und Universitäten sowie denjenigen, die sich mit ihr theoretisch und publizistisch beschäftigen, gelingt es nicht immer, den Gegenstand der Sozialpädagogik präzise und verständlich zu erklären. Die Schwierigkeiten fangen schon beim Begriff selbst an. Wo die einen von Sozialpädagogik reden und schreiben, meinen andere, Soziale Arbeit oder Sozialarbeit wäre begrifflich zutreffender.

Dem sozialpädagogischen Projekt fehlt es demnach an einem einheitlichen, von allen akzeptierten Begriff. Neben den gegenwärtig gängigen Vokabeln Sozialpädagogik, Sozialarbeit und Soziale Arbeit wird vereinzelt immer noch auf die älteren Begriffe Wohlfahrtspflege, Soziale Pädagogik, Fürsorgeerziehung, Soziale Erziehung oder Soziale Therapie zurückgegriffen oder aber mit neuen Begrifflichkeiten wie beispielsweise „Soziale Hilfe als System“ oder aber „Soziales Dienstleistungssystem“ jongliert. Für jeden der genannten Begriffe finden sich historische, theoretische, systematische oder aber berufspraktische Argumente für seine Verwendung. Die historischen Begriffe Wohlfahrtspflege, Soziale Pädagogik und Soziale Therapie charakterisieren jedoch nur einen Teilbereich, verengen inhaltlich das Aufgaben- und Handlungsspektrum der Sozialen Arbeit oder reduzieren es beispielsweise auf den Aspekt der Therapie. Die neueren Vorschläge sind demgegenüber systematischer und versuchen, das gesamte Feld der Sozialen Arbeit begrifflich zu rahmen und als einheitliches Funktionssystem gegenüber anderen, beispielsweise dem Gesundheits- und Rechtssystem, abzugrenzen. Diese Ausdrücke wiederum transportieren jeweils auch eine konkrete theoretische Perspektive mit, sind also ihrem Grundgedanken nach nicht theorieoffen. Im Kern konzentriert sich damit der „Begriffsstreit“ auf die drei Ausdrücke Sozialpädagogik, Soziale Arbeit und Sozialarbeit.

Im Sinne einer begrifflichen Klarheit spricht aus historischer Perspektive einiges dafür, auch weiterhin zwischen Sozialarbeit und Sozialpädagogik zu differenzieren. Die Wurzeln der Sozialarbeit finden sich in der Herausbildung der Sozialhilfe und der klassischen Wohlfahrtspflege. Demgegenüber steht Sozialpädagogik für die Tradition der Jugendhilfe und – noch konkreter – der Jugendpflege und der Pädagogik der Frühen Kindheit. Heute kann jedoch weder von einer derartigen Trennung der sozialpädagogischen von sozialarbeiterischen Aufgaben ausgegangen noch davon gesprochen werden, dass sich hinter den Begriffen auch unterschiedliche, scharf parzellierte theoretische Perspektiven verbergen – deutlicher: Ein grundsätzlicher Unterschied zwischen Sozialpädagogik und Sozialarbeit kann gegenwärtig nicht mehr beobachtet werden […]. Obwohl an einigen Ausbildungsinstitutionen an einer scharfen Trennung auch weiterhin festgehalten wird, codieren die Begriffe Sozialpädagogik und Sozialarbeit zu Beginn des 21. Jahrhunderts keine verschiedenartigen wissenschaftlichen Fächer, keine deutlich differenzierten Praxisfelder, keine unterschiedlichen Berufsgruppen und auch keine divergenten Ausbildungswege und -inhalte mehr. Der Begriff Soziale Arbeit spiegelt diese Entwicklung wider und steht in der Regel für die Einheit von Sozialpädagogik und Sozialarbeit. Soziale Arbeit meint heute fast durchgängig […] jeweils Sozialarbeit und Sozialpädagogik. Eine inhaltlich und strukturell ausweisbare Differenz zwischen den Handlungspraxen und wissenschaftlichen Zugängen existiert nicht.

Aufgaben

1. Geben Sie genau wieder, wie Thole die Begriffe „Sozialpädagogik“, „Sozialarbeit“, „Soziale Arbeit“ bestimmt.
2. Erläutern Sie, wie das Feld der „Sozialen Arbeit“ konzipiert wird.
3. Diskutieren Sie die Verwendung des Begriffs „Sozialpädagogik“ auf dem Hintergrund
   a) der Aufgabenbestimmung Sozialer Arbeit und
   b) der Unterscheidung von Pädagogik und Therapie in Kapitel 5.4.

Weiterführende Aufgaben

1. Sie können in der Fachliteratur und im Internet Recherchen vornehmen und einige der Aufgaben und Institutionen der Sozialen Arbeit genauer kennenlernen.
2. Sie können auch in der einen oder anderen Einrichtung der Sozialen Arbeit, die in Ihrer Nähe existiert, Erkundungen anstellen.
3. Sie können Expertinnen und Experten aus dem Bereich der Sozialen Arbeit über ihre Arbeit und Ausbildung befragen.

Beachten Sie, dass solche Erkundungen und Befragungen sorgfältig vorbereitet werden müssen. In den ersten Kursen haben Sie dazu Hinweise erhalten.

Die folgende Tabelle ist ein Versuch, das unübersichtliche Feld der Sozialen Arbeit zu strukturieren. Sie werden wahrscheinlich mit vielen Begriffen keine klaren Vorstellungen verbinden.

M11 Handlungsfelder der Sozialen Arbeit (Wilhelm Klüsche/Herbert Effinger)

Arbeitsfelder	Zielgruppen und Problemlagen	Handlungsorte/Handlungsbereiche
Soziale Arbeit mit Kindern	- Kleinkinder; schulpflichtige Kinder; Kinder, die in ihrer Sozialisation begleitet oder gefördert werden; Kinder mit Sozialisationsdefiziten - entwicklungsverzögerte Kinder - körperlich behinderte Kinder - Kinder mit Missbrauchserfahrungen	- Tageseinrichtungen; Kindertagesstätten; Kindergärten; Horte; Erziehungsberatungsstellen; Kinderwohngruppen; Kinderhäuser; Kinderheime; Spielplätze; Spielmobile - soziale Dienste der Früherkennung; Frühförderung (z. B. bei Lernbehinderten) - Sondereinrichtungen (für Behinderte etc.); Heime für Behinderte - Kinderschutzzentren; Telefon-Notruf; Anlauf- und Beratungsstellen; telefonischer Notruf für sexuell missbrauchte Mädchen und Jungen; Mädchenhäuser
Soziale Arbeit mit Jugendlichen (Jugendarbeit und Jugendkulturarbeit, Jugendsozialarbeit, Jugend- und Erziehungshilfe, Jugendhilfe für suchtgefährdete und suchtkranke Jugendliche)	- Jugendliche; SchülerInnen; Auszubildende; berufstätige Jugendliche, deren soziale und persönliche Kompetenz gefördert wird; Jugendliche mit Sozialisations- und Entwicklungsdefiziten; Jugendliche mit familiären und/oder schulischen Schwierigkeiten; sozial benachteiligte Jugendliche - ausländische Jugendliche mit Ausgrenzungserfahrungen/Integrations-/Inklusionsproblemen - gefährdete Jugendliche (Sucht-, Gewaltgefährdung) - Jugendliche mit Sozialisations- und Entwicklungsdefiziten; Jugendliche mit (Aus-)Bildungsdefiziten; sozial benachteiligte Jugendliche; Jugendliche mit Armutsproblematik - ausländische desintegrierte/exkludierte Jugendliche - Jugendliche mit Entwicklungsschwierigkeiten; Jugendliche mit familiären Schwierigkeiten; benachteiligte und gefährdete Jugendliche; Jugendliche mit abweichendem Verhalten - Wohnungslose und von Wohnungslosigkeit bedrohte Jugendliche - Suchtgefährdete und suchtkranke Jugendliche	- offene Jugendarbeit in Jugendzentren; Jugendclubs; Jugendbegegnungsstätten; Jugendkulturarbeit; Jugendverbandsarbeit; Jugendfreizeit/Jugendferienmaßnahmen; Stadtteilarbeit/Gemeinwesenarbeit; Schulsozialarbeit; Erlebnispädagogik; Jugendpflege und Jugendschutz; mobile Jugendarbeit - interkulturelle/multikulturelle Jugendarbeit - Suchtprävention; Gewaltprävention; Gesundheitserziehung/Gesundheitsförderung; Aidsprävention; Sexualpädagogik - Jugendwohnheime/Jugendwohngemeinschaften; Jugendberufshilfe; Berufsbildung; Berufsförderung; Berufsberatung; Beschäftigungs- und Arbeitslosenprojekte und Initiativen - Eingliederungshilfen für junge Ausländer und Aussiedler - soziale Gruppenarbeit; betreute Wohnformen; sozialpädagogische Familienhilfe; Jugendberatung/Erziehungsberatung; Erziehungsbeistandschaft; Heimerziehung; intensive sozialpädagogische Einzelhilfe; Jugendgerichtshilfe; Jugendstrafanstalt - Tagesgruppen; Aufnahmeheime; Übergangseinrichtungen; Notschlafstellen; Tages- und Vollzeitpflege; Trebegängerhilfe; Streetwork; Anlaufstellen - Streetwork; Kontakt- und Anlaufstellen; Sucht- und Drogenberatungsstellen; Drogentherapieeinrichtungen; Rehabilitationseinrichtungen; betreute Wohngruppen; Werkstätten; Methadonprogramme
Soziale Arbeit mit Frauen	- Frauen mit Bildungsdefiziten - Frauen mit Suchtproblematik oder psychosomatischen Störungsbildern - Frauen mit Schwierigkeiten von Lebensbewältigungsaufgaben; Frauen in persönlichen und sozialen Konfliktsituationen	- Frauenbildungsstellen - Beratungsstellen für Frauen mit Essstörungen; Suchtkliniken; psychosomatische Kliniken - Frauenberatungsstellen; Schwangerschaftskonfliktberatung; Mutter-Kind-Heime

Soziale Arbeit mit Familien	- Familien, Familienangehörige, Partner in materiellen, psychischen und sozialen Notlagen, wie:
	  - Lebensbewältigungsprobleme;
	  - Partnerschaftsprobleme;
	  - Familienprobleme;
	  - Trennungs-/Scheidungserfahrungen;
	  - Fremdplatzierung von Kindern;
	  - fehlende soziale Ressourcen/soziale Isolation;
	  - Armut;
	  - Stigmatisierungserfahrungen und Ausgrenzung
		- Allgemeiner Sozialer Dienst (ASD) in Jugend-, Sozial- oder Gesundheitsämtern; Pflegekinderwesen/Adoptionswesen; sozialpädagogische Familienhilfe; Erziehungsberatungsstellen; Ehe-, Familien- und Lebensberatungsstellen; Schwangerschaftskonfliktberatung; Trennungs- und Scheidungsberatung/Mediation; Mutter-Kind-Heime/Vater-Kind-Heime; Müttererholungsheime; Familienferienwerke; Familienbildungsstätten; Elternschulen; Familienarbeit in sozialen Brennpunkten; Schuldnerberatung; Selbsthilfegruppen

Arbeitsfelder	Zielgruppen und Problemlagen	Handlungsorte/Handlungsbereiche
Soziale Arbeit mit alten Menschen	Alte Menschen, die - das Bedürfnis nach gesellschaftlicher Teilhabe haben; - die Hilfe zur Bewältigung altersphasenspezifischer Entwicklungsaufgaben brauchen; Alte Menschen mit Konflikt-, Problem- und Notlagen, wie - soziale Isolation; - Verarmung; - Pflegebedürftigkeit; - geriatrisch/gerontopsychiatrische Erkrankungen	- offene Altenhilfe wie Altenclubs, Altentagesstätten; Freizeitarbeit; Beratungsstellen - Sozialstationen; Alteneinrichtungen; Altenwohnheime; Altenheime; Altenpflegeheime; alternative Wohnformen; geriatrische Kliniken; Nachsorgeeinrichtungen; gerontopsychiatrische Kliniken; Sterbebegleitung/Hospize
Soziale Arbeit mit sozial und wirtschaftlich Benachteiligten und mit Randgruppen	- Aussiedler; Asylbewerber; Ausländer - Arbeitslose; Langzeitarbeitslose; von Arbeitslosigkeit Bedrohte - Wohnungslose und von Wohnungslosigkeit Bedrohte - Straffällige, inhaftierte und haftentlassene Menschen - Prostituierte	- Sozialberatungsstellen; Wohnheime; Gemeinschaftsunterkünfte; Durchgangswohnheime; multikulturelle Arbeit – Arbeits- und Beschäftigungsinitiativen; Berufsförderung; Schuldnerberatung - Streetwork; Anlauf- und Kontaktstellen; Notschlafstellen; Wohnheime; Übergangseinrichtungen, Gemeinwesenarbeit in sozialen Brennpunkten; Schuldnerberatung - Straffälligenhilfe; Bewährungshilfe; Sozialdienste in Justizanstalten; Schuldnerberatung; Wohngemeinschaften; Heime - Streetwork; Anlaufstellen; berufliche Eingliederung; Aidsprävention
Soziale Arbeit mit Kranken und Behinderten	- Körperbehinderte; Lernbehinderte; geistig Behinderte; Seh-, Hör- und Sprachbehinderte; Mehrfachbehinderte; Langzeitkranke; Sterbende; Aidskranke	- Tageseinrichtungen; Wohnheime; Wohngemeinschaften; Werkstätten; Rehabilitationseinrichtungen; betriebliche Sozialarbeit; soziale Dienste bei Krankenkassen und Rentenversicherungsträger; Hospize; Sozialstationen; Krankenhaussozialdienst
Soziale Arbeit mit psychisch Kranken	- psychisch Kranke; Suchtgefährdete, Suchtkranke	- psychiatrische Ambulanzen; Beratungsstellen; Tageskliniken; gemeindepsychiatrische Verbundsysteme; Wohnheime; betreute Wohngruppen; Werkstätten; psychosomatische Kliniken; Therapieeinrichtungen; sozialpsychiatrischer Dienst; psychosozialer Dienst bei den Gesundheitsämtern; Gesundheitsförderung, Gesundheitserziehung; Gesundheits- und Selbsthilfegruppen
Soziale Arbeit als Sozialplanung	- politische Entscheidungsträger	- Gebietskörperschaften; feldspezifische Bedarfserhebungen
Soziale Arbeit als Bildungsplanung	- Familien; Frauen; ältere Mitbürger; kulturelle Zielgruppen; Schüler, Studenten; Fachkräfte der Sozialen Arbeit; Ehrenamtler; Arbeitslose; Umschüler	- Familienbildungsstätten; Akademien; Volkshochschulen; Fachschulen; Fachhochschulen; Fortbildungseinrichtungen; Berufsbildungswerke
Sonstiges	- Soldaten - Armutsbevölkerungen (in unterschiedlichen Regionen der Weltgesellschaft) - ArbeiternehmerInnen/MitarbeiterInnen	- Bundeswehr - Entwicklungshilfe - Betriebssozialarbeit

M12 Professionalität von Fachkräften der Sozialen Arbeit (Ulrich Deller/Roland Brake)

Beruf und Profession

Um die Begriffe „Beruf" und „Profession" voneinander abzugrenzen, ist davon auszugehen, dass Professionen im Allgemeinen eine besondere Form der Berufe darstellen. Profession setzt die Entwicklung der Berufsidee voraus, die gekennzeichnet ist durch die Wählbarkeit des Berufs und die Erreichbarkeit sozialer Attribute durch einen Beruf [...]. Der besondere Unterschied liegt für Stichweh in der Fähigkeit der Professionen, sich selbst zum Thema zu machen: „Professionen sind dann Berufe eines besonderen Typs. Sie unterscheiden sich dadurch, dass sie die Berufsidee reflexiv handhaben, also das Wissen und das Ethos eines Berufs bewusst kultivieren, kodifizieren, vertexten und damit in die Form einer akademischen Lehrbarkeit überführen" (Stichweh 1996: 51). [...]

In dem Moment, in dem sich für die Bewältigung gesellschaftlicher Aufgaben die „Routine-Exekutionen" als nicht mehr hilfreich und ausreichend erweisen, entstehen Professionen. [...]

Mithilfe folgender Kennzeichen lässt sich eine Profession identifizieren:

- öffentliches Interesse oder Relevanz der zu bearbeitenden Aufgabe/des Problems,
- besondere Fertigkeiten sind zur Ausübung notwendig,
- Bezug der Fertigkeiten zu von Hochschulen verwalteten Wissensbeständen,
- ethischer Kodex, auf welchen die professionellen Kräfte verpflichtet werden,
- Ausbildung, die den Erwerb der Fertigkeiten voraussetzt,
- Examen, mit dem der erfolgreiche Kompetenzerwerb nachgewiesen wird,
- Begrenzung der Zuständigkeit gegenüber anderen Professionen, Berufsverband, der die Belange der Profession verbindlich regelt, relative Autonomie von staatlicher Aufsicht und Einflussnahme, Begrenzung des Zugangs zur Profession,
- Verantwortung gegenüber dem Nutznießer/Kundin/Klientin,
- Privilegien der professionellen Fachkräfte und
- Sachorientierung vor Eigeninteresse.

Die Verbindung zu bestimmten Wissenskorpora ist für die sich professionalisierenden Berufe von zentraler Bedeutung. [...] Dabei kommt es darauf an, dass dieses Wissen sowohl wissenschaftlich überprüft als auch gleichzeitig pragmatisch relevant ist. [...]

Stichweh beschreibt den Prozess der Verbindung zwischen wissenschaftlich generiertem Wissen und der Professionspraxis als „Applikation" [...]. Dieses Verständnis der Anwendung trifft auf technisches Wissen im engeren Sinn zu. Für die eher geisteswissenschaftlich orientierten Disziplinen muss es bezogen auf den „Anwendungsfall" um kritische Urteilskraft gehen, welche die professionelle Fachkraft ausgebildet haben muss, um vor dem Hintergrund des erworbenen Wissens angemessene Entscheidungen über die zu ergreifenden Maßnahmen treffen zu können. [...]

Anforderungen an die professionellen Fachkräfte Sozialer Arbeit

Um die Anforderungen an die professionellen Fachkräfte der Sozialen Arbeit herausstellen zu können, müssen zunächst drei Grundprobleme der sozialpädagogischen Kompetenzdebatte unterschieden werden [...]:

- Das Zusammenleben im Alltag mit Klientinnen: SozialarbeiterInnen/SozialpädagogInnen mit Erziehungsaufgaben müssen in der außerschulischen Sozialisation (wie z. B. in Kindergärten, Heimgruppen oder Wohngemeinschaften) das Zusammenleben mit ihren Klientinnen in einem gemeinsamen Alltag bewältigen.
- Die Entwicklung von Angeboten, die von den Klientinnen freiwillig angenommen werden: In Beratungs- und Dienstleistungsinstitutionen müssen SozialarbeiterInnen/SozialpädagogInnen imstande sein, spezielle Angebote für bestimmte Klientengruppen zu entwickeln und auszuführen. In der offenen Jugendarbeit und in gemeinwesenorientierten Tätigkeiten müssen zudem Angebote entwickelt und vorgestellt werden, die in Zusammenarbeit mit der Klientel entstanden sind.
- Die Ausführung und Verwaltung von gesetzlich vorgeschriebenen Eingriffen und Leistungen mit Sicherung der Kooperation aller Beteiligten: Wo SozialarbeiterInnen/SozialpädagogInnen ausführende Organe staatlicher Einwirkung sind, durch welche die Klientinnen unmittelbar betroffen sein können, stellt der Umgang mit Gesetzes- und Verwaltungsmacht das Grundproblem dar. Hier kollidiert der Anspruch der Freiwilligkeit von Beratung mit dem Zwang durch Verwaltungsvorschriften, Verordnungen und Gesetze.

Diese Ansprüche müssen in unterschiedlicher Gewichtung in den verschiedenen Praxisfeldern der Sozialen Arbeit bewältigt werden und führen zu der Qualitätsfrage: Es geht nicht darum, *ob* diese Probleme bewältigt werden, sondern darum, *wie* sie bewältigt werden. [...]

Von Sozialer Arbeit kann man sprechen, „wenn das Problem und die Notlage eines Menschen nicht bloß jeweils als eine psychologische, medizinische, rechtliche, monetäre Angelegenheit begriffen und behandelt wird (dann wäre sie am besten bei den entsprechenden Fachkräften aufgehoben), sondern als eine zugleich persönliche und gesellschaftliche Angelegenheit" (Wendt 2000: 43).

Anders ausgedrückt hat die Soziale Arbeit einen doppelten Auftrag zu erfüllen, indem sie zwischen den individuellen Voraussetzungen und Bedürfnissen ihrer Klientinnen einerseits und den gesellschaftlichen Ansprüchen, Möglichkeiten und Grenzen andererseits vermitteln soll. Qualifikationen für diesen Bereich werden durch Methoden im Sinne von geregelten Verfahren vermittelt. So kann die professionelle Fachkraft der Sozialen Arbeit Rechtskenntnisse anwenden und Akten führen. Diese unbestritten wichtigen Tätigkeiten können den Blick auf den Umgang mit Menschen in Notlagen oder mit schwierigen Alltagssituationen jedoch verdecken. Die Soziale Arbeit verlangt primär eine andere Qualifikation, eine ganzheitlich (im Sinne der Integration von formaler, sozialer Kompetenz, Beziehungskompetenz sowie emotionaler Kompetenz) angelegte Kompetenz, die den SozialarbeiterInnen/SozialpädagogInnen innerhalb ihres Beschäftigungssystems Möglichkeiten zur Bewältigung von problematischen Alltagssituationen gibt. [...]

Im Folgenden soll die bereits erwähnte ganzheitliche Kompetenz (Integration von formaler, sozialer Kompetenz, Beziehungskompetenz sowie emotionaler Kompetenz) in ihren Inhalten kurz vorgestellt werden [...].

1. Formale Kompetenz

Die formale Kompetenz der Sozialarbeiterinnen umfasst wissenschaftlich fundierte Grundkenntnisse und ein vertieftes Verständnis des schwerpunktmäßig studierten Arbeitsfeldes, verbunden mit praktischen Erfahrungen in diesem Bereich. Um sich mit der Sozialen Arbeit auseinandersetzen zu können, beinhaltet die formale Kompetenz als Grundlagenwissen Recht, Soziologie, Pädagogik, Psychologie, Ethik, Politik usw. Diese formalen Bildungsinhalte sind kognitiv erlernbar. Zur formalen Kompetenz lassen sich ebenfalls die Kenntnis der Lebensbedingungen von Klientinnen sowie der wissenschaftlichen Erklärungsmodelle individueller und gesellschaftlicher Sozialisation zählen. Zugleich gehören dazu die Kenntnis der gesellschaftlichen Bedingungen, die zur Aussonderung fuhren sowie die Kenntnis der rechtlichen Rahmenbedingungen des jeweiligen Praxisfeldes. Folglich ist die formale Kompetenz auf Wissen, Techniken und normative Orientierungen hin ausgerichtet, welche für den Bereich der Administration und Sozialbürokratie unabdingbar sind.
Allerdings ist dabei zu beachten, dass es nicht darum gehen kann, einen sozialtechnisch, ingenieurhaft orientierten Professionalisierungstypen durch die Ausbildung hervorzubringen. Professionelle Kräfte der Sozialen Arbeit, die ausschließlich wissenschaftlich ausgebildet sind, können den Anforderungen der Praxisfelder nicht ausreichend gerecht werden.

2. Soziale Kompetenz/Beziehungskompetenz

Unter sozialer Kompetenz wird die Fähigkeit zur Beziehungsaufnahme und zur Beziehungsgestaltung verstanden. Soziale Kompetenz qualifiziert die SozialarbeiterInnen/SozialpädagogInnen zum Umgang mit den Klientinnen unter der Berücksichtigung ihres psychosozialen Umfeldes. Gleichzeitig befähigt die soziale Kompetenz die Fachkräfte zum Umgang mit der eigenen Persönlichkeit. [...]

Das primäre Aufgabenfeld der Sozialen Arbeit liegt in der Mittlerfunktion zwischen dem/der Klientin und seinem/ihrem gesellschaftlichen Umfeld bzw. anderen sozialen Berufsgruppen. Die SozialarbeiterInnen/SozialpädagogenInnen arbeiten direkt mit Einzelnen, Familien, Paaren oder Gruppen. Sie erziehen, bilden, informieren und beraten, sie vermitteln, vertreten, organisieren und kooperieren. Diese vielfältigen Aufgaben verlangen ein Kompetenzprofil, das der unmittelbaren Sozialen Arbeit mit Klientinnen angemessen ist. Soziale Arbeit findet folglich im direkten Umgang mit Personen statt, die Hilfe benötigen oder suchen. Somit ist Soziale Arbeit auch immer eine interaktionelle Arbeit. Auch ist die professionelle Fachkraft der Sozialen Arbeit in Handlungsgeschehen immer zugleich Objekt und Subjekt. Infolgedessen erfordert dies sowohl in der Interaktion mit Klientinnen, als auch in Institutionen und im Praxisfeld allgemein neben dem theoretischen Wissen immer eine angemessene Kommunikations- bzw. soziale Kompetenz. [...]

3. Emotionale Kompetenz

Emotionale Kompetenz ist wohl der am schwierigsten fassbare Bereich in der Auseinandersetzung mit sozialpädagogischen Kompetenzen. Bei der selbstreflexiven oder emotionalen Kompetenz geht es um die Fähigkeit zur Selbstreflexion auf die eigenen Motive und Kompetenzkapazitäten hin, also um Kompetenzen, die auf emotionale und motivationale Komponenten der Identität Einfluss haben können. Die emotionale (selbstreflexive) Kompetenz ist das zentrale Unterscheidungskriterium zwischen dem Alltagshandeln und professioneller Sozialer Arbeit. [...] Die technische Seite der Professionalisierung (methodisch-praktische Skills) gibt der Sozialen Arbeit eine von anderen Berufen abgrenzbare Eigenständigkeit und geht über das Alltagshandeln hinaus. Hinzu kommt die hermeneutische Seite, die auf das Verstehen und auf die helfende Beziehung der professionellen Fachkräfte und ihren Klientinnen gerichtet ist.
Hier wird die emotionale Kompetenz zu einer der grundlegenden Kompetenzen in der helfenden Beziehung. Zum einen ermöglicht sie die Analyse wissenschaftlicher Konzepte und deren Überprüfung auf die praktische Soziale Arbeit hin, andererseits erlaubt die emotionale Kompetenz auch die Überprüfung eigener emotionaler und motivationaler Gegebenheiten.

Aufgaben

1. Erklären Sie das Verhältnis von Beruf und Profession.
2. Geben Sie wieder, welchen Anforderungen die Fachkräfte Sozialer Arbeit genügen müssen, und erläutern sie diese mithilfe eigener Beispiele.
3. Erläutern Sie die Kompetenzen, die Fachkräfte Sozialer Arbeit erwerben sollten.
4. Informieren Sie sich über die Ausbildung von Fachkräften Sozialer Arbeit.
5. Erörtern Sie, welche Art von Ausbildung geeignet ist, den Erwerb der geforderten Kompetenzen zu unterstützen.

5.5.3 Erlebnispädagogik als Weg, Gewaltorientierungen und Dissozialität konstruktiv zu begegnen?

Die sog. Erlebnispädagogik wird als ein besonderer pädagogischer Weg angesehen, auf solche Jugendliche pädagogisch Einfluss zu nehmen, die sich gegen die üblichen Verfahren in Schulen, Heimen oder anderen pädagogischen Institutionen sperren. Dieser Bereich der Pädagogik bzw. Sozialen Arbeit ist in den letzten Jahren stark expandiert. Inzwischen sind die Adressaten der Erlebnispädagogik nicht nur delinquente Jugendliche, sondern auch Schülerinnen und Schüler oder Mitarbeiter von Unternehmen in leitenden Funktionen. Erlebnispädagogik wird auch wissenschaftlich begleitet und erforscht. Sie geht auf Ideen des Reformpädagogen Kurt Hahn zurück.

Hahn (1886–1974) war der wohl wirkungsvollste Vertreter der Erlebnispädagogik im letzten Jahrhundert. Seine Ideen und Konzepte, aber auch seine Schulgründungen und praktischen Initiativen üben auch heute noch eine prägende Wirkung aus:

- das Internat Salem (bei Überlingen am Bodensee);
- das Internat Gordonstown (in Schottland);
- die Kurzschulen (Outward Bound Schools);
- der Duke-of-Edinburgh's-Award;
- die United World Colleges.

Weiterführende Aufgaben

Recherchieren Sie im Internet und in Büchereien. Finden Sie weitere Details über den interessanten Lebenslauf von Kurt Hahn und über seine pädagogischen Initiativen und Schulgründungen heraus.

Hahn ist oft vorgeworfen worden, dass er ein elitäres Konzept verfolgt (besonders durch die Internatsschulen Salem und Gordonstown). Für die Outward-Bound-Kurzschulen und den Duke-of-Edinburgh's-Award gilt dies nicht. Recherchieren Sie, warum das so ist. Welche Verbindung hatte Hahn zum Duke of Edinburgh (dem Ehemann der britischen Königin)?

M13 Die Erlebnistherapie (Kurt Hahn)

Hahns erlebnispädagogisches Konzept: die Erlebnistherapie

In der folgenden Rede aus dem Jahre 1962 stellt Hahn sein erlebnispädagogisches Konzept vor. Er beginnt mit einem kritischen Blick auf die „gegenwärtige" (1962) Kultur.

Wir müssen uns darüber klar sein, dass die heranwachsende Jugend von heute von einem verführerischen Verfall umgeben ist. Ich nenne den Verfall der körperlichen Tauglichkeit, den Verfall der Unternehmungslust, der Selbstzucht, des Gedächtnisses und der Fantasie, den Verfall der Sorgsamkeit und den schlimmsten Verfall, den Verfall des Erbarmens. […]

Ich glaube mit Plato an die Macht der Erziehung. Die lockenden Versuchungen sind unvermeidlich. Wir können sie nicht ausschalten – weder die Methoden der mechanischen Fortbewegung noch die Beruhigungs- und Anregungsmittel, noch die unziemliche Hast und die verwirrende Rastlosigkeit der modernen Umwelt. Aber wir können der heranwachsenden Generation zu Gewohnheiten verhelfen, die sie widerstandsfähig machen und verhindern, dass sie zum hilflosen Opfer unserer kranken Gesittung wird. Schulen haben heute die Pflicht, ihre Verantwortung zu erweitern und zu vertiefen. Es ist an ihnen, zu heilen und zu schützen. Das gilt nicht nur für Internate, sondern auch für Tagesschulen. Es handelt sich darum, eine Umgebung zu schaffen, die heilsame Antriebe vermittelt, Antriebe, die früher unentrinnbare Elemente des täglichen Lebens waren und in der heutigen Umgebung beinahe erloschen sind. Antriebe zur gesunden Bewegung. Antriebe zu „Unternehmungen von Mark und Nachdruck". Antriebe zur Sorgsamkeit, Antriebe zurückzublicken und vorauszuschauen und auch vorauszuträumen. Antriebe zur Selbstzucht, Antriebe zur Selbsthilfe und zum Dienst am Nächsten.

Ich empfehle die Einführung einer vorbeugenden Kur, der Erlebnistherapie. Gegen den Verfall der körperlichen Tauglichkeit fordern wir die Einführung einer Trainingspause mindestens viermal die Woche. Wir können heute diese Forderung erheben, nicht nur als Erzieher, sondern auch im Namen der Ärzte. Es steht heute fest, dass die „Unterbewegung" nicht minder gefährlich ist als es vor dem Kriege die Unterernährung war. Eine erschreckende Anzahl von Frauen und Männern sterben an Herzinfarkt zwischen 40 und 60, und der Mangel an körperlicher Bewegung trägt eine wesentliche Schuld daran. Wie kann man von reifen Menschen erwarten, dass sie die körperliche Betätigung in ihren Tagesplan einfügen, wenn die kindliche Freude an der Bewegung bereits in der Pubertätszeit erloschen ist? In der Trainingspause sollen Körperbeherrschung, Schnellkraft und Sprungkraft geübt werden, und zwar mit der Hilfe von Leistungszielen, einmal von solchen, die im Bereich eines jeden Jungen oder Mädchens sind, und dann auch von anderen, die genügend hochgesteckt sind, um den gut begabten Leichtathleten zu ermutigen, danach zu streben. Keinem Schüler soll erlaubt werden, nur die angeborene Stärke zu entwickeln; er muss auch dazu gebracht werden, der meist angeborenen Schwäche Herr zu werden. Es ist daher nötig, die verschiedenen Leistungsziele in einem Abzeichen miteinander zu verbinden. Die vorbeugende Kur verlangt von dem durchschnittlich begabten Leichtathleten die ihm erreichbare Höchstleistung, d.h. weit weniger an Leistung, aber ebenso viel an Anstrengung als im Allgemeinen von dem hervorragenden Sportler gefordert wird. So ist es möglich, mit dem anstrengenden Training einleuchtende Trainingsbedingungen zu verbinden, wie z.B. ein Rauchverbot. […]

Körperliche Tauglichkeit ist eine notwendige, aber keineswegs hinreichende Basis für die Expedition – das zweite, wichtige Element der Erlebnistherapie. Manche hervorragende Leichtathleten sind keine Freunde von Wind und Wetter. Ihr Leben gleicht zuweilen einer Rastkur, unterbrochen von Höchstleistungen. Die Expeditionen zu Wasser und zu Lande sollten Voraussicht in der Planung und Sorgsamkeit, Umsicht, Entschlusskraft und Zähigkeit in der Durchführung fordern. Der Dichter Joseph Conrad hat erleuchtende Worte über den Wert solcher Erfahrungen gefunden: Er schildert in seinem Roman „Lord Jim" das tragische Versagen seines edlen und wohlerzogenen jungen Helden. Er diente als Offizier auf einem Pilgerschiff. Als es zu sinken drohte, verließ er es heimlich des Nachts, in einem Anfall von Verblendung. Und Joseph Conrad erklärt das rätselhafte Verhalten folgendermaßen: Er war nie erprobt worden durch Erfahrungen, die seine Widerstandsfähigkeit und Nervenkraft auf die Probe stellten, ebenso wie die Echtheit seiner Pose vor anderen und vor sich selber. […]

Das dritte Element ist das Projekt. Es kann ein künstlerisches oder dichterisches Projekt sein oder ein Unternehmen des Forschens oder die Konstruktion eines komplizierten wissenschaftlichen Apparates oder die Errichtung eines kleinen Bauwerkes – aber alle diese verschiedenartigen Vorhaben sollten das eine gemeinsam haben, dass sie einem klar definierten Ziel zustreben und Vertiefung und Ausdauer verlangen. Die Projekte sind nicht als Ersatz für Examina gedacht, wohl aber als Ergänzung. Examina prüfen die Willenskraft und die „surface intelligence" – die Oberflächen-Intelligenz: Projekte entdecken nicht selten verborgene Reserven des Verstandes.

Das vierte Element ist das wichtigste: Der Dienst am Nächsten. William James hat gegen Ende des vorigen Jahrhunderts die Herausforderung an Erzieher und Staatsmänner gerichtet: Entdeckt das moralische Äquivalent für den Krieg: Wenn Behagen und Gewinn, so sagt James, die beherrschenden Ziele im Frieden werden, dann bleibt ein elementares Verlangen unbefriedigt und liegt auf der Lauer: Die Sehnsucht, einer Sache zu dienen, an die man sich verlieren kann: Dann besteht die Gefahr, dass in einer internationalen Krise der Krieg zum Verführer wird und als Befreier von einem flügellahmen Frieden begrüßt wird.

Das moralische Äquivalent ist entdeckt worden. Die Leidenschaft des Rettens entbindet eine Dynamik der menschlichen Seele, die noch gewaltiger ist als die Dynamik des Krieges. Das ist eine ermutigende Erfahrung, die immer wieder bestätigt worden ist. […]

Ich erwarte viel von einer Konvention, die im Mai 1963 in London zusammentritt, um über Unfallverhütung und Lebensrettung zu diskutieren, gerade auch über die wiederentdeckte Methode der Beatmung bewusstloser Menschen. Das Royal College of Surgeons, beunruhigt über die allgemeine Gleichgültigkeit gegenüber dem sinnlosen Tod, hat diese Konvention zusammengerufen. Die Regierung, Rettungsorganisationen und Schulen werden vertreten sein. Bedeutende Ärzte werden die öffentlichen Verhandlungen leiten. Es besteht die Absicht, einen dreifachen Ruf erklingen zu lassen:

- den Ruf an Schulen, der Ersten Hilfe und dem Rettungsschwimmen einen gebührenden Raum im Wochenplan einzuräumen.
- den Ruf an die Rettungsorganisationen, ihre Tore der heranwachsenden Generation zu öffnen und Vertrauen zu haben in die Kompetenz und Hingabe sorgsam geschulter junger Menschen.
- den Ruf an die Jugend, sich einzusetzen im Kampf gegen den unnötigen Tod.

Ich glaube nicht, dass dieser Ruf wirkungslos verhallen wird. Ich hoffe, dass sich ein Corps des Rettens und Helfens zusammenfinden wird, dem auch junge Freiwillige angehören. Das Corps sollte mannigfaltig gegliedert sein: in Helfer der Feuerwehr, der Küstenwache, in Brandungsschwimmer, in Bergwacht, in Helfer der Verkehrspolizei, Helfer der Blinden und Helfer in Krankenhäusern.

Jeder Zweig dieses Corps würde eine besondere Aufnahmeprüfung verlangen, zu der niemand zugelassen würde, der nicht vorher eine allgemeine Bereitschaftsprüfung abgelegt hätte, in Erster Hilfe, Rettungsschwimmen und körperlicher Tauglichkeit.

Ich erwarte keine Massenbewegung der Freiwilligkeit. Aber eine achtunggebietende Minorität würde sich nicht versagen. Wir brauchen weithin sichtbare Beispiele, die Schule machen, ja, eine Mode der freiwilligen Dienstleistung kreieren. Wir brauchen die Aristokratie der Hingabe.

Aufgaben

1. Erläutern Sie die von Kurt Hahn benannten „grundlegenden Probleme" oder auch Verfallserscheinungen und die von ihm benannten vier Elemente der Erlebnistherapie. Setzen Sie sich mit der Frage auseinander, ob und warum diese vier benannten Elemente helfen können, solchen „Verfallserscheinungen" erfolgreich zu begegnen.
2. Kurt Hahn hat von Erlebnistherapie und nicht von Erlebnispädagogik gesprochen. Prüfen Sie die unterschiedlichen Ansprüche einer Erlebnistherapie und einer Erlebnispädagogik (indem Sie auch Überlegungen Mollenhauers heranziehen M 9).
3. Erörtern Sie, ob diese Elemente einer „Therapie" nach Kurt Hahn oder auch eine an diesen Elementen orientierte Pädagogik dissoziale oder gewaltbereite Jugendliche wirksam unterstützen könnten.

M14 Erlebnispädagogik gegen Gewalt (Ulrich Lakemann)

Anomie

Abb. 5.16

Einer der ältesten Ansätze ist die Anomietheorie von Émile Durkheim (1897). Der Begriff Anomie kennzeichnet dabei einen Verfall von zuvor weitestgehend allgemein akzeptierten gesellschaftlichen Werten und Normen in einem Prozess starken sozialen Wandels. Solche Situationen sind durch Orientierungslosigkeit und abnehmende soziale Kontrolle gekennzeichnet. Sie eröffnen demnach einen Freiraum für Gewalttaten und andere Formen abweichenden Verhaltens.

Arbeitet Erlebnispädagogik, wie bereits angesprochen, mit Metaphern für alltägliche Situationen, so kann sie im Rahmen ihrer Aktionen die alltägliche Orientierungslosigkeit wahrnehmbar machen. Eine Orientierung mit verbundenen Augen oder in ungewohntem Gelände, aber auch die Orientierungslosigkeit im Sozialen, wenn sich zuvor fest gefügte Gruppenstrukturen unter dem Einfluss von völlig ungewohnten Aufgaben verändern, sind erlebnispädagogische Metaphern für die gesellschaftliche und individuelle Orientierungslosigkeit.

Auch Robert K. Merton (1938) verwendet den Begriff Anomie und bezieht ihn auf Diskrepanzen zwischen einem angestrebten Wohlstandsniveau und anerkannten Mitteln, dieses Niveau zu erreichen. Er versucht damit, insbesondere in der wirtschaftlich prosperierenden amerikanischen Gesellschaft des 20. Jahrhunderts, normabweichende, vor allem auch gewalttätige Verhaltensweisen zu erklären.

Die Erlebnispädagogik kritisiert in vielerlei Facetten gerade diese Fixierung auf materiellen Wohlstand und die zum Teil fanatischen, bis zur Gewalt reichenden Bestrebungen, daran zu partizipieren. [...] Andererseits könnte man der Erlebnispädagogik in diesem Kontext unterstellen, dass sie versucht, Personen, die von gesellschaftlicher Exklusion betroffen sind, in ihren verständlichen, aggressiven und gegebenenfalls auch gewaltbereiten Frustrationen zu besänftigen. Es wäre aber mit den ethischen Prinzipien vieler Praktiker im sozialen Bereich nicht vereinbar, wenn Erlebnispädagogik eine die bestehenden gesellschaftlichen Benachteiligungen verschleiernde Funktion erhalten würde. Gerade das Gegenteil ist Ziel der Erlebnispädagogik: in benachteiligenden Situationen Transparenz zu erzeugen und neue Lösungswege aufzuzeigen.

Soziale Desintegration

Auch für Wilhelm Heitmeyer ist Exklusion in Form gesellschaftlicher Desintegration mit der Entstehung von Gewalt verbunden. Der Grundgedanke seiner Desintegrationstheorie ist, dass sich soziale Desintegration in einer wahrgenommenen Gefährdung der eigenen materiellen Existenz äußert und die Zugangsmöglichkeiten zu wichtigen gesellschaftlichen Funktionssystemen wie beispielsweise Arbeits- und Wohnungsmärkten zunehmend schwieriger werden. Diese Erfahrungen sind in der Regel verbunden mit Gefühlen politischer Ohnmacht und dem subjektiven Eindruck, keinem stabilen sozialen Milieu zugehörig zu sein. Durch zahlreiche Erfahrungen gesellschaftlicher Abwertung fühlen sich die Betroffenen den Normen der Gleichwertigkeit und Unversehrtheit von anderen Menschen nicht mehr verpflichtet. Die Gewalt gegenüber anderen, schwächeren sozialen Gruppen dient dann der eigenen Aufwertung. Insbesondere in homogenen sozialen Milieus, in denen Gewalthandlungen keinen Widerspruch hervorrufen, sind solche Entwicklungen typisch.

Betrachtet man vor diesem Hintergrund die Erlebnispädagogik, so ist es vorab noch einmal wichtig festzustellen, dass Erlebnispädagogik als eine mikrosoziale Methode nicht makrogesellschaftliche Zustände beseitigen kann, die zu Desintegration führen. Allenfalls kann sie als eine Methode verstanden werden, die dazu beiträgt, sich auch in einer geschwächten gesellschaftlichen Position Lebensperspektiven zu eröffnen. Eine damit verbundene neue Perspektive könnte zum Beispiel die oben bereits beschriebene Erfahrung der Selbstwirksamkeit sein. Erfahrungen von politischer Apathie und Ausgrenzung aus relevanten gesellschaftlichen Bereichen können durch erlebnispädagogische Erfahrungen der Selbstwirksamkeit und Integration zumindest kontrastiert werden. Wenn aus den von Heitmeyer beschriebenen Desintegrationsfaktoren Gewalt resultiert, so sind erlebnispädagogische Aktionen, die Auswirkungen solcher Faktoren zu verhindern oder abzumildern helfen, durchaus gewaltpräventiv. Dies gilt nicht nur für Individuen, sondern gerade auch für Gruppen.

Gruppendynamik und Subkulturen

[...] Die Schwierigkeit für erlebnispädagogische Aktionen mit gewaltbereiten Gruppen besteht darin, eine Gegen-Gegenkultur zu erzeugen. Das heißt, mit Blick auf die Interaktionsstrukturen in der Gruppe müssen erlebnispädagogische Aktionen eine Strukturungleichheit zur gewohnten, gewaltgeprägten Gruppensituation ermöglichen. Dies lässt sich zum einen erreichen, indem gewohnte Rollenstrukturen durch Intervention der Trainer gezielt neu strukturiert werden. Andere als die üblichen Personen übernehmen Führungsrollen, Außenseiter- oder Beobachterrollen. Die Gruppe wird dadurch gezielt „verstört". Auch eine stärkere Hinwendung zu individuenzentrierten, vor allem auf Selbstreflexion

Abb. 5.17

ausgerichteten Übungen, kann Gegen-Gegenkulturen bilden. Außerdem kann man versuchen, erlebnispädagogische Aktionen zu wählen, die weit entfernt sind von den Fähigkeiten, die eine gewaltbereite Gruppe im Allgemeinen für gewalttätige Aktionen benötigt. Übungen mit starker Ausrichtung auf körperliche Kraftanwendung wären in diesem Sinne also nicht geeignet.

Stigmatisierung

[...] Auch bei Gewalthandlungen innerhalb von Gruppen kann Stigmatisierung mit der Neubestimmung von Rollenstrukturen bekämpft werden. In einer Schulklasse übernimmt der sonst immer ausgegrenzte Schüler nun das Steuer und Kommando auf dem Schlauchboot. Beim Klettern trauen sich diejenigen mit der „größten Klappe" plötzlich am wenigsten zu, während die „Stillen" längst oben auf dem Felsen sind. Dies können Impulse sein, von denen nachhaltige Veränderungen ausgehen.

Sprachlosigkeit und Reflexion

Die von Heitmeyer als ein Desintegrationsfaktor beschriebene Erfahrung politischer Apathie kennzeichnet auf einer mikrosoziologischen Ebene auch den Zusammenhang von Gewalt und Sprachlosigkeit. Sozial akzeptierte Formen verbaler Konfliktregulation sind außer Kraft gesetzt und an ihre Stelle treten Formen manifester physischer Gewalt. In solchen Situationen sind Vernunft und Reflexionsvermögen weit herabgesetzt - der Gewaltausübende ist triebgesteuert.

Betrachtet man vor diesem Hintergrund mögliche gewaltpräventive Potenziale der Erlebnispädagogik, so lässt sich Folgendes feststellen: Wie bereits erwähnt, arbeiten erlebnispädagogische Transfermodelle mit Reflexion und Metaphern, um einen Bezug zum Alltag herzustellen. Damit ein solcher Bezug erkannt werden kann, müssen Gefühle, Wahrnehmungen und Störungen reflektiert und dabei in der Regel auch verbalisiert werden. Erlebnispädagogik setzt sich eine Stärkung dieser Reflexionsfähigkeiten zum Ziel. Voraussetzung für die Zielerreichung ist allerdings, wie bei vielen anderen Methoden auch, dass (potenzielle) Gewalttäter den festen Entschluss gefasst haben, ihr gewaltbereites Verhalten aufzugeben. [...]

Strukturelle Gewalt

[...] Erlebnispädagogische Aktionen finden im Regelfall „outdoor" in der Natur statt und diese setzt einen strukturellen Rahmen, aus dem es kaum möglich ist auszubrechen. Die Gewalt der Natur mit Regen, Schnee, Wind oder starker Sonne ist also durchaus eine strukturelle Gewalt, denn wir können sie kaum beeinflussen und uns ihr in manchen Situationen einfach nicht entziehen. Wenn ein solcher Rückzug nicht möglich ist, ergeben sich daraus wichtige pädagogische Effekte, denn in der Gewalt der Natur ist die Natur der Gewalt besser zu erkennen. Ein Bewusstsein dafür zu entwickeln, dass es benachteiligende strukturelle Bedingungen gibt, die durchaus als Gewalt zu bezeichnen sind, sich aus individueller Perspektive aber nicht oder wenig beeinflussen lassen, kann eine sehr wichtige Kontrasterfahrung sein in einer Zeit, in der dem Menschen eine hohe und allseitige Handlungsfreiheit suggeriert wird. Dadurch werden auch die Grenzen der oben angesprochenen Selbstwirksamkeit deutlich.

Gleichzeitig begrenzen die strukturellen Bedingungen der Natur zwar stark den individuellen Handlungsspielraum, in der Klarheit dieser Grenzen eröffnet sich aber auf der anderen Seite eine stärkere Transparenz hinsichtlich der beeinflussbaren und der nicht beeinflussbaren Bedingungen. Erst das Bewusstsein dafür, dass es strukturelle Bedingungen gibt, die zumindest in einer aktuellen Situation nicht beeinflussbar sind, kann die Lösungssuche auf die Bereiche lenken, die einer Beeinflussbarkeit unterliegen.

Aufgaben

1. Erläutern Sie Lakemanns Bestimmung der „Erlebnispädagogik als eine mikrosoziale Methode" (Zeile 74).
2. Erarbeiten Sie, inwieweit nach Lakemann Erlebnispädagogik eine Antwort auf Problemsichten auf Gewalt aus verschiedenen Perspektiven anbieten kann. Ziehen Sie dazu auch den Text von Sutterlüty (fb86na) als zusätzlichen Ansatz heran.
3. Diskutieren Sie, ob Sie Lakemanns Einschätzung der Möglichkeiten von Erlebnispädagogik im Umgang mit gewaltbereiten Jugendlichen (jeweils) zustimmen können.

M15 Das Outward-Bound-Konzept der „Thor Heyerdahl" (Torsten Fischer/ Jens Lehmann)

Bereits 1974 wurde im Evangelischen Jugenddorf Rendsburg mit handlungs- und erlebnisorientierten Segelaktivitäten begonnen. Diese Aktivitäten weiteten sich später zu Auslandsexpeditionen über Land und zu sozialtherapeutischen Reiseprojekten für schwierige Kinder und Jugendliche bis nach Indien und Südamerika aus. Die pädagogische Intention basierte hierbei auf der Einsicht, *„dass Menschen sich langfristig nicht durch Zwang, sondern nur durch eigene Motivation, die es anzuregen und zu erhalten gilt, verändern. Somit machen wir den uns anvertrauten Kindern und Jugendlichen Veränderungsangebote, die ihr Umfeld und ihre bisherigen Erfahrungen - insbesondere im zwischenmenschlichen Bereich - betreffen".* Weitere segelpädagogische Initiativen löste das Projekt ‚Outlaw' in den 80er-Jahren aus. Die Verbindungen zwischen nützlicher Arbeit an Bord und den Therapieangeboten für junge Menschen in psycho-sozialen Notlagen wurden konzipiert. [...] Seit 1983 werden auf der ‚Thor Heyerdahl' in enger Anlehnung an die Outward-Bound-Konzeption für Jugendliche und junge Erwachsene Kursprogramme angeboten. Diese Programme orientieren sich konsequent an den Elementen der Erlebnistherapie von Hahn. [...] Die spezifischen Zielgruppen, die in der ganzen Bandbreite zwischen sozial-

benachteiligten Jugendlichen, Schulklassen und auch Auszubildenden variieren, werden in einer Zieloptik erfasst, die die ganzheitliche Anlage dieser segelpädagogischen Aktivitäten unterstreicht: *„Im Gegensatz zu theoriebildenden Lernsituationen werden auf dem Segelschiff Fertigkeiten und Kenntnisse praktisch vermittelt. Nicht das Lernen über den Kopf ist Trumpf […], sondern das Lernen über die Hand und die Beobachtung wird angebahnt …"*
Die inhaltliche Ausrichtung dieser Segelpädagogik, der ‚Bühnenwechsel' mit seinen neuen Erfahrungsmomenten und die gruppendynamischen Beziehungen, reicht weit über den Anspruch einer praktisch-aktionalen Sozialisationspädagogik hinaus:

1. Abstand von den täglichen Routinen des Lebens und Lernens kann gewonnen werden.
2. Routinetätigkeiten im Denken und Handeln werden auf den Prüfstand der Bewährung in ungewohnten Handlungszusammenhängen gestellt.
3. Aufgaben- und Rollenverteilungen müssen verhandelt werden, die sich in den konkreten Verantwortungen an Bord spezifisch vollziehen.
4. Teamerfahrungen können praktisch und auf erweitertem Niveau angebahnt werden.
5. Ein vertrauensvolles Gruppenklima kann dafür sorgen, dass reflexiver Rücklauf zu individuellem Verhalten und Tätigkeit offen erfolgt.
6. Reflexion und Selbstbestimmung in den konkreten Aufgabenfeldern bleiben auf hohem Niveau miteinander verbunden.
7. Bewältigung von Herausforderungen natursportlicher und sozialer Natur können zu Risiko- und Eigenpotenzialerfahrungen beitragen.
8. Die Kompensation von Bewegungsarmut findet in handwerklichen und sportlichen Betätigungen statt.
9. Körperbewusstsein und sinnliche Wahrnehmung können im natursportlichen Zusammenhang aufeinander bezogen werden.
10. Selbstwirksamkeit kann in der handlungsechten Situation überprüft und verändert werden.

Abb. 5.18: Thor Heyerdahls Kon-Tiki

Auf der Basis dieser Lernvorstellungen innerhalb des Konzepts des Erfahrungslernens lassen sich Ansätze beschreiben, die in der Erlebnispädagogik ihre weite Verbreitung gefunden haben.
Diese segelpädagogische Variante des handlungs- und erlebnisorientierten Erfahrungslernens richtet sich auch an übergeordnete Lernziele: „Die angeführten Lernziele sind in einem übergreifenden Sinn komplex aufeinander bezogen. Sie sind weder isoliert zu betrachten, noch einzeln, getrennt voneinander erlernbar. Von daher sollten sie nicht dogmatisch verfolgt, sondern von den Teilnehmern relativiert offengelegt und diskutiert werden." Bei all diesen erlebnispädagogischen Initiativen unter dem Slogan – Erziehung durch die See – bleibt eine Grundposition oberstes Gebot: Die angestrebten Lernerfolge sollen sich nicht nur aus einem Diskurs zwischen Erziehern und zu Erziehenden ergeben, also durch den kommunikativen Austausch schlechthin. Sie sollen sich durch die praktisch vollzogene Tätigkeit in einem natursportlichen sowie sozialtherapeutischen Prozess einstellen. Im sozial-kognitiven Kontext gruppendynamischer Veränderungen sollen gemeinsame

Kognitiv ausgerichtete Lernziele	Seemännische Fertigkeiten (Segelmanöver); handwerkliche Kenntnisse; hauswirtschaftliche Kenntnisse (Küchenarbeiten); allgemeine Umwelt- und Lebenskunde; Freizeitvorbereitung und -gestaltung; Knotenkunde; Navigation; Schiffspflege und Wetterkunde.
Affektiv-emotional ausgerichtete Lernziele	Förderung der eigenen Identität, Steigerung des Selbstwertgefühls; Freude an einer Reihe von Tätigkeiten haben, intrinsische Motivation entwickeln; Versagenserlebnisse ohne Resignation ertragen lernen, Frustrationstoleranz entwickeln; mit eigenen inneren Impulsen (z. B. Angst) umzugehen lernen; Konfliktbewältigung im Sinne verschiedenartiger Interessen verstehen lernen, Kooperations-/Kompromissbewusstsein bilden; Achtung vor der Intimität und Autonomie des anderen haben; sensibel werden für die Empfindlichkeiten des anderen, Einfühlung lernen.
Soziale Lernziele	Verantwortung für sich und andere übernehmen und tragen lernen; Zuverlässigkeit, Hilfsbereitschaft und Freundlichkeit als Bedingungen des gemeinsamen Lebens erfahren und schätzen lernen; Regeln als vereinfachend für das Zusammenspiel vieler erkennen; gemeinsame Arbeit erkennen und Aufgaben deligieren können; Kooperation und Verantwortungsbewusstsein.
Motorische Lernziele	Durch Schiffsbewegungen im Seegang, das Steigen in die Masten, durch Segelsetzen … werden Grob- und Feinmotorik gleichermaßen geschult.

Abb. 5.19: Pädagogischer Zielkomplex in der Outward-Bound-Konzeption der ‚Thor Heyerdahl'

Erfahrungen und in der emotional-affektiven Ebene individuelle Erlebnisse gefördert werden. [...]

Intensive sozialpädagogische Einzelbetreuung durch erlebnispädagogische Projektarbeit im Ausland wurde seit dieser Zeit systematisch auf- und ausgebaut. Delinquente und deprivierte Heranwachsende in psycho-sozialen Notlagen, wie Schulverweigerer oder hyperaktive Kinder, bekamen zunehmend Angebote. Resozialisation und Rehabilitation auf der Grundlage handlungs- und erlebnisorientierter Lernprojekte konnten im Ausland verwirklicht werden. Diese projektorientierten Lernformen im Ausland [...] sollten dazu dienen, zwischenmenschliche Beziehungsprobleme schrittweise abzubauen und damit erfolgreiches Erfahrungslernen in anderen Zusammenhängen anzubahnen: „Mit diesen Projekten bieten wir ihnen (den Jugendlichen) unter einem Betreuungsschlüssel von 1:1 bis 1:2 ein neues Lernfeld, in dem sie ihre Fähigkeiten – ohne massive Sanktionen befürchten zu müssen – ausprobieren können. Insbesondere die damit verbundenen neuen Erfahrungen im emotional-sozialen Bereich mit ihren Bezugspersonen führen zu anderen Einstellungen, Haltungen und Werten, die dann nach ihrer Rückkehr im engeren und weiteren Lebensumfeld bzw. in der Herkunftsfamilie zu neuen Integrationsmöglichkeiten führen."

Abb. 5.20

Aufgaben

1. Erläutern Sie die pädagogischen Ziele und Wege des Outward-Bound-Konzepts der „Thor Heyerdahl".
2. Prüfen bzw. erörtern Sie, ob und inwieweit diese Ziele über die Realisierung dieses Konzepts tatsächlich erreichbar sein können. Setzen Sie sich in diesem Kontext auch mit dem Praxisbericht über ein Kajakprojekt im Altmühltal auseinander (vgl. qp9z5a).
3. Erörtern Sie, ob das Outward-Bound-Konzept als gelungener Versuch betrachtet werden kann, sozialpädagogische Ziele im Sinne Klaus Mollenhauers zu verfolgen.

6. Erwachsenenbildung und Beruf

In diesem Kapitel lernen Sie den Bereich der Pädagogik jenseits von Kindheit und Jugend kennen. Dieser Bereich ist in den letzten Jahrzehnten stetig gewachsen. Heute existiert ein ausdifferenziertes, unübersichtliches, dynamisch sich veränderndes Feld der Erwachsenenbildung. Dass dabei der Beruf und die berufliche Weiterbildung eine besondere Rolle spielen, liegt auf der Hand.
Was sind die Ziele von Erwachsenenbildung und Weiterbildung? Was die Institutionen und Orte? Wer sind die Träger? Wer die Teilnehmer? Dieses Kapitel bietet Antworten und weist auf Probleme hin.

6.1 Beruf und Lebenslauf

In naher Zukunft werden Sie Entscheidungen treffen müssen, die bedeutende Folgen für Ihr weiteres Leben haben werden. Es geht darum, was Sie nach dem Abitur vorhaben. Ein Studium beginnen? Eine Berufsausbildung aufnehmen? Eine Auszeit nehmen? Ein soziales Jahr einschieben? Das sind nur einige der Fragen, auf die Sie Antworten finden müssen.

Die folgenden Fragen können Ihnen dabei helfen, sich Klarheit über die notwendigen Entscheidungen zu verschaffen. Die Fragen sind „indiskret", also sehr „persönlich". Beantworten Sie deshalb diese Fragen ausschließlich für sich! Lassen Sie sich auf keinen Fall darauf ein, Ihre Antworten auf diese Fragen Menschen gegenüber öffentlich zu machen, wenn Sie das nicht möchten!

M1 Fragen

Indiskrete Fragen

- Haben Sie sich schon für ein Studium oder eine Berufsausbildung entschieden?
- Wenn ja: Wie sicher sind Sie sich?
- Wenn nein: Warum nicht? Wovor haben Sie Angst?
- Wie lange wollen Sie die Entscheidung hinausschieben?
- Ab welchem Lebensjahr wird es Ihnen peinlich sein, vom Geld Ihrer Eltern zu leben?
- Welche Berufe kommen für Sie auf keinen Fall infrage? Warum?
- Können Sie selber entscheiden, welches Studium oder welchen Beruf Sie wählen wollen? Oder gibt es Wünsche oder Druck von außen? Wenn ja: Wie gehen Sie damit um?
- Möchten Sie die Berufe Ihrer Eltern ausüben? Warum (nicht)?
- Stellen Sie sich vor: Sie gewinnen mehrere Millionen Euro, sodass Sie ein luxuriöses Leben führen könnten, ohne berufstätig zu sein. Würden Sie dennoch studieren oder eine Berufsausbildung aufnehmen und einen Beruf ausüben? Warum (nicht)?
- Stellen Sie sich vor: Sie haben 10 Jahre, 20 Jahre 40 Jahre im Beruf Ihrer Wahl gearbeitet. Was macht das aus Ihnen? Wie verändert Sie Ihr Wahlberuf?
- Können Sie sich vorstellen, nach einigen Jahren auch etwas ganz anderes zu machen? Warum wäre das gut für Sie?
- Was müsste geschehen, damit Sie den Beruf wechseln?
- Möchten Sie Karriere machen? Was versprechen Sie sich davon?
- Was würden Sie dafür investieren?
- Was ist für Sie wichtiger: ein Beruf, in dem Sie viel Geld verdienen können, oder ein Beruf, der Ihnen für Sie sinnvolle Tätigkeiten ermöglicht, aber nicht gut bezahlt wird?
- Soll für Sie demnächst der Beruf im Mittelpunkt Ihres Lebens stehen? Wenn nein: Was sonst?
- Was würde dies bringen, was der Beruf nicht bringt?
- Stellen Sie sich vor: Sie sind am Ende Ihrer Berufslaufbahn, gehen in den Ruhestand und blicken zurück. Was möchten Sie, dass bei diesem Rückblick herauskommt?

Aufgaben

1. Formulieren Sie die Fragen um, indem Sie die Personalpronomen „Sie", „Ihre" etc. durch das Indefinitpronomen „man" austauschen.
2. Wählen Sie einige Fragen aus, die Sie besonders interessant finden.
3. Erörtern Sie mögliche Antworten auf diese Fragen. (Veröffentlichen Sie auch jetzt Ihre persönlichen Antworten nur dann, wenn Sie das wirklich möchten!)

Der US-amerikanische Soziologe Richard Sennett (geb. 1943) beschreibt und analysiert in seinem Buch „Der flexible Mensch“ die Veränderungen, die die heute vorherrschende globalisierte, flexible kapitalistische Wirtschaftsordnung auf die Biografien der Menschen hat. Was das für das Verhältnis von Beruf und Lebenslauf bedeutet, zeigt Sennett am Beispiel eines Hausmeisters („Enrico“) und seines Sohnes („Rico“).

M2 Drift (Richard Sennett)

Abb. 6.1: Prof. Richard Sennett (geb. 1943)

Vor Kurzem traf ich jemanden auf dem Flughafen, den ich seit fünfzehn Jahren nicht gesehen hatte. Ich hatte den Vater von Rico (wie ich ihn im Folgenden nennen werde) vor einem Vierteljahrhundert für mein Buch über amerikanische Arbeiter, The Hidden Injuries of Class, interviewt. Enrico arbeitete damals als Hausmeister und setzte große Hoffnungen in seinen Sohn, einen aufgeweckten, sportlichen Jungen, der gerade in die Pubertät kam. Als mein Kontakt zu seinem Vater [Enrico] zehn Jahre später abbrach, hatte Rico gerade das Studium abgeschlossen. In der Flughafenlounge sah Rico aus, als habe er die Träume seines Vaters verwirklicht. Er hatte einen Computer in einem eleganten Lederköfferchen dabei, trug einen Anzug, den ich mir nicht hätte leisten können, und an seinem Finger steckte ein dicker Siegelring mit Wappen.

Bei unserer ersten Begegnung hatte Enrico seit zwanzig Jahren in einem innerstädtischen Bürogebäude Toiletten geputzt und Fußböden gewischt. Er tat es ohne Murren, aber er machte sich auch keine Illusionen, den amerikanischen Traum auszuleben. Seine Arbeit hatte ein einziges und dauerhaftes Ziel, den Dienst an seiner Familie. Er hatte fünfzehn Jahre gebraucht, um das Geld für ein Haus zusammenzusparen, das er in einem Vorort von Boston kaufte, und löste dadurch die Bindungen an seine alte italienische Umgebung, denn ein Haus in den Vororten war besser für die Kinder. Dann nahm seine Frau Flavia eine Stelle in einer chemischen Reinigung an; als ich Enrico 1970 begegnete, sparten beide für das Studium ihrer zwei Söhne.

Am stärksten war mir an Enrico und seiner Generation aufgefallen, wie linear die Zeit in ihrem Leben verlief: Jahr um Jahr gingen sie Arbeiten nach, die sich von Tag zu Tag kaum unterschieden. Entlang dieser Zeitlinie war der Erfolg kumulativ: Enrico und Flavia überprüften jede Woche das Anwachsen ihrer Ersparnisse und maßen ihr häusliches Leben an den verschiedenen Verbesserungen und Anschaffungen für ihr Holzhaus im Ranchstil. Schließlich war auch die Zeit, in der sie lebten, berechenbar. Die Umwälzungen der Weltwirtschaftskrise und des Zweiten Weltkriegs waren vorüber und ihre Arbeitsplätze durch Gewerkschaften geschützt; obwohl Enrico erst vierzig Jahre alt war, als ich ihn traf, wusste er schon genau, wann er in Rente gehen und über wie viel Geld er dann verfügen würde.

[…] Er formte sich eine klare Lebensgeschichte, innerhalb derer sich seine Erfahrung materiell und psychisch ansammelte; so wurde ihm sein Leben als lineare Erzählung verständlich. Obwohl ein Snob Enrico als uninteressant abtun könnte, erlebte dieser die Jahre als dramatische Geschichte, die von Reparatur zu Reparatur, von Ratenzahlung zu Ratenzahlung verlief. Der Hausmeister hatte das Gefühl, zum Autor seines Lebens zu werden, und obwohl er der Unterschicht angehörte, gab ihm dieser Erzählrahmen eine hohe Selbstachtung.

Trotz ihrer Klarheit war Enricos Lebensgeschichte nicht simpel. Für mich war besonders erstaunlich, wie Enrico die Welten seiner alten Einwanderergemeinschaft und seines neuen, neutralen Lebens in den Vororten verband. Unter seinen Vorortnachbarn in ihren Holzhäusern lebte er als ruhiger, unauffälliger Bürger, kam er jedoch in seine alte Umgebung zurück, so genoss er als jemand, der es draußen zu etwas gebracht hatte, sehr viel mehr Aufmerksamkeit. Er war ein angesehener, erfolgreicher Familienvater, der jeden Sonntag zur Messe zurückkam und danach zum Lunch und zum Kaffeeklatsch blieb. Von denen, die ihn lange genug kannten, um seine Geschichte zu verstehen, wurde er als unverwechselbarer Mensch anerkannt; von seinen neuen Nachbarn wurde er auf anonymere Weise als jemand respektiert, der wie alle anderen auch sein Haus und seinen Garten pflegte und ein unauffälliges Leben führte. Das dichte Gewebe von Enricos persönlicher Erfahrung kam dadurch zustande, dass er auf beide Arten anerkannt war, je nachdem, in welcher Gemeinschaft er sich befand: Er gewann zwei Identitäten aus einem Zeitablauf. […]

Abb. 6.2

Enrico mochte keine Schwarzen, obwohl er über viele Jahre friedlich Seite an Seite mit schwarzen Hausmeistern gearbeitet hatte; er mochte keine Ausländer, die nicht aus Italien stammten, etwa die Iren, obwohl sein eigener Vater kaum ein Wort Englisch sprach. Er erkannte keine Existenzkämpfe von Menschen anderer Nationalität an, er hatte keine Klassenverbündeten. Am meisten waren Enrico jedoch Menschen aus der Mittelschicht zuwider. Er sagte, wir behandelten ihn, als wäre er unsichtbar, „wie eine Null“. Das Ressentiment des Hausmeisters wurde durch die Befürchtung kompliziert, seine mangelnde

Bildung und sein niedriger Status gäben uns insgeheim das Recht dazu. Seine eigene stete Beharrlichkeit, seinen Stolz entwickelte er aus dem Gegensatz zum klagenden Selbstmitleid der Schwarzen, dem unfairen Eindringen von Ausländern und den unverdienten Privilegien der Bourgeoisie.

Obwohl Enrico das Gefühl hatte, ein gewisses Maß an gesellschaftlichem Ansehen erreicht zu haben, wollte er nicht, dass sein Sohn Rico sein eigenes Leben wiederholte. Der amerikanische Traum vom sozialen Aufstieg der Kinder war für meinen Freund ein machtvoller Antrieb. „Ich versteh' kein Wort von dem, was er sagt", prahlte Enrico mehrere Male vor mir, wenn Rico nach der Schule seine Mathematikaufgaben machte. […]

Dank der Zufallsbegegnung auf dem Flughafen hatte ich nun nach vielen Jahren die Gelegenheit zu sehen, was aus Enricos Sohn geworden war. Ich muss gestehen, dass er mir in der Flughafenlounge nicht besonders gefiel. Ricos teurer Anzug war vielleicht bloß eine Geschäftsuniform, aber der Siegelring mit Wappen – ein Abzeichen privilegierter Herkunft – schien zugleich eine Lüge und eine Verleugnung seines Vaters zu sein. Die Umstände führten Rico und mich jedoch auf einem langen Flug zusammen. Ich sollte dazu sagen, dass es keine dieser amerikanischen Reisen war, auf der ein Fremder einem sein Herz ausschüttet, dann bei der Landung sein Gepäck zusammenrafft und für immer verschwindet. In der Maschine setzte ich mich ohne Aufforderung neben Rico und musste in der ersten Stunde des langen Fluges von New York nach Wien jede Antwort geradezu aus ihm herausziehen.

Abb. 6.3

Ich erfuhr, dass Rico den Wunsch seines Vaters nach sozialem Aufstieg zwar erfüllt, aber sich zugleich von dessen Prinzipien abgewandt hat. Rico verachtet Leute, die „Dienst nach Vorschrift" machen und den Schutz einer Bürokratie suchen; stattdessen ist er der Überzeugung, man müsse offen für Veränderungen sein und Risiken eingehen. Und er hat Erfolg gehabt. Während Enricos Lohn im unteren Viertel der Einkommensskala lag, kletterte Rico in die oberen fünf Prozent.

Dennoch hat diese Geschichte für ihn kein wirkliches Happy End.

Nachdem er in Boston Elektrotechnik studiert hatte, ging Rico an eine Business School in New York. Dort heiratete er eine Kommilitonin, eine junge Protestantin aus einer bessergestellten Familie. Das Studium bereitete das junge Paar darauf vor, häufig umzuziehen und ihre Stellen zu wechseln, und das haben sie getan. Seit dem Abschluss ist Rico innerhalb von vierzehn Arbeitsjahren viermal umgezogen. […]

Rico begann in den frühen, berauschenden Tagen der Computerindustrie im Silicon Valley als technischer Berater einer High-Tech-Firma, die mit „Venture capital" aufgebaut worden war, und ging dann nach Chicago, wo er ebenfalls erfolgreich war. Der nächste Umzug diente dann der Karriere seiner Frau Jeannette. […] Sein Vater Enrico hatte sich noch ein wenig geschämt, als Flavia arbeiten ging; Rico sieht Jeannette als gleichberechtigt arbeitende Partnerin an und hat sich ihr angepasst. Zu diesem Zeitpunkt, als Jeannettes Karriere nach oben wies, bekam das Paar ihre Kinder.

In dem Büropark in Missouri holten die Ungewissheiten der neuen Ökonomie den jungen Mann ein. Während seine Frau befördert wurde, fiel Ricos Stelle einer Umstrukturierung zum Opfer – seine Firma wurde von einer größeren geschluckt, die ihre eigenen Analysten besaß. Also zog das Paar zum vierten Mal um, zurück in die Nähe von New York. Jeannette leitet jetzt ein großes Team von Buchhaltern, Rico hat eine eigene kleine Consultingfirma gegründet.

Trotz ihres relativen Wohlstands und obwohl sie das Modell eines anpassungsfähigen, einander unterstützenden Ehepaares zu sein scheinen, leiden beide, Mann und Frau, unter der Angst, die Kontrolle über ihr Leben zu verlieren. Diese Angst ist sozusagen in ihre Arbeitsgeschichte eingebaut.

In Ricos Fall geht es bei dieser Angst zunächst um etwas ganz Einfaches. Er musste sich auf eine fremdbestimmte Zeiteinteilung einlassen. Als er seinen Kollegen und Bekannten erzählte, er werde eine Consultingfirma eröffnen, wurde er von den meisten bestärkt; Consulting gilt als Weg zur Unabhängigkeit. Am Anfang war er jedoch zu vielen einfachen Tätigkeiten gezwungen, die früher andere für ihn erledigt hatten, zum Beispiel dem Fotokopieren. Er sah sich nun einem sich ständig wandelnden Netz von Geschäftsbeziehungen unterworfen: Jeder Anruf musste beantwortet, noch die flüchtigste Bekanntschaft ausgebaut werden. Um Aufträge zu bekommen, ist er von der Tagesordnung von Personen abhängig geworden, die in keiner Weise gezwungen sind, auf ihn einzugehen. Wie andere Berater möchte er nach Verträgen arbeiten, welche seine Aufgaben präzise festlegen; diese Verträge sind nach seinen Worten jedoch weitgehend fiktiv. Ein Berater muss sich gewöhnlich den wechselnden Launen oder Ideen seiner Kunden anpassen; Rico hat keine feste Rolle in einer Institution, die es ihm erlauben würde, zu anderen zu sagen: „Dies ist meine Aufgabe, hierfür bin ich verantwortlich."

Jeannettes Mangel an Kontrolle ist subtiler. Die Buchhaltergruppe unter ihrer Leitung setzt sich aus Menschen zusammen, die zu Hause arbeiten, anderen, die gewöhnlich im Büro sitzen, und einer Phalanx kleiner Angestellter, die 1500 Kilometer entfernt und mit ihr durch das Computerkabel verbunden sind. In ihrer Firma werden die Buchhalter, die zu Hause arbeiten, durch strikte Regeln sowie durch Telefon- und E-Mail-Überwachung kontrolliert. Um die Arbeit der 1500 Kilometer entfernten Angestellten zu leiten, kann sie keine direkten, persönlichen Entscheidungen treffen, vielmehr muss sie ihnen schriftlich festgelegte Richtlinien geben. Diese scheinbar flexible Arbeitsweise hat nicht zu weniger, sondern zu mehr Bürokratie geführt, und ihre Anweisungen haben weniger Autorität als zu der Zeit, da sie Arbeitskräfte beaufsichtigte, die alle zur selben Zeit in einem Büro saßen. […]

Abb. 6.4

Rico sagte mir, dass er und Jeannette meist unter ihren Arbeitskollegen Freunde gefunden und viele dieser Freundschaften sich während der Ortswechsel der letzten zwölf Jahre wieder aufgelöst hätten, „obwohl wir ‚in Verbindung' bleiben". Rico versucht über elektronische Kommunikationsmittel jenes Gemeinschaftsgefühl herzustellen, das Enrico an den Versammlungen der Hausmeistergewerkschaft so schätzte, doch der Sohn findet die Online-Kommunikation kurz und gehetzt. „Es ist wie mit den Kindern: Wenn man nicht da ist, kriegt man alles, was passiert, nur erzählt, man ist nicht wirklich dabei."

Bei jedem seiner vier Umzüge haben Ricos neue Nachbarn sein Kommen als eine Ankunft betrachtet, die frühere Kapitel seines Lebens abschloss. Sie fragen ihn Dinge über Silicon Valley oder den Büropark in Missouri, aber nach Ricos Worten „sehen sie keine anderen Orte", ihre Vorstellungskraft ist nicht in Anspruch genommen. Dies ist eine spezifisch amerikanische Furcht. Die klassische amerikanische „Suburbia" war eine Schlafstadt. Aber in der letzten Generation ist eine andere Art der Vorstadt entstanden, die vom Stadtkern ökonomisch unabhängig ist. Dies sind aber auch nicht wirklich Kleinstädte oder Dörfer, sondern Neubausiedlungen, die der Zauberstab eines Bauträgers ins Leben gerufen hat. Sie blühen auf und beginnen noch in der Lebensspanne einer Generation wieder zu verfallen. Diese Gemeinden sind nicht ohne Geselligkeit oder gutnachbarliches Verhalten, aber niemand in ihnen wird auf längere Zeit zum Zeugen des Lebens seiner Nachbarn.

Die Flüchtigkeit von Freundschaft und örtlicher Gemeinschaft ist der Hintergrund für die tiefste von Ricos Sorgen, seine Familie. Wie sein Vater Enrico betrachtet Rico die Arbeit als Dienst an seiner Familie. Im Gegensatz zu diesem kollidieren aber die Ansprüche seiner Arbeit mit diesem Ziel. Zuerst meinte ich, er spreche über den nur allzu bekannten Konflikt zwischen Arbeitsanspruch und Zeit für die Familie. „Wir kommen um sieben nach Hause, essen zusammen, versuchen eine Stunde Zeit für die Hausaufgaben der Kinder zu haben und machen dann unseren eigenen Papierkram." Als seine Consultingfirma einmal mehrere Monate lang auf der Kippe stand, „war es, als würde ich meine Kinder nicht mehr kennen". Er macht sich Sorgen wegen der Anarchie, in die seine Familie regelmäßig versinkt, und darüber, dass er seine Kinder vernachlässige, deren Bedürfnisse sich nicht in die Ansprüche, die der Beruf an ihn stellt, hineinprogrammieren lassen. [...]

Ich wusste bereits, dass Rico als Junge unter Enricos Autorität gelitten hatte; er hatte mir erzählt, er habe sich von den kleinkarierten Regeln erdrückt gefühlt, die das Leben des Hausmeisters bestimmten. Nun, da er selber Vater ist, verfolgen ihn modernere Schrecken des Kontrollverlustes, besonders die Furcht, seine Kinder könnten „Mall-Ratten" werden, die nachmittags ziellos auf den Parkplätzen von Einkaufszentren herumhängen, während die Eltern unerreichbar in ihren Büros sitzen.

Aus diesem Grund will er seinem Sohn und seinen Töchtern ein Beispiel an Entschlusskraft und Rechtschaffenheit geben, „aber man kann Kindern nicht einfach sagen, sie sollen so sein", er muss ihnen ein Beispiel sein. Das objektive Beispiel, das er geben könnte, sein sozialer Aufstieg, ist etwas, das sie als selbstverständlich ansehen, eine Geschichte aus einer Vergangenheit, die nicht die ihre ist, ein abgeschlossenes Kapitel. Seine tiefste Befürchtung ist aber, der Inhalt seiner Arbeit könne für seine Kinder kein Beispiel moralischen Verhaltens abgeben. Die Qualitäten guter Arbeit haben mit den Eigenschaften guten Charakters nichts zu tun.

Wie mir später klar wurde, ist der Grund für die Intensität dieser Furcht ein Bruch zwischen Enricos und Ricos Generationen. Ökonomen, Manager und Wirtschaftsjournalisten betrachten den globalen Markt und den Gebrauch neuer Technologien als die Merkmale des neuen Kapitalismus. Das ist sicher richtig, unterschlägt aber eine andere Dimension des Wandels: die neuen Formen der Zeit-, besonders der Arbeitszeitorganisation.

Das sichtbarste Zeichen dieses Wandels könnte das Motto „nichts Langfristiges" sein. In der Arbeitswelt ist die traditionelle Laufbahn, die Schritt für Schritt die Korridore von ein oder zwei Institutionen durchläuft, im Niedergang begriffen. Dasselbe gilt für das Hinreichen einer einzigen Ausbildung für ein ganzes Berufsleben. Heute muss ein junger Amerikaner mit mindestens zweijährigem Studium damit rechnen, in vierzig Arbeitsjahren wenigstens elfmal die Stelle zu wechseln und dabei seine Kenntnisbasis wenigstens dreimal auszutauschen.

Aufgaben

1. Arbeiten Sie heraus, welche Merkmale das Berufs- und Familienleben von Enrico und Rico besitzen. Beachten Sie dabei, welche gesellschaftlichen und wirtschaftlichen Einflüsse beteiligt sind. Visualisieren Sie Ihre Arbeitsergebnisse (z.B. in Tabellenform).
2. Erörtern Sie, welche Möglichkeiten, ein selbstbestimmtes Leben zu führen, beide Lebensformen bieten.
3. Entwickeln Sie Hypothesen zum Zusammenhang von Beruf und Lebenslauf.
4. Was haben Ihre bislang gewonnenen Einsichten zum Zusammenhang von Beruf und Lebenslauf mit Pädagogik zu tun?

Die drei folgenden Texte bieten Ihnen wissenschaftliche Erkenntnisse zum Zusammenhang von Beruf und Lebenslauf an. Zunächst geht es um den Beruf im Hinblick auf seine persönlichkeitsformenden Wirkungen. Der zweite Text erweitert diese Perspektive, indem er die sozialen und kulturellen Veränderungen bei dieser Funktion von Berufen darstellt. Im dritten Text werden Erkenntnisse der sozialwissenschaftlichen und pädagogischen Lebenslaufforschung vorgestellt, die aktuelle Entwicklungen des Verhältnisses von Beruf und Lebenslauf zusammenfassen. Nach der Erarbeitung dieser können Sie wieder auf Ihr Vorwissen und Ihre Hypothesen zurückgreifen.

M3 Die Bedeutung des Berufs für Entwicklung und Persönlichkeit des Einzelnen (Ulrich Beck/Michael Brater/Hans-Jürgen Daheim)

1. Das Berufsbild des Einzelhandelskaufmanns als Persönlichkeitsbild und subjektive Entwicklungsschablone

Die zentrale These dieses Kapitels – dass nämlich Berufe nicht nur als Elemente von Produktionsprozessen, sondern auch als „Subjektvorgaben" gesehen werden können, d.h. als Entwicklungs- und Äußerungsschablonen subjektiver Fähigkeiten, Orientierungen und Interessen – soll zunächst ausführlich anhand eines Beispiels erläutert und veranschaulicht werden. Wir greifen zu diesem Zweck ein konkretes Berufsbild heraus, und zwar den Ausbildungsberuf des Verkäufers bzw. Einzelhandelskaufmanns.

Abb. 6.5: Prof. Dr. Ulrich Beck (1944–2015)

Dieses Berufsbild enthält zunächst einmal neben einer allgemeinen Definition des Arbeitsgebietes und der Festlegung der Lehrzeit eine Aufzählung der „verbindlichen Inhalte der betrieblichen Ausbildung", also dessen, was ein Lehrling in diesem Beruf lernen muss. Dabei handelt es sich um eine relativ detaillierte Liste von Kenntnissen, Fertigkeiten und Fähigkeiten […], wie z.B.:

„1. Einführung in die Betriebszusammenhänge sowie in Aufgaben, Gliederung und Vertriebsformen des Einzelhandels […]."

Auf den ersten Blick scheint es sich dabei ganz einfach um das notwendige Fachkönnen zu handeln, das ein Einzelhandelskaufmann eben braucht, um seine Berufsaufgaben erfüllen zu können. Dass diese funktionellen Qualifikationen aber keineswegs nur den Stellenwert von technischen Instrumenten haben, sondern durchaus „persönlichkeitsbildende" Bedeutung, wird besonders drastisch etwa dann erkennbar, wenn man sich Pos. 7 ansieht:

„7. Verkaufs- und Beratungsgespräch, Warenvorlage, Wortschatz und Sprechfertigkeit, Verkaufspsychologie, organisatorische Abwicklung des Verkaufsvorgangs."

Sie wird folgendermaßen erläutert:

„Das persönliche Verhalten des Verkäufers, Umgangsformen, äußere Erscheinung, Sprache, Menschenkenntnis, Einfühlungs- und Überzeugungsvermögen, Dienstbereitschaft und Warenkenntisse als wesentliche Voraussetzungen für den Verkaufserfolg. Gepflegtes deutliches Sprechen, klare sichere Auskünfte (keine Belehrungen), guter verkaufsbezogener Wortschatz (verkaufsnotwendiges Allgemeinwissen, Warenkunde, Verkaufskunde). Grundlagen der Verkaufspsychologie. Die Begrüßung und Anrede des Kunden … Erkennen der persönlichen Eigenart und Geschmacksrichtung. Einschätzen der Kaufkraft … Nennen des Preises im Verkaufsgespräch. Verhalten bei Käufereinwänden."

Hier wird anschaulich deutlich, wie wenig sich im Grunde genommen zwischen „fachlichen" und „persönlichen" Qualifikationen trennen lässt, wie durchaus persönliche Eigenschaften und Fähigkeiten direkt „funktional" für den Arbeitsprozess sind und deshalb systematisch zum Berufsbild gehören und in der Ausbildung mitgeschult werden. Die Berufsausbildung ist hier offenkundig faktisch „Persönlichkeitsbildung" im Sinne von Formung der Person, ihrer Eigenschaften und Fähigkeiten.

[…] Hieran wird klar, dass ein Berufsbild nicht nur irgendwelche „technischen" Spezialkenntnisse umfasst, dass es also in diesem Sinn nicht an der „Oberfläche" der Persönlichkeit bleibt, sondern dass es zumindest Teile dieser Persönlichkeit selbst erfasst und als Schablone ihrer Entwicklung dient, indem es ihre Denkweisen, Beobachtungsgabe, Ausdrucksfähigkeit, innere Haltung und äußere Gesten und Erscheinungsformen nach dem ihm eigenen Muster prägt bzw. auszubilden vorschreibt. Verschiedenen Berufen wohnen offenbar in dieser Hinsicht ganz verschiedene „Persönlichkeitsmodelle" inne (womit sie ganz unterschiedliche „Kanäle" der persönlichen Entwicklung darstellen). Ferner wird bereits deutlich, wie die Berufe die persönliche Entwicklung für bestimmte arbeitseinsatzbezogene Zwecke „funktionalisieren", also diejenigen Aspekte und Orientierungen betonen, die dem jeweiligen Berufszweck dienen: „Menschenkenntnis" umschließt in unserem Beispiel die Fähigkeit, „die Kaufkraft einzuschätzen", und die Form der Anrede, die gelernt werden soll, dient selbstverständlich primär nicht der Einleitung einer persönlichen Beziehung, sondern dazu, den Kunden zum Bleiben und Kaufen zu motivieren.

Abb. 6.6

Die „persönlichkeitskonstituierende" Bedeutung des Berufsbilds wird auch dadurch nochmals unterstrichen, dass nicht nur festgelegt ist, was einer in diesem Beruf können muss, sondern bei genauerem Hinsehen auch das, was einer nicht lernen soll, welche Fähigkeiten er nicht zu entwickeln braucht. Diese Negativbestimmungen finden sich in unserem Beispiel des Einzelhandelskaufmanns indirekt in der auffälligen Häufung der Begriffe „Einführung" und „Grundkenntnisse", für die es in der ganzen Ausbildung keine „Weiterführung" oder „Vertiefung" gibt. Für das, was an den betreffenden Qualifikationsbereichen nicht Grundkenntnisse sind, wird hier damit also auch die Inkompetenz des betreffenden Berufs festgeschrieben, hier liegt der „Schnittpunkt" zu einem Nachbarberuf:
Wo der Einzelhandelskaufmann etwa lediglich eine „Einführung in die wichtigsten rechtlichen Bestimmungen für die Verkaufspraxis" erhält, dort wird er in seinem eigenen Arbeitsgebiet bei schwierigen Rechtsfragen von den dafür zuständigen Experten, den Rechtsanwälten usw., abhängig, deren Kompetenzmonopol dadurch zugleich gesichert wird. [...]
Solche Nahtstellen zu anderen Berufen finden sich in unserem Beispiel „Einzelhandelskaufmann" noch viele, so etwa zu Dekorateuren und Werbefachleuten, zu Buchhaltern und Organisationsberufen und vor allem zu den vielen anderen kaufmännischen Spezialberufen, also etwa Bankkaufmann, Werbekaufmann, Bürokaufmann usw., die gegenüber dem Einzelhandelskaufmann alle ihre Besonderheiten wahren sollen und von denen er sich seinerseits deutlich abheben muss. Das hat zur Folge, dass der Einzelhandelskaufmann in eine Vielzahl einzelner Wissens- und Qualifikationsbereiche kurz hineinschaut, um dann schnell die Finger wieder davon zu lassen. Seine Ausbildung ist mit lauter Stoppschildern und Sperren versehen. Sein Beruf dient angesichts dieser vielfältigen „Einkastelungen" nicht nur als Schablone der Entwicklung seiner persönlichen Fähigkeiten, Handlungs-, Orientierungs- und Denkweisen, sondern zugleich auch als Medium ihrer Vereinseitigung, Einschränkung, Spezialisierung, wirkt also auch zugleich entwicklungshemmend oder -verhindernd, indem er Lernprozesse an bestimmten Punkten abzubrechen vorschreibt bzw. komplexe Qualifikationsbereiche in für sich unselbstständige Teile zerteilt.
Praktisch heißt das aber, dass hier überall Abhängigkeiten und Kooperationszwänge zu anderen Berufen entstehen, sodass deutlich wird, wie der Beruf kraft seines Qualifikationsprofils den Einzelnen in eine Vielfalt strukturell notwendiger sozialer Beziehungen einspannt: Arbeitsfähigkeiten bzw. „Kompetenzen" lassen sich inhaltlich gar nicht auf unterschiedliche Berufe aufteilen, ohne dass damit zugleich soziale Beziehungen, Abhängigkeiten und Kooperationsbezüge zwischen den jeweiligen Spezialisten begründet würden. Über diesen Weg wird der Einzelhandelskaufmann auch strukturell in die Hierarchie der Berufe eingebunden: Sehr deutlich tritt in der Betonung der „Grundlagen" und ihrer vordergründig-praktischen Interpretation die Trennlinie gegenüber den „höherqualifizierten" kaufmännischen Berufen hervor, also insbesondere den graduierten oder diplomierten Betriebswirten, denen das entsprechende

Abb. 6.7

theoretische Wissen, ebenso alle jene Qualifikationen vorbehalten bleiben, die mit Dispositions-, Leitungs- und Planungskompetenzen zu tun haben. Es fehlen in der Aufzählung der verbindlichen Ausbildungsinhalte des Einzelhandelskaufmanns demgegenüber gerade solche Gesichtspunkte, die mit dem wirtschaftlichen Aufbau eines Gesamtbetriebs, mit der Organisation der Kooperationsstruktur oder mit unterschiedlichen Betriebsformen zu tun haben, und dies, obwohl hinter der Ausbildung zum Einzelhandelskaufmann offensichtlich als „Leitbild" durchaus der selbstständige Fachhändler steht. Betrachtet man nur den Ausbildungsabschnitt, der zum „Verkäufer" führt, wird diese hierarchische Schneidung der Berufsinhalte noch deutlicher: Weder befähigt diese Ausbildung, selbstständig die wirtschaftlichen und rechtlichen Aspekte des Einzelhandels zu bearbeiten, noch führt sie auch nur annähernd dazu, die unmittelbaren betrieblichen und kaufmännischen Hintergründe der eigenen Tätigkeit zu überblicken. [...]
Wir kommen hier also zu dem Ergebnis, da die berufliche Modellierung der Persönlichkeit offenbar „hierarchiekonform" erfolgt, dass die Person von ihrer gesellschaftlichen Entwicklung und Formung her bereits für bestimmte Positionen in der gesellschaftlichen Macht- und Herrschaftsordnung prädisponiert wird. Gesellschaftliche und betriebliche Hierarchien werden hier über die Berufsschablone tief in die Fähigkeits- und Handlungsstruktur der Individuen hineingesenkt und damit in gewisser Weise „selbstbestätigend", weil nun eben den Verkäufern beispielsweise tatsächlich die Fähigkeiten fehlen, den Betrieb wirtschaftlich durchzukalkulieren (wenn auch nicht, weil sie zu dumm dazu wären, sondern einfach deshalb, weil sie ihnen im Berufsbild vorenthalten wurden). Es wird deutlich, wie die berufliche Formung der Persönlichkeit bestehende Abhängigkeits- und Machtverhältnisse stabilisiert und egalitäre oder partizipative Tendenzen und Forderungen schon von der Qualifikationsverteilung her blockiert. [...]
Mit anderen Worten: Jedes Berufsbild enthält als „Innen- und Subjektseite" ein sozial standardisiertes Persönlichkeitsbild, und die Verwirklichung eines Berufsbilds in Ausbildung und Arbeit kann und muss verstanden werden als die Verwandlung und Verfestigung von Strukturmerkmalen von Berufen in Standardeigenschaften von Personen. Berufe als institutionalisierte Kombinationen von Arbeitsfähigkeiten bleiben der Person des Berufstätigen keineswegs

Abb. 6.8

äußerlich, sondern sie stellen faktisch personenbezogene Entwicklungs- oder Sozialisationsschablonen dar, nach denen nicht nur „Fachwissen", sondern auch fundamentalere Persönlichkeitseigenschaften und -fähigkeiten vermittelt bzw. ausgebildet werden. Damit eröffnet sich uns ein Zugang zur grundlegenden persönlichkeits- bzw. subjektkonstituierenden Bedeutung der Berufe: Sie sind nicht nur gesellschaftliche Organisationsformen des arbeitsrelevanten Wissens und Könnens, sondern darüber hinaus Organisationsformen der menschlichen Subjektivität selbst. [...]

2. Der Beruf als Medium der persönlichen Entwicklung

[...] Jede Berufsausbildung, wie auch die zuvor dargestellte zum Einzelhandelskaufmann, richtet sich zunächst einmal auf die Entwicklung derjenigen persönlichen Fähigkeiten, Kenntnisse und Spezialqualifikationen, die subjektiv erforderlich sind, um die dem Berufsbild entsprechenden Arbeitstätigkeiten übernehmen und erfolgreich ausführen zu können. Genau darin besteht ja der „Gebrauchswert" eines Arbeitsvermögens für die potenziellen Käufer, dass sie es zweckvoll (wertbildend) in Arbeitsabläufe einsetzen können. Ein weiteres Spezifikum der Berufsausbildung liegt darin, dass das „Arbeitenkönnen" auch in besonderen Lehrwerkstätten dadurch gelernt wird, dass der Auszubildende unter Anleitung und in kleinen Schritten selbst schon probehalber arbeitet (im Unterschied zum rein theoretisch-rezeptiven schulmäßigen Lernen). Berufsausbildung ist in dieser Hinsicht also ein Lernprozess, der auf konkrete Arbeit, also auf die Umgestaltung, Verwandlung des als Gegeben Vorgefundenen durch den Menschen abzielt gemäß seinen eigenen Anforderungen und Erfahrungen [...], und der zugleich auf dem praktischen Einüben eben solcher Arbeit beruht. [...]

Ganz grundsätzlich kann man feststellen, dass jemand, der seine arbeitsrelevanten Fähigkeiten „beruflich" entwickelt, sie also als marktgängige „Ware" formt, damit immer nur einen relativ schmalen Ausschnitt seiner insgesamt vorhandenen Anlagen, persönlichen Möglichkeiten oder bereits vorhandenen Grundfähigkeiten aufgreift und ausformt. Die in die Berufe eingelassene Persönlichkeitsentwicklung ist also hochgradig selektiv, und zwar – nach Gesichtspunkten der beruflichen Spezialisierung, nach Herkunftsgesichtspunkten und nach Kriterien der Verkaufbarkeit.

Arbeitsfähigkeiten zu verberuflichen, heißt ja gerade, sie aus dem Gesamtkreis von Arbeitsvermögen „herauszuschneiden" und als spezialisiertes Bündel dauerhaft gegen andere „Arbeitskräftemuster" abzugrenzen. Da Berufe grundsätzlich nur solche Fähigkeiten einschließen können, die zumindest ihrer Anlage nach im Bereich der persönlichen Möglichkeiten jedes Menschen liegen [...], bedeutet dies, dass jeder Beruf als „Entwicklungsschablone" nur einen sehr kleinen Ausschnitt dessen überhaupt aufgreift und entfaltet, wozu der Einzelne im Prinzip fähig wäre. Berufe sind also, in pädagogischer Hinsicht, Medien der Vereinseitigung, die mehr latente Fähigkeiten unterdrücken bzw. nicht entwickeln, als sie wirklich zu einer besonderen Ausprägung führen. Hier wird das Doppelgesicht der beruflichen Persönlichkeitsschablonen wieder unmittelbar sichtbar, einerseits Entwicklung überhaupt zu ermöglichen und z. T. sogar zu einer ganz außerordentlichen Verfeinerung und Differenziertheit zu führen, andererseits aber genauso die Entwicklung sehr vieler Fähigkeitsbereiche gerade zu verhindern. Unser Einzelhandelskaufmann lernt zwar vieles, was andere Menschen nicht lernen, aber dafür hört er in seiner Ausbildung weder etwas von Naturwissenschaften, Politik und Geografie noch von Holzbearbeitung oder Nachrichtentechnik. [...]

Der Beruf als Entwicklungsschablone fördert nur solche Fähigkeiten und Talente, die irgendwie einen aktuellen ökonomischen Nutzen haben. Hier wird der oben genannte Grundsachverhalt besonders deutlich, dass im Beruf als „Persönlichkeitsmodell" ökonomische alle anderen Maßstäbe und Zielpunkte der persönlichen Entwicklung – etwa pädagogische, philosophische, religiöse usw. – überlagern: Indem nur solche Fähigkeiten Bestandteil eines Berufs werden können, die „verkaufbar" sind, bleiben weite und unter anderen Gesichtspunkten zweifellos wichtige Fähigkeitsbereiche aus den Berufsbildern und damit aus dem Entwicklungsmodell der „Berufspersönlichkeit" grundsätzlich ausgeklammert. Dazu gehören mindestens alle musischen Fähigkeiten (sofern sie nicht in einer Sonderform selbst verberuflicht werden können), bestimmte soziale und kommunikative Fähigkeiten wie Empathie, Mitleid, soziale Sensibilität, ferner emotionale Qualitäten, Spontaneität und Kreativität, philosophische oder religiöse Erkenntniskräfte, überhaupt alle Fähigkeiten, die mit einer Vertiefung des menschlichen Seinsverständnisses, mit der Beantwortung existenzieller Fragen zu tun haben. Für all

Abb. 6.9

diese ökonomisch unfruchtbaren Fähigkeiten und Qualitäten bestehen durchaus spezielle berufliche Versionen, in denen sie in eigenartiger Weise durchaus als „Ware" genutzt werden, so die Kreativität z. B. bei Werbetextern, Sozialfähigkeiten bei allen, die etwas verkaufen wollen (man erinnere sich an den Einzelhandelskaufmann), existenzielle Erkenntnisse bei Psychoanalytikern oder allen möglichen „Beraterberufen". Hieran wird aber im Grunde gerade die Unvereinbarkeit dieser Fähigkeiten mit der Warenform sichtbar: „Verkäuflich" sind sie immer erst dann, wenn sie gerade nicht mehr dem Selbstausdruck, der Lebensbewältigung oder Selbstklärung des Einzelnen dienen, sondern in irgendeiner Weise von anderen nutzbar sind (bzw. anderen als für sie nützlich angepriesen werden können). Oder umgekehrt formuliert: Mit der Berufsform grundsätzlich unvereinbar und damit in ihr auch nicht lernbar sind alle jene Fähigkeiten, die sich auf den Umgang des Einzelnen mit sich selbst beziehen.

Aufgaben

Die Autoren Beck/Brater/Daheim formulieren gleich zu Beginn die These ihres Konzepts, „dass nämlich Berufe nicht nur als Elemente von Produktionsprozessen, sondern auch als ‚Subjektvorgaben' gesehen werden können, d.h. als Entwicklungs- und Äußerungsschablonen subjektiver Fähigkeiten, Orientierungen und Interessen".
Später bieten sie eine andere Formulierungsvariante ihrer These an: „Berufe als institutionalisierte Kombinationen von Arbeitsfähigkeiten bleiben der Person des Berufstätigen keineswegs äußerlich, sondern sie stellen faktisch personenbezogene Entwicklungs- oder Sozialisationsschablonen dar, nach denen nicht nur ‚Fachwissen', sondern auch fundamentalere Persönlichkeitseigenschaften und -fähigkeiten vermittelt bzw. ausgebildet werden."

1. Erklären Sie, was die Autoren unter Beruf verstehen.
2. Erläutern Sie die These der Autoren, indem Sie ihr Beispiel des „Verkäufers" bzw. „Einzelhandelskaufmanns" aufgreifen.
3. Erläutern Sie die These der Autoren an einem selbst gewählten Beispiel eines Berufes. Dazu können Sie auch Recherchen zu einem aktuellen Berufsbild vornehmen.
4. Erläutern Sie mithilfe selbst gewählter Beispiele die These der Autoren, dass „jeder Beruf als ‚Entwicklungsschablone' nur einen sehr kleinen Ausschnitt dessen überhaupt aufgreift und entfaltet, wozu der Einzelne im Prinzip fähig wäre".
5. Erörtern Sie diese These.
6. Eine weitere These der Autoren lautet: „Der Beruf als Entwicklungsschablone fördert nur solche Fähigkeiten und Talente, die irgendwie einen aktuellen ökonomischen Nutzen haben."
   Erläutern Sie diese These und nehmen Sie kritisch Stellung dazu.

M4 Beruf und Biografie (Michael Brater)

Im Mittelalter gab der Beruf für die zünftigen Stadtbürger einen festen Rahmen für deren ganzes Leben ab, begleitete er alle wichtigen Lebensstationen und prägte deren Formen. Die Zunft war eine vollständige Lebenswelt, die das Leben des Einzelnen bis in die Details regelte; man denke nur an die Kleiderordnung oder an die genauen Regeln darüber, was eine „standesgemäße" Lebensführung war. In diese Lebenswelt wurde man hineingeboren, und ihr gehörte man lebenslang an; sie organisierte das Leben des Einzelnen in allen Einzelheiten und bot ihm dafür relativen Schutz und ein überschaubares, geordnetes Leben ohne viele Entscheidungen. Im Vergleich dazu ist das Berufsleben heute eine riskante Abenteuerreise geworden, faktisch unplanbar und unberechenbar. Zwar ist das Erlernen eine Berufs – also das Absolvieren einer geregelten Ausbildung – immer noch für die Mehrheit der jungen Menschen der Anfang dieses Prozesses, und ihr Leben wird immer noch wesentlich durch seine enge Verbindung mit der Berufswelt bestimmt. Aber diese Berufswelt hat ihre Stabilität und Kontinuität verloren, sie ist für die Biografie ein höchst unsicherer Partner geworden. Für viele Absolventen einer Ausbildung oder eines Studiums ist es schon fraglich, ob sie nach Abschluss der Ausbildung überhaupt in dem gerade gelernten Beruf einen Arbeitsplatz finden oder ob sie gleich „berufsfremd" arbeiten müssen (wenn sie überhaupt eine Stelle finden).

Abb. 6.10

Für alle bleibt es eine offene Frage, wie lange es ihren Beruf noch geben wird, und ob sie ihn nicht mindestens ein-, wenn nicht mehrmals wechseln müssen im Laufe ihres Lebens. Und so gut wie sicher ist es, dass das, was man am Beginn seines Berufslebens gelernt hat, in keiner Weise ausreichen wird, um damit das ganze Berufsleben zu bestreiten, sondern dass immer wieder um- und dazugelernt werden muss. Berufslebensläufe sind heute durch Dynamik, vielfache Wechsel, Brüche, Neuanfänge gekennzeichnet. Der Beruf hat aufgehört, ein tendenziell lebenslang tragfähiges Vehikel für die Biografie zu sein, für das Veränderungen allenfalls in schön regelmäßigen Karriere-

stufen bestanden. Damit führt gerade die enge Verbindung von Beruf und Biografie dazu, dass mit dem beschriebenen Wandel der Berufswelt auch die Biografien in hohem Maße diskontinuierlich, reich an Wendungen und Brüchen werden und immer wieder neue Gestaltungsaufgaben stellen. Der Beruf als tragende Grundlage der Biografie bricht heute weg und wird selbst ein im Rahmen der Biografie individuell zu ergreifendes Gestaltungsfeld. Diese neue Situation ist außerordentlich folgenreich. War der Beruf früher – z. B. auch mit seiner traditionellen Stufung von Lehrlings-, Gesellen- und Meisterjahren, die ein kontinuierliches biografisches Entwicklungsprinzip darstellten – ein fester Rahmen für die Entfaltung der Biografie, gewissermaßen eine Krücke, ein äußeres Hilfsmittel des Lebenslaufs, das diesen überpersönlich gestaltete, so ist nach dem Zusammenbruch dieser biografischen Trägerschaft des Berufs die Biografie als aus sich selbst gestaltete Aufgabe übrig geblieben. Die biografischen Berufsmuster gingen wohl letztlich auf alte Einweihungsgesetzlichkeiten zurück. Diese später säkularisierte Klammer eines vorgezeichneten Entwicklungs- und Schulungswegs ist heute kraftlos. Soll das Leben damit nicht einfach nur in disparate Teile ohne innere Ordnung, ohne inneren Sinn zerfallen, müssen diese Ordnung, dieser Sinn von woanders her kommen, nämlich von der Individualität, die sich in dieser Biografie manifestiert. An der jüngeren Geschichte des Berufs können wir im Detail studieren, wie die Konstitution der Biografie von außen zerbröckelt, die Biografie sich von ihrer alten Startrampe emanzipiert und nun aus eigener Kraft des Menschen von „innen" gestaltet werden muss – und kann. Das Zerbrechen des Berufs als Lebenswelt ist ein emanzipatorisches Geschehen, es setzt den einzelnen Menschen frei zur Selbstverantwortung für die Gestaltung seines Lebens.
Das lässt sich gut illustrieren am Thema „Berufsidentität". Noch bis vor wenigen Jahren war die erwartete Antwort auf die Frage „Was bist du?" nicht Bayer oder Sachse, evangelisch oder katholisch, sondern: Maurer oder Postassistent, Chemiker oder Industriekaufmann. Der Beruf verlieh – aufgrund seiner zentralen biografischen Stellung auch berechtigt – seinem Inhaber eine Identität, verbunden mit einer bestimmten sozialen Stellung, einigermaßen erwartbaren Einkommenschancen und einer beschreibbaren Milieu- oder Schichtzugehörigkeit.
Das gibt es inzwischen immer weniger. Aber wenn der Einzelne seine Identität nicht mehr aus dem Beruf ziehen kann, dann muss er sie woanders suchen, folgerichtigerweise bei sich selbst. Je weniger er sich mit seinem Beruf identifizieren kann, desto mehr wird er darauf verwiesen, sich mit sich selbst zu identifizieren [...]. So wie die Zünfte ehedem als Emanzipationsmittel gegenüber den verschiedenen weltlichen und geistlichen Obrigkeiten wirkten, so wird im heutigen Rückzug des Berufs von seiner biografieführenden Rolle der Einzelmensch auf seine individuelle Freiheit und Verantwortung zur Biografiegestaltung verwiesen. Dabei gehen dann freilich auch lieb gewonnene und früher zweifellos wichtige Aspekte verloren oder müssen neu gefasst werden: Dass Beruf z. B. etwas mit „Berufung" zu tun hat, ist ja, äußerlich verstanden, heute eher zur Karikatur geworden: Wer wollte schon behaupten, dass

Abb. 6.11

einer zum Flachglasmacher „berufen" sei oder zum Energieberater oder S-Bahn-Kontrolleur? Die Beziehung zwischen Beruf und Biografie hat sich umgekehrt: Nicht der Beruf führt den Menschen zu seiner Berufung, sondern der Mensch kann und muss sich in seiner Biografie verschiedener beruflicher Elemente bedienen, um seine persönlich gefühlten Impulse und Motive verwirklichen zu können (und es müssen keineswegs nur berufliche Elemente sein, die Palette biografischer Ausdrucksmöglichkeiten ist heute sehr viel breiter geworden). [...]

In gewissem Sinn ist überhaupt erst mit dem Zerbrechen der vorgegebenen Schablone des Lebensberufs so etwas wie eine individuelle Biografie möglich geworden, und das ist keineswegs nur eine gemütliche, dem individuellen Selbstgefühl schmeichelnde Sache, sondern das bedeutet auch, dass der Einzelne nun erheblich direkter als vorher den äußeren gesellschaftlichen und wirtschaftlichen Gewalten ausgesetzt ist. Der klassische Beruf verhieß auch ein Stück Schutz, ein Stück erwartbare Normalität, und er verkörperte einen gewissen Anspruch auf Glück und Sicherheit. Der fortgeschrittene Individualisierungsprozess an dieser Stelle bedeutet dagegen, dass der Einzelne nun ungeschützt den scharfen Winden des Marktes, der Globalisierung, den technischen Umwälzungen, der gesellschaftlichen Atomisierung und den Attacken im Namen des Shareholder-Value ausgesetzt ist. Davor schützen ihn künftig weder Berufsverbände, noch Gewerkschaften, noch staatliche Sozialgesetze, und er wird sehr viel Kraft und Mut und Durchhaltevermögen brauchen, um sich gegenüber diesen Kräften, die ihn einfach nur als Spielball, als „Humankapital", als „human ressource" behandeln und „managen" wollen, zu behaupten. Nur die Nonkonformen, die Ich-Starken werden die biografischen Chancen der oben skizzierten Entwicklung ergreifen können.

Aufgaben

1. Der Autor Michael Brater vergleicht die Berufswelt des Mittelalters mit der heutigen Berufswelt. Stellen Sie die Merkmale beider Berufswelten übersichtlich gegenüber.

2. Erläutern Sie die Thesen:
   - „Das Zerbrechen des Berufs als Lebenswelt ist ein emanzipatorisches Geschehen, es setzt den einzelnen Menschen frei zur Selbstverantwortung für die Gestaltung seines Lebens." (Z. 70 ff.)
   - „Der fortgeschrittene Individualisierungsprozess […] bedeutet […], dass der Einzelne nun ungeschützt den scharfen Winden des Marktes, der Globalisierung, den technischen Umwälzungen, der gesellschaftlichen Atomisierung und den Attacken im Namen des Shareholder-Value ausgesetzt ist." (Z. 119 ff.)

3. Erörtern Sie, welche Chancen die Entwicklungen der modernen Berufswelt für die Gestaltung einer individuellen Biografie eröffnen und welche Grenzen und Gefahren sie für diese Aufgabe mit sich bringen.

M5 Beruf und Lebenslauf (Rudolf Tippelt)

Abb. 6.12: Prof. Dr. Rudolf Tippelt (geb. 1951), LMU München

Individuelle Lebensläufe werden in hohem Maße durch institutionelle Vorgaben beeinflusst. Die Berufs- und Ausbildungswahl, die Erwerbsbiografien, der Arbeitsplatzwechsel, die Status- und Einkommensverläufe, aber auch Phasen der Familienentwicklung und generell die Persönlichkeitsentwicklung sind immer auch stark abhängig vom sozialen Wandel. […] Lebensverläufe, also Bildungs- und Ausbildungswege, Erwerbs- und Berufskarrieren etc. sind von einer Vielzahl von Einflüssen abhängig: ökonomisch und politisch bestimmte Strukturen, kulturelle Wertvorstellungen und -prägungen, gesetzliche Altersnormen, institutionalisierte Übergänge, normativ-kritische Lebensereignisse, individuelle Entscheidungen, Sozialisationsprozesse im frühen Lebensalter und institutionelle, oft schulische oder betriebliche Selektionsmechanismen […].

1. Lebensverlaufs- und Biografieforschung

[…] Bei den weiteren Ausführungen zu den Phasen der Berufsvorbereitung und -einmündung, der Phase der Berufsarbeit und der Phase des beruflichen Rückzugs sowie bei der Problembeschreibung weiblicher Berufsverläufe ist von folgenden heuristischen Thesen auszugehen […]:

- Ein beruflicher Lebenslauf ist durch die Vorgaben gesellschaftlicher Institutionen und gesellschaftlicher Schnittstellen prädisponiert; zwar prägen individuelle Motive und Intentionen stark die beruflichen Biografien, aber berufliche Lebensläufe müssen sich gleichzeitig an den gegebenen berufsstrukturellen und ausbildungsbezogenen Rahmenbedingungen orientieren.
- Im Kontext der beruflichen Phasen der Vorbereitung und Einmündung, der Berufsarbeit und des Rückzugs müssen heute die reproduktiven Komplementärrollen der Familien- und Hausarbeit berücksichtigt werden.
- Im beruflichen Lebenslauf beeinflussen die frühen Bedingungen, Entscheidungen, Ressourcen und Erfahrungen die späteren Lebensereignisse, Zielsetzungen und Erwartungen im Erwachsenenalter zunehmend, aber sie determinieren sie nicht. Der berufliche Lebenslauf ist außerdem von den Entwicklungen in anderen Lebensbereichen (z. B. der Bildung, der Familie, der Freizeit, der Wohnung) abhängig.
- Der berufliche Lebenslauf ist durch sensible Phasen charakterisiert. Für das Timing der sensiblen Phasen, dem Übergang vom Bildungs- in das Beschäftigungssystem, den Karrieren in Arbeitsbereichen und dem Ausstieg aus dem Beschäftigungssystem sind typische Altersnormen relevant. Die Außerachtlassung von Altersnormen bei der individuellen Berufs- und Lebenslaufplanung kann zu nicht intendierten Konsequenzen für jeweils spätere Entscheidungen führen.
- Berufliche Lebensläufe können nicht unabhängig von der Situation bestimmter Bildungsabsolventenkohorten bzw. Übergangskohorten gesehen werden, weil damit Konkurrenz- und Auslesemechanismen innerhalb einer Kohorte und zwischen den Kohorten einhergehen. Dies tangiert auch das Problem der Arbeitslosigkeit.
- Die Flexibilitäts- und Mobilitätsforschung macht deutlich, dass heute von einer starken Dynamik und einer hohen Flexibilität auch im beruflichen Bereich ausgegangen werden kann. Die Vorstellung von der lebenslangen Zugehörigkeit zu Arbeitsplätzen, zu Berufsgruppen oder auch zu sozialen Schichten und Milieus (die mit dem Beruf eng verbunden sind) muss aufgegeben werden. Die berufspädagogische Diskussion von Schlüsselqualifikationen ist eine notwendige Reaktion auf die gewachsene Mobilität im Beschäftigungssystem […].
- Für die Pädagogik ist besonders relevant, dass die Lebenslaufperspektive den verengenden Blick auf einen Lebensabschnitt (z. B. Kindheit, Jugend) sprengt.

2. Phase der Vorbereitung und Einmündung: Berufsverlauf und Auswirkungen der Bildungsexpansion

[…] Über die Platzierung in der Sozial- und Berufsstruktur einer Leistungsgesellschaft entscheidet wesentlich die individuell erbrachte und ökonomisch verwertbare Leistung und nicht – wie typischerweise in der vorindustriellen Gesellschaft – die soziale Herkunft. Die Steuerung des Ausleseprozesses obliegt nur noch bedingt der Familie, vielmehr selektieren vor allem Instanzen, die eigens zum Training der individuellen Leistungsfähigkeit der Gesellschaftsmitglieder eingerichtet wurden – die Bildungs- und Ausbildungsinstitutionen […]. Dabei gehört es zu den wichtigsten Veränderungen in unserer Gesellschaft, dass

Mädchen an diesem Prozess heute voll teilhaben, weil sich ihre Lebenspläne gegenüber den älteren Generationen wandelten und beispielsweise die Erwerbsquote von Frauen stark anstieg.

Ausgangspunkt für die beruflichen Weichenstellungen sind die Entscheidungen im Schulwesen und die schulischen Leistungen des Einzelnen. Erfolg und Versagen in der Schullaufbahn werden von Eltern als entscheidende Vorbedingungen zumindest für die Sicherung des sozialen Status der Herkunftsfamilie, häufig auch für Prozesse des erwünschten sozialen und beruflichen Aufstiegs gewertet. Aus der Sicht von Eltern ist in den letzten zwei Jahrzehnten die lebensgeschichtliche Bedeutsamkeit der Schulzeit stark angestiegen. In diesem Prozess projizieren Eltern in ihre Kinder allzu oft berufliche Karrierevorstellungen und Lebensplanungen hinein, die – häufig im Interesse der Kinder gemeint – sich aber gegen die Kinder verkehren können [...].

Der Druck der Eltern basiert auf der realistischen Wahrnehmung folgender Ausgangslage: Eine gute Schulausbildung mit einem hochwertigen Abschluss wird heute als eine notwendige Voraussetzung für den Zugang zu attraktiven Berufslaufbahnen gesehen, ist aber keinesfalls eine Garantie dafür. Niemand in unserem Bildungswesen hat heute, trotz eines guten Abschlusszeugnisses, die Gewissheit, jene Laufbahn einzuschlagen, die ursprünglich angestrebt wurde. Als Konsequenz streben viele Eltern immer höhere Qualifikationen und immer höhere Bildungsabschlüsse für die eigenen Kinder an [...]. Eltern wissen nämlich, dass das eigene Kind, soll es die berufliche Position der Eltern halten oder diese sogar überbieten, einen formal höheren Schulabschluss anstreben muss, als sie es selbst in der Elterngeneration erreicht haben. [...]

Dennoch haben die höher Qualifizierten des Bildungssystems gegenüber den formal weniger Qualifizierten bessere Berufschancen, weil sie in der Lage sind, immer dann, wenn ihre angestammten Berufspositionen aufgefüllt sind, die jeweils nächst niedrigere Qualifikations- und Bildungsgruppe aus deren angestammten Positionen zu verdrängen. Diese These soll durch einige Beispiele verdeutlicht werden:

[...] Abiturienten haben seit den 70er-Jahren häufiger versucht, ohne abgeschlossenes Fachstudium eine Beschäftigung aufzunehmen. Etwa ein Viertel der Abiturienten eines Jahrgangs haben keine Studierabsicht, viele von ihnen streben in das duale Berufsbildungssystem. Ein Fünftel aller Auszubildenden (bei steigender Tendenz) hat das Abitur. Dort verdrängen sie Haupt- und Realschulabsolventen von qualifizierten Ausbildungsstellen und Berufspositionen — insbesondere in den kaufmännischen Berufen (z. B. Bank- und Industriekaufleute) — und konkurrieren ihrerseits mit den zunehmenden Fachhochschulabsolventen in planenden Funktionsbereichen um prestigereichere Positionen. Jedoch gehen Abiturienten, die das duale Berufsausbildungssystem durchlaufen haben, anschließend meist doch noch zur Hochschule. Daher verfügen seit den 90er-Jahren immer mehr Stellenbewerber über eine derartige Doppelqualifizierung [...].

BERUFSWAHLPASS NRW
meine Stärken meine Wege meine Ziele

Abb. 6.13

3. Phase der Berufsarbeit: Berufsverlauf und Arbeitsmarktprozesse

[...] Die Berufschancen und die Berufswege von Individuen sind in hohem Maße das Ergebnis von kumulativen Prozessen, so dass die in den früheren Lebensphasen gemachten Bildungs- und Berufserfahrungen sehr prägend für die weitere Entwicklung des Berufsverlaufs sind. Allerdings würde die Fixierung der berufsbezogenen Lebenslaufforschung auf die Phase des Übergangs vom Bildungs- in das Beschäftigungssystem zu einer verkürzten Sichtweise des gesamten Lebenslaufs führen. Die berufsbezogene Lebenslaufforschung muss neben den Einmündungsprozessen und der Phase des Berufseinstiegs Mobilitätsprozesse, Karriereprozesse im Wandel von Arbeitsmarktstrukturen, kohortenspezifische Erfahrungen beruflicher Karrieren und den Zusammenhang von Karriere und Arbeitssegmentation berücksichtigen.

Empirische Ergebnisse zeigen, dass der Berufsverlauf von Individuen in hohem Maße durch die berufliche Erstplatzierung vorgezeichnet ist [...]. Gleichzeitig wird sichtbar, dass sich Geburtskohorten je nach Struktur des Arbeitsmarktes hinsichtlich ihrer beruflichen Erstplatzierung erheblich voneinander unterscheiden. Eine Behinderung, die eine Kohorte beim Eintritt in das Beschäftigungssystem erleidet, kann zwar teilweise – beispielsweise durch Weiterbildungsmaßnahmen — ausgeglichen werden, dennoch werden vorteilhafte Bedingungen bei der beruflichen Erstplatzierung von Geburtskohorten eine dauerhafte Begünstigung der beruflichen Entwicklung darstellen können. Insbesondere bei Frauen zeigt sich, dass Benachteiligungen beim Einstieg dauerhafte Probleme bei Karriere und Aufstiegsentwicklung nach sich ziehen, denn bei Frauen verstärkt sich eine Benachteiligung beim Übertritt vom Bildungs- in das Beschäftigungssystem im späteren Berufsverlauf noch erheblich. Es kommt also auch in diesem Sinne zu kumulativen Effekten [...].

Im internationalen Vergleich ergibt sich, dass insbesondere in der Bundesrepublik Deutschland die Erstplatzierung aufgrund des wenig durchlässigen Bildungssystems von besonders großer Bedeutung für den späteren beruflichen Lebenslauf ist [...]. In Deutschland sind darüber hinaus die Ausbildungsabschlüsse des Berufs- und Bildungssystems relativ stark an der Organisationsstruktur der Betriebe orientiert, zumindest stärker, als dies in anderen westlichen Industrienationen ohne duales System der Fall ist [...]. Dies hat in Deutschland u. a. zur Konsequenz, dass die Berufsmobilität gegenüber anderen westlichen Industrienationen schwächer ausgeprägt ist, und dass die durchschnittliche Verweildauer auf einem Arbeitsplatz wesentlich größer ist [...].

Selbstverständlich sind für den individuellen Berufsverlauf die Fähigkeiten und Fertigkeiten, d. h. also die individuellen Ressourcen von Bedeutung. Zwar sind die Mobilität und die Berufschance wesentlich durch die Schaffung von freien Stellen abhängig, aber besonders in Konkurrenz um diese freien Stellen ist das wichtigste Kriterium nach wie vor die formale Qualifikation einer Person. Allerdings ergeben sich berufliche Aufstiege im Lebenslauf aus einer „Interaktion zwischen dem strukturell bestimmten Auftreten von Vakanzen und der Fähigkeit bestimmter Individuen, aufgrund ihrer Qualifikation aus diesen freien Stellen einen Nutzen zu ziehen" […].

Abb. 6.14

Für den beruflichen Lebenslauf von herausragender Bedeutung ist der Wandel der Arbeitsmarktstruktur und der Wandel von Qualifikationsanforderungen in Beschäftigungssystemen. […] Folgt man einschlägigen Prognosen […] und Trends, so ist nicht nur mit einer weiteren Stärkung des tertiären Sektors, sondern langfristig auch mit einer Zunahme qualifizierter Positionen im Beschäftigungssystem sowohl auf dem Facharbeiterniveau als auch auf dem Akademikerniveau zu rechnen […]. Nicht alle Beschäftigungsbereiche in fortgeschrittenen Industrie- und Dienstleistungsgesellschaften verbessern sich qualitativ. Die Strukturen des Arbeitsmarktes zeichnen auch berufliche Abstiege und reduzierte Karrieremöglichkeiten für einen Großteil der Bevölkerung vor […]. Sogenannte Normarbeitsverhältnisse lösen sich zudem in flexibilisierte und häufig prekäre Beschäftigungen auf […].

Von herausragender Bedeutung für die Karrieremöglichkeiten im beruflichen Lebenslauf ist neben der Veränderung der Berufsstruktur das Ausmaß des Eintritts junger und das Ausscheiden alter Arbeitskräfte – die Austauschmobilität.

5. Weiblicher Berufsverlauf: Unterschiede von Frauen und Männern

Frauen und Männer haben heute hinsichtlich ihrer formalen Vorbereitung auf das spätere Berufsleben gleiche Startchancen, nicht jedoch hinsichtlich der Art der Ausbildung […]. Ausgeprägte Geschlechtsunterschiede in der Gesamtdauer schulischer Ausbildung, wie sie noch in den 50er- und 60er-Jahren typisch waren, sind so gut wie verschwunden. Aber es realisierten bis vor Kurzem weniger Mädchen als Jungen ihre Hochschulzugangsberechtigung, der Anteil der Studienverzichter war bei Frauen höher als bei Männern […]. Dies beginnt sich erst langsam anzugleichen. Auch gibt es nach wie vor große Geschlechtsdifferenzen bei der Art der beruflichen Ausbildung und des Hochschulstudiums: Zwar ist der Anteil der Frauen in frauenuntypischen Studienrichtungen gestiegen, aber nach wie vor dominieren Männer in volkswirtschaftlichen Studienrichtungen, in den Ingenieurwissenschaften, in den Naturwissenschaften.

Die Wahl der akademischen Studienfächer ist auch in der Bundesrepublik Deutschland nach wie vor hochgradig geschlechtsspezifisch. Dasselbe gilt für die berufliche Bildung. Nach wie vor ist es ein zentrales Problem bei der Berufswahl von Mädchen, besonders in den alten Bundesländern, dass sie sich sehr stark auf wenige Berufe konzentrieren. Die Mehrzahl (75 %) konzentriert sich auf 20 Berufe, überwiegend im Dienstleistungsbereich […].

Die Erwerbsbeteiligungsquoten und die Gesamtdauer der Erwerbsbeteiligung von Frauen werden jener von Männern in den letzten Jahren ähnlicher. Aber Frauen verrichten häufiger Teilzeitarbeit, unterbrechen ihre Erwerbstätigkeit für eine längere Familienphase und üben auch häufiger Gelegenheitsjobs aus. Nach wie vor sind es überwiegend die Frauen, die die Koordination von Erwerbsarbeit und Familienarbeit im Kontext ihres Lebenslaufs leisten müssen, was sich notwendigerweise auf den geschlechtsspezifischen Berufsverlauf auswirken muss. Dennoch bedeutet eine Eheschließung heute nicht mehr den selbstverständlichen Rückzug aus dem Arbeitsmarkt. Die Geburt von Kindern führt zwar überwiegend zu Arbeitsmarktunterbrechungen der Frauen, diese sind aber im Vergleich zu früheren Generationen kürzer. Familienaufgaben tangieren eindeutig die Frauen mehr als die Männer, im Vergleich zu früheren Generationen jedoch weniger stark. Auch Mütter von sehr kleinen Kindern bleiben häufiger berufstätig […].

Häufig ist es auch so, dass in Berufen mit einem hohen Frauenanteil, etwa in Büroberufen oder im Verkauf, berufliche Karrieren und die Verbesserung der beruflichen Stellung im Verlauf des Erwerbslebens nur schwer zu erreichen sind. Ähnliche Benachteiligungen zeigen die Lohn- und Gehaltsentwicklungen im Berufsverlauf. Wegen der beruflichen Zuordnung zu bestimmten Frauenberufen und den zahlreichen Erwerbsunterbrechungen haben Frauen nicht nur eine geringere Lohnentwicklung, sondern auch eine erhebliche Differenz in den später zu erwartenden Renten. In diesem Kontext kann zusammenfassend festgehalten werden, dass Frauen und Männer ihr berufliches Leben zwar immer häufiger mit ähnlichen formalen Qualifikationen beginnen, dass dann allerdings starke Diskrepanzen bei Geld und Prestige bestehen und dass im Verlauf der beruflichen Entwicklung die Ungleichheit von Männern und Frauen eher wächst […].

Ohne Zweifel ist der berufliche Lebenslauf der Frau heute noch stärker auf den des Partners ausgerichtet als umgekehrt. Zwar zeigen Einstellungs- und Wertestudien, dass Partnerschaftskonzepte sich langsam verändern […], doch ist sehr unsicher, ob diese Werte und Einstellungen auch in reale Lebensplanungen umgesetzt werden. Es ist zwar eine gewisse Konvergenz männlicher und weiblicher Vorstellungen vom Lebenslauf in Schule und Beruf in der jüngeren Vergangenheit erreicht worden, dennoch werden sozialpolitische Anreize (z. B. Erziehungsurlaub) von Männern bislang nicht sehr stark angenommen. […]

Abb. 6.15

Aufgaben

1. Arbeiten Sie den Text im reziproken Verfahren durch. Beachten Sie vor allem sorgfältig die zu Beginn vorgestellten sieben Thesen. Erläutern Sie die dargestellten Ergebnisse der empirischen Lebenslauf- und Berufsforschung.
2. Greifen Sie einzelne Ergebnisse heraus, die Sie besonders interessieren, und stellen Sie weitere Recherchen dazu im Internet und/oder in der Fachliteratur an.
3. Erörtern Sie, welche Chancen die dargestellten Erkenntnisse für die Gestaltung einer individuellen Biografie eröffnen und welche Grenzen und Gefahren sie für diese Aufgabe mit sich bringen.
4. Was ist die pädagogische Bedeutung der in diesem Text präsentierten Erkenntnisse?

6.2 Das System der Erwachsenenbildung/Weiterbildung

Im letzten Abschnitt ist bereits an vielen Stellen die steigende Bedeutung von Bildung im Erwachsenenalter herausgestellt worden. Es ist inzwischen zu einer unbestrittenen pädagogischen Einsicht geworden, dass das institutionalisierte Lehren und Lernen nicht mit dem Ende eines Studiums oder einer Ausbildung aufhören kann. Vielmehr erfordert die sich dynamisch entwickelnde, globalisierte, durch Verwissenschaftlichung bestimmte Welt kontinuierliches Weiterlernen. „Lebenslanges Lernen" ist ein Begriff, der in diesem Zusammenhang Konjunktur hat. Was genau ist damit gemeint? Kann dieser Begriff den pädagogischen Grundbegriff der Bildung ersetzen? Welche Institutionen der Erwachsenenbildung gibt es? Wer arbeitet dort? Kann man „Erwachsenenbildung" studieren?

Die folgenden Texte, Materialien und Anregungen führen Sie in den pädagogischen Bereich der „Erwachsenenbildung/Weiterbildung" ein. Wir schlagen vor, dass Sie die ersten beiden Texte gemeinsam erarbeiten. Danach können Sie arbeitsteilig vorgehen, sich einzelne Aspekte der Erwachsenenbildung erschließen und den Kurs präsentieren.

M6 Formale, non-formale und informelle Bildungsprozesse (Rudolf Tippelt/Johanna Gebrande)

1. Einführung

Gerade die aktuellen Herausforderungen in der Berufs- und Arbeitswelt, wie die Globalisierung, der technologische und arbeitsorganisatorische Wandel und die damit verbundene Verkürzung der Halbwertszeit von Wissen, erhöhen die Bedeutung von Bildung und Weiterbildung: Das einmal in der Schule oder der Ausbildung Gelernte wird nicht mehr genügen, um den sich ändernden beruflichen Anforderungen gewachsen zu sein, sodass das kontinuierliche Weiterlernen während des ganzen Lebens unersetzlich wird, um angemessen auf diese Veränderungen und Herausforderungen reagieren zu können […]. Dadurch entstehen unterschiedliche, nicht mehr linear verlaufende (Berufs-)Biografien, die individuell flexible Lernmöglichkeiten erfordern, sodass sich Lernen und Bildung an die Lebenswelten und -lagen der Menschen anpassen müssen. Die Orientierung von Lernen und Bildung an den jeweiligen Interessen und Bedarfen der Zielgruppen ermöglicht es schließlich, dass einzelne Lebensphasen durch Bildungsmaßnahmen sinnvoll begleitet werden können […]. Vor diesem Hintergrund haben in den letzten Jahren verschiedene Ansätze des Lernens über den Lebenslauf an Bedeutung gewonnen. In diesem Beitrag sollen bestimmte Aspekte fokussiert und im Hinblick auf ihren Einfluss auf das Bildungsverhalten diskutiert werden. Obwohl formale Bildungsprozesse immer noch den stärksten Einfluss auf spätere Berufs- und Karrierechancen haben, rücken non-formale und informelle Lernprozesse in das Blickfeld der Forschung. […]

2. Formale, non-formale und informelle Bildungsprozesse

Gerade aus pädagogischer Perspektive ist die Auseinandersetzung mit den verschiedenen Lernformen für das Konzept des lebenslangen Lernens von großer Bedeutung […], da formale Strukturen oft nicht mehr ausreichen, um auf das Leben vorzubereiten […]. Beim Lernen über den Lebenslauf spielen das informelle Lernen, das Erfahrungslernen und das biografische Lernen eine wichtige Rolle

[...], da Lernen häufig außerhalb von Institutionen in Peerbeziehungen, am Arbeitsplatz (Learning on the job) oder im Rahmen eines ehrenamtlichen Engagements „nebenbei" stattfindet: Immer dann, wenn Menschen herausgefordert sind, sich neuen Situationen und Herausforderungen zu stellen, wird Lernen möglich. Informelles Lernen weist dabei folgende Merkmale auf: Es findet außerhalb organisierter Lernsettings statt, ist nicht bewusst, zufällig, beiläufig, und die selbstständige Aneignung (auch während Arbeits- und Alltagsroutinen) spielt eine entscheidende Rolle [...]. Eine umfassende Definition hat die Europäische Kommission (2001) formuliert: Informelles Lernen ist demnach „Lernen, das im Alltag, am Arbeitsplatz, im Familienkreis oder in der Freizeit stattfindet. Es ist (in Bezug auf Lernziele, Lernzeit oder Lernförderung) nicht strukturiert und führt üblicherweise nicht zur Zertifizierung. Informelles Lernen kann zielgerichtet sein, ist jedoch in den meisten Fällen nicht intentional (inzidentell/beiläufig)". Natürlich wird auch in Bildungsinstitutionen außerhalb des eigentlichen Lehrplans informell gelernt. Ein wichtiger Aspekt für erfolgreiches selbstgesteuertes informelles Lernen ist [...] die Reflexionsfähigkeit: Diese wird für das informelle Lernen benötigt, um sich selbst, das eigene Handeln und die eigenen Aneignungsprozesse zu hinterfragen und diese gegebenenfalls modifizieren zu können.

Die Bedeutung informellen Lernens, das verstärkt am Arbeitsplatz stattfindet, nahm in den letzten Jahren deutlich zu. Das Lernen im Beruf ist zu einem wichtigen und unersetzlichen Vorgang geworden, da gerade das Einüben von Fertigkeiten im Berufsalltag und das Ausbilden von Routinen meist direkt am Arbeitsplatz stattfindet und theoretisches Wissen in tatsächliches Können transferiert wird. Dieses informelle Lernen zieht sich durch das ganze Berufsleben hindurch und ist nicht nur auf den Anfang beschränkt – Jobwechsel, neue Aufgaben oder Veränderungen in Organisation und Abläufen (aber auch Material oder Methoden) erfordern eine Anpassung der Fähigkeiten, welche häufig nicht in organisierten Weiterbildungen erworben, sondern im Arbeitsalltag gelernt werden. „Die Gestaltung des Arbeitsplatzes und die mit ihm verbundenen Aufgaben geben dabei die Möglichkeiten und Grenzen des Lernens und des Aufbaus beruflicher Handlungskompetenz vor" [...]. Baethge und Baethge-Kinsky (2004) stellen in ihrer repräsentativen Studie zum lebenslangen Lernen fest, dass auch beim Lernen am Arbeitsplatz durch Vorbildung und bestehende Lernerfahrungen Bildungsungleichheiten verstärkt werden können, da qualifiziertere Arbeitskräfte häufig auch günstigere Lernbedingungen am Arbeitsplatz vorfinden. Zu den non-formalen und informellen Lernformen am Arbeitsplatz zählen unter anderem die Lektüre von Fachliteratur, das Einüben neuer Abläufe, die Handhabung von Computersoftware, die Teilnahme an Kongressen und Tagungen und nicht zuletzt der (intergenerative) Austausch mit Kollegen. Der Erfolg informellen Lernens liegt vor allem darin begründet, dass Bildungsprozesse direkt in die Ausführung einer Handlung integriert sind und somit das Erlernte gleich angewendet und auf seine Brauchbarkeit hin überprüft wird. [...].

Nach Abschluss der schulischen und beruflichen Erstausbildung spielt vor allem die non-formale Weiterbildung für das lebenslange Lernen eine wichtige Rolle. Das non-formale Lernen ist außerhalb des formalen Bildungssystems organisiert, d.h., es ist intentional und freiwillig. Das Lehrpersonal unterstützt den Lernprozess meist anhand eines (nicht standardisierten) Curriculums und die Lernphasen sind deutlich kürzer als bei formalen Bildungsgängen; auch der Erwerb von Zertifikaten ist teilweise möglich [...]. Die Europäische Kommission definiert non-formales Lernen als „Lernen, das nicht in Bildungs- oder Berufsbildungseinrichtungen stattfindet und üblicherweise nicht zur Zertifizierung führt. Gleichwohl ist es systematisch (in Bezug auf Lernziele, Lerndauer und Lernmittel). Aus Sicht der Lernenden ist es zielgerichtet" (Europäische Kommission, 2001).

Im Rahmen des Adult Education Survey (AES) werden regelmäßig die Lernaktivitäten, der Bildungshintergrund, die Lebens- und Erwerbssituation sowie Motive und Barrieren für die Teilnahme an Weiterbildungen der deutschen Bevölkerung im internationalen Vergleich erhoben. [...] Diese Daten zeigen, dass sich vor allem gut Qualifizierte in hohen beruflichen Positionen im Alter zwischen 40 und 50 Jahren weiterbilden. Dies macht wiederum deutlich, dass Bildungsdisparitäten durch Weiterbildung nur begrenzt ausgeglichen werden können, da gerade Geringqualifizierte deutlich seltener in der Weiterbildung anzutreffen sind [...]. Ein Grund hierfür liegt darin, dass sich die prägenden schulischen Lernerfahrungen im weiteren Lebenslauf eher potenzieren als aufweichen: So werden vor allem dann Weiterbildungen besucht, wenn positive Bildungserfahrungen in der Schule gemacht wurden [...].

Auch wenn die Prämissen des lebenslangen Lernens eine stärkere Anerkennung und Anrechenbarkeit von Lernergebnissen aus non-formalen und informellen Bildungsprozessen fordern und deren Bedeutung bekannt ist, ist die formale Schul- und Ausbildung immer noch die entscheidende Selektionsinstanz und ausschlaggebend für die spätere Berufslaufbahn, Karrierechancen und das (Weiter-)Bildungsverhalten: Denn schulische Leistungen und Schulabschlüsse sind notwendige, aber nicht hinreichende Bedingung für beruflichen Erfolg [...]. Obwohl neue Qualifikationswege (zweiter Bildungsweg) das Nachholen von Bildungsabschlüssen ermöglichen sollen, ist diese Durchlässigkeit nicht für jeden möglich. So ist auch weiterhin die berufliche Erstplatzierung meist für den späteren beruflichen Lebenslauf entscheidend [...].

Im mittleren und höheren Alter zeigen sich mittlerweile die Auswirkungen der Bildungsexpansion der 1960er- und 70er-Jahre. Denn diese Altersgruppen haben häufig einen besseren Schul- und Berufsabschluss als die Generationen vor ihnen. Durch ihren längeren Verbleib in der schulischen und beruflichen oder akademischen Ausbildung sind sie an Lernen gewöhnt und bilden sich daher auch während der Erwerbstätigkeit kontinuierlich weiter. Es zeigt sich eine steigende Nachfrage in der Erwachsenenbildung, nicht nur im beruflichen Kontext. Hervorzuheben ist auch, dass heute Angebote der beruflichen Weiterbildung von älteren Erwerbstätigen häufiger nachgefragt werden, weil vordringlich Ältere ihre Erwerbsquote sehr stark steigerten. Gerade auch den Frauen kam die Bildungsexpansion zu Gute. Sie erreichen seitdem immer bessere Bildungsleistungen und nehmen auch stärker an beruflicher Weiterbildung teil.

Aufgaben

1. Erläutern Sie, welche Gründe nach Ansicht der Autoren Tippelt/Gebrande dafür verantwortlich sind, dass das Lernen über den Lebenslauf an Bedeutung gewonnen hat.
2. Arbeiten Sie heraus, wie die Autoren die drei Begriffe („formale, non-formale und informelle Bildungsprozesse") definieren. Erläutern Sie diese Begriffe auch mithilfe selbst gewählter Beispiele.
3. Erklären Sie, welche Unterschiede es in der Beteiligung an den Bildungsprozessen über die Lebenszeit gibt.

M7 Strukturen der Weiterbildung in Deutschland (Jürgen Wittpoth)

Typologien: Je nach Grad der Zufriedenheit mit der entwickelten Gestalt von Erwachsenenbildung in Deutschland wird deren Struktur entweder als pluralistisch oder als unübersichtlich bezeichnet. Um eine ‚Ordnung' zu schaffen, sind verschiedene Strukturierungsvorschläge gemacht worden, die man in der einschlägigen Literatur immer wieder antrifft. Die gängigste und zugleich allgemeinste Typologie unterscheidet in ihrer überlieferten Form berufliche Weiterbildung und allgemeine Erwachsenenbildung. […] Die berufliche Weiterbildung wurde und wird dann in die Bereiche Fortbildung und Umschulung unterteilt. Erstere setzt an vorhandenen Qualifikationen in einem bestehenden Beruf an, während Letztere grundständig für eine andere Berufstätigkeit qualifiziert. Die allgemeine Erwachsenenbildung wird traditionell in die Grundbildung und die politische Bildung unterteilt. Grundbildung umfasst dann heute alle Angebote von Einrichtungen der allgemeinen Erwachsenenbildung mit Ausnahme der politischen Bildung. […] Diese ursprünglichen Unterscheidungen sind mittlerweile um einige Differenzierungen erweitert worden, die Abb. 6.17 zeigt. […]

Nach einem anderen Gesichtspunkt gliedert eine ebenfalls mittlerweile klassische Typologie, die auf Paul Hamacher zurückgeht. Hier geht es nicht um die inhaltliche Ausrichtung des Angebotes, sondern um die Rechtsformen der Trägerschaft, die Auswirkungen auf die Zugangsmöglichkeiten von Interessenten haben (vgl. Abb. 6.18). Die sogenannten ‚Träger' schaffen die rechtlichen, organisatorischen und finanziellen Voraussetzungen dafür, dass ‚Einrichtungen' Angebote entwickeln und Veranstaltungen durchführen können. So sind z. B. die Kommunen oder Kreise Träger der Volkshochschulen; aber auch Gewerkschaften, Kirchen, Verbände, Unternehmen betreiben Bildungswerke.

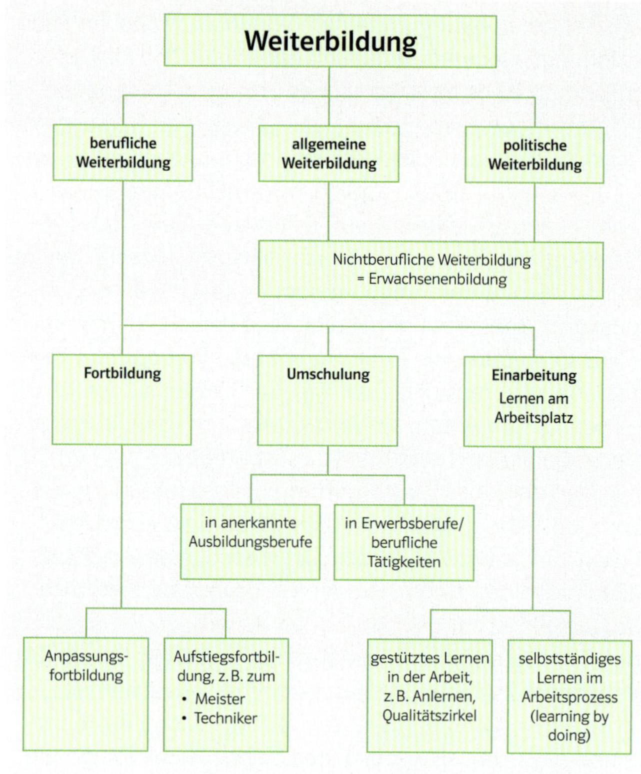

Abb. 6.16: Weiterbildung nach Inhaltsbereichen

Von ‚geschlossener' Weiterbildung ist hier insofern die Rede, als Angebote etwa von Unternehmen prinzipiell nicht jedem zugänglich sind. Auch in der Volkshochschule kann es im Einzelfall konkrete Ausschlussgründe geben, etwa mangelnde Vorkenntnisse, Überbelegung von Kursen u. Ä. Grundsätzlich kann man aber selbst an solchen Kursen (später) teilnehmen, also etwa die erforderlichen Vorkenntnisse erwerben, sich früher anmelden usw.

Wiederum anders akzentuiert ist eine in der internationalen Literatur verbreitete Typologie; sie hebt auf den Grad der Formalisierung des Lernens ab (vgl. Abb. 6.19).

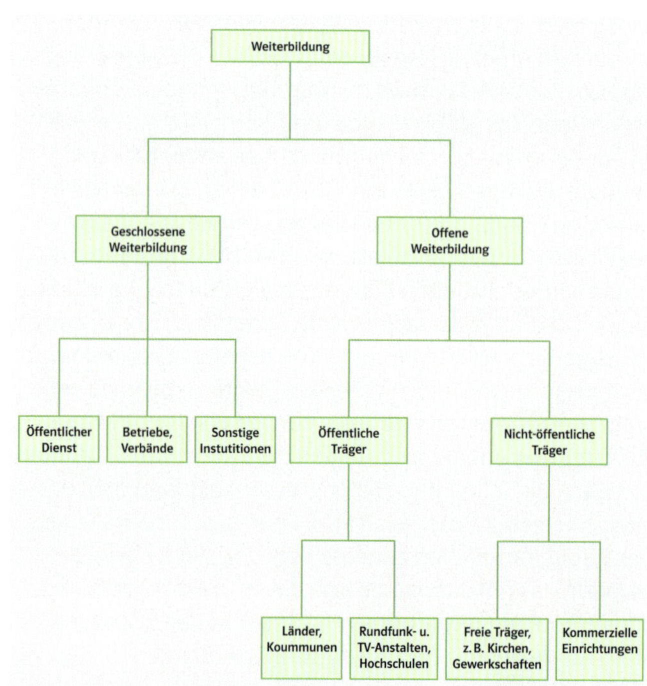

Abb. 6.17: Träger der Weiterbildung nach Rechtsformen

	formal Adult Education	non-formal Adult Education	in-formal Adult Education
Profile	abschlussbezogene Bildung, Weiterbildung, Fortbildung, Umschulung	nicht-berufliche, abschlussbezogene, soziokulturelle Bildung	alternative nicht-institutionalisierte Erwachsenenbildung
Lernorte	betriebliche und überbetriebliche Einrichtungen	öffentliche und nicht-öffentliche Einrichtungen der Erwachsenenbildung (z. B. VHS, konfessionelle Träger)	u. a. Kommunikationszentren
Inhalte	berufliche Erwachsenenbildung	allgemeine Erwachsenenbildung	Bildung durch Kommunikation

Abb. 6.18: Formen der Erwachsenenbildung im internationalen Kontext

Bei den skizzierten ‚klassischen' Typologien haben wir es also im Wesentlichen mit drei Unterscheidungskriterien zu tun, die sich bisweilen auch vermischen:

- die inhaltliche Ausrichtung von Angeboten,
- die Trägerschaft und damit Zugänglichkeit,
- der Grad der Formalisierung (Abschlussbezogenheit).

Aufgaben

1. Am Ende des Textes werden die drei Unterscheidungskriterien genannt, mit deren Hilfe die Strukturen und Institutionen der Erwachsenenbildung/Weiterbildung in Deutschland typisiert werden können: Inhalte, Träger, Grad der Formalisierung. Erläutern Sie die entsprechenden Schaubilder bzw. Übersichten. Recherchieren Sie selbstständig, wenn Ihnen einzelne Begriffe unbekannt sind.
2. Was interessiert Sie an dem Bereich des „lebenslangen Lernens" bzw. der „Erwachsenenbildung/Weiterbildung"? Formulieren Sie Ihre Fragen und Interessen.

Sie können die folgenden Angebote arbeitsteilig erschließen und präsentieren. Angeboten werden drei Aspekte zur Erwachsenenbildung: betriebliche Weiterbildung, Professionalisierung, Berufsbezeichnungen. Sie finden Informationen zur „Volkshochschule", die lange als Leitinstitution der Erwachsenenbildung angesehen wurde, in unserem Online-Angebot: Volkshochschule als „öffentliches Weiterbildungszentrum" (Jürgen Wittpoth).

Aufgaben

1. Erschließen Sie arbeitsteilig die angebotenen Materialien und präsentieren Sie Ihre Arbeitsergebnisse dem gesamten Kurs.
2. Es ist leicht, an weitere Informationen über Volkshochschulen zu kommen. Es gibt mit Sicherheit noch andere Institutionen der Erwachsenenbildung in Ihrer Nähe. Sie tragen häufig Bezeichnungen wie Akademie bzw. Fachakademie, Bildungsstätte, Bildungszentrum, Fortbildungszentrum, Berufsbildungswerk, Berufsförderungswerk, Institut, Lehrinstitut, Fortbildungsinstitut etc.
Erkunden Sie eine solche Institution, indem Sie vor Ort recherchieren. Bereiten Sie Ihre Recherchen sorgfältig vor, indem Sie die Fragen formulieren, die Sie stellen möchten.
Sie können Experten aus solchen Institutionen der Erwachsenenbildung in Ihren Unterricht einladen und systematisch befragen.

M8 Betriebliche Weiterbildung (Jürgen Wittpoth)

Betriebliche Weiterbildung zielt ganz allgemein darauf, das einzelne Unternehmen wettbewerbsfähig zu halten. Dazu ist es zunächst erforderlich, dass die Beschäftigten auf der Höhe der jeweiligen technologischen Entwicklung einsatzfähig sind. Da relevante Produktivitäts- und Rationalisierungsreserven heute vor allem im Bereich der sogenannten Human-Ressourcen gesehen werden, sind die Mitarbeiterinnen und Mitarbeiter außerdem zu befähigen, in neuen Formen der Arbeitsorganisation eigenverantwortlicher und damit effektiver als bisher zu handeln. Gleichzeitig gilt es, Bindungen an das Unternehmen, die angesichts des Wertewandels prekär geworden sind, neu herzustellen oder zumindest zu festigen. Hinzu kommt, dass im Zuge der Internationalisierung der Märkte und dem damit verbundenen schärferen Konkurrenzdruck permanente Produktinnovationen und für einzelne Kunden maßgeschneiderte Lösungen immer mehr an Bedeutung gewinnen. Solchen – gegenüber der standardisierten Massenproduktion erhöhten – Anforderungen können nur noch diejenigen Unternehmen gerecht werden, die für eine motivierte, flexible und qualifizierte Belegschaft Sorge tragen. Schließlich wird es schwieriger, das erforderliche Fachpersonal auf dem externen Arbeitsmarkt zu rekrutieren; auch dies verweist auf die Notwendigkeit verstärkter betrieblicher Weiterbildungsbemühungen.
Über die Vermittlung je aktuellen Wissens hinaus soll Weiterbildung also „auch Neugier wecken, Altes weiterzuentwickeln und Neues zu entdecken. Sie muss den Menschen aktiv, initiativ und kreativ werden lassen" (BMBW 1990, S. 6). Gleichzeitig soll Weiterbildung Handlungsnormen und Werthaltungen vermitteln: „Handlungswille, Lebensoptimismus, Zukunftsbejahung und Fortschrittshoffnung müssen – allen Risiken und Problemen zum Trotz – wie-

dergefunden werden“ (ebd.). Schließlich muss sie über die Förderung von Kritikfähigkeit, Verantwortungs- und Selbstbewusstsein „den Einzelnen befähigen, seinen Standort in der Gesellschaft zu finden und sich zu behaupten, aber auch der Gesellschaft zu dienen“ (ebd.). […]

Im Blick auf Formen und Anlässe hat sich – zumindest im Praxisfeld – eingebürgert, betriebliche Weiterbildungsaktivitäten nach sechs ‚Aktionsfeldern‘ […] zu unterscheiden. Maßgeblich ist jeweils die Frage, in welchem Verhältnis die einzelne Aktivität zum Arbeitsplatz steht. Es gibt demnach Weiterbildung im Sinne des:

‚*Select-to-the-job*‘. Hierunter fallen alle Aktivitäten der Personalauswahl, von denen in unserem Zusammenhang das ‚Assessment-Center‘ am stärksten beachtet wird. In ihm wird eine Gruppe von Kandidaten bei der Bewältigung definierter Aufgaben in Form der Einzel- und Gruppenarbeit, des Rollenspiels, der Fallstudie, Präsentation etc. von mehreren Vertretern des Unternehmens beobachtet. Dies wird dem Weiterbildungsbereich zumindest dann zu Recht zugeordnet, wenn es um die Auswahl interner Bewerber für (in der Regel) Aufstiegspositionen geht. Erkannte Stärken und Schwächen werden dabei zum Anlass genommen, mit den Betroffenen Maßnahmen zu verabreden, die die Stärken weiter zu fördern und die Schwächen auszugleichen in der Lage sind. Das Assessment-Center wird so zu einem wichtigen Instrument der Personalentwicklung […].

Abb. 6.19

‚*Into-the-job*‘. Gemeint sind hier alle Formen der Integration neuer Mitarbeiter in ein Unternehmen. Dies können Einführungsseminare ebenso sein wie Trainee-Programme. Letztere werden vor allem Hochschulabsolventen angeboten, die in relativ aufwendigen Maßnahmen verschiedene Arbeitsplätze des Unternehmens kennenlernen, bevor sie – so man Interesse an ihnen hat – eine bestimmte Position auf Dauer übernehmen können.

‚*On-the-job*‘. Damit wird die älteste Form betrieblicher Weiterbildung bezeichnet, bei der es um das Lernen am Arbeitsplatz geht. Sie hat in jüngerer Zeit große Bedeutung erlangt. Neben der traditionellen Unterweisung gibt es anspruchsvollere Formen wie etwa die Übertragung einer Stellvertreterfunktion, die Erweiterung des angestammten Aufgabenbereiches (job-enlargement) oder die Zuweisung größerer Verantwortung (job-enrichment). Schließlich gehören Programme der job-rotation hierher, in denen Mitarbeiter gezielt ihre Arbeitsplätze wechseln, um so einen erweiterten Ein- bzw. Überblick in oder über einzelne Unternehmensbereiche zu gewinnen. Solche Programme werden in der Regel zur Vorbereitung auf anspruchsvollere Aufgaben durchgeführt.

‚*Off-the-job*‘. Hier geht es um betriebliche Weiterbildung im engeren Sinne, also um Kurse, Seminare und Workshops, die losgelöst vom Arbeitsplatz und unter Umständen auch außerhalb des Betriebes stattfinden.

Abb. 6.20

‚*Near-the-job*‘. Diese Form der Weiterbildung vollzieht sich in enger Anbindung an den Arbeitsplatz etwa in Form der Projektarbeit oder der sogenannten Lernwerkstatt. In Letzterer kommen Mitglieder einer Arbeitsgruppe regelmäßig zusammen, um unter der Leitung von Moderatoren Probleme zu beraten, die an ihren Arbeitsplätzen bestehen, und Lösungsansätze zu entwickeln. Über den Aspekt der Identifizierung und Lösung einzelner Probleme hinaus wird auf einen Lerneffekt gesetzt, der sich daraus ergeben soll, dass die Problemanalyse, das Abwägen von Zusammenhängen und die Berücksichtigung von Entscheidungsfolgen eingeübt werden.

‚*Out-off-the-job*‘. Damit werden schließlich all die Weiterbildungsaktivitäten verstanden, die einer gezielten Vorbereitung auf den Ruhestand gelten.

M9 Profession – Professionalisierung – Professionalität (Jochen Kade/Dieter Nittel/Wolfgang Seitter)

Ganz generell kann das Thema „Verberuflichung in der Erwachsenenbildung“ in horizontaler und vertikaler Weise sowie unter dem Fokus der Situation dimensionalisiert werden, wobei diese drei Perspektiven mit den Kategorien **Profession**, **Professionalisierung** und **Professionalität** korrespondieren:

- Unter **Profession** versteht man einen „besonderen“, in der Regel akademischen Beruf, in welchem die Berufsidee reflexiv gewendet wird und dessen Kernaktivitäten auf den Strukturaufbau, die Strukturerhaltung und Strukturveränderung von Identitäten abzielen […]. Als komplexe, relativ abgeschlossene Sinnwelten verfügen Professionen über ein bestimmtes Verhältnis zur Gesamtgesellschaft, zu ihrem Publikum (Klienten, Patienten), zur Wissenschaft und schließlich zu sich selbst: In ihrer Beziehung zur Gesamtgesellschaft zeichnen sich Professionen durch einen Zentralwertbezug sowie durch die Aushandlung eines gesellschaftlichen Mandats (Auftrag) und einer gesellschaftlich ratifizierten Lizenz (Erlaubnis) aus […]. In ihrer Beziehung zum Publikum entwickeln sie eine Klientenorientierung, welche die Aushandlung eines durch Vertrauen getragenen Arbeitsbündnisses und die Formulierung eines „objektiven", d.h. nicht ausschließlich an kommerziellen Interessen ausgerichteten Bedarfs einschließt. Im Hinblick auf die Wissenschaft konstituieren die Professionen eine mehr oder weniger exklusive Beziehung zu einer akademischen Leitdisziplin, die sie mit Reflexions-, Fach- und Orientierungswissen versorgt; und im Hinblick auf die eigene Berufskultur bauen sie ein eigenes Leistungsethos auf, was einen geordneten und lizenzierten Zugang zu den Berufsrollen einschließt.

- Während Profession eine Strukturkategorie darstellt, zielt der Begriff **Professionalisierung** auf kollektive und individuelle Prozesse der Verberuflichung [...]. Professionalisierung meint im Kern den Vorgang, der u.U. dazu führt, dass sich ein „besonderer Beruf" konstituiert. Vorgänge der Professionalisierung sind in vielen Berufen zu beobachten, und längst nicht alle enden mit der Konstitution einer Profession. Sind die Protagonisten einer bestimmten Profession, nämlich die Angehörigen einer akademischen Fachkultur, relativ genau zu bestimmen, so verhält es sich bei der Frage „Wer ist eigentlich das Subjekt von Professionalisierungsprozessen?" ganz anders. Rechtliche, staatliche, wissenschaftliche oder andere Instanzen entscheiden in vielen Fällen viel mehr über das Schicksal der Verberuflichung als die Mitglieder einer Berufskultur selbst. Die vielfältigen Bestrebungen in Richtung Professionalisierung laufen letztlich auf den Versuch hinaus, die strategisch wichtigen Orte „Arbeitsplatz", „öffentliche Meinung" und „staatliche Instanzen" und die Medien „Macht" und „Wissenschaft" zur Durchsetzung von Strategien zu nutzen, um die Entschädigungschancen der Arbeit (Geld und Prestige) zu sichern und wenn möglich zu steigern. [...]

Abb. 6.21

- Während Professionalierung einen prozess- und machttheoretischen Zugriff evoziert, verlangt der Begriff **Professionalität** eine durch und durch handlungstheoretische Betrachtungsweise. Professionalität ist nicht an professionelles Handeln gebunden, sondern beschreibt die besondere Qualität einer personenbezogenen Dienstleistung auch über den institutionellen Komplex der anerkannten Professionen hinaus. Professionalität stellt einen flüchtigen, weil situativ konstituierten Gegenstandsbereich dar, einen Zustand von Beruflichkeit, der interaktiv hergestellt und aufrechterhalten werden muss. Die Kategorie bezeichnet einen spezifischen Modus im Arbeitsvollzug selbst, der Rückschlüsse sowohl auf die Qualität der personenbezogenen Dienstleistung als auch auf die Befähigung des beruflichen Rollenträgers erlaubt. [...] Für Tietgens heißt Professionalität „auf eine Kurzformel gebracht, die Fähigkeit nutzen zu können, breit gelagerte, wissenschaftlich vertiefte und damit vielfältig abstrahierte Kenntnisse in konkreten Situationen angemessen anwenden zu können. Oder umgekehrt betrachtet: in eben diesen Situationen zu erkennen, welche Bestandteile aus dem Wissensfundus relevant sein können. Es geht also darum, im einzelnen Fall das allgemeine Problem zu entdecken. Es wollen immer wieder Relationen hergestellt sein zwischen gelernten Generalisierungen und eintretenden Situationen, zwischen einem umfangreichen Interpretationsrepertoire und dem unmittelbar Erfahrenen" (Tietgens 1988: 37). Wissen und Können bilden die beiden – je einer anderen Logik folgenden – Quellen von Professionalität. Als Synonym für „gekonnte Beruflichkeit" stellt Professionalität die nur schwer bestimmbare Schnittmenge aus Wissen und Können dar; sie markiert die widersprüchliche Einheit jener Kompetenzen und Wissensformen, die ihrerseits den Umgang mit beruflichen Widersprüchen, Paradoxien und Dilemmata erlaubt.

Explizite und implizite Bildungseinrichtungen

Als institutioneller Prototyp der Erwachsenenbildung galt lange Zeit die öffentlich verantwortete Erwachsenenbildung, wobei die Volkshochschulen die Leitinstitution bildeten. [...] Mit der zunehmenden Diversifikation von Trägern, Einrichtungen, Orten und Räumen der organisierten Erwachsenenbildung auf der einen und der nichtorganisierten Bildungs- und Lernprozesse für Erwachsene auf der anderen Seite ist es jedoch auch unter professionstheoretischer Sicht notwendig, den Blick auf die Vielfalt und Pluralität von Einrichtungen zu lenken, die das Lernen im Erwachsenenalter insgesamt bedienen. Die institutionelle und kulturelle Vielfalt des Lernens im Erwachsenenalter ist somit als das Spiegelbild der zunehmenden Heterogenität der erwachsenenbildnerischen Berufsfelder zu betrachten. Beschränkte sich vor circa zwanzig Jahren noch das Berufsfeld auf solche Träger und Einrichtungen, die sich von ihrer institutionellen Selbstbeschreibung her als explizite Bildungseinrichtungen definieren, so müssen wir heute viel offener mit der Bestimmung des Berufsfeldes umgehen und auch solche Einrichtungen in den Blick nehmen, die aus der Beobachterperspektive faktisch Bildungsarbeit betreiben, ansonsten aber eine andere gesellschaftliche Funktion erfüllen (implizite Bildungseinrichtungen). [...] Einrichtungen der expliziten Erwachsenenbildung weisen dies bereits in ihrer Nomination (z.B. Evangelische Aka-

Katholische Akademie Schwerte

Abb. 6.22

Evangelische Akademie Loccum

Abb. 6.23

demie) aus, während man Einrichtungen der impliziten Weiterbildung keineswegs auf den ersten Blick ansieht, dass hinter ihren Türen Bildungsarbeit verrichtet wird (Personalabteilungen von Firmen). Dass ein bestimmter gesellschaftlich relevanter Handlungsbereich das Attribut „Berufsfeld Erwachsenenbildung" für sich reklamieren kann, machen wir primär von der vor Ort geleisteten Arbeit abhängig, genauer: von der Beobachtung, ob makro- oder mikrodidaktische Kernaktivitäten (Organisieren, Arrangieren, Unterrichten, Informieren und Beraten) verrichtet werden, erwachsenenbildnerisches Wissen orientierungsrelevant ist und ein objektivierbarer Bedarf an pädagogischer Professionalität vorliegt.

M10 Berufsbezeichnung und Berufsrollen der in der Erwachsenenbildung beruflich Tätigen (Jochen Kade/Dieter Nittel/Wolfgang Seitter)

Der Kanon von Bezeichnungen, um die in der Erwachsenenbildung tätigen Praktiker zu etikettieren, stellt einen unmittelbaren Reflex auf die Heterogenität des Berufsfeldes und die unterschiedlichen Stadien der Professionalisierung in den diversen Segmenten dar. Dieser Kanon umfasst Kategorien wie: Bildungsreferent, Weiterbildungslehrer, erziehungswissenschaftlicher Praktiker (mit dem Schwerpunkt Erwachsenenbildung), Lerninitiator, Dozent, Trainer, Lernhelfer, Kursleiter, Studienleiter, Weiterbildungsberater, Bereichsleiter, Andragoge, Erwachsenenpädagoge, Bildungsmanager, Weiterbildungsberater usw.
Hier und da zeichnen sich in diesem bunten Sammelsurium von Bezeichnungen institutionelle Besonderheiten und Profile ab […]: Bei den Gewerkschaften haben sich die Begriffe Teamer und Referent, bei den Kirchen der Begriff Bildungsreferent und in der betrieblichen Weiterbildung die Bezeichnungen Trainer oder Bildungsmanager eingebürgert. Bei Volkshochschulen zeichnet sich die Sprachregelung ab, dass zwischen Leiter/inne/n (Führungspersonal einer Einrichtung), hauptberuflich tätigen pädagogischen Mitarbeiter/inne/n (HPM) und Kursleiter/inne/n unterschieden wird. […]
Der ‚Unordnung' der Berufsbezeichnungen steht also eine vergleichsweise klare Ordnung auf der Ebene der Berufsrollen gegenüber, auf der sich folgende Systematik abzeichnet:

- Der Berufsrolle der hauptberuflichen Leiterin einer Bildungseinrichtung können Kernaktivitäten zugeordnet werden, die mit der öffentlichen und politischen Repräsentation der Einrichtung, dem Marketing, dem Bildungscontrolling, der Personalführung und Personalentwicklung, der Beschaffung von finanziellen und sonstigen Ressourcen, kurz: mit dem Weiterbildungsmanagement korrespondieren. Hauptberufliche Leiter/-innen einer Bildungseinrichtung, wie beispielsweise die Direktorin einer Sprachenschule oder der Geschäftsführer eines gewerkschaftseigenen Bildungswerks, müssen heute dafür sorgen, dass ihre Einrichtung auf dem durch Konkurrenz gekennzeichneten Weiterbildungsmarkt bestehen kann.
- Die Berufsrolle der hauptberuflich tätigen pädagogischen Mitarbeiterin mit disponierendem und/oder planendem Aufgabenprofil umfasst Aktivitäten auf der makrodidaktischen Handlungsebene des Programm-Machens. Der makrodidaktische Bereich gewährleistet alle Bedingungen für die Möglichkeit der eigentlichen Vermittlungsarbeit. Hier zeichnet sich ein komplexes Geflecht von „Arbeitsbögen" (A. Strauss) ab, die auf den Dreierschritt des Programm-Planens, des Programm-Durchführens und des Programm-Evaluierens verdichtet werden können. Auch die Anleitung, die Fortbildung und die Beratung des lehrenden Personals gehören in ihr Zuständigkeitsressort. Die Berufsrolleninhaber stehen in ihrer alltäglichen Arbeit vor dem Problem, eine produktive Symbiose von pädagogischen und organisatorischen Handlungsanteilen herzustellen.
- Die Berufsrolle der hauptberuflich tätigen Lehrenden, die als Weiterbildungslehrer/-innen oder als Trainer/-innen entweder in einer Einrichtung fest angestellt oder freiberuflich bzw. selbstständig tätig sind, bedient die mikrodidaktische Handlungsebene. Dies geschieht in der Weise, dass sie entweder die Arbeit der Stoff- und Wissensvermittlung leisten oder als Weiterbildungsberater/-innen fungieren. Da sie in dieser Berufsrolle im vis-à-vis-Kontakt mit der Klientel stehen, d. h. mit den Teilnehmer/inne/n die Interaktionsarbeit verrichten, prägt diese Praktikergruppe besonders stark das öffentliche Image der Erwachsenenbildung.
- Die vierte zentrale Berufsrolle wird durch den ehrenamtlich oder nebenberuflich tätigen Erwachsenenbildner (Kursleiter, Dozentin) dargestellt. Obwohl diese Praktikergruppe ihre Arbeit nicht hauptberuflich verrichtet, ist ihr Tätigkeitsprofil weitgehend identisch mit dem des zuvor genannten Personenkreises. Ihre strategisch wichtige Funktion im mikrodidaktischen Bereich als Vermittler von Spezial- und Expertenwissen rechtfertigt die Entscheidung, auch hier von einer Berufsrolle zu sprechen.

Das Qualifikationsprofil dieser vordergründig recht unterschiedlichen elementaren Berufsrollen schöpft seine einheitsstiftenden Elemente aus drei Kernkompetenzen: dem Organisieren, dem Unterrichten und dem Beraten […]. Jede Praktikerin, gleichgültig welches Rollenprofil sie repräsentiert, ist auf diese drei Kernkompetenzen angewiesen. Aufgrund der sachlich, zeitlich, räumlich und sozial bedingten Komplexität und Andersartigkeit der Arbeit werden diese Kernkompetenzen in unterschiedlichen Proportionen mobilisiert. Während die Berufsrolle des Leiters einer Bildungseinrichtung intensiv auf die Kernkompetenz des Organisierens hinweist, er also beispielsweise über Managementwissen verfügen, Verfahren der Personalführung und administrative Routinepraktiken beherrschen muss, trägt die objektive Anforderungsstruktur im mikrodidaktischen Bereich zu einer (notwendigen) Vereinseitigung und zugleich Ausdifferenzierung der Kernkompetenz Unterrichten bei. Von daher erscheint es nachvollziehbar, dass die Rollenträger in Führungsfunktionen ihre berufliche Identität viel eher aus der Kernkompetenz Organisieren (Bildungscontrolling) schöpfen, die Dozenten als mikrodidaktische Rollenträger demgegenüber ihr berufliches Selbstbewusstsein in einem stärkeren Maße aus einem spezifischen Unterrichtsstil, wie etwa dem projektförmigen oder moderierenden Vorgehen der Ermöglichungsdidaktik, ableiten. Erwachsenenbildner teilen die vielfach gemachten Erfahrungen anderer Professionals: Spezialisierung sorgt für Entlastung, und vielseitige Anforderungen schaffen Belastungen. So ist die Professionalität des planend-disponierenden Personals (z.B. Fachbereichsleiter an Volkshochschulen oder Bildungsmanager in Betrieben) mit dem notorischen Problem einer diffusen Anforderungsstruktur bzw. einer nur schwer fassbaren Tätigkeitsmixtur belastet. Das hängt im Wesentlichen damit zusammen, dass die jeweiligen Themen und Anforderungen sich gleichsam doppelt stellen, nämlich unter einem professionell-pädagogischen und einem organisatorischen Fokus: Aus der Sicht der Organisation sind der individuelle Eigensinn und das Überengagement einzelner Kursleiter ein Problem, weil sie die Routineabläufe stören, viel Arbeit machen usw. Aus der Sicht der Profession können sie ein Potenzial für Virtuosität, Könnerschaft und Beliebtheit (bei den Teilnehmern) sein.

6.3 Employability und/oder Bildung

Nun ist Ihr Urteil gefragt. Es geht um ein zur Zeit pädagogische kontrovers diskutiertes Thema. Dazu wird zunächst der Begriff der „Employability" eingeführt, der den Arbeitsmarkt als Maßstab für die Ausbildung einer umfassenden Persönlichkeitseigenschaft nimmt – nämlich beschäftigungsfähig zu werden und zu bleiben. Der zweite Text widerspricht einer solchen Ausrichtung des Menschen auf marktkonforme Eigenschaften im Namen von „Bildung" vehement.

Aufgaben

1. Arbeiten Sie im folgenden Text die Thesen und die sie stützenden Argumente heraus.
2. Stellen Sie Bezüge zu Ihnen bekannten Konzepten her.
3. Nehmen Sie kritisch zu der Position Stellung.
4. Entwickeln Sie Ihren eigenen Standpunkt und begründen Sie ihn.

M11 Employability – ein neuer Schlüsselbegriff (Katrin Kraus)

Employability bezeichnet die Fähigkeit und Bereitschaft, verschiedene Phasen eines Anstellungsverhältnisses zu meistern und dazu seine gesamten Kompetenzen und seine Arbeitskraft laufend den Anforderungen des Arbeitsmarktes anzupassen. Im deutschen Sprachraum übersetzt man den Begriff oft mit „Beschäftigungsfähigkeit". Ihre Entwicklung und ihr Erhalt stellen hohe Anforderungen an Berufsberatung und Berufsbildung.
Oft bereiten Begriffe, die auf den ersten Blick eindeutig erscheinen, besondere Schwierigkeiten beim Versuch, sie zu definieren. Dies gilt auch für „Employability". Dieser Begriff bezeichnet zunächst mal all das, was es den Einzelnen ermöglicht, in Beschäftigungsverhältnissen zu bestehen. Schwierig wird es, sobald man dieses „all das" bestimmen will.
Betrachten wir die aktuelle Diskussion, dann sind es vor allem drei Aspekte, die das Verständnis von Employability näher eingrenzen lassen: die Phasen eines Beschäftigungsverhältnisses, der Arbeitsmarkt als Maßstab und eine umfassende inhaltliche Bestimmung als individuelle Eigenschaft.

Phasen des Beschäftigungsverhältnisses
Einen Ausweg aus der oben angesprochenen Problematik suchen die meisten Definitionen von Employability darin, zunächst zwischen verschiedenen Phasen eines Beschäftigungsverhältnisses zu unterscheiden, die auf der Grundlage dieser „Fähigkeit" jeweils erfolgreich bewältigt werden können: das Suchen einer Anstellung, der Eintritt, das Halten und die erfolgreiche Entwicklung im Beschäftigungsverhältnis sowie der Wechsel zu einer anderen bzw. besseren Stelle. Diese Differenzierung hat daher auch Eingang in folgende Definition gefunden, die in der Auseinandersetzung mit dem deutschsprachigen Employability-Diskurs der 90er-Jahre entwickelt wurde [...]: Employability bezeichnet die Gesamtheit individueller Fähigkeiten und Bereitschaften, die es den Einzelnen ermöglichen, Beschäftigungsverhältnisse einzugehen, sich wertschöpfend in Arbeitsprozesse einzubringen und über eine beständige Anpassung der eigenen Arbeitskraft in Beschäftigung zu bleiben. [...]

Der Arbeitsmarkt als Maßstab
Anhand der oben vorgestellten Definitionen wird ein weiterer Aspekt von Employability ebenfalls deutlich: der Maßstab zur Bestimmung von Employability wird durch den Arbeitsmarkt gesetzt. Es gibt keinen „Bildungsplan Emplo-

yability", der die Ziele und Inhalte regelt. [...] Das Anliegen des Begriffs Employability ist es gerade, solche Festlegungen zu vermeiden bzw. sie zu dynamisieren und darüber eine beständige Anpassung an die jeweiligen Anforderungen des unternehmensinternen oder -externen Arbeitsmarktes zu erreichen. Damit hat Employability als individuelle Eigenschaft sozusagen ein bewegliches Ziel, dessen Erreichen letztlich erst durch das Beschäftigungsverhältnis selbst dokumentiert wird. Employability ist somit für den Einzelnen sowohl in konkret inhaltlicher als auch in zeitlicher Hinsicht nicht auf Dauer gestellt, denn die Anforderungen des Arbeitsmarktes können sich jederzeit ändern und Employability muss unter veränderten Bedingungen immer wieder neu hergestellt werden. Deshalb liegt in der aktuellen Debatte der Akzent bei Employability weniger auf der fachlichen Qualifizierung als vielmehr auf den persönlichen Einstellungen, die der permanenten Anpassung an sich wandelnden Anforderungen zugrunde liegen.

Employability als umfassende individuelle Eigenschaft

Den von den internen und externen Arbeitsmärkten geforderten Qualifikationen und Kompetenzen stellt das umfassende Konstrukt Employability zum einen das Vorhandensein der entsprechenden individuellen Qualifikationen und Kompetenzen sowie zum anderen die dauerhafte Bereitschaft zur Anpassung des individuell Vorhandenen an das arbeitsmarktseitig Geforderte gegenüber. Auf der inhaltlichen Ebene umfasst Employability damit fachliche, soziale und persönliche Kompetenzen, schließt aber die individuellen Einstellungen als Grundlage eines Beschäftigungsverhältnisses ebenfalls ein. Flexibilität, Mobilität und unternehmerisches Denken sind Begriffe, die in diesem Zusammenhang häufig verwendet werden. In der aktuellen Employability-Diskussion liegt der Hauptakzent sogar auf der individuellen Einstellung. Mit dieser inhaltlichen Bestimmung geht auch die Fokussierung auf die bzw. den Einzelnen einher. Diese Hinwendung zum Individuum, seinen Fähigkeiten und Bereitschaften, zeigt nicht nur eine Veränderung im Verständnis der Arbeitsmarktqualifizierung, sondern zieht auch eine Veränderung im Beratungsbedarf nach sich. Dieser geht im Zusammenhang mit Employability weit über die herkömmlichen Aufgaben einer Berufsberatung hinaus. Er zeigt sich auch in der aktuellen Ratgeberliteratur, die sich mit Themen wie „Work-Life-Balance", „Zeitmanagement", „Small Talk" und „Business-Knigge" weit in den Bereich der Persönlichkeit hineinbewegt.

Chance für Unternehmen und Individuum

[...] Die aktuelle Aufmerksamkeit für Employability steht aber auch in kritischer Auseinandersetzung mit dem Beruf und der Berufsbildung traditionellen Zuschnitts. Diese Kritik hat ihren Hintergrund im Übergang von der national geprägten Industriegesellschaft zu einer post-industriellen Dienstleistungsgesellschaft mit globaler Dimension. Diese Veränderung führt zum einen auf der Ebene des Arbeitsmarktes und der Betriebe zu neuen Anforderungen an die Beschäftigten. Das „unternehmerische Handeln" wird dabei zum Leitmotiv und der „Unternehmer in eigene Sache" zur Leitfigur. Auf der anderen Seite steht Beschäftigungsfähigkeit aber auch im Kontext der Sozialpolitik. Deutlich zeigt sich der Wandel hin zu einer „aktivierenden Sozialpolitik" und damit auch zu Strategien, welche die Beschäftigungsfähigkeit fördern wollen. [...]

Kompetenzcheck

Hier finden Sie eine Übersicht über die Kompetenzen, die Sie vor allem in den Kapiteln 4, 5 und 6 erwerben konnten. Schätzen Sie selbst ein, wie gut Sie sie beherrschen.

Sachkompetenz

Ich ...	... sicher	... noch nicht sicher genug	Hier kann ich nachschlagen:
... erkläre die systemische Sicht auf Familie.			
... erläutere die Funktion von Medien aus pädagogischer Perspektive.			
... erläutere beispielhaft Möglichkeiten und Grenzen von Maßnahmen der Sozialen Arbeit im Hinblick auf Jugendliche.			
... erkläre abweichende (deviante) Formen von Entwicklung und Sozialisation am Beispiel von Gewalt mit Bezug auf das Konzept von Rauchfleisch aus psychoanalytischer Sicht.			
... erkläre abweichende (deviante) Formen von Entwicklung und Sozialisation mit Bezug auf sozialpsychologische Konzepte von Heitmeyer aus sozialpsychologischer Sicht.			
... erkläre die Unterschiede zwischen nicht professionellem und professionellem pädagogischen Handeln an Beispielen aus der Sozialen Arbeit.			

Ich …	… sicher	… noch nicht sicher genug	Hier kann ich nachschlagen:
… beschreibe Anforderungen an pädagogische Institutionen der Sozialen Arbeit.			
… beschreibe pädagogische Berufsfelder der Sozialen Arbeit.			
… erläutere beispielhaft Möglichkeiten und Grenzen von Maßnahmen der Erwachsenenbildung.			
… erläutere die Rolle von Emanzipation und Mündigkeit bei der Identitätsentwicklung im Erwachsenenalter.			
… beschreibe Möglichkeiten und Grenzen persönlicher Lebensgestaltung mit Bezug auf den Beruf im Lebenslauf.			
… beschreibe Möglichkeiten und Grenzen persönlicher Lebensgestaltung aus geschlechtergerechter Perspektive am Beispiel von Lebenslauf und Beruf.			
… erläutere den Zusammenhang von Identität und Bildung im Erwachsenenalter.			
… erkläre die Unterschiede zwischen nicht professionellem und professionellem pädagogischen Handeln an Beispielen aus der Erwachsenenbildung.			
… beschreibe Anforderungen an pädagogische Institutionen der Erwachsenenbildung.			
… beschreibe pädagogische Berufsfelder der Erwachsenenbildung.			
… stelle exemplarisch die wachsende Bedeutung professioneller pädagogischer Kompetenz dar.			

Urteilskompetenz

Ich …	… sicher	… noch nicht sicher genug	Hier kann ich nachschlagen:
… beurteile erzieherische Maßnahmen zur Ermöglichung von Bildung im Jugendalter.			
… beurteile mögliche Gefährdungen von Menschen im Jugendalter im Hinblick auf ihre Entwicklung zu Selbstbestimmung in sozialer Verantwortung.			
… erörtere Chancen und Grenzen von Maßnahmen der psychoanalytisch orientierten, therapeutischen Prävention und Intervention im Jugendalter im Hinblick auf Gewalt.			
… erörtere Chancen und Grenzen von Maßnahmen der pädagogischen Prävention und Intervention am Beispiel der Erlebnispädagogik.			
… erörtere die Chancen und Grenzen der Sozialen Arbeit mit Jugendlichen in durch Professionalisierung geprägten Institutionen.			
… erörtere pädagogische Vorstellungen zu Bildung, Entwicklung und Sozialisation im Erwachsenenalter.			
… beurteile pädagogische Maßnahmen zur Ermöglichung von Bildung im Erwachsenenalter.			
… beurteile die Reichweite und pädagogische Relevanz von Erkenntnissen der Lebenslauf- und Biografieforschung für die Erwachsenenbildung.			
… beurteile medienpädagogische Maßnahmen zur Nutzung analoger und digitaler Medien.			
… beurteile Maßnahmen zur Förderung der Geschlechtergerechtigkeit im Hinblick auf Lebenslauf und Beruf.			
… erörtere die Chancen und Grenzen der Erwachsenenbildung in durch Professionalisierung geprägten Institutionen.			

Ich …	… sicher	… noch nicht sicher genug	Hier kann ich nachschlagen:
… beurteile aus pädagogischer Perspektive Institutionen der Erwachsenenbildung.			
… beurteile die sich aus pädagogischen Kompetenzen ergebenden beruflichen Chancen.			

Methodenkompetenz

Ich …	… sicher	… noch nicht sicher genug	Hier kann ich nachschlagen:
… beschreibe komplexe Situationen aus pädagogischer Perspektive unter Verwendung der Fachsprache.			
… ermittle pädagogisch relevante Informationen aus Fachliteratur oder im Internet.			
… ermittle aus erziehungswissenschaftlich relevanten Materialsorten wissenschaftliche Positionen.			
… ermittle aus erziehungswissenschaftlich relevanten Materialsorten explizit oder implizit verfolgte Interessen und Zielsetzungen.			
… analysiere differenziert Texte (u.a. Fallbeispiele) mithilfe hermeneutischer Methoden der Erkenntnisgewinnung.			
… analysiere die erziehungswissenschaftliche Relevanz von Erkenntnissen aus Psychologie und Sozialwissenschaft am Beispiel der Jugendforschung.			
… stelle Arbeitsergebnisse in geeigneter Präsentationstechnik dar.			
… wende den Kompetenzcheck als Verfahren der Selbstevaluation im Hinblick auf die eigene pädagogische Erkenntnisgewinnung und Urteilsfindung an.			

Handlungskompetenz

Ich …	… sicher	… noch nicht sicher genug	Hier kann ich nachschlagen:
… entwickle unter Nutzung des Modells der produktiven Realitätsverarbeitung pädagogische Handlungsoptionen zum Jugendalter.			
… entwickle erziehungs- und bildungstheoretisch begründete Handlungsoptionen zum Jugendalter.			
… entwickle erziehungs- und bildungstheoretisch begründete Handlungsoptionen zum Erwachsenenalter.			
… vertrete pädagogische Handlungsoptionen argumentativ.			
… entwickle Handlungsoptionen unter Berücksichtigung der Perspektiven der beteiligten Akteure.			

7. Zwischenbilanz zur pädagogischen Perspektive

7.1 Pädagogische Interpretation von Filmen

Projektvorschlag

Es gibt viele Spielfilme, die Menschen in entscheidenden Situationen ihres Lebens darstellen. So gibt es z. B. das Genre der „Coming-of-age-Filme", die sich mit den Problemen im Jugendalter beschäftigen. Zu ihnen werden z. B. gezählt: Billy Elliott, Crazy, Das fliegende Klassenzimmer, Das weiße Band, Der Vorleser, Die Brücke, Die Reifeprüfung, Dogtown Boys, Elephant, Good Will Hunting, Knallhart, Same Same But Different, Sie küssten und sie schlugen ihn, Stand By Me …

Natürlich gibt es darüber hinaus auch Filme, die sich mit den existenziellen Entscheidungen von erwachsenen Menschen beschäftigen.

Untersuchen Sie einen solchen Film aus pädagogischer Perspektive.

Abb. 7.1: Boyhood

Abb. 7.2: Finding Forrester

Abb. 7.3: Good Will Hunting

7.2 Die pädagogischen Grundbegriffe

Sie haben inzwischen ein umfangreiches Wissen und Können zur Pädagogik erworben. Zeit für eine Zwischenbilanz.

In den folgenden Texten geht es um pädagogische Grundbegriffe und ihre Beziehungen zueinander. Alle Texte sind abstrakt – und nicht leicht zugänglich. Genau deshalb sind diese Texte für diese Zwischenbilanz geeignet. Sie fordern dazu auf, ihre Aussagen zu konkretisieren, zu erläutern, zu veranschaulichen. Mit Ihrem pädagogischen Wissen und Können sind Sie dazu in der Lage.

Stichwortverzeichnis

Übersicht über die Operatoren

Operatoren	Definitionen
Anforderungsbereich I	
• nennen • benennen	ausgewählte Elemente, Aspekte, Merkmale, Begriffe, Personen etc. unkommentiert aufzählen
• skizzieren	einen bekannten oder erkannten Sachverhalt oder Gedankengang in seinen Grundzügen ausdrücken
• formulieren • darstellen	den Gedankengang oder die Hauptaussage eines Textes oder eines anderen Materials mit eigenen Worten darlegen
• wiedergeben	einen bekannten oder erkannten Sachverhalt oder den Inhalt eines Textes unter Verwendung der Fachsprache mit eigenen Worten ausdrücken
• beschreiben	die Merkmale eines Bildes oder anderen Materials mit Worten in Einzelheiten schildern
• herausarbeiten	aus Aussagen eines *wenig komplexen* Textes, einen Sachverhalt oder eine Position ermitteln und darstellen
• zusammenfassen	die Kernaussagen eines Textes oder anderen Materials komprimiert und strukturiert darlegen

Operatoren	Definitionen
Anforderungsbereich II	
• einordnen • zuordnen • anwenden	einen bekannten oder erkannten Sachverhalt in einen neuen oder anderen Zusammenhang stellen oder die Position eines Verfassers bezüglich einer bestimmten Religion, Konfession, Denkrichtung etc. unter Verweis auf Textstellen und in Verbindung mit Vorwissen bestimmen
• belegen • nachweisen	Behauptungen durch Materialbezug (z. B. Textstellen) oder bekannte Sachverhalte fundieren
• konkretisieren	Beispiele für einen Sachverhalt finden und ihn verdeutlichen
• erläutern • erklären • entfalten	einen Sachverhalt, eine These etc. gegebenenfalls mit zusätzlichen Informationen und Beispielen nachvollziehbar veranschaulichen
• herausarbeiten	aus Aussagen eines *komplexeren* Textes, einer Statistik o. Ä. einen Sachverhalt oder eine Position ermitteln und darstellen
• vergleichen	nach vorgegebenen oder selbst gewählten Gesichtspunkten Gemeinsamkeiten, Ähnlichkeiten und Unterschiede ermitteln und darstellen
• analysieren • untersuchen	unter gezielter Fragestellung Elemente, Strukturmerkmale und Zusammenhänge systematisch erschließen und darstellen, z. B. bei Experimenten/Studien: Forschungsbereich, Problemfeld, Hypothesen, Variablen, Operationalisierung, Durchführung, Design, Ergebnisse, Messverfahren, Auswertung, Präsentation benennen
• in Beziehung setzen	Zusammenhänge unter vorgegebenen oder selbst gewählten Gesichtspunkten begründet herstellen
• befragen	eine Position aus einer anderen Perspektive beleuchten
Anforderungsbereich III	
• begründen	eigene Aussagen durch Argumente stützen und nachvollziehbare Zusammenhänge herstellen
• sich auseinandersetzen mit	ein begründetes eigenes Urteil zu einer Position (z. B. zur Reichweite und Leistungskraft einer Theorie) oder einem dargestellten Sachverhalt entwickeln
• beurteilen • bewerten • Stellung nehmen • einen begründeten Standpunkt einnehmen • die eigene Überzeugung argumentativ vorstellen	zu einem Sachverhalt unter Verwendung von Fachwissen und Fachmethoden sich begründet positionieren (Sach- bzw. Werturteil), z. B. bei Experimenten/Studien: Objektivität, Reliabilität, Validität, Generalisierbarkeit begründet bestimmen, eine mögliche Gegenposition entwickeln und sich mit dieser kritisch auseinandersetzen, dabei Beurteilungskriterien bewusst machen und begründen

Operatoren	Definitionen
• erörtern	die Vielschichtigkeit eines Beurteilungsproblems erkennen und darstellen, dazu Thesen/gegebenenfalls Hypothesen erfassen bzw. aufstellen, Argumente formulieren und dabei eine begründete Schlussfolgerung erarbeiten (dialektische Erörterung)/gegebenenfalls Wege empirischer Überprüfung entwickeln
• prüfen • überprüfen	eine Meinung, Aussage, These, Hypothese, Argumentation nachvollziehen, kritisch hinterfragen und auf der Grundlage erworbener Fachkenntnisse begründet beurteilen
• interpretieren	einen Text oder ein anderes Material (Bild, Karikatur, Tondokument, Film, Statistik etc.) sachgemäß analysieren und auf der Basis methodisch reflektierten Deutens zu einer schlüssigen Gesamtauslegung gelangen
• gestalten • entwerfen	sich kreativ (z. B. fiktives Gespräch oder Visualisierung) mit einer Fragestellung auseinandersetzen
• Stellung nehmen aus der Sicht von … • eine Erwiderung formulieren aus der Sicht von …	eine unbekannte Position, Argumentation oder Theorie aus der Sicht einer bekannten Position kritisieren oder infrage stellen und ein begründetes Urteil abgeben
• Handlungspläne entwickeln	Begründete Handlungskonsequenzen zu einer Fallstudie entwerfen
• Konsequenzen aufzeigen • Perspektiven entwerfen	aus einer Position Schlussfolgerungen ziehen

Quellenverzeichnisse

Textquellennachweis

4 Stadler, Rainer: 2007: Anna ist 13. SZ-Magazin. Heft 33/2004; **5** Stadler, Rainer: 2011: Anna ist 20. SZ-Magazin. Heft 32/2011; **6** Kade, Jochen/Nittel, Dieter/Seitter, Wolfgang: Fallgeschichte Petra Müller. In: Jochen Kade/Dieter Nittel/Wolfgang Seitter (2007): Einführung in die Erwachsenenbildung/Weiterbildung (unter Mitarbeit von Birte Egloff), S. 18–23; **9** Nittel, Dieter/Siewert, Andrea: Lebenslauf und Biographie. In: Dinkelaker, Jörg/von Hippel, Aiga (Hg.): Erwachsenenbildung in Grundbegriffen. Stuttgart, 2015, S. 185–190, hier S. 185–187; **10** Fatke, Reinhard/Merkens, Hans: Bildung über die Lebenszeit. In: Reinhard Fatke/Hans Merkens: Bildung über die Lebenszeit. Wiesbaden, 2006, S. 9–10; **11** Erikson, Erik H.: Über Gesundheit und Wachstum, das epigenetische Prinzip. In: Erikson, Erik H.: Identität und Lebenszyklus. Übersetzerin: Hügel, Käthe. Suhrkamp, Frankfurt a. M., 1973, S. 56–62; **13** Erikson, Erik H.: Der Sohn des Bombenschützen. In: Erikson, Erik H.: Kindheit und Gesellschaft. Übersetzerin: Eckardt-Jaffé, Marianne, Pan. Stuttgart: Klett, 1968, S. 232 ff.; **15** Erikson, Erik H.: Vertrauen gegen Urmisstrauen. In: Erikson, Erik H.: Kindheit und Gesellschaft. Übersetzerin: Eckardt-Jaffé, Marianne, Pan. Stuttgart: Klett, 1968, S. 241–245; **16** Erikson, Erik H.: Autonomie gegen Scham und Zweifel. In: Erikson, Erik H.: Kindheit und Gesellschaft. Übersetzerin: Eckardt-Jaffé, Marianne, Pan. Stuttgart: Klett, 1968, S. 245–249; **17** Erikson, Erik H.: Initiative gegen Schuldgefühl. In: Erikson, Erik H.: Kindheit und Gesellschaft. Übersetzerin: Eckardt-Jaffé, Marianne, Pan. Stuttgart: Klett, 1968, S. 249–253; Erikson, Erik H.: Leistung gegen Minderwertigkeit. In: Erikson, Erik H.: Kindheit und Gesellschaft. Übersetzerin: Eckardt-Jaffé, Marianne, Pan. Stuttgart: Klett, 1968, S. 253–255; **19** Erikson, Erik H.: Der psychoanalytische Lehrer. In: Erikson, Erik H.: Die Zukunft der Aufklärung und die Psychoanalyse. In: Zeitschrift für Psychoanalytische Pädagogik. IV. Jg., Heft 6/7, 1930, S. 201 f.; **20** (Abb. 2.11) Erikson, Erik H.: Entwicklung der Identität. In: Erikson, Erik H.: Identität und Lebenszyklus. Übersetzerin: Hügel, Käthe. Frankfurt a. M.: Suhrkamp; S. 150 f.; **20** Erikson, Erik H.: Identität gegen Rollenkonfusion. In: Erikson, Erik H.: Kindheit und Gesellschaft. Übersetzerin: Eckardt-Jaffé, Marianne, Pan. Stuttgart: Klett, 1968, S. 255–258; **22 links** Erikson, Erik H.: Intimität gegen Isolierung. In: Erikson, Erik H.: Kindheit und Gesellschaft. Übersetzerin: Eckardt-Jaffé, Marianne, Pan. Stuttgart: Klett, 1968, S. 258–261; **22 rechts** Erikson, Erik H.: Zeugende Fähigkeit gegen Stagnation. In: Erikson, Erik H.: Kindheit und Gesellschaft. Übersetzerin: Eckardt-Jaffé, Marianne, Pan. Stuttgart: Klett, 1968, S. 261 f.; **23** Erikson, Erik H.: Ich-Integrität gegen Verzweiflung. In: Erikson, Erik H.: Kindheit und Gesellschaft. Übersetzerin: Eckardt-Jaffé, Marianne, Pan. Stuttgart: Klett, 1968, S. 262–264; **24** (Abb. 2.14) Erikson, Erik H.: Übersicht über das psychosoziale Entwicklungsmodell Eriksons. In: Erikson, Erik H.: Identität und Lebenszyklus. Übersetzerin: Hügel, Käthe.. Frankfurt a. M.: Suhrkamp, S. 214 f.; **25** o. A.: Tom – Ein Fallbeispiel. Shell Deutschland Holding (Hg.): Jugend 2010. Eine pragmatische Generation behauptet sich. Konzeption & Koordination: Mathias Albert, Klaus Hurrelmann, Gudrun Quenzel & TNS Infratest Sozialforschung. Frankfurt/M., 2010, S. 323–329; **28** Hurrelmann, Klaus/Quenzel, Gudrun: Sozialisationstheorie als Rahmen. In: Klaus Hurrelmann/Gudrun Quenzel: Lebensphase Jugend. Eine Einführung in die Sozialwissenschaftliche Jugendforschung. 11., vollständig überarbeitete Auflage 2012, S. 88–101; **29** Präsentieren/Visualisieren. In: Brüning, Ludger: Methodentraining: Vortragen. Präsentieren. Referieren. 2. Auflage. Donauwörth: Auer, 2009, S. 84–85; **30** Hurrelmann, Klaus/Quenzel, Gudrun: Zehn Maximen der sozialisationstheoretischen Jugendforschung. In: Klaus Hurrelmann/Gudrun Quenzel: Lebensphase Jugend. Eine Einführung in die Sozialwissenschaftliche Jugendforschung. 11., vollständig überarbeitete Auflage. Juventa, Weinheim 2012, S. 90–101; **34 links** Bauer, Ullrich: Kritik des Modells der produktiven Realitätsverarbeitung. In: Ullrich Bauer: Sozialisation und Ungleichheit. Wiesbaden: VS Verlag für Sozialwissenschaften 2011, S. 91–92; **34 rechts** Hurrelmann, Klaus: Weiterführung und kritische Diskussion des Modells. In: Klaus Hurrelmann: Sozialisation. Das Modell der produktiven Realitätsverarbeitung. Weinheim, Basel: Beltz, 2012, S. 49–51; Hurrelmann, Klaus: Kernaussagen als Thesen. In: Klaus Hurrelmann: Sozialisation. Das Modell der produktiven Realitätsverarbeitung. Weinheim, Basel: Beltz, 2012, S. 49–51, 53; **36** Bauer, Ullrich/Hurrelmann, Klaus: Das Modell der produktiven Realitätsverarbeitung in 10 Thesen. Ullrich Bauer/Klaus Hurrelmann: Das Modell der produktiven Realitätsverarbeitung in der aktuellen Diskussion. In: ZSE – Zeitschrift für Soziologie der Erziehung und Sozialisation 35, H. 2, 2015, S. 157–158; **37** Albert, Mathias/Hurrelmann, Klaus/Quenzel, Gudrun: Entwicklungsaufgaben im Jugendalter. In: Shell Deutschland Holding (Hg.): Jugend 2010. Eine pragmatische Generation behauptet sich. Konzeption & Koordination: Mathias Albert, Klaus Hurrelmann, Gudrun Quenzel & TNS Infratest Sozialforschung. Frankfurt/M., 2010; **38** Ecarius, Jutta: Kritik des Konzepts der Entwicklungsaufgaben. In: Ecarius, Jutta: Jugend und Familie. Stuttgart: Kohlhammer, 2009, S. 60–61; **39** Hurrelmann, Klaus: Ich-Identität und Biographie-Management in der Lebensphase

Jugend. In: Klaus Hurrelmann: Sozialisation. Das Modell der produktiven Realitätsverarbeitung. Weinheim, Basel: Beltz, 2012, S. 101–103; **40** Hurrelmann, Klaus/Albrecht, Erik: Politisches Engagement der Generation Y. In: Klaus Hurrelmann/Erik Albrecht: Die heimlichen Revolutionäre. Wie die Generation Y unsere Welt verändert. Weinheim, Basel: Beltz, 2014, S. 7, 120–122, 125–128; **42** Rekus, Jürgen: Begabung und Bildsamkeit als Voraussetzung pädagogischen Handelns. www.bildungsforschung.de/.../Begabung_und_Bildsamkeit.pdf; letzter Zugriff 21.01.2016; **45** Brun, Georg/Hirsch, Gertrude: Funktionsanalyse von wissenschaftlichen Texten. In: Textanalyse in den Wissenschaften. Zürich: vdf Hochschulverlag, 2009, S. 59–63; **46** Sesink, Werner: Jugend und Autorität im Generationenverhältnis. In: Werner Sesink: Einführung in die Pädagogik. Münster: LIT, 2001, S. 205–217; **49** Juul, Jesper: Eltern als Sparringspartner. In: Kraus, Doris, Die Presse, http://diepresse.com/home/bildung/erziehung/490467/index.do?from=suche.intern.portal, letzter Zugriff 21.01.2015; **50** Riegel, Enja: Lernen in Ernstsituationen. In: Riegel, Enja: Schule kann gelingen! Wie unsere Kinder wirklich fürs Leben lernen. Die Helene-Lange-Schule Wiesbaden, S. Fischer, Frankfurt a. M. 2004, S. 74–85; **52** Riegel, Enja: Die Bühne als Schule. In: Riegel, Enja: Schule kann gelingen! Wie unsere Kinder wirklich fürs Leben lernen. Die Helene-Lange-Schule Wiesbaden, S. Fischer, Frankfurt a. M. 2004, S. 93–98; **54** Ziehe, Thomas: Lehrer als Fremdenführer in ungewohnten Sinnwelten. In. Ziehe, Thomas: Kernaufgaben von Lehrern in der Mittelstufe. In: Pädagogik 58, Heft 4, Pädagogische Beiträge Verlag, Hamburg 2006, S. 32–35; **58 links** Stierlin, Helm: Zwei Fallbeispiele „problematischer Kinder". In: Stierlin, Helm (1980): Eltern und Kinder. Das Drama von Trennung und Versöhnung im Jugendalter. Suhrkamp, Frankfurt a. M. 1980, S. 211, 213 f.; **58 rechts** VESUV e. V.: Familie aus systemischer Sicht. In: Stehling, B.: gesundheitsladen köln, http://www.psychotherapie-netzwerk.de/infobuero/therapie/systemische/familie/familie.htm, letzter Zugriff: 21.01.2016; **59** Stierlin, Helm: Verstrickende Bindung und Ausstoßung. In: Stierlin, Helm: Ob sich das Herz zum Herzen findet. Rowohlt Taschenbuch Verlag, Reinbek 1999; **60** Omer, Haim/von Schlippe, Arist: Familiäre Rahmenbedingungen für die Entstehung von Gewalttätigkeit. Omer, Haim/von Schlippe, Arist: Autorität durch Beziehung. Die Praxis des gewaltlosen Widerstands in der Erziehung. Vandenhoeck & Ruprecht, Göttingen 2006, S. 106–117; **61** Krüssel, Hermann: Konstruktivistische Grundannahmen. Krüssel, Hermann (2003): Pädagogikunterricht neu sehen. Grundlagen einer reflexiven Fachdidaktik. Pädagogik für den berufsbildenden Bereich. Baltmannsweiler, Schneider Verlag Hohengehren 2003, S. 43–66; **63** Schlippe, Arist von/Braun-Brönneke, Annette/Schröder, Karin: Das „Kerngeschäft" systemischer Therapie: über Wirklichkeitskonstruktionen sprechen. In: Schlippe, Arist von/Braun-Brönneke, Annette/Schröder, Karin: Systemische Therapie als engagierter Austausch von Wirklichkeitsbeschreibungen. Empirische Rekonstruktion therapeutischer Interaktionen. In: System Familie 11, Springer-Verlag 1998, S. 70–79; **64** Deutsches Jugendinstitut: Theoretische Grundlagen einer Sozialpädagogischen Familienhilfe. In: Sozialpädagogische Familienhilfe in der Bundesrepublik Deutschland. Online-Handbuch: http://www.bmfsfj.de/doku/Publikationen/spfh/9-theoretische-grundlagen.html, letzter Zugriff: 21.01.2016; **65** Deutsches Jugendinstitut: Systemische Sichtweisen Sozialpädagogischer Familienhilfe. In: Sozialpädagogische Familienhilfe in der Bundesrepublik Deutschland. Online-Handbuch: http://www.bmfsfj.de/doku/Publikationen/spfh/9-Theoretische-grundlagen/9-3/9-3-4-systemische-sichtweisen.html, letzter Zugriff: 21.01.2016; **66** Deutsches Jugendinstitut: Erweiterung des systemischen Ansatzes: Sozialpädagogische Familienhilfe in der Bundesrepublik Deutschland. Online-Handbuch. In: http://www.bmfsfj.de/doku/Publikationen/spfh/9-Theoretische-grundlagen/9-3/9-3-4-systemische-sichtweisen.html, letzter Zugriff: 21.01.2016; **69** Müller, Hans-Rüdiger/Krinninger, Dominik/Bahr, Simone/Falkenreck, Dorothee/Lüders, Martin/Su, Hanno: Erziehung und Bildung in der Familie. In: Erziehung und Bildung in der Familie. Pädagogische Grenzgänge in einem interdisziplinären Forschungsfeld. In: Zeitschrift für Pädagogik, 58. Jahrgang., Heft 1, Beltz 2012, S. 55–68; **71** Müller, Hans-Rüdiger/Krinninger, Dominik/Bahr, Simone/Falkenreck, Dorothee/Lüders, Martin/Su, Hanno: Familie Antonow. In: Erziehung und Bildung in der Familie. Pädagogische Grenzgänge in einem interdisziplinären Forschungsfeld. In: Zeitschrift für Pädagogik, 58. Jahrgang, Heft 1, Beltz 2012, S. 63–65; **72 oben** Müller, Hans-Rüdiger/Krinninger, Dominik/Bahr, Simone/Falkenreck, Dorothee/Lüders, Martin/Su, Hanno: Ausblick auf Bildungs- und Erziehungsforschung. In: Erziehung und Bildung in der Familie. Pädagogische Grenzgänge in einem interdisziplinären Forschungsfeld. In: Zeitschrift für Pädagogik, 58. Jahrgang., Heft 1, Beltz 2012, S. 55–68; **72 links unten** Rogge, Jan-Uwe: Computer und Spiele. In: Rogge, Jan-Uwe (2011): Pubertät. Loslassen und Haltgeben. 5., aktualisierte und erweiterte Auflage, Reinbek, Rowohlt 2011, S. 235–244; **74** Schmid, Gordon/Niggestich, Andreas: Computerspiel- und Internetsucht vorbeugen. In: Gordon Schmid/Andreas Niggestich): Computerspiel- und Internetsucht vorbeugen. Das Präventionsprojekt DIGITAL – voll normal. In: Thema Jugend. Zeitschrift für Jugendschutz und Erziehung. Heft 2, Katholische Landesarbeitsgemeinschaft Kinder- und Jugendschutz NW e. V., Münster 2014, S. 9 f.; **76 oben** Medienpädagogischer Forschungsverbund Südwest: KIM-Studie 2014 (Kinder und Medien): Basisuntersuchung zum Medienumgang 6- bis 13-Jähriger: In : KIM-Studie 2014. Kinder + Medien: Computer + Internet: http://www.mpfs.de/fileadmin/KIM-pdf14/KIM14.pdf, letzter Zugriff: 21.01.2016; **76 unten** Medienpädagogischer Forschungsverbund Südwest: JIM-Studie 2014 (Jugend, Information, [Multi-]Media): Basisuntersuchung zum Medienumgang 12- bis 19-Jähriger. In: JIM-Studie 2014. Jugend, Information, (Multi-) Media: http://www.mpfs.de/fileadmin/JIM-pdf14/JIM-Studie_2014.pdf, letzter Zugriff: 21.01.2016; **78** Zirfas, Jörg/Jörissen, Benjamin: Mediale, simulierte, virtuelle, reale Identität? In: Zirfas, Jörg/Jörissen, Benjamin: Phänomenologien der Identität, Wiesbaden, VS Verlag für Sozialwissenschaften 2007, S. 179–192; **81 links** AP, Axel Springer AG: Jugendliche filmen ihre Gewalt gegen Obdachlose: http://www.welt.de/vermischtes/article1532337/Jugendliche-filmen-ihre-Gewalt-gegen-Obdachlose.html, letzter Zugriff: 21.01.2016; **81 rechts** Westdeutscher Rundfunk Köln: Frauen krankenhausreif geschlagen: http://www1.wdr.de/themen/panorama/ueberfallmoenchengladbach100.html, letzter Zugriff: 21.01.2016; **82** Schmitt-Kilian, Jörg: Eine Tote meldet sich zu Wort. In: Schmitt-Kilian, Jörg (2010): Ich mach euch fertig! Praxisbuch Gewaltprävention. Gütersloher Verlagshaus, Gütersloh 2010, S. 18; **83** Zimmer, Dieter E.: Unterschiedliche Auffassungen über die Ursachen der Aggression. In: Zimmer, Dieter E.: Experimente des Lebens. Haffmanns, Zürich 1989; **85** Heitmeyer, Wilhelm: Gewalt als komplexes Phänomen. Heitmeyer, Wilhelm: Gewalt. Schattenseiten der Individualisierung bei Jugendlichen aus unterschiedlichen Milieus, Juventa-Verlag, München 1995, S. 69–77, 81; **88** Heitmeyer, Wilhelm: Gruppenbezogene Menschenfeindlichkeit als Folge gesellschaftlicher Zustände. In: Heitmeyer, Wilhelm (Hg.): Deutsche Zustände. Folge 7, Suhrkamp, Frankfurt a.M 2008; **90 links** Rauchfleisch, Udo: Das Verhalten von „Außenseitern". In: Rauchfleisch, Udo: Begleitung und Therapie straffälliger Menschen. 2., aktualisierte Auflage, Vandenhoeck & Ruprecht, Göttingen 2008, S. 16 f., 46, 49 f.; **90 rechts** Rauchfleisch, Udo: Menschen in psychosozialer Not. In: Rauchfleisch, Udo (1996): Menschen in psychosozialer Not. Beratung, Betreuung, Psychotherapie, Vandenhoeck & Ruprecht, Göttingen 1996, S. 12–21 (Auszüge); **93** Müller, Hans-Rüdiger: Differenz und Interdependenz therapeutischen und pädagogischen Handelns. In: Müller, Hans-Rüdiger: Sozialpädagogik und Therapie. Über die Notwendigkeit pädagogischer Perspektiven in Therapeutischen Wohngemeinschaften für Drogenabhängige, Juventa, Weinheim und München 1990, S. 217–221; **95** Pestalozzi: Pädagogische Förderung: http://www.heinrich-pestalozzi.de/de/dokumentation/zeit-leben-werke/level2/level-3/stanser-brief-volltext/, letzter Zugriff: 21.01.2016; **98** Mollenhauer, Klaus: Aufgaben und Schwierigkeiten der Sozialpädagogik. In: Mollenhauer, Klaus: Sozialpädagogische Praxis, Forschung und Theorie – Drei einführende Versuche. Pädagogisches Seminar der Georg-August-Universität Göttingen 1997, S. 31 f.; **99** Thole, Werner: Die Soziale Arbeit – Begriffe und Gegenstand. In: Thole, Werner: Die Soziale Arbeit – Praxis, Theorie, Forschung und Ausbildung. Versuch einer Standortbestimmung. In: Werner Thole (Hg.): Grundriss Soziale Arbeit, VS Verlag für Sozialwissenschaften, Wiesbaden 2010, S. 19–70 (Auszug); **100** Klüsche, Wilhelm/Effinger, Herbert: Handlungsfelder der Sozialen Arbeit. In: Deller, Ulrich/Brake, Roland: Soziale Arbeit. Grundlagen für Theorie und Praxis, UTB, Stuttgart 2001, S. 45–48; **102** Deller, Ulrich/Brake, Roland: Professionalität von Fachkräften der Sozialen Arbeit. In: Deller, Ulrich/Brake, Roland: Soziale Arbeit. Grundlagen für Theorie und Praxis, UTB, Stuttgart 2001, S. 56–58, 68–72 (Auszüge); **104** Hahn, Kurt: Die Erlebnistherapie. In: Hahn, Kurt: Erziehung und die Krise der Demokratie. Reden, Aufsätze, Briefe eines politischen Pädagogen. Hg. v. Michael Knoll, Klett-Cotta, Stuttgart 1986, S. 98–105; **106** Lakemann, Ulrich: Erlebnispädagogik gegen Gewalt. In: Lakemann, Ulrich: Gewaltige Erlebnisse – Erlebnispädagogik gegen Gewalt. In: Schröder, Achim/Rademacher, Helmolt/Merkle, Angela: Handbuch Konflikt- und Gewaltpädagogik. Verfahren für Schulen und Jugendhilfe, Wochenschau-Verlag: Schwalbach/Ts. 2008, S. 294–298; **107** Fischer, Torsten/Lehmann, Jens: Das Outward-Bound-Konzept der „Thor Heyerdahl". In: Fischer, Torsten/Lehmann, Jens: Studienbuch Erlebnispädagogik, Verlag Julius Klinkhardt, Bad Heilbrunn 2009, S. 66–71; **111** Sennett, Richard: Drift. Sennett, Richard: Der flexible Mensch. Die Kultur des neuen Kapitalismus, WBG Verlag, Darmstadt 1998, S. 15–23; **114** Beck, Ulrich/Brater, Michael/Daheim, Hans-Jürgen: Die Bedeutung des Berufs für Entwicklung und Persönlichkeit des Einzelnen. In: Beck, Ulrich/Brater, Michael/Daheim, Hans-Jürgen: Beruf und Persönlichkeit. Die Bedeutung des Berufs für Entwicklung und Lebenslauf des einzelnen in unserer Gesellschaft. In: Dies.: Soziologie der Arbeit und der Berufe, Hamburg 1980. In: Rolf Arnold (Hg.) (1997): Ausgewählte Theorien zur beruflichen Bildung. Hohengehren. S. 199–233 (Soziologie der Arbeit und der Berufe), S. 25–44

(Ausgewählte Theorien zur beruflichen Bildung); **117** Brater, Michael: Beruf und Biografie. In: Brater, Michael: Beruf und Biographie, Gesundheitspflege initiativ, Esslingen 1998, S. 24–35; **119** Tippelt, Rudolf: Beruf und Lebenslauf. In: Arnold/Rolf/Lipsmeier, Antonius (Hg.): Handbuch der Berufsbildung. VS Verlag für Sozialwissenschaften, Wiesbaden 2006, S. 95–107; **122** Tippelt, Rudolf/Gebrande, Johanna: Formale, non-formale und informelle Bildungsprozesse. In: Tippelt, Rudolf/Gebrande, Johanna: Neue Bildung über den Lebenslauf. In: Wahl, Hans-Werner/Kruse, Andreas (Hg.): Lebensläufe im Wandel. Entwicklung über die Lebensspanne aus Sicht verschiedener Disziplinen, Kohlhammer, Stuttgart 2014, S. 260–271; **124** Wittpoth, Jürgen: Strukturen der Weiterbildung in Deutschland. In: Wittpoth, Jürgen: Einführung in die Erwachsenenbildung, UTB, Stuttgart 2013, S. 108–111; **125** Wittpoth, Jürgen: Betriebliche Weiterbildung. In: Wittpoth, Jürgen: Einführung in die Erwachsenenbildung, UTB, Stuttgart 2013, S. 132–134; **126** Kade, Jochen/Nittel, Dieter/Seitter, Wolfgang: Profession – Professionalisierung – Professionalität. In: Kade, Jochen/Nittel, Dieter/Seitter, Wolfgang: Einführung in die Erwachsenenbildung/Weiterbildung, Kohlhammer, Stuttgart 2007, S. 140–143; **128** Kade, Jochen/Nittel, Dieter/Seitter, Wolfgang: Berufsbezeichnung und Berufsrollen der in der Erwachsenenbildung beruflich Tätigen. In: Kade, Jochen/Nittel, Dieter/Seitter, Wolfgang: Einführung in die Erwachsenenbildung/Weiterbildung, Kohlhammer, Stuttgart 2007, S. 144–147; **129** Kraus, Katrin: Employability – ein neuer Schlüsselbegriff. In: Panorama. Fachinformationen für Berufsbildung, Berufsberatung und Arbeitsmarkt. Heft 6, SDBB | CSFO. In Zusammenarbeit mit dem Staatssekretariat für Wirtschaft SECO. Mit Unterstützung des Staatssekretariat für Bildung, Forschung und Innovation SBFI, Bern 2007, S. 4–5; **134 links** Klafki, Wolfgang: Hermeneutische Verfahren in der Erziehungswissenschaft. In: Rittelmeyer, Christian/Parmentier, Michael: Einführung in die pädagogische Hermeneutik. WBG, [Abr. Verl.], Darmstadt 2001, S. 125–148; **134 rechts** Mollenhauer, Klaus/Rittelmeyer, Christian: Methoden der Erziehungswissenschaft. Juventa, München 1977, S. 60; **135** Pinquart, Martin/Silbereisen, Rainer K.: Entwicklung und Erziehung. In: Krüger, Heinz-Hermann/Grunert, Cathleen (Hg.): Wörterbuch Erziehungswissenschaft, VS Verlag für Sozialwissenschaften, Wiesbaden 2004, S. 111–112, 115; **136 links** Kade, Jochen/Nolda, Sigrid: Bildungsbiografisches Gestalten als Ergebnis von (Bildungs-)Ereignissen und (Bildungs-)Entscheidungen. In: Kade, Jochen/Nolda, Sigrid: Zwischen Entscheidung und Ereignis. Okkasionelle Bildungsbiographie im Kontext des Lebenslaufs. In: Miethe, Ingrid/Ecarius, Jutta Ecarius/Tervooren, Anjy (Hg.) (2014): Bildungsentscheidungen im Lebenslauf, Buderich Opladen, Berlin, Toronto 2013, S. 227–229; **136 rechts** Schäfer, Alfred: Bildung und Erziehung als Perspektiven auf Personwerdung. In: Schäfer, Alfred: Einführung in die Erziehungsphilosophie. Beltz, Weinheim, Basel 2004, S. 151–155

Bildquellennachweis

Umschlag Thinkstock (Jupiterimages/Bananastock), München; **5** Thinkstock (Keith Levit Photography), München; **6** Thinkstock (f1 online), München; **8** Fotolia.com (nd3000), New York; **11** Corbis (Ted Streshinsky), Berlin; **12** BPK, Berlin; **13** Thinkstock (album), München; **15** Fotolia.com (NiDerLander), New York; **16** © 2002 Pattloch Verlag GmbH & Co. KG, München; **17** Fotolia.com (Gorilla), New York; **18** Fotolia.com (Franz Pfluegl), New York; **19** Universitätsbibliothek Bielefeld, Bielefeld; **21** Ullstein Bild GmbH (AP), Berlin; **23** Thulke, Peter, Berlin; **27** Ullstein Bild GmbH (Horst Galuschka), Berlin; **30** Der Spiegel Wissen: Die Pubertät 2/2010; **31** Thinkstock (James Woodson), München; **32** Thinkstock (Huntstock), München; **33** Fred Grimm: Wir wollen eine andere Welt. Jugend in Deutschland 1900–2010, Tolkemitt 2010.; **34.1** Springer-Verlag GmbH, Heidelberg; **34.2** © 2009 W. Kohlhammer GmbH, Stuttgart; **35.1** Klaus Hurrelmann: Bachelor – Master: Sozialisation, Das Modell der produktiven Realitätsverarbeitung. Verlag Beltz & Gelberg, Weinheim, 2012; **35.2** Klaus Hurrelmann/Gudrun Quenzel: Lebensphase Jugend, Eine Einführung in die sozialwissenschaftliche Jugendforschung, Verlag Bletz& Gelberg, Weinheim, 2013; **37** Fotolia.com (Deklofenak), New York; **41** Fotolia.com (Thomas Pajot), New York; **42** Rekus, Jürgen, Linkenheim; **43** Fotolia.com (forestpath), New York; **46** Sesink, Werner, Sankt Augustin; **47.1** f1 online digitale Bildagentur (Fancy), Frankfurt; **47.2** Thinkstock (Jupiterimages), München; **48** Picture-Alliance (dpa/Wilhelm Bertram), Frankfurt; **49** Imago (Horst Galuschka), Berlin; **50.1** © Coverillustration nach Jesper Juul, Pubertät, erschienen im Kösel-Verlag in der Verlagsgruppe Random House, München 2012; **50.2** Picture-Alliance (ZB/Karlheinz Schindler), Frankfurt; **51** Thinkstock (Comstock), München; **52** Fotolia.com (Robert Kneschke), New York; **53** Picture-Alliance (Süddeutsche Zeitung), Frankfurt; **58.1** Imago (Kristin Schnell), Berlin; **58.2** www.kiktthema.de, Köln; **59** Helm Stierlin: Ob sich das Herz zum Herzen findet. Ein systemisches Paar-Brevier in Versen und Bildern, Carl-Auer Verlag, Heidelberg 2001; **60** Picture-Alliance (Heiko Wolfraum), Frankfurt; **62** Paul Watzlawick: Wie wirklich ist die Wirklichkeit? Wahn – Täuschung – Verstehen, Piper Verlag, München; **63** Helm Stierlin: Ob sich das Herz zum Herzen findet. Ein systemisches Paar-Brevier in Versen und Bildern, Carl-Auer Verlag, Heidelberg 2001; **65** Bundesministerium für Familie, Senioren, Frauen und Jugend; **69** Leuschner, Doris, Fotodesign, Hannover; **70** Voller Ernst, Berlin; **73** Rowohlt Verlag GmbH, Reinbek; **74** Katholische Landesarbeitsgemeinschaft, Münster; **75** Landeszentrale für Medien und Kommunikation (LMK), Ludwigshafen; **76.1** KIM-Studie 2014. Kinder + Medien, Computer + Internet © mpfs http://www.mpfs.de/fileadmin/KIM-pdf14/KIM14.pdf; **76.2** JIM-Studie 2014. Jugend, Information, (Multi-) Media © mpfs http://www.mpfs.de/fileadmin/JIM-pdf14/JIM-Studie_2014.pdf; **77.1** JIM-Studie 2014. Jugend, Information, (Multi-) Media © mpfs http://www.mpfs.de/fileadmin/JIM-pdf14/JIM-Studie_2014.pdf; **77.2** JIM-Studie 2014. Jugend, Information, (Multi-) Media © mpfs http://www.mpfs.de/fileadmin/JIM-pdf14/JIM-Studie_2014.pdf; **78** Peter Steiner The New Yorker Collection/The Cartoon Bank; **79** shutterstock.com (tanuha2001), New York, NY; **81** Picture-Alliance (Marcus Führer), Frankfurt; **82** photocase.com (3format), Berlin; **84** Ullstein Bild GmbH, Berlin; **89** Imago (Rüdiger Wölk), Berlin; **91** Fotografie Wolfgang Schmidt, Ammerbuch; **92** Fotografie Wolfgang Schmidt, Ammerbuch; **95** akg-images, Berlin; **96** CC-BY-SA-4.0 (Roland Zumbühl/Picswiss), Mountain View; **98** Thinkstock (Hemera Technologies), München; **106.1** Mauritius Images (Alamy), Mittenwald; **106.2** Fotolia.com (ARochau), New York; **108** akg-images (AP), Berlin; **109** VISUM Foto GmbH (Christian Nusch), Hannover; **111.1** Corbis (Najlah Feanny), Berlin; **111.2** Verlagsgruppe Random House GmbH, München; **112** Suhrkamp Verlag, Berlin; **113** Thinkstock (iStock/MACIEJ NOSKOWSKI), München; **114.1** laif (Isolde Ohlbaum), Köln; **114.2** iStockphoto (mediaphotos), Calgary, Alberta; **115** Fotolia.com (Robert Kneschke), New York; **116.1** Thinkstock (Serpil_Borlu), München; **116.2** iStockphoto (shironosov), Calgary, Alberta; **117** akg-images (Imagno), Berlin; **118.1** Thinkstock (fuzzbones0), München; **118.2** Thinkstock (xalanx), München; **118.3** Fotolia.com (gradt), New York; **119** Ludwig-Maximilians-Universität München, München; **120** Ministerium für Schule und Weiterbildung des Landes Nordrhein-Westfalen; **121** Landesjugendring Rheinland-Pfalz e.V., Mainz; **122** Thinkstock (Mark Bowden), München; **126.1** BiBB, Bonn; **126.2** Fotolia.com (contrastwerkstatt), New York; **127.1** IG Metall-Bildungszentrum Sprockhövel, Sprockhövel; **127.2** Akademie des Erzbistums Paderborn, Schwerte; **128** Evangelische Akademie Loccum, Rehburg-Loccum; **133.1** ddp images, Capital Pictures, Hamburg [Filmplakat: Boyhood]; **133.2** Interfoto (Ronald Grant Archive/Mary Evans), München; **133.3** ddp images GmbH (Deutscher Fernsehdienst), Hamburg; **135.1** Fotolia.com (micromonkey), New York; **135.2** Fotolia.com (Alexander Raths), New York; **136.1** Kade, Jochen, Frankfurt; **136.2** Thinkstock (monkeybusinessimages), München; **136.3** Schäfer, Alfred, Halle; **137.1** f1 online digitale Bildagentur, Frankfurt; **137.2** © 2010 Verlagsgruppe Droemer Knaur GmbH & Co. KG, Hagen, N., BEKENNTNISSE – ISBN 978 3 629 02272 1

Sollte es in einem Einzelfall nicht gelungen sein, den korrekten Rechteinhaber ausfindig zu machen, so werden berechtigte Ansprüche selbstverständlich im Rahmen der üblichen Regelungen abgegolten.